PUHUA BOOKS

我们一起解决问题

供应链全流程管理与工作标准

孙宗虎　编著

人 民 邮 电 出 版 社
北　京

图书在版编目（CIP）数据

供应链全流程管理与工作标准 / 孙宗虎编著. -- 北京 : 人民邮电出版社, 2022.6
ISBN 978-7-115-59186-9

Ⅰ. ①供… Ⅱ. ①孙… Ⅲ. ①供应链管理—业务流程—标准 Ⅳ. ①F252.1-65

中国版本图书馆CIP数据核字(2022)第067947号

内容提要

《供应链全流程管理与工作标准》是一本关于供应链管理人员如何干好工作的图书。本书始于流程、细说过程、关注全程、附带规程、成于章程，具有很强的操作性和实务性。

本书在介绍流程与流程图绘制的基础上，详细介绍了企业制定愿景与战略，开发和管理产品及服务，营销 / 销售产品与服务，交付产品 / 服务，客户服务管理，人力资本开发与管理，信息技术管理，财务资源管理，资产获取、建设与管理，风险、合规、改进和持续性管理，外部关系管理，业务运营能力开发与管理等 12 大工作事项。

本书适合企业中高层管理人员，尤其是供应链管理流程设计者阅读，也适合高等院校供应链管理专业师生、相关培训和咨询人员阅读。

◆编　　著　孙宗虎
　责任编辑　付微微
　责任印制　彭志环
◆人民邮电出版社出版发行　　北京市丰台区成寿寺路 11 号
　邮编 100164　　电子邮件 315@ptpress.com.cn
　网址 https://www.ptpress.com.cn
　北京市艺辉印刷有限公司印刷
◆开本：787×1092　1/16
　印张：27.25　　2022 年 6 月第 1 版
　字数：520 千字　　2022 年 6 月北京第 1 次印刷

定　价：118.00 元

读者服务热线：（010） 81055656　印装质量热线：（010） 81055316
反盗版热线：（010） 81055315
广告经营许可证：京东市监广登字20170147号

前言

《供应链全流程管理与工作标准》一书围绕供应链业务管理工作的全流程设计，并辅以相应的工作标准，将供应链业务管理 12 大事项的执行工作落实到具体的流程上，既解决了“由谁做”“做什么”的问题，也解决了“如何有效地做”“按照什么标准做”的问题。本书提供了一整套供应链管理工作者如何干工作、干好工作、追求卓越工作的有效解决方案。

本书具有以下三大特点。

一、构建了流程体系，逻辑关系清晰

在整体内容结构上，本书详细梳理了企业供应链全流程管理的诸多事项，针对制定愿景与战略，开发和管理产品及服务，营销 / 销售产品与服务，交付产品 / 服务，客户服务管理，人力资本开发与管理，信息技术管理，财务资源管理，资产获取、建设与管理，风险、合规、改进和持续性管理，外部关系管理，业务运营能力开发与管理等 12 大工作事项，构建了一个关于企业供应链业务的庞大流程体系，理顺了企业供应链全流程管理的主要工作内容。

二、细化了管理过程，内容全面翔实

（1）对于每一个具体的流程，本书采用全新设计思路，按企业供应链全流程管理体系，不断细化、补充流程中关键节点事项的工作标准，使细化后的流程、工作标准更加符合企业供应链全流程管理的工作需要，以方便企业相应部门的员工“拿来即用”。

（2）本书还针对企业供应链全流程管理中关键事项的落实及执行设计了相应的考核指标与操作说明，为流程中关键事项的执行效果提供了考核依据，从而确保流程与工作标准能够得到高效执行，最终为企业推动供应链全流程管理提供有力的保障。

三、根据管理现状编写，使企业能据实而作

本书提供的是“参照式”流程设计范本。随着企业供应链业务管理水平的不断提高，供应链流程与工作标准也在不断地发生变化，因此，读者在应用本书时可参考以下建议。

（1）读者可根据所在企业的实际情况，适当修改或重新设计书中提供的供应链业务管理流程与工作标准，使之更加适用于本企业的情况。

（2）读者可参照书中的流程，将所在企业每个部门内每个岗位的工作流程适当压缩，力求达到流程再造的目的，以提高供应链运营效率。

（3）读者要在实践中不断改进已经形成的工作流程，真正做到因需而变、高效管理、高效工作，最终实现“赢在执行”的目标。

我们衷心希望本书能为企业推动供应链全流程管理提供业务运用层面的指导和实务性的解决方案。

目录 Contents

第1章 流程与流程管理

第 6 章 客户服务管理

第9章 财务资源管理

第10章 资产获取、建设与管理

第 12 章 外部关系管理

第 13 章 业务运营能力开发与管理

第1章 流程与流程管理

管理的核心目标是用制度管人，按流程做事。不论是制度设计，还是流程设计，都是每一个企业要开展的工作，而且是每年都要循环开展的工作。

企业在进行流程设计之前，应先对流程的概念有清晰的认识，并在此基础上掌握流程图绘制的方法，选好绘制工具，然后着手设计。同时，企业要根据自身的运营情况，及时对流程进行修改、调整和再造。

1.1 流程

1.1.1 流程的定义

关于流程，不同的人有不同的看法。有人认为，流程就是程序，其实，“流程”和“程序”是两个互相关联但绝不等同的概念。“程序”体现出一件工作中若干作业项目哪个在前、哪个在后，即先做什么、后做什么。而在“流程”中，除了体现出先做什么、后做什么之外，还体现出每一项具体任务由谁来做，即甲项工作由谁负责，乙项工作由谁负责等，从而反映出他们之间的工作关系。

只有通过流程，才能把一件工作的若干作业项目或工作环节，以及责任人之间的相互工作关系清晰地表示出来。

一般情况下，企业流程有以下五大特征：

（1）流程是为达成某一结果所必需的一系列活动；

（2）流程活动是可以被准确重复的过程；

（3）流程活动集合了所需的人员、设备、物料等；

（4）流程活动的投入、产出、品质和成本可以被衡量；

（5）流程活动的目标是为服务对象创造更多的价值。

我们不妨给流程下一个定义：**“流程就是为特定的服务对象或特定的市场提供特定的产品或服务所精心设计的一系列活动。”**

流程包括六大要素，即输入的资源、活动、活动的相互作用（结构）、输出的结果、服务对象和价值。流程的基本模式如图 1-1 所示。

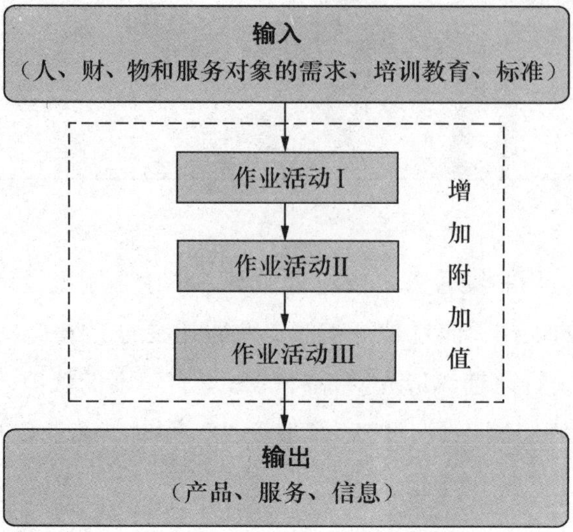

图 1-1　流程的基本模式

1.1.2　流程的分类

企业流程可分为决策流程、管理流程和业务流程三大类，具体内容如表 1-1 所示。

表 1-1　企业流程的分类

序号	类别	定义	特点 / 构成
1	决策流程	◎能确保企业达到战略目标的流程 ◎确定企业的发展方向和战略目标，整合、发展和分配企业资源的过程	◎股东、董事、监事会等组建流程 ◎战略、重大问题及投资流程 ◎企业决策流程的构成如图 1-2 所示
2	管理流程	◎企业开展各种管理活动的相关流程 ◎通过管理活动对企业业务的开展进行监督、控制、协调、服务，间接为企业创造价值	◎上级组织对下级组织的管控流程 ◎资源配置流程（人、财、物及信息） ◎企业管理流程的构成如图 1-3 所示
3	业务流程	◎直接参与企业经营运作的相关流程 ◎安排完成某项工作的先后顺序，对每一步工作的标准、作业方式等内容做出明确规定，主要解决“如何完成工作”这一问题	◎涉及企业“产、供、销”环节 ◎包括核心流程和支持流程 ◎企业业务流程的构成如图 1-4 所示
备注	从企业经营活动的角度来说，企业流程又可分为战略流程、经营流程和支持流程		

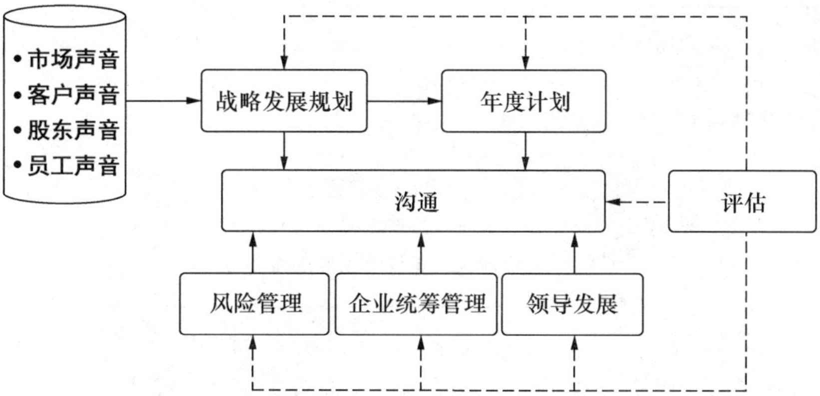

图 1-2　企业决策流程的构成

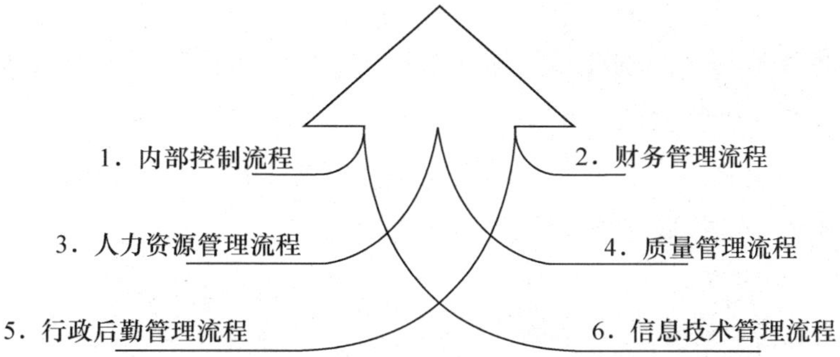

图 1-3　企业管理流程的构成

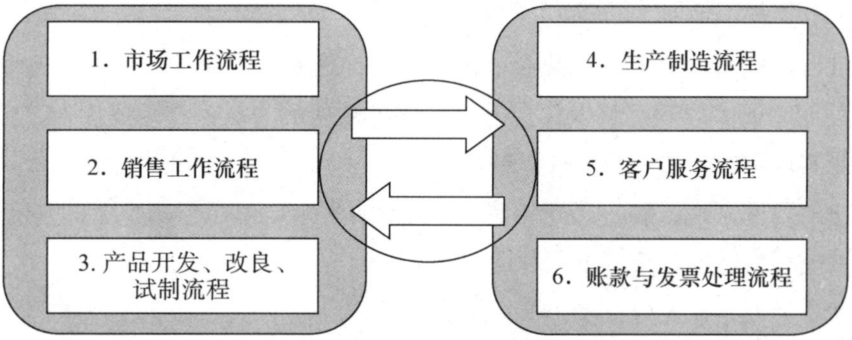

图 1-4　企业业务流程的构成

1.1.3　流程的层级

为便于对各类流程进行管理，我们通常将企业内部流程分为三个层级，即企业级流程、部门级流程和岗位级流程，具体内容如图 1-5 所示。

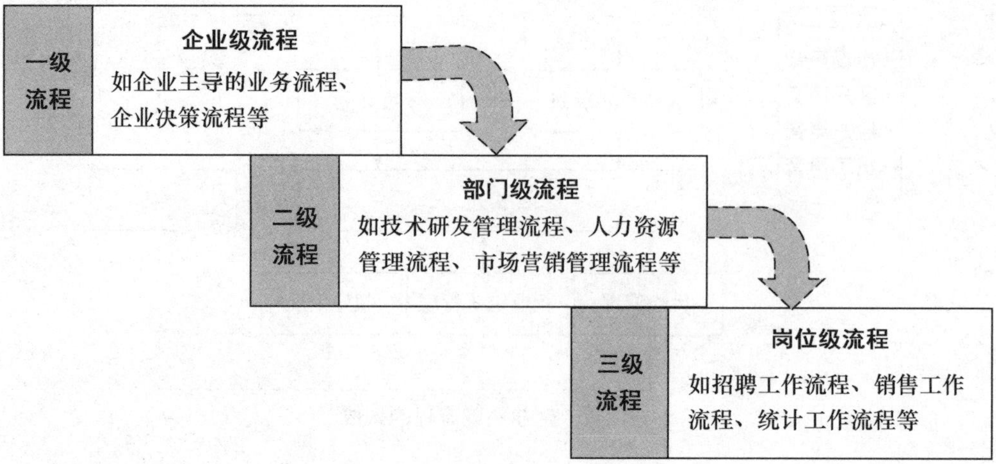

图 1-5　企业内部流程的层级

企业内部各级流程之间的关系是环环相扣的，上一级别流程中的某个节点在下一级别可能会演化成另一个流程。

例如，在二级流程的人力资源管理流程中，招聘工作只是其中的一个节点，而它又会演化成三级流程中的招聘工作流程。

1.2　流程管理

1.2.1　流程管理的含义分析

企业进行流程管理是为了优化企业内部的各级流程，帮助企业提高管理水平，并通过优化流程创造更多的效益。因此，流程管理可被理解为从流程角度出发，关注流程能否“**为企业实现增值**”的一套管理体系。

从客户的角度来说，客户愿意付费 / 购买就能带来增值。但从企业的角度来说，“增值”可以被理解为但不限于以下六种情况：

（1）效益提升，投资回报率上升；

（2）工作效率提高，业绩提升；

（3）工作质量、产品 / 服务质量提升；

（4）各种浪费减少，经营成本降低；

（5）沟通顺畅，办公氛围和谐、向上；

（6）品牌价值提升，知名度提升。

企业流程管理主要是对企业内部进行革新，解决职能重叠、中间层次多、流程堵塞等问题，使每个流程从头至尾责任界定清晰，职能不重叠、业务不重复，达到缩短流程周期、节约运作成本的目的。

1.2.2 流程管理的目标分析

流程管理是按业务流程标准，在职能管理系统授权下进行的一种横向例行管理，是一种以目标和服务对象为导向的责任人推动式管理。

流程管理的目标分析说明如表 1-2 所示。

表 1-2 流程管理的目标分析说明

项次	分析项	具体描述
1	流程管理的最终目的	◎提升客户满意度，提高企业的市场竞争能力 ◎提升企业绩效
2	流程管理的宗旨	◎通过精细化管理提高管控程度 ◎通过流程优化提高工作效率 ◎通过流程管理提高资源的合理配置程度 ◎快速实现管理复制
3	流程管理的总体目标	管理者依据企业的发展状况制定流程改善的总体目标
4	总体目标分解	在总体目标的指导下，制定每类业务或单位流程的改善目标
5	流程管理的工作标准与要求	◎保证业务流程面向客户，管理流程面向企业目标 ◎流程中的活动都是增值的活动 ◎员工的每一项活动都是实现企业目标的一部分 ◎流程持续改进
6	流程管理在企业发展各阶段的具体目的	企业需要根据自身发展阶段和遇到的具体问题对流程管理有所侧重 ◎梳理：工作顺畅，信息畅通 ◎显化：建立工作准则，便于员工查阅、了解流程，便于员工之间沟通并发现问题，便于员工复制流程及对流程进行管理 ◎监控：找到监测点，监控流程绩效 ◎监督：便于上级对工作进行监督 ◎优化：不断改善工作，提升工作效率

1.2.3 流程管理工作的三个层级

总体来说，企业流程管理工作包括三个层级，即流程规范、流程优化和流程再造。各个层级的主要内容及适用情况如表 1-3 所示。

表 1-3　流程管理工作三个层级的主要内容及适用情况

层级划分	主要内容	关键输出	适用时机 / 阶段
第一层级 流程规范	整理企业流程，界定流程各环节的工作内容及相互之间的关系，形成业务的无缝衔接	◎流程清单 ◎流程体系框架图 ◎各流程图	适合所有企业的正常运营时期
第二层级 流程优化	流程的持续优化过程，持续审视企业的流程，不断完善和强化企业的流程体系	◎流程诊断表 ◎流程清单（新） ◎流程体系框架图（新） ◎各流程图（新）	适合企业任何时期
第三层级 流程再造	重新审视企业的流程和再设计	◎流程再造分析报告 ◎流程清单（新） ◎流程体系框架图（新） ◎各流程图（新）	适合企业变革时期，以适应企业变革阶段治理结构的变化、战略改变、商业模式变化，以及出现的新技术、新工艺、新产品、新市场等情况

需要注意的是，在流程建设管理工作中，企业应遵循“点面结合”的原则，在加强流程管理体系整体建设（面）的同时持续改进具体流程内容（点）。

1.3　流程管理工作的开展

1.3.1　项目启动

为确保流程能够满足企业战略发展的要求，企业需要从全局视角开展流程管理工作，构建企业流程体系框架，找到关键流程，设计出符合企业实际和发展需求的流程与流程体系。

企业可组建流程建设项目小组，启动流程建设项目的工作指引，具体内容如表 1-4 所示。

表 1-4　启动流程建设项目的工作指引

步骤	步骤细分	具体说明	责任主体	输出
启动流程建设项目	成立项目小组	具体参见表 1-5	流程管理部门	◎项目小组成员名单及职责说明 ◎项目工作计划
	选择规划工具或方法	包括基于岗位职责的建设方法（从下到上）、基于业务模型的建设方法（从下到上）和借助第三方（咨询公司）的建设方法等	流程管理部门	◎规划项目操作指引 ◎会议记录 / 纪要
	制订工作计划	明确项目里程碑，确定各项具体工作清单与步骤及其责任主体，可使用甘特图	流程规划项目组	

（续表）

步骤	步骤细分	具体说明	责任主体	输出
启动流程建设项目	发布项目操作指引	包括项目简介、工作计划、成员名单及职责、建设步骤方法、各步骤的详细操作说明、流程图模板、案例、已有流程清单、项目组激励方案等	流程管理部门	◎规划项目操作指引 ◎会议记录 / 纪要
	召开项目启动会	会议重点是项目整体介绍、背景及理念、角色与职责定位、总体计划、项目最终成果及意义等	流程管理部门	
备注	本阶段常用的工具或方法有甘特图、项目管理法等			

流程建设工作需要得到企业领导层的重视与支持，项目小组的组建及成员构成如表 1-5 所示。

表 1-5　流程建设项目小组的组建及成员构成

角色定位	成员构成	主要职责
企业流程管理委员会	由企业高层领导组成，如总经理、各主管副总等，成员人数控制在 3~5 人	◎提供资源支持 ◎任命建设项目经理 ◎审核建设项目计划 ◎参与关键问题决策 ◎参与关键环节的建设及决策
流程建设项目经理	可由流程管理部门经理担任，也可考虑增设项目副总，由相关部门经理担任	◎编制项目计划 ◎监督项目成员完成目标 ◎评估项目成员工作表现
项目助理	可由流程管理部门人员担任	协助项目经理管理项目日常工作，如整理文档等
成员（各部门负责人）	项目成员应具有丰富的工作经验，多为各部门负责人，由其参与部门流程建设工作；也可指派部门人员参与项目小组的工作。各业务部门的流程应统一建设	◎根据项目计划，组织本部门完成相应的流程建设工作 ◎参与本部门流程图和企业全景流程图的绘制，宣贯和应用流程建设成果
成员（流程管理部门的人员）	流程管理部门的工作人员均应参与到项目中来	负责流程建设方法、工具的开发及各部门的相关培训与指导工作

1.3.2　识别流程

在识别流程阶段，企业需要做的是识别本企业有哪些流程，编制流程清单，界定流程之间的界限及为流程命名，帮助企业从流程的视角弄清企业管理现状，为后续的流程建设、每个流程的具体描述提供良好的基础。

由于各部门流程识别、流程清单的梳理对之后的工作至关重要，因此这项工作一般应由各部门领导牵头组织，先整理出部门业务流程主线，明确本部门的关键环节和核心业务，进而确定主要业务流程及分项流程之间的关系。识别流程阶段的工作指引如表 1-6 所示。

表 1-6　识别流程阶段的工作指引

步骤	步骤细分	具体说明	责任主体	输出
识别流程	流程建设培训	流程管理部门对各部门进行流程建设方面的培训，培训的重点是如何使用各种表格等，具体内容包括项目简介、涉及的概念、目的和产出、职责划分、建设步骤、表格编制、工作计划、答疑等	流程管理部门	◎培训课程 ◎培训计划 ◎部门流程清单 ◎企业流程清单（参见表 1-7）
	各部门流程识别	进行部门内岗位分析、业务线分析；将职责分解，细化到岗位、业务活动，并按活动的先后顺序排列，提炼出流程；界定流程的上下接口、输入输出及责任主体；汇总部门内流程，编制部门流程清单	各部门，包括岗位代表人员、部门负责人	
	编制企业流程清单	流程管理部门汇总各部门流程清单，与各部门充分沟通，删除重复流程，查漏补缺，形成企业流程清单	流程管理部门	
备注	本阶段常用的工具及方法有战略地图、业务单元分析法、部门职能分析法、岗位工作分析法等			

1.3.3　构建流程清单

流程建设项目小组在本阶段的主要任务是与各部门进行沟通、讨论，对企业流程进行分类和分级，构建企业流程框架，输出企业流程清单，具体内容如表 1-7 所示。

表 1-7　企业流程清单

序号	一级流程	二级流程	三级流程	归口管理部门	流程状态
备注	流程状态的填写说明：1 代表流程已有且有效；2 代表流程已有，待梳理；3 代表无流程，待设计梳理				

1.3.4　评估流程重要程度

本阶段的工作任务是评估企业流程的重要程度，识别关键流程、核心流程等，将其作为流程设计、运行管理、优化再造工作的重点，以提高企业流程建设工作的效率和效益。

企业的所有活动都是为了提高客户的满意度，实现价值，企业流程重要程度的衡量标准是流程的增值性。一般情况下，直接与客户产生业务关系的流程（如售后服务流程）、与企业核心竞争力相关的流程（如产品质量管理流程）等为企业的重要流程。

表 1-8 为某公司流程建设项目的流程重要程度评估分析表，供读者参考。

表 1-8　某公司流程建设项目的流程重要程度评估分析表

流程名称	与客户相关度（30%）	与整体绩效相关度（30%）	与战略相关度（25%）	流程横向跨度（15%）	评估得分	重要程度等级
××××流程	60	60	60	60	60	
用表说明	1. 以“××××流程”的评估为基准，其他各流程与之对比 2. 各评估项单项总分为 100 分，各单项评分乘以权重后的和为总分 3. 重要程度评估根据最终评分结果，采取强制百分比法，排名前 5% 的为 A 级流程，排名前 6% ~ 20%（包含）的为 B 级流程，排名前 21% ~ 30%（包含）的为 C 级流程，排名前 31% ~ 50%（包含）的为 D 级流程，其他为 E 级流程 4. 评级结果为 A、B、C 级的流程要重点管理					

1.3.5　完善体系框架

完成流程重要程度评估分析后，企业需要在流程清单的基础上进一步完善流程体系框架，标注流程的重要程度等级，具体内容如表 1-9 所示。

表 1-9　企业流程的重要程度等级

一级流程	二级流程	三级流程	归口管理部门	流程状态
××××流程（B 级）	××××流程（B 级）	××××流程（A 级）		
		××××流程（B 级）		
	××××流程（C 级）	××××流程（C 级）		
		××××流程（D 级）		

1.3.6　进行流程设计

企业在进行流程设计时，可遵循以下七个步骤。

第一步：界定流程范围

流程设计的第一步是界定流程范围，即确定信息的输入和输出。

在这一环节，企业需要回答以下几个问题。

- 有哪些流程业务活动？
- 流程从何处开始、何处终止？
- 流程的输入和输出是什么？
- 输出的成果交给谁（客户）？
- 客户有何要求？

在此，我们以设计外部招聘管理流程为例，说明流程范围界定，具体内容如表 1-10 所示。

表 1-10　外部招聘管理流程范围界定

流程名称	外部招聘管理流程	流程编号	
流程责任部门 / 责任人	人力资源部 / 招聘主管	流程对应客户	各用人部门
本流程业务活动	人力资源部招聘、面试、录用管理工作		
流程开始	招聘需求	流程结束	录用决策、签订劳动合同
流程输入	已批准的招聘计划、临时招聘需求	流程输出	面试评估报告、劳动合同
流程客户要求（目标）	1. 在期限内完成招聘任务 2. 人岗匹配		

第二步：确定流程活动的主要步骤

流程设计人员在界定完流程范围后，接下来需要进行调查分析，确定本流程活动的主要步骤，操作方法如图 1-6 所示。

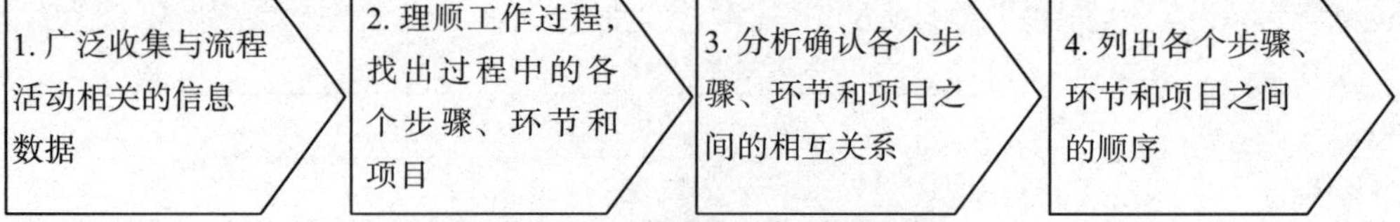

图 1-6　确定流程活动的主要步骤

我们以设计外部招聘管理流程为例，其主要步骤（参见表 1-11）包括招聘需求汇总、招聘岗位分析与条件确定、发布招聘信息、简历收取与筛选、面试与评估、做出录用决策、签订劳动合同及试用期管理等。

第三步：步骤详细说明

本阶段应针对已确定的流程活动的主要步骤进行分析和描述，需要完成的工作如下：

- 分析每一个步骤的输入、输出（成果）；
- 明确后续步骤的客户要求；
- 确定每一步骤工作/活动的检查、考核、评估指标；
- 确定每一步骤涉及的部门/人员，明确其责任、权限和资源需求；
- 确定本流程的层次及与上下层级之间的关系。

我们仍以设计外部招聘管理流程为例，本阶段流程活动的主要步骤及具体描述如表 1-11 所示。

表 1-11　外部招聘管理流程活动的主要步骤及具体描述

流程名称	外部招聘管理流程	流程编号	
流程责任部门/责任人	人力资源部/招聘主管	流程对应客户	各用人部门
本流程业务活动	人力资源部招聘、面试、录用管理工作		
流程开始	招聘需求	流程结束	录用决策、签订劳动合同
流程输入	已批准的招聘计划、临时招聘需求	流程输出	面试评估报告、劳动合同
流程客户要求（目标）	1. 期限内完成招聘任务 2. 人岗匹配		
流程步骤	**步骤描述**	**重要输入**	**重要输出**
招聘需求汇总	人力资源部在经过批准的年度招聘计划指导下，按时进行计划内的人员招聘工作	招聘计划	—
	计划外招聘需由部门提出招聘申请并拟订上岗要求和资格条件，报总经理或相关副总经理审核	岗位说明书	招聘岗位清单
招聘岗位分析与条件确定	人力资源部根据当时的市场薪资行情和企业薪资架构体系，初步拟订待招聘的职位等级及基本薪资范围	—	—
	根据待招聘职位的高低，呈交相应的决策层核准，之后正式启动招聘工作 ◎部门经理及以上管理职位由总裁核准 ◎部门主管及主管以下职位由分管人力资源的副总经理核准	—	—
发布招聘信息	通过内外部多种渠道发布招聘信息，同时收集人才资料，可经由下列方式进行 ◎刊登内部职位空缺公告 ◎刊登报纸广告 ◎接洽人才中介机构 ◎请高校推荐 ◎参加人才交流会等	岗位说明书	招聘广告

（续表）

流程步骤	步骤描述	重要输入	重要输出
简历收取与筛选	人力资源部收到应聘者的各项资料后，先进行初步审核，核查其学历、经验是否符合企业要求，再将审核通过的应聘者的资料转交用人部门进一步审核，通过书面资料审核淘汰一部分不符合岗位要求的应聘者	应聘简历	面试人员清单
面试与评估	由人力资源部主导，对通过审核的应聘者进行笔试及面试，从人员的基本素质方面进行评估，筛选出符合要求的应聘者	面试清单	面试记录 面试评估表
	在人力资源部的协助下，由相关业务部门的人员对应聘者进行专业技能考核	—	面试评估表
	◎主管级别及以下职位由副总经理进行最终面试 ◎部门经理及以上管理职位由总经理进行最终面试	—	面试评估表
做出录用决策	根据企业高层领导及用人部门的意见，人力资源部告知被录用者其最终职位和薪资金额	—	—
	将其他优秀但未被录用的应聘者的资料存入人才库	—	人才库
	通过面试的应聘者必须参加体检，体检未通过者不予录用	—	体检报告
签订劳动合同	人力资源部发出录用通知单，与被录用者签订劳动合同，并根据招聘／录用管理制度为被录用者办理相关的入职手续	—	劳动合同
试用期管理	执行试用期管理流程	—	—
考核评估的内容	招聘任务是否按期完成、招聘人数完成率、招聘计划出错次数、招聘广告出错次数等		

第四步：选择流程形式

根据流程的分类、层级、复杂程度，以及流程活动的内部关联性等因素，企业流程主要有四种展现形式，即箭头式流程图、业务流程图、矩阵式流程图和泳道式流程图。

☆ **箭头式流程图**

箭头式流程图的特点是直观、一目了然，适用于企业员工都熟悉流程中各项作业概况的情况或流程中各项作业任务较简单的情况。箭头式流程图的示例如图 1-7 所示。

企业在设计箭头式流程图时，需要注意以下两个问题。

- 在图中明确执行主体，如果是单一的执行主体，可将执行主体省略。
- 用简洁的语言对流程图中的主要活动进行解释说明，以进一步明确活动要求和指令。

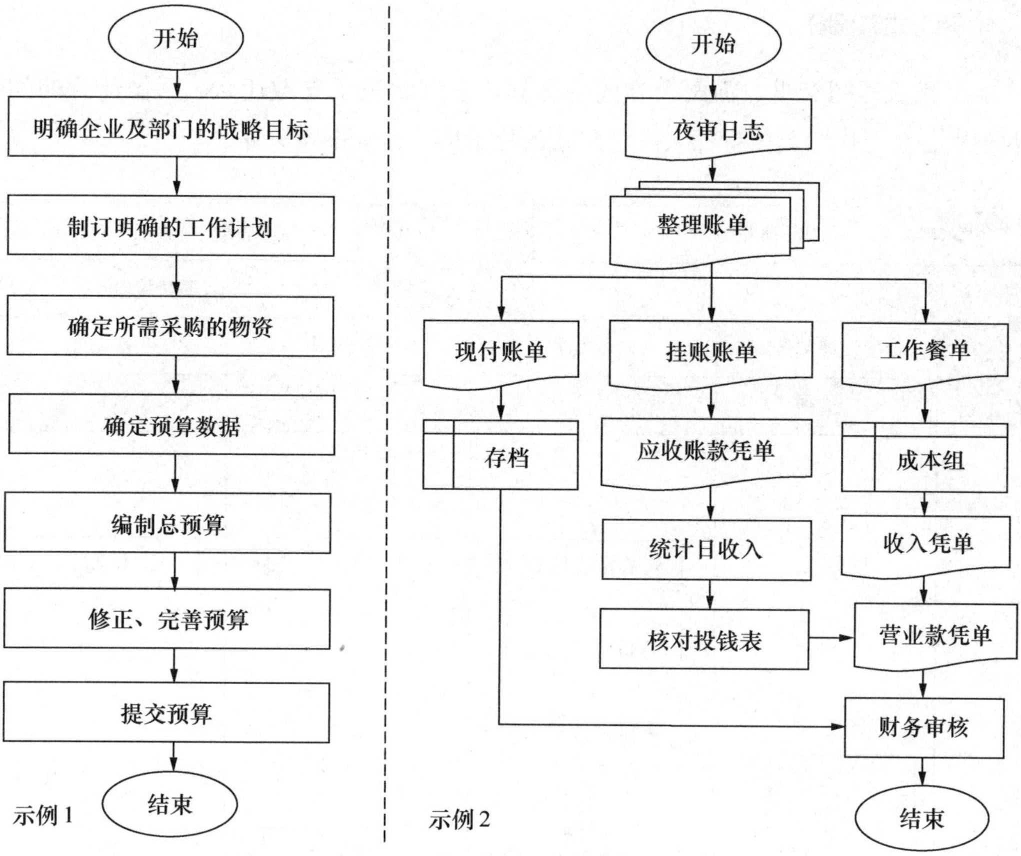

图 1-7　箭头式流程图的示例

☆ **业务流程图**

在业务流程图中，需要明确流程的上下执行主体、活动内容、要求及指令，并将要求和指令用统一的语言表达出来。流程活动的承担者之间必须是平等、互助、尊重、关怀的关系。业务流程图的示例如图 1-8 所示。

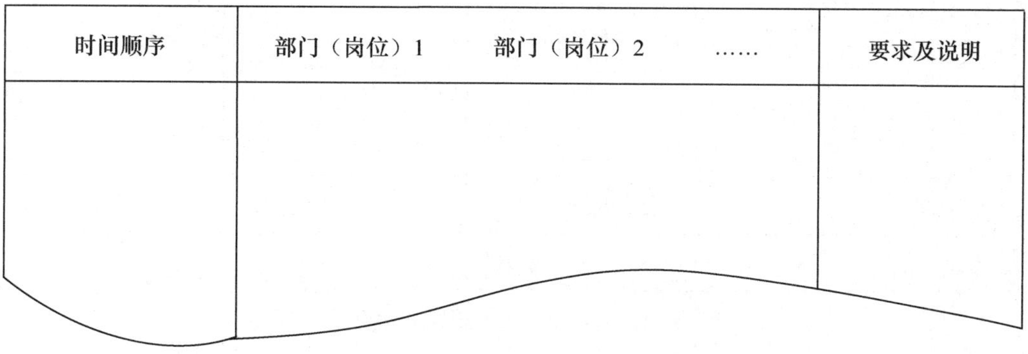

图 1-8　业务流程图的示例

☆ **矩阵式流程图**

矩阵式流程图有纵、横两个方向的坐标，它既解决了先做什么、后做什么的问题，又明确了各项工作的具体责任人。矩阵式流程图的示例如图 1-9 所示。

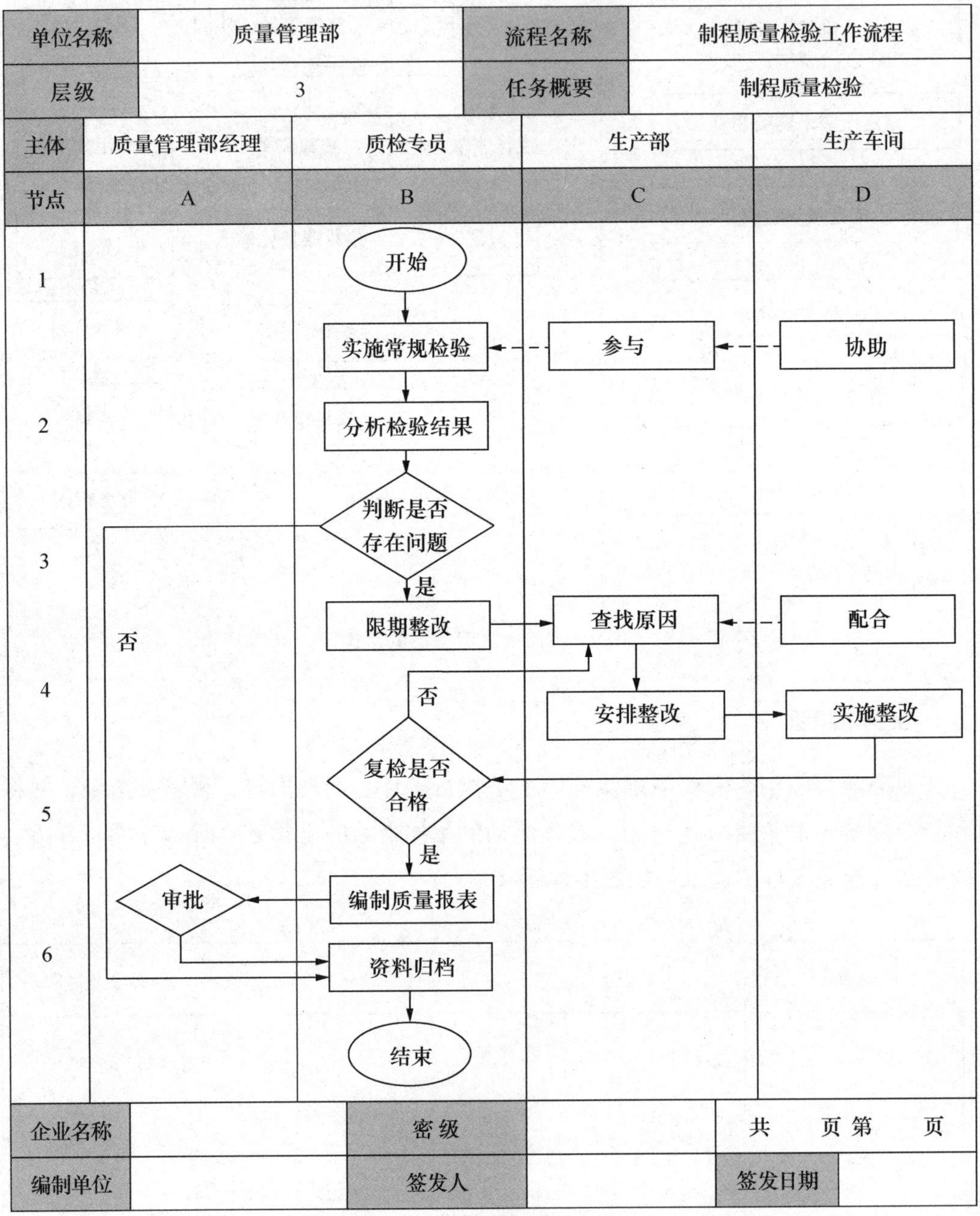

图 1-9 矩阵式流程图的示例

☆ **泳道式流程图**

与矩阵式流程图相似，泳道式流程图也是通过纵、横双向坐标来设计流程的，纵向为分项工作任务，横向是承担任务的部门、岗位（即执行主体）。

这种流程图的样式与其他流程图类似，但在业务流程的执行主体上，主要通过泳道（纵向条）区分执行主体。泳道式流程图的示例如图 1-10 所示。

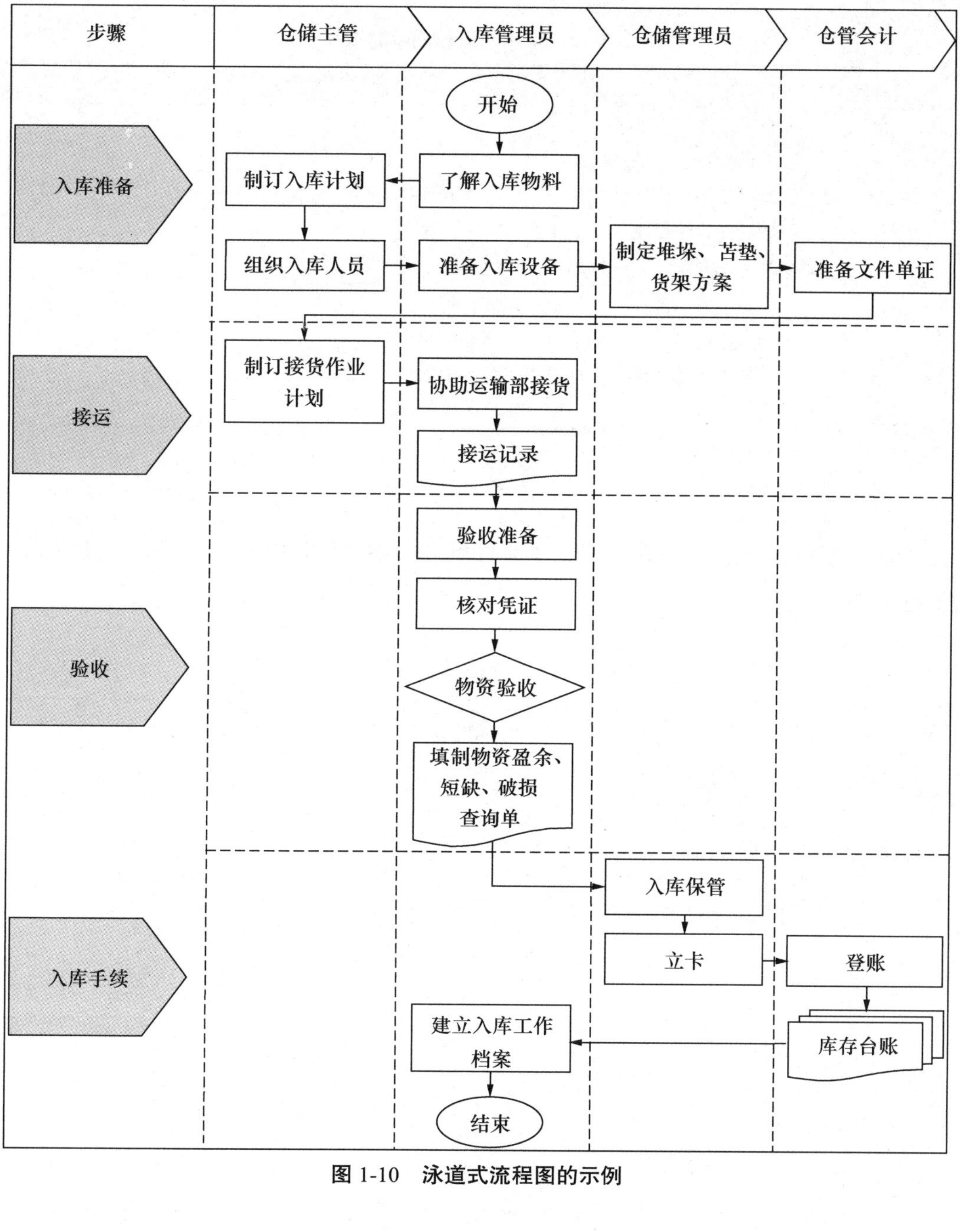

图 1-10　泳道式流程图的示例

第五步：绘制流程草图

流程图的绘制是指流程设计人员将流程设计或流程再造的成果以书面形式呈现出来。

☆ **绘制工具的选择**

绘制流程图常用的工具有 Word 和 Visio，这两个工具各有各的特点（见表 1-12），流程图设计人员可根据本企业流程设计的要求、个人的使用习惯等自由选择。

表 1-12 常用的流程图绘制工具

工具名称	工具介绍
Word	1. 普及率高 2. 方便发排、打印及印刷 3. 绘制的图片清晰，文件小，容易复制到移动存储器中，便于收发 4. 较费时，绘制难度较大 5. 与其他专用绘图软件相比，绘图功能不够全面
Visio	1. 专业的绘图软件，附带相关建模符号 2. 通过拖曳预定义的图形符号很容易组合图表 3. 可根据本单位流程设计需要进行组织的自定义 4. 能绘制一些组织复杂、业务繁杂的流程图

☆ **流程绘制符号**

美国国家标准学会（ANSI）规定了流程设计中绘制流程图的标准符号，常用的流程绘制符号如表 1-13 所示。

表 1-13 常用的流程绘制符号

序号	符号名称	符号
1	流程的开始或结束	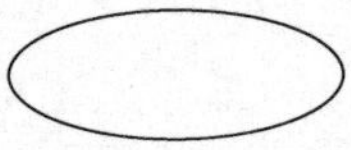
2	具体作业任务或工作	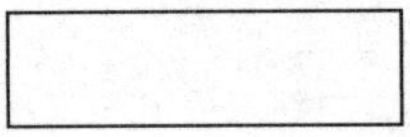
3	决策、判断、审批	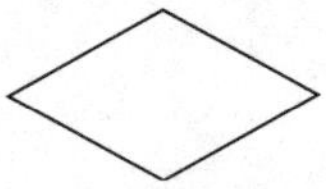
4	单向流程线	

（续表）

序号	符号名称	符号
5	双向流程线	
6	两项工作跨越、不相交	
7	两项工作连接	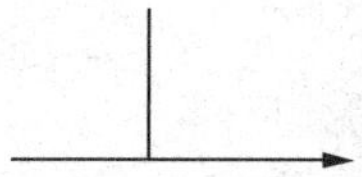
8	作业过程中涉及的文档信息	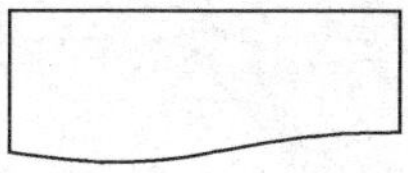
9	作业过程中涉及的多文档信息	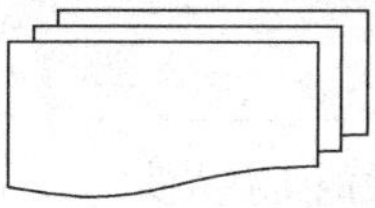
10	与本流程关联的其他流程	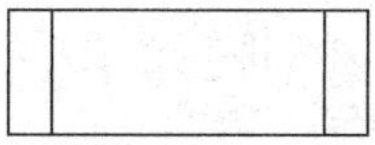
11	信息来源	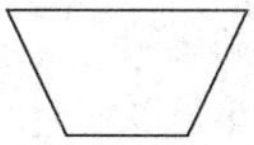
12	信息储存与输出	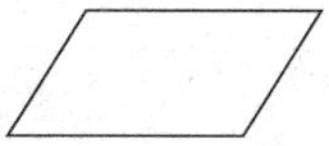

实际上，流程绘制标准符号远不止表1-13所列的这些。但是，流程图的绘制越简洁、明了，操作起来就越方便，企业也更容易接受和落实；符号越多，流程图就越复杂，越难以落实到位。所以，一般情况下，企业使用1~4项流程绘制标准符号就基本可以满足绘制流程图的需要了。

☆ **绘制草图**

不同的流程展现形式体现了不同层级的流程。例如，一级和二级流程适合用矩阵式流程图和泳道式流程图呈现，而三级流程中的部分业务流程适合用箭头式流程图和业务流程图呈现。

值得一提的是，流程设计人员在绘制流程图的过程中，需要确定该流程与上下游流程之间的接口，以及与规范流程运行要求相关联的制度之间的关系，并根据实际情况尽量将其在流程图中反映出来，如流程图中可根据流程节点给出相应的制度、表单等。

第六步：流程意见反馈

流程图绘制完成后，需要通过意见征询、试运行等方式获得相关意见和建议，发现不足和纰漏，以便对其做出进一步修改和完善，直至最终定稿。

针对初步绘制的流程图，流程设计人员可通过以下三种方式征求各方的意见，具体内容如图 1-11 所示。

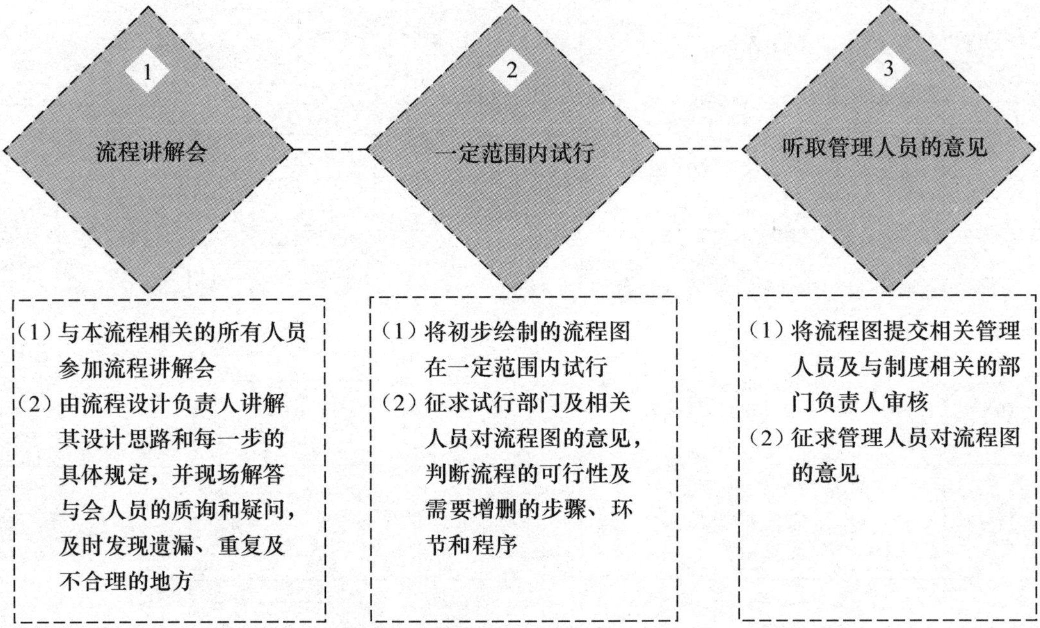

图 1-11　流程图草案意见征询方式

第七步：流程调整修正

通过上述方式进行意见征询后，流程设计人员应综合分析意见征询结果，汇总各种修改意见，对流程图进行修改和完善，提交权限主管领导审核后再呈交总经理批准，或在董事会审议通过后公示执行。

☆ **流程定稿要求**

老员工能够按流程图做事，新员工根据流程图知道怎样做事。

☆ **流程试运行与检查**

流程设计人员要监控流程试运行过程，检查并汇总试运行过程中出现的问题，做好检查记录，为问题分析和流程改善做准备。流程实施与检查内容说明如表 1-14 所示。

表 1-14 流程实施与检查内容说明

项次	检查项目	具体检查内容
1	检查流程是否稳定	◎在实施过程中是否出现例外活动 ◎在实施过程中是否出现步骤、时间、权责方面的冲突 ◎是否出现上一部分的步骤成果（输入）不能充分影响下一步骤的活动 ◎是否出现资源（特别是人力资源）与任务不匹配的情况
2	检查程序是否合理	◎适宜性：程序适应内外部环境变化的能力 ◎充分性：程序各过程的展开程度 ◎有效性：达到的结果与所使用的资源之间的关系，确保程序的经济性

☆ **流程简化**

流程简化的目标是用最少的资源执行流程，减少资源浪费。流程简化的方法包括取消环节、合并环节、环节调序、简化环节、自动化环节及一体化环节等。

流程简化工作的一般操作方法如下：

- 对评估流程进行再评估，确认和削减增加资源耗费的活动；
- 评估各种测量方法，判断其能否提供有用和可控的信息；
- 缩短时间，测试输出数量是否相应减少；
- 依据上述变动调整程序简化计划；
- 将程序置于自动运行状态，通过周期性检查发现问题。

1.3.7 发布、实施与检查

1. 流程的确定与发布

流程设计人员将经过实践检验的流程图提交企业领导审核签字后，以适当的方式向全体员工公示，并自公示之日起生效，便于员工遵照执行。

一般情况下，常用的流程公示方式有四种，企业可根据实际情况选择运用，具体内容如表 1-15 所示。

表 1-15 流程公示的四种方式及操作说明

序号	公示方式	操作说明
1	全文公告公示	在企业公共区域将流程图及相关说明全文公告，并将公告现场以拍照、录像等方式加以记录

（续表）

序号	公示方式	操作说明
2	集中学习	召开员工会议或组织员工进行集中学习、培训，并让员工签到确认参与了学习或培训
3	员工阅读并签字确认	将流程及相关说明做成电子或纸质文件交由员工阅读并签字确认。确认方式包括在流程文件的尾页签名、另行制作表格登记、出具单页的“声明”或“保证”
4	作为劳动合同附件	将流程文件作为劳动合同的附件，在劳动合同专项条款中约定“劳动者已经详细阅读，并自愿遵守本企业的各项规定”等内容

企业的经营管理人员或人力资源管理人员，对流程公示工作要细心谨慎，注意以下两大事项。

☆ **事项1：务必让当事人知晓**

务必将相关通知、决定等送到当事人手中，而不是“通告一贴，高高挂起”，要确保能够达到公示与告知的目的。

☆ **事项2：注意留存公示的证据**

不同的公示方式有不同的证据留存方式。例如，让员工在“签阅确认函”上签字确认，可签“已经阅读、明了，并且承诺遵守”等。

2. 优化流程实施的环境

设计了流程并不意味着企业的运行效率和经济效益必然会有大幅度的提高，更重要的工作是抓好流程管理的落实。

在管理和实施流程的过程中，企业不能忽视对流程实施环境的管理，应该注意以下几点。

☆ **建立合适的企业文化**

企业流程设计或再造一般均以流程为中心、以追求客户满意度的最大化为目标，这就要求企业从传统的职能管理向过程管理转变。

企业在实施流程管理时，需要改变过去的传统观念和习惯做法，建立一种能够适应这种转变的以“积极向上、追求变革、崇尚效率”为特征的企业文化，以使每个流程中的各项活动都能实现最大化增值的目标，为企业经济效益的提高做贡献。

☆ **提高企业领导对流程管理的认识**

提高企业领导，特别是企业高层领导对流程管理的认识是企业发展中的重要问题，是企业提高运营效率和经济效益的重要措施，是企业战胜竞争对手的主要手段，是企业发展战略的重要因素。

只有企业的董事长、总经理、总监等高层领导重视流程管理，才能推动企业的流程再造，实施才能见到效果。

☆ **加强培训，使企业上下共同提高对流程的认识**

在实施流程管理的过程中，企业高、中层管理人员是推动流程管理的骨干，广大员工则是推动流程管理的重要力量。

通过培训，使企业的管理团队与员工提高对流程设计或再造的认识，共同认识到流程的意义及流程再造对企业生存和发展的作用，只有这样推动与实施流程再造，才能达到良好的效果。

此外，通过培训，可以提高员工的自觉性，使员工自觉遵守新的流程。

3. 实现流程的有效落实

企业的流程图绘制完毕、装订成册后，需要发给企业各部门，以便员工遵照执行。流程图实际上是企业的一项规章制度，它可以帮助企业建立正常的工作规则和工作秩序。

以下是流程有效落实的四种思路，具体内容如图 1-12 所示。

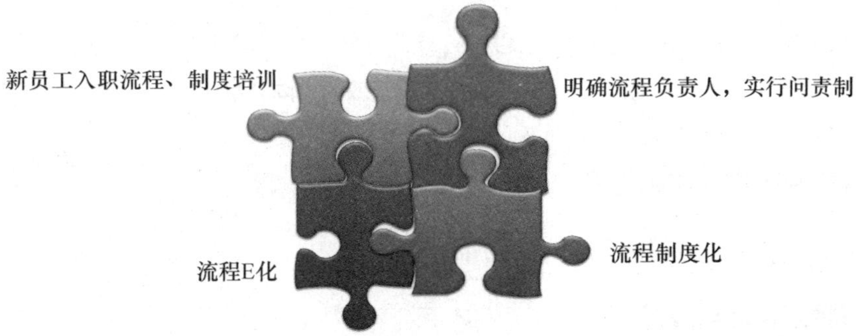

注：流程 E 化是指应用现有的 IT 技术，实现企业各项管理和业务流程的电子化。

图 1-12　流程有效落实的四种思路

4. 开展有针对性的流程检查

流程检查的目的是提高企业的效益，保证流程目标的最终实现。

- 控制流程检查的成本投入。流程检查成本投入需要与该流程的产出价值相匹配，否则既浪费资源，又不能创造价值。企业在流程检查工作中要有成本意识，强化

"投资回报"的概念。

- 把握好流程检查的度。在设计流程检查方案时，需要确定流程检查的精细度、频次及抽样方法，控制检查成本。流程检查工作要抓住关键流程，抓住流程的关键环节，结合实际情况和流程的运转时间确定流程检查的频次和抽样方式。

5. 流程检查重点的选取

流程检查需要与流程实际执行情况相匹配，合理设置流程关键控制点。

- 对于流程成熟度高（流程绩效表现合理且稳定）、人员能力较强的流程，企业可降低检查投入，也可取消相关的关键控制点。
- 对于流程成熟度较低（流程绩效波动较大）的流程，企业需要加强对该流程的检查力度或新增关键控制点，以稳定流程绩效。

流程检查重点选取的矩阵分析如图 1-13 所示。

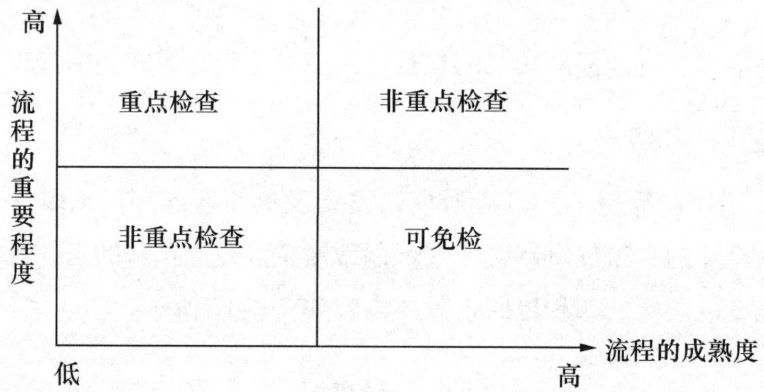

注：流程的重要程度评估请参照本章 1.3.4 所述。

图 1-13　流程检查重点选取的矩阵分析

6. 流程检查工作的实施程序

流程检查工作的实施程序如图 1-14 所示。

7. 流程绩效评估与改进

从本质上看，流程绩效评估是为企业战略与经营服务的，企业需要对某些关键的流程进行绩效评估，将流程绩效作为企业绩效管理的一个重要维度。

☆ 确定流程的绩效目标

企业战略目标被分解为部门绩效目标与岗位绩效目标，并被包含在关键流程中，即流程被赋予绩效目标。因此，流程的绩效评估需围绕目标展开，实行目标导向的流程绩效评估。

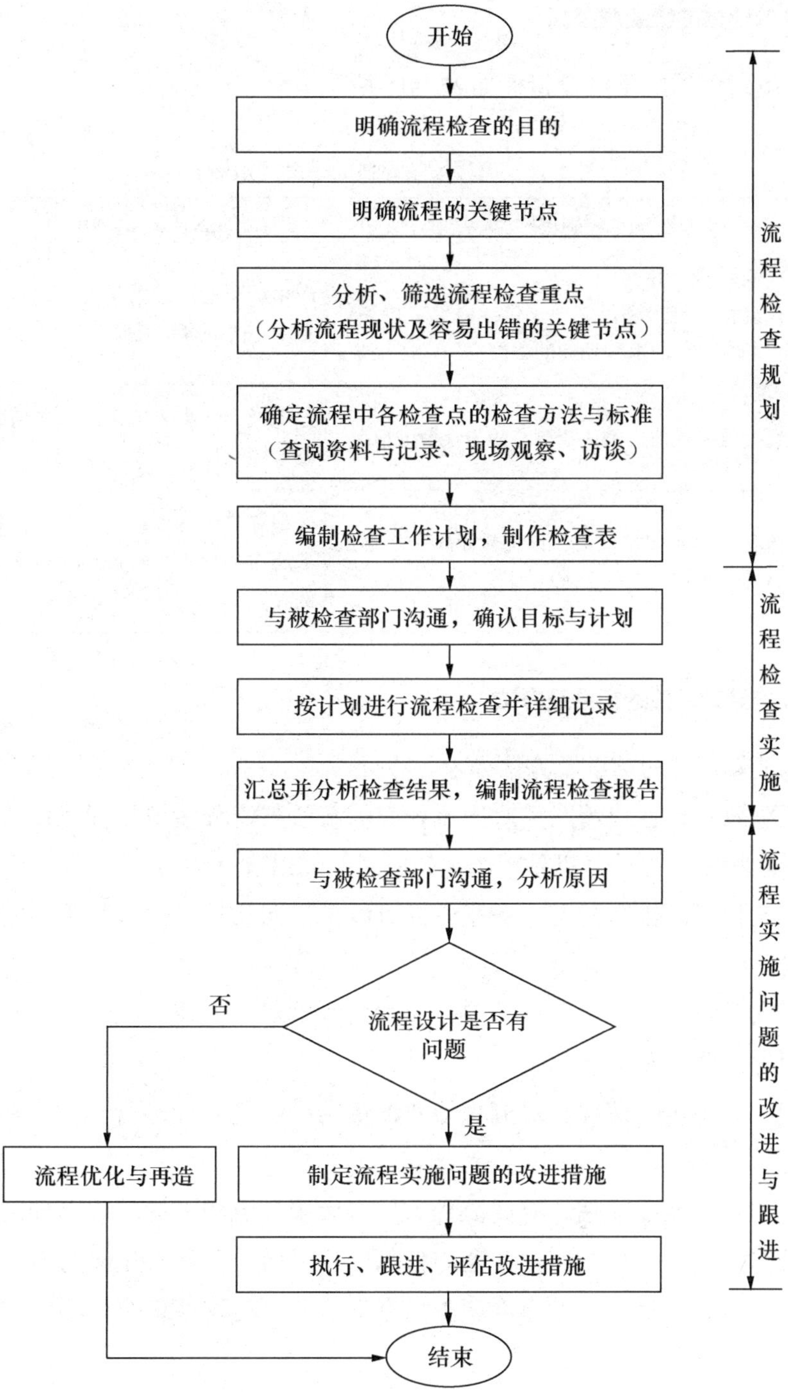

图 1-14　流程检查工作的实施程序

☆ **流程绩效评估的维度及指标**

企业流程绩效评估的维度及指标如表1-16所示。

表1-16 流程绩效评估的维度及指标

评估维度	详细说明	指标举例
效果	◎流程的产出 ◎流程的产出满足客户（包括内部客户和外部客户）需求和期望的程度	产量、产值、计划目标完成率、外部客户满意度、内部客户满意度等
效率	通过效果评估，确认资源节约与浪费的情况	处理时间、投入产出比、增值时间比、质量成本等
弹性	流程应具备调整能力，以便满足客户当前的特殊要求和未来的要求	处理客户特殊要求的时间、被拒绝的特殊要求所占的比例、特殊要求递交上级处理的比例等

☆ **流程实施绩效评估的标准及方法**

流程实施绩效评估的标准及方法如下。

（1）流程绩效目标达成情况。对比流程实际绩效与流程绩效目标，找出实际绩效与流程绩效目标之间的差距，分析差距产生的原因并加以改进。

（2）内部流程绩效排名情况。企业内部可以做横向比较，这适用于不同区域的业务流程竞争、成功经验分享等。

（3）外部同类竞争对比情况。与同行业主要竞争对手的流程绩效进行对比，以了解企业在该方面的市场表现。

（4）流程绩效稳定性情况。对流程绩效评估结果的稳定性进行分析，确认流程是否处于受控状态。

（5）流程客户满意度评估。有些流程（如售后服务流程）的绩效管理需要客户与市场的评估，此时需要一个好的客户沟通与信息管理平台，其能够记录与客户的日常沟通信息、投诉信息、回访信息、满意度调查信息等，并可将这些信息作为客户满意度评估的依据。

☆ **流程绩效评估结果的应用**

企业流程绩效评估结果可应用于五个方面，具体内容如图1-15所示。

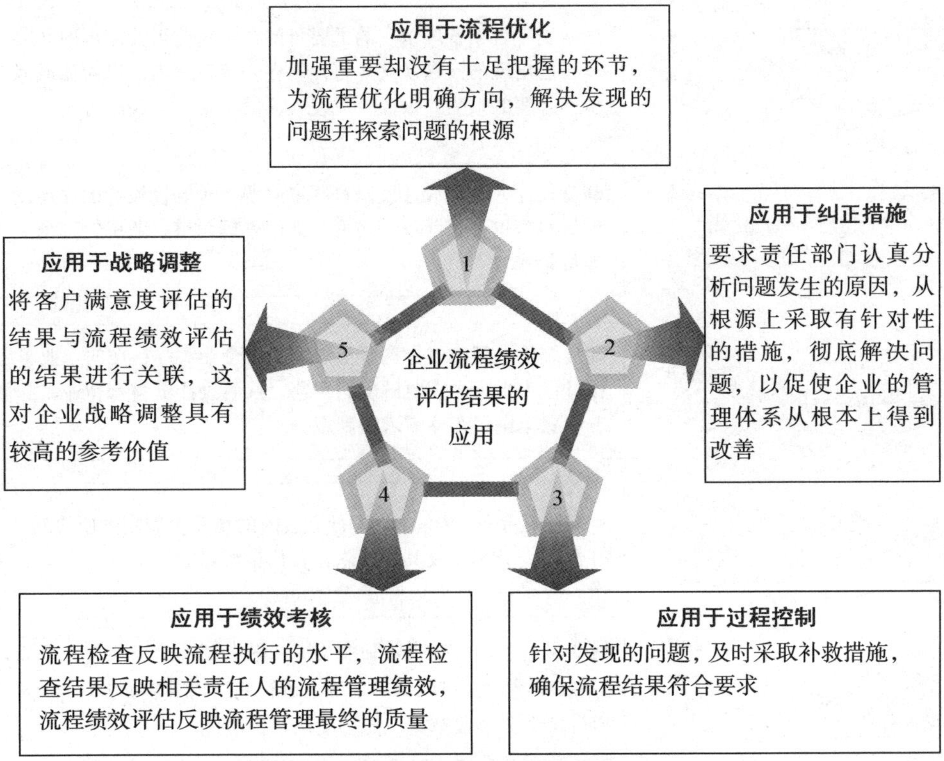

图 1-15　企业流程绩效评估结果的应用

1.4　流程执行章程设计

1.4.1　配套制度设计

制度是规范员工行为的标尺之一，是企业进行规范化、制度化管理的基础。只有不断推进规范化、制度化管理，企业才能逐步发展壮大。

1. 制度设计步骤

企业在设计流程配套制度时，要明确需要解决的问题及要达到的目的，为制度准确定位，开展内外部调研，明确制度规范化的程度，统一制度格式等。制度设计的步骤如图 1-16 所示。

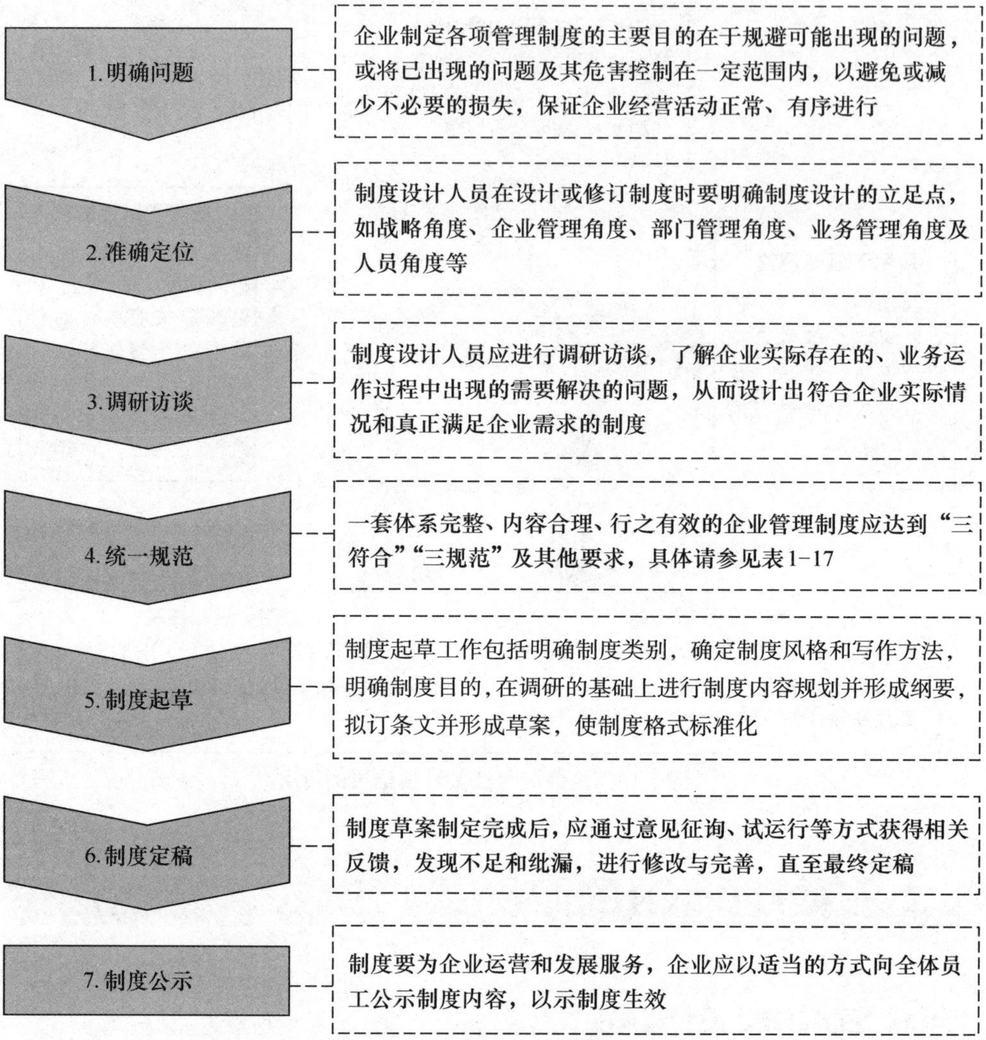

图 1-16　制度设计的步骤

2. 制度设计规范及要求

要想设计一套体系完整、内容合理、行之有效的企业管理制度，制度设计人员必须遵循一定的规范及要求，具体内容如表 1-17 所示。

表 1-17　制度设计规范及要求

设计规范	具体要求
“三符合”	符合企业管理者最初设想的状态
	符合企业管理科学原理
	符合客观事物发展规律或规则

（续表）

设计规范	具体要求	
“三规范”	规范 制度制定者	◎品行好，能做到公正、客观，有较强的文字表达能力和分析能力，熟悉企业各部门的业务及具体工作方法 ◎了解国家的相关法律法规、社会公序良俗和员工习惯，了解制度的制定、修改、废止等程序及审批权限 ◎制度所依资料全面、准确，能反映企业经营活动的真实面貌
	规范 制度内容	◎合法合规，制度内容不能违反国家法律法规，要遵守公德民俗，确保制度有效、内容完善 ◎形式美观、格式统一、简明扼要、易操作、无缺漏 ◎语言简洁、条例清晰、前后一致、符合逻辑 ◎制度可操作性强，能与其他规章制度有效衔接 ◎说明制度涉及的各种文本的效力，并用书面或电子文件的形式向员工公示或向员工提供接触标准文本的机会
	规范 制度实施过程	◎明确培训及实施过程、公示及管理、定期修订等内容 ◎营造规范的执行环境，减少制度执行过程中可能遇到的阻力 ◎规范全体员工的职责、工作行为及工作程序 ◎制度的制定、执行与监督应由不同人员完成 ◎监督并记录制度执行的情况

3. 制度框架设计

制度的内容结构常采用“一般规定—具体制度—附则”的模式。一项规范、完整的制度所需具备的内容包括制度名称、总则 / 通则、正文 / 分则、附则与落款、附件这五大部分。制度设计人员应注意每一部分，使所制定的制度内容完备、合规、合法。

根据制度的内容结构，图 1-17 给出了常用的制度内容框架及设计规范，供读者参考。

需要说明的是，对于针对性强、内容单一、业务操作性强的制度，正文中不用分章，可直接分条列出，但总则与附则中的有关条目不可省略。

4. 制度修订

企业在发展过程中，有些制度可能会成为制约其发展的因素，因此企业需要不断修订、完善甚至废止这些制度。总之，不断推进制度化管理伴随着企业发展的整个过程。

制度设计人员或修订人员需要根据实际情况，及时修订与企业发展不相适应的规范、规则和程序，以满足企业日常经营及长远发展的需要。配套制度修订时间的选择如表 1-18 所示。

××××管理制度

第1章　总则

第1条

第2条

第3条

第2章　××××

第××条

1.

2.

(1)

……

第××条

第××章　附则

第××条

第××条

附件

制度名称拟订

◎ 制度名称要清晰、简洁、醒目

◎ 受约单位/个人（可省略）+内容+文种

制度总则设计

◎ 制度总则的内容包括制度目的、依据的法律法规及内部制度文件、适用范围、受约对象或其行为界定、重要术语解释和职责描述等

制度正文设计

◎ 制度的主体部分包括对受约对象或具体事项的详细约束条目

◎ 正文分章，所列条目全面、合乎逻辑，语言表述清晰，没有歧义

◎ 既可以按对人员的行为要求分章分条，也可以按具体事项的流程分章分条

制度附则设计

◎ 说明制度制定、审批、实施要求与日期、修订事项等，保证制度的严肃性

◎ 包括未尽事宜解释，制定、修订、审批单位或人员，以及生效条件、日期等

制度附件设计

◎ 包括制度执行过程中需要用到的表单、附表、文件，以及相关制度和资料等

图1-17　制度内容框架及设计规范

表1-18　配套制度修订时间的选择

状况类别	修订时间
企业外部	◎国家或地方修订或新颁布相关法律法规，导致企业某些制度或条款不合法、有缺陷或多余等 ◎企业所处的外部环境、市场条件等发生重大变化，影响了企业的日常经营活动
企业内部	◎配套的流程发生了变化 ◎企业定期复审制度、调整机构、重新设置岗位等 ◎企业各部门或各岗位通过工作实践，认为已有制度存在问题
备注	在上述情况下，如果制度确实不符合企业当前的实际情况，可撤销或合并到其他制度中

制度修订就是在现存相关制度的基础上，对制度的内容进行添加、删减、合并等处理，以及对制度的体系结构进行再设计。制度设计人员可根据图 1-18 所示的流程修订制度。

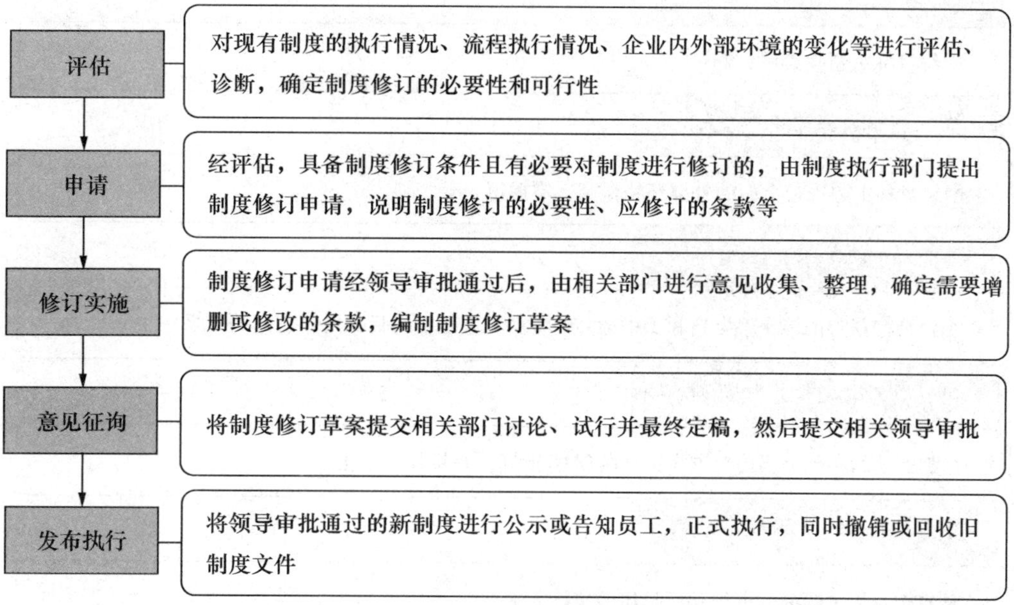

图 1-18　制度修订流程

在制度修订的过程中，制度设计人员要注意以下几点：

- 适应企业新的机构运行模式与流程管理的要求；
- 发挥各制度管理部门的主动性和制度执行部门的能动性；
- 强化各项工作的管理责任要求；
- 强调各职能部门的管理服务标准；
- 规范制度的编制格式，为制度的再修订和日后的统稿工作制定标准。

1.4.2　辅助方案设计

方案是指某一项工作或行动的具体计划或针对某一问题制定的规划。撰写工作方案是员工必须完成的一项任务。一份实操性强、思路清晰、富有创新性的方案，不仅有利于方案的实际操作，而且还能获得上级领导的称赞。

1. 方案设计的步骤

方案设计的步骤如图 1-19 所示。

第一步　确定方案目标主题

将方案的目标主题确立在一定范围内，力求主题明晰，重点突出

第二步　收集相关资料

围绕目标主题收集相关资料

第三步　调查外部环境态势

围绕目标主题进行全面的外部环境调查，掌握第一手资料

第四步　整理与分析资料

综合调查获得的第一手资料和手中的其他资料，整理出对目标主题有用的信息

第五步　提出具体的创意 / 措施

根据企业的实际需要提出方案策划的创意/措施，并将其具体化

第六步　选择、编制执行方案

将符合目标主题的创意细化成具体的执行方案

第七步　制定方案实施细则

根据选定的方案，将具体的任务分配到各职能部门，分头实施，并按进度表与预算表进行监控

第八步　制定检查、评估办法

对选定的方案提出详细可行的检查办法、评估标准及成果巩固措施

图 1-19　方案设计的步骤

2. 方案的内容结构

方案一般包括目标和目的、适用范围、现状分析、具体措施等内容，其结构如图 1-20 所示。

方案的内容结构

- 目标和目的：效益提升、成本降低、管理提升、效率提升、目标达成、问题解决等
- 适用范围：时间范围、人员范围、部门范围等
- 现状分析：企业外部环境分析、企业内部环境分析、企业所面临的问题分析
- 具体措施：制订什么计划、采取什么措施，强调解决对策和具体建议是什么，会产生什么效果，需要哪些资源给予支持。资源支持包括财力、人力和物力的支持等
- 实施和管理：负责人、实施的时间、实施的步骤、实施的成果，实施中需要注意哪些事项
- 考核和评估：考核和评估的主题、内容、标准、指标、步骤及结果
- 参考附件：本方案涉及的相关制度、表单、文书等文件

图 1-20　方案的内容结构

1.4.3　文书设计

文书是用于记录信息、交流信息和发布信息的一种工具。企业管理文书是指企业为了某种需要，按照一定的体例和要求形成的书面文字材料，包括各类文书、公文、文件等。

1. 企业管理文书分类

企业管理文书分类如表 1-19 所示。

表 1-19　企业管理文书分类

文书分类	具体文书种类
通用类文书	请示、批复、批示、通知、决定等，由企业统一规定编写格式与编号
合同类文书	劳动合同、业务合同等
会务类文书	企业各类会议的开幕词、闭幕词、演讲稿、会议记录、会议纪要、会议报告和会议提案等
社交类文书	介绍信、感谢信、慰问信、表扬信、祝贺信和邀请函等
法务类文书	纠纷报告书、申诉书、仲裁申请书、起诉书和答辩书等
事务类文书	计划、总结、建议、报告、倡议、简报、启事、消息、号召书、意向书、企划书、调查报告等

（续表）

文书分类	具体文书种类
制度规范类文书	制度、守则、规定、办法、细则、方案、手册等
与业务工作相关的文书	各项与职能及日常事务相关的文书，如内部竞聘公告、招聘广告、营销广告等

2. 文书设计的注意事项

- 遵循企业规定的文书格式、编写要求和编号规范。
- 语言表述规范、完整、准确，避免表达残缺、出现歧义等错误。
- 语言简明精练、言简意赅，行文流畅，主题明确。

3. 文书设计规范

我们以工作计划为例，对文书的设计规范进行说明。工作计划是对即将开展的工作的设想和安排，如提出任务指标、任务完成时间和实施方法等。工作计划既是明确工作目标、推进工作开展的有效指导，也是对工作进度和工作质量进行考核的依据之一。工作计划的内容结构如图 1-21 所示。

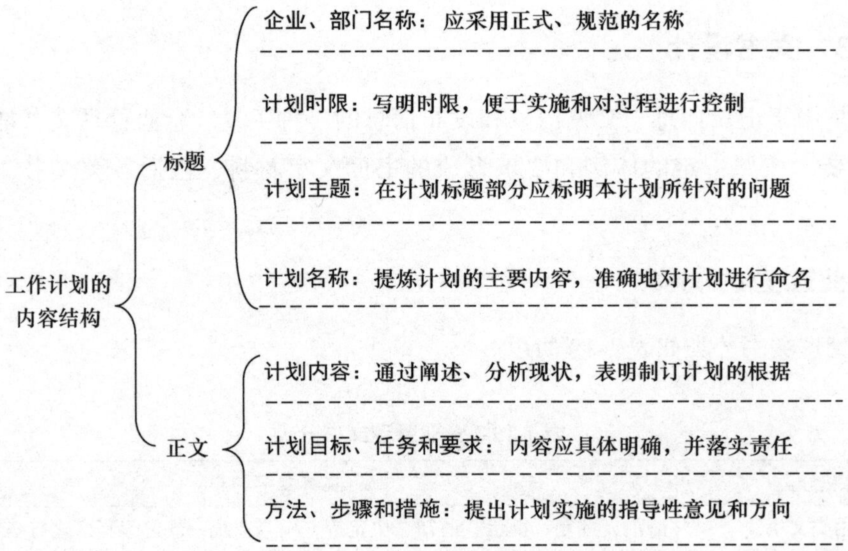

图 1-21　工作计划的内容结构

1.4.4　表单设计

1. 表单种类

表单主要分为文字表单、工具表单和数量表单三种，其区分如下：

- 文字表单就是将文字信息按要求整理成表单，借以说明某一概念或事项等；
- 工具表单是企业员工经常使用的一种表单；
- 数量表单用于呈现数据，以便相关人员进行统计。

2. 表单的编制要求

表单的编制要求如下：

- 表单的内容要与标题相符；
- 表单的内容应言简意赅；
- 表单的格式应简洁明了且前后连贯。

3. 设计表单

设计表单就是将表单的行、列看作一个坐标的横轴、纵轴，将需要表达的内容清晰、简洁、直观地置入坐标中予以展现。

常见的表单绘制工具有 Word、Excel 等，表单设计人员可以根据工作需要进行选择。下面以 Word 为例介绍绘制表单的步骤，具体内容如图 1-22 所示。

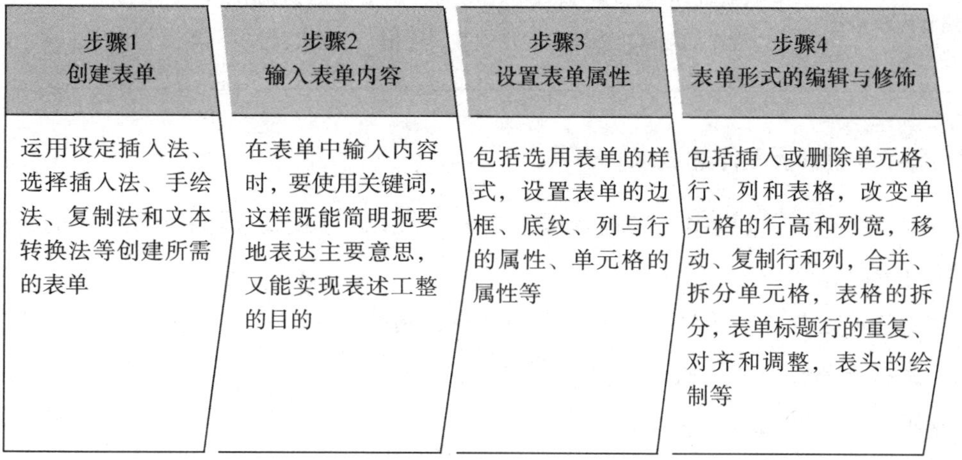

图 1-22　绘制表单的步骤

1.5　流程诊断与优化

1.5.1　流程诊断分析

流程优化的前提是对现有流程进行调查和研究，分析流程中存在的问题，即流程诊断。

1. 流程诊断分析工作的步骤

流程诊断分析工作的步骤如表 1-20 所示。

表 1-20　流程诊断分析工作的步骤

步骤	工作内容	采用的方法
1. 流程信息收集	◎收集信息 / 数据，了解企业流程执行现状 ◎找出流程建设、管理中存在的问题 ◎了解企业员工关心的问题 ◎加强企业员工之间的沟通，让所有员工树立流程管理意识	内部调查、专家访谈、讨论会、外部客户访谈和座谈会等
2. 问题查找与分析	◎清晰地阐述需要解决的问题 ◎将大问题细分成若干小问题，这样更容易解决 ◎分析、探究问题的根源，提出解决方案	NVA/VA 分析法、5Why 分析法、鱼骨图法和逻辑树法等
3. 编制诊断报告	◎根据问题的根源，结合企业的实际情况编制诊断报告 ◎提出问题解决方案，提供创意，优化 / 再造流程	—

2. 流程诊断分析工作的要求

在流程诊断分析过程中，流程管理人员要重视以下要求，提高诊断工作的科学性、合理性和有效性。

- 不要拘泥于数据，要探究“我试图回答什么问题”。
- 不要在一个问题上绕圈子。
- 开阔视野，避免钻牛角尖。
- 假设也可能被推翻。
- 反复检验观点。
- 细心观察。
- 寻找突破性的观点。

3. 流程诊断分析的方法

企业常用的流程诊断分析方法有 NVA/VA 分析法、5Why 分析法等，具体内容如下。

☆ **NVA/VA 分析法**

NVA/VA 分析法是指将构成某个流程的各项工作任务分为三类，即非增值活动、增值活动和浪费。NVA/VA 分析法的说明如图 1-23 所示。

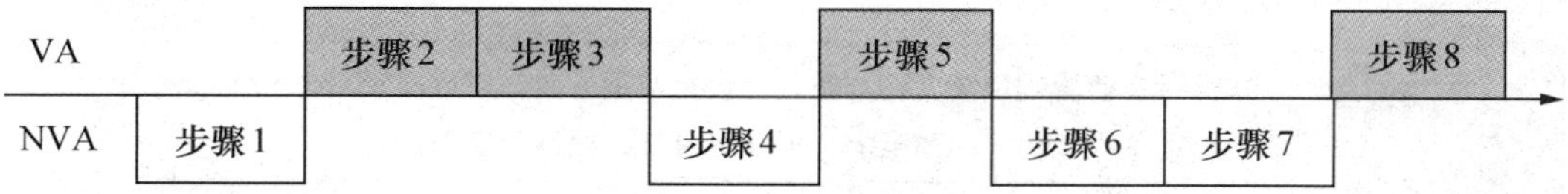

注：了解增值活动（VA）在流程的全部活动中所占的比重，找出需要改进的重点，制定切实可行的改进目标。

- 非增值活动（NVA）指不增加附加值，但却是实现增值不可缺少的活动，是各项增值活动的重要衔接。
- 增值活动（VA）指能提高产品或服务的附加值的活动。
- 浪费（Waste）指既不能增值，也不是必需的活动。

图 1-23　NVA/VA 分析法的说明

☆ **5Why 分析法**

5Why 分析法是指在对某一个流程进行诊断、分析和改进时，需针对其提出以下问题并给出答案。

- 为什么确定这样的工作内容？
- 为什么在这个时间和这个地点做？
- 为什么由这个人来做？
- 为什么采用这种方式做？
- 为什么需要这么长时间？

流程管理人员根据以上五个问题的答案，找出企业流程在实际运行过程中存在的问题，分析问题的根源，从而制定流程优化或再造方案。

1.5.2　流程优化的注意事项

流程优化的注意事项如下：

- 优化那些不能给企业带来利润或效率，效益较差的流程，或者在日常运行中容易出现问题的流程；
- 优化那些对企业运营非常重要且急需改造的流程；
- 优化流程必须先易后难；
- 经过优化的流程必须和原有流程紧密衔接，确保流程管理的系统性和全面性；
- 经过优化的流程必须具有可操作性和稳定性。

1.5.3 流程优化程序

企业流程优化工作应抓住重点，找出最急迫和最重要的需求点。流程优化的具体程序如图 1-24 所示。

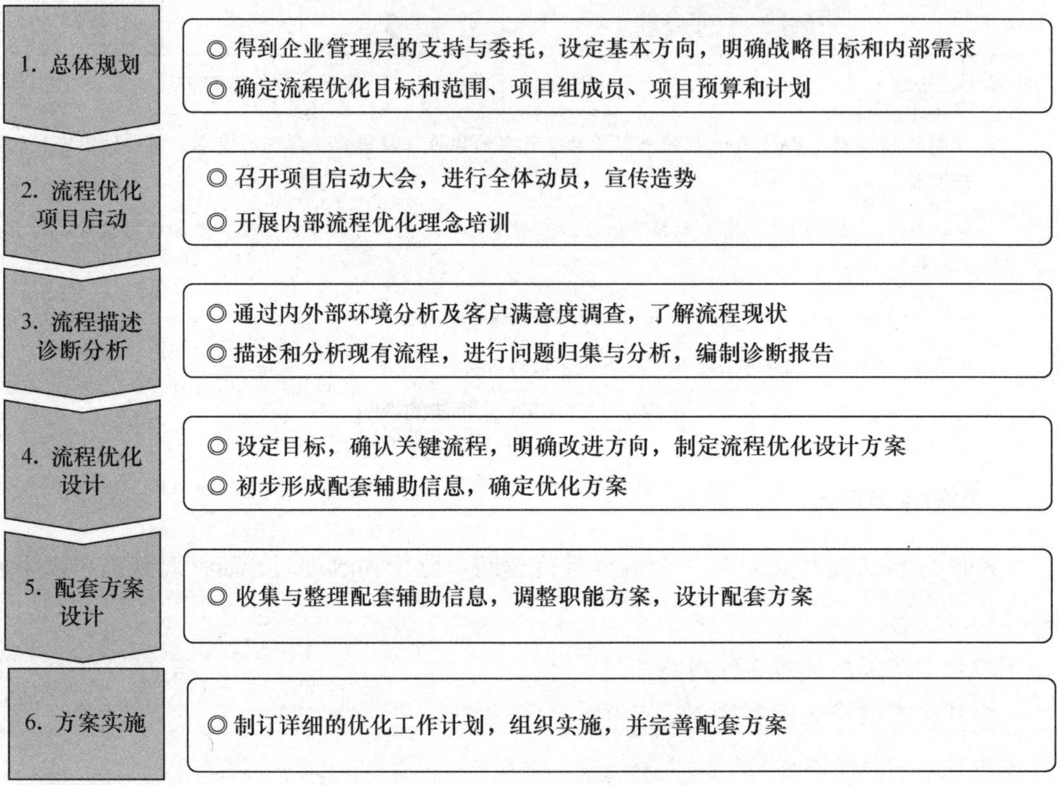

图 1-24 流程优化的具体程序

总体来说，流程优化工作包括以下三步：

- 现在何处——流程现状分析；
- 应在何处——流程优化目标；
- 如何到达该处——流程优化方法和途径。

1.5.4 流程优化 ESIA 法

企业流程优化可以从清除（Eliminate）、简化（Simplify）、整合（Integrate）和自动化（Automate）四个方面入手，该方法简称为“ESIA 法”，它可以帮助企业减少流程中的非增值活动和调整流程的核心增值活动。

1. 清除

清除主要指对企业现有流程内的非增值活动予以清除。

企业可通过以下问题判断某一活动环节是属于增值还是非增值。

- 这个环节存在的意义？
- 这个环节的成果是整个流程完成的必要条件吗？
- 这个环节对整个流程有哪些直接或间接的影响？
- 清除该环节可以解决哪些问题？
- 清除该环节可行吗？

需要明确的是，对于流程而言，超过需要的产出就是一种浪费，因为它占用了流程有限的资源。浪费现象包括但不限于以下几种：

- 过量产出；
- 活动间的等待；
- 不必要的运输；
- 反复的作业；
- 过量的库存（包括流程运行过程中大量文件和信息的淤积）；
- 缺陷、失误；
- 重复的活动，如信息重复录入；
- 活动的重组；
- 不必要的跨部门协调。

2. 简化

简化是指在尽可能清除非必要的非增值环节后，对剩下的活动进一步简化。

简化的方法包括但不限于以下几种。

- 简化表单：消除表单设计上的重复内容，借助相关技术，梳理表单的流转，从而减少工作量和一些不必要的活动环节。
- 简化流程步骤 / 环节：运用 IT 技术，提高员工处理信息的能力，简化流程步骤，整合工作内容，提高流程结构效率。
- 简化沟通。
- 简化物流：如调整任务顺序或增加信息的提供。

3. 整合

整合，即对分解的流程进行整合，以使流程顺畅、连贯，更好地满足客户的需求。

- 活动整合：将活动进行整合，授权一个人完成一系列简单活动，减少活动转交过程中的出错率，缩短工作处理时间。
- 团队整合：合并专家组成团队，形成“个案团队”或“责任团队”，缩短物料、信息和文件传递的距离，改善在同一流程中工作的人与人之间的沟通。

- 供应商（流程的上游）整合：减少企业和供应商之间的一些不必要的业务手续，建立信任和伙伴关系，整合双方流程。
- 客户（流程的下游）整合：面向客户，与客户建立良好的合作关系，整合企业和客户的各种关系。

4. 自动化

- 简单、重复与乏味的工作自动化。
- 数据的采集与传输自动化。减少反复的数据采集，并缩短单次采集的时间。
- 数据的分析自动化。通过分析软件，对数据进行收集、整理与分析，提高信息利用率。

1.6　流程再造

1.6.1　流程再造的核心

企业流程再造也叫作“企业再造”，或简称为“再造”。它是 20 世纪 90 年代初期兴起的一种新的管理理念和管理方法，被誉为继科学管理和全面质量管理之后的“第三次管理革命”。

企业再造概念的提出者迈克尔·哈默（Michael Hammer）和詹姆斯·钱匹（James Champy）在《企业再造》（*Reengineering the Corporation*）一书中指出，“再造就是对企业的流程、组织结构、文化进行彻底、急剧的重塑，以达到绩效的飞跃”。

流程再造的核心，不是单纯地对企业的管理与业务流程进行再造，而是将以职能为核心的传统企业改造成以流程为核心的新型企业，这也就是我们所说的企业再造。企业再造通过不断地变革与创新（从广义上讲，这里不仅包括流程再造，还包括企业组织的再造和变革），使原来趋向衰落的企业重新焕发生机，并且永远充满朝气和活力。

1.6.2　流程再造的基础

当前，市场竞争越来越激烈，企业要想在激烈的市场竞争中求得生存和发展，且立于不败之地，就必须全面、彻底地了解客户的需求，最大限度地满足客户的需求，并且不断适应外部市场环境的变化。企业进行流程设计与流程再造的目的是使内部管理流程规范化，并对其不断加以改造，只有这样企业才能适应不断变化的市场形势。

通常情况下，现代企业所面临的外部挑战主要来自客户（Customer）、变化（Change）、竞争（Competition）三个方面。由于这三个英文单词的首字母都是 C，所以外部挑战又称为“3C”。企业在进行流程设计与流程再造时，切记要把握好“3C”。只有这样，企业所设计或再造的流程才能够适应自身的发展和市场的变化，满足客户的需求。

以上是企业进行流程设计或流程再造时的外部条件。

就企业内部而言，企业中长期发展战略规划是流程设计与流程再造的基础条件。因此，企业应先制定发展战略，再着手开展流程设计与流程再造工作。

1.6.3　流程再造的程序

企业流程再造的一般程序如表 1-21 所示。

表 1-21　企业流程再造的一般程序

一般程序	具体事项
1. 设定基本方向	（1）得到高层管理者的支持 （2）明确战略目标，确定流程再造的基本方针 （3）分析流程再造的可行性 （4）设定流程再造的出发点
2. 项目准备与启动	（1）成立流程再造小组 （2）设立具体工作目标 （3）宣传流程再造工作 （4）设计与落实相关的培训
3. 流程问题诊断	（1）进行现状分析，包括内外部环境分析、现行流程状态分析等 （2）发现问题
4. 确定再造方案，重设流程	（1）明确流程方案设计与工作重点 （2）确认工作计划目标、时间及预算计划等 （3）分解责任、任务 （4）明确监督与考核办法 （5）制定具体行动策略
5. 实施流程再造方案	（1）成立实施小组 （2）对参加人员进行培训 （3）发动全员配合 （4）新流程试验性启动、检验 （5）全面启动新流程

（续表）

一般程序	具体事项
6. 流程监测与改善	（1）观察流程运作状况 （2）与预订再造目标进行比较分析 （3）对不足之处进行修正和改善

企业流程评估及流程再造的操作要点如下。

1. 流程评估的操作要点

- 确定企业与上下游互动关系的流程。
- 定义企业核心流程绩效评估的指标。
- 分析企业现有流程运作模式的优势和劣势。
- 确认企业流程现有运作模式。
- 确认企业流程的客户价值点。
- 确认企业流程与组织的关系。
- 确认企业流程的资源及成本。
- 分析决定企业流程再造的优先级别。

2. 流程再造的操作要点

- 了解现有流程及其目标、范围。
- 对比现有流程结构的优势和劣势。
- 分析流程各活动环节的责任归属。
- 确认与流程相匹配的绩效指标。
- 分析流程的瓶颈及再造切入点。
- 确定是否对流程控制点重新设计。
- 确认经重新设计的新流程系统。
- 建立评估体系，对新流程进行监测。

1.6.4 流程再造的技巧

图 1-25 提供了一些流程再造的技巧，供读者参考。

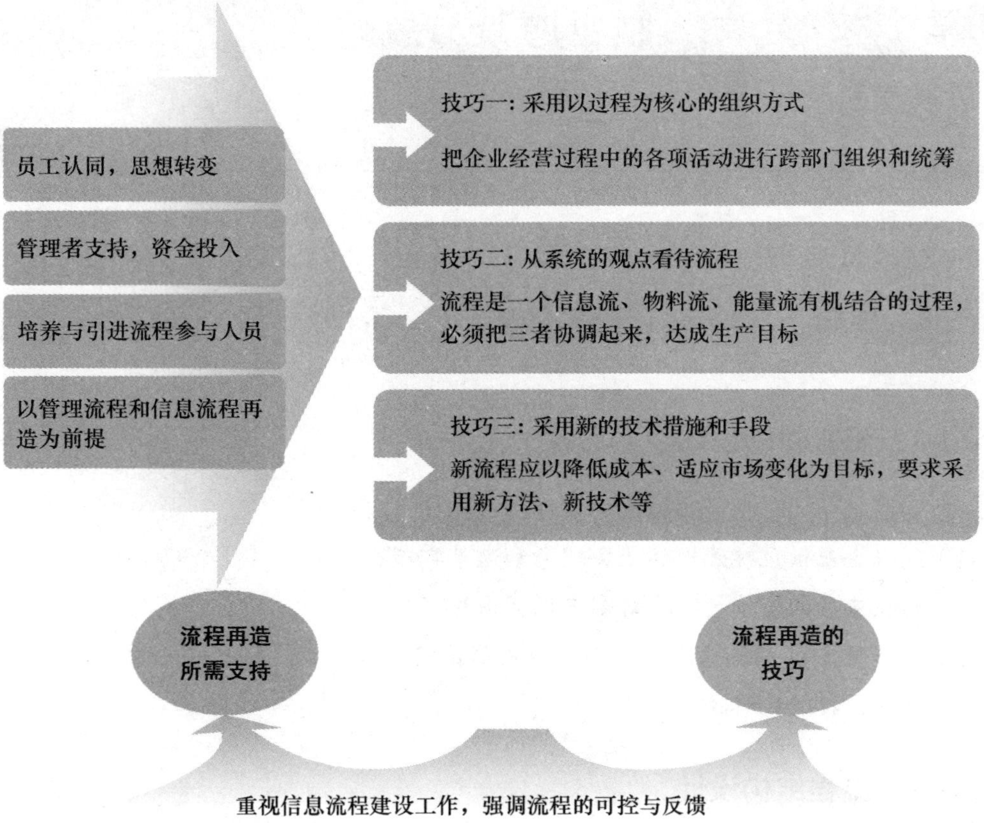

图 1-25　流程再造的技巧

第2章 制定愿景与战略

2.1 愿景与战略制定工作流程

2.1.1 流程目的说明

企业对愿景与战略制定实施流程管理的目的如下：

（1）明确企业供应链管理的业务理念和远景期望；

（2）为供应链的可持续性战略制定提供依据；

（3）促使员工自发自觉地参与企业供应链战略管理活动，降低供应链管理过程中的风险，提升战略执行效能。

2.1.2 流程结构设计

愿景与战略制定流程设计将愿景与战略的制定细分为 13 个事项，就每个事项分别设计流程，即供应链可持续性评估管理流程、供应商协作管理流程、市场调研流程、数据收集流程、客户需求预测及评估流程、供应链业务预算管理流程、战略愿景制定及传达流程、供应链战略制定及评估流程、全球运营计划制订流程、共享服务规划流程、供应链风险管理战略制定流程、远期业务战略选择流程和管理战略计划制订流程，具体结构设计如图 2-1 所示。

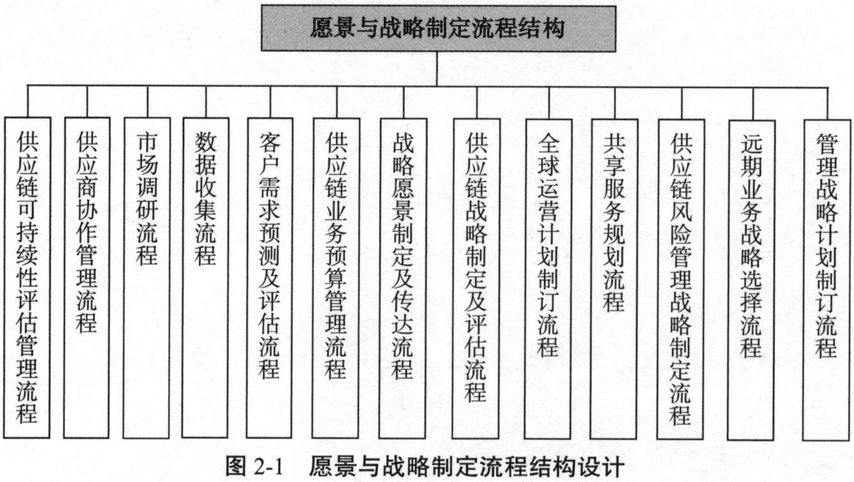

图 2-1 愿景与战略制定流程结构设计

2.2 供应链可持续性评估管理流程设计与工作执行

2.2.1 供应链可持续性评估管理流程设计

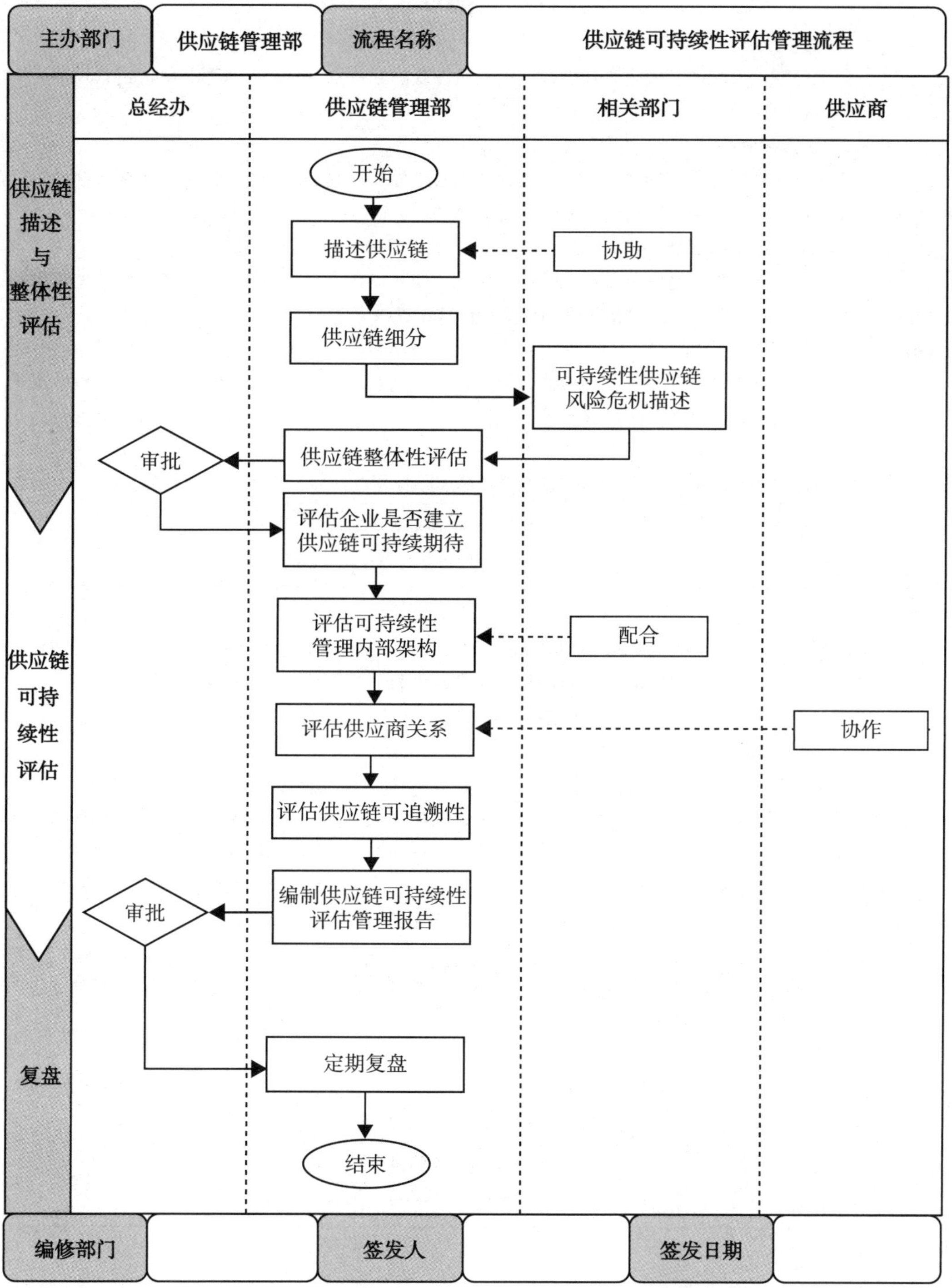

2.2.2 供应链可持续性评估管理执行程序、工作标准、考核指标、执行规范

任务名称	执行程序、工作标准与考核指标
供应链描述与整体性评估	**执行程序**
	1. 描述供应链 为了更好地追踪产品或服务从创造到消耗所涉及的企业重点活动和人事，供应链管理部应按规范描述企业的供应链 **2. 供应链细分** 供应链管理部对供应链进行细分，判断如何通过分配资源来提升可持续性。供应链细分可以让企业专注在供应链中最为重要的元素上 **3. 可持续性供应链风险危机描述** 风控中心应在供应链细分基础上承担风险危机描述的职责，包括辨认危机时间和评估危机的可能性与严重程度，为决定危机事件的优先处理顺序提供方向 **4. 供应链整体性评估** 供应链整体性评估包括评估供应商、第三方合作以及与其他外部组织的联系，查清资源浪费和效率低下问题，识别潜在阻力 **工作重点** 供应链管理部在描述供应链时，应考虑产品和服务的差异性，要将产品和服务分开进行描述
	工作标准
	目标标准：通过准确评估，为下一步工作提供执行方向
供应链可持续性评估	**执行程序**
	1. 评估企业是否建立供应链可持续期待 评估企业是否建立供应链可持续期待，包括对人权、劳工标准、环境的理解，对风险、机会与影响的管理，以及确定最终的供应链关注焦点 **2. 评估可持续性管理内部架构** 不同部门的需求竞争可能会对持续性供应链管理造成不利影响，因此理顺内部架构，建立各部门之间良好的对接、协调、沟通机制是非常重要的，供应链管理部要做好可持续性管理内部架构评估工作 **3. 评估供应商关系** 评估企业与供应商是否具有良好的可持续的战略合作关系 **4. 评估供应链可追溯性** 评估供应链可追溯性，对供应链的各环节进行验证、追查或核实，需要企业在供货商、生产商信息之外进行更多的披露 **工作重点** 供应链管理部应准确评估企业与供应商之间是否是可持续的合作关系，对于存在风险的供应商关系，应及时采取措施，同时将未合作但有实力的供应商纳入备用名单，进行关系维护
	工作标准
	完成标准：能够对供应链的各环节进行验证、追查或核实

（续）

任务名称	执行程序、工作标准与考核指标
复盘	**执行程序**
	1. 编制供应链可持续性评估管理报告 供应链管理部应根据前期评估工作内容编制供应链可持续性评估管理报告，并报总经办审批 **2. 定期复盘** 供应链规划人员和管理人员需要实时监测供应链可持续性评估工作的效果并定期复盘，调整计划和目标，确保可持续实践的完整性和影响 **工作重点** 供应链管理部应根据定期复盘的结果及时调整计划和目标，以确保供应链的可持续性
	工作标准
	完成标准：供应链可持续性评估管理报告的编制要规范，内容全面、结构清晰、无重大纰漏
	考核指标
	☆供应链可持续性评估管理报告编制完成的时间：供应链管理部应在____个工作日内完成报告编制工作 ☆评估结论正确率：用来衡量供应链可持续性评估的质量 $评估结论正确率=\frac{评估结论正确的数量}{评估结论总数}\times 100\%$
执行规范	
“供应链可持续性评估管理制度”“供应链可持续性评估管理执行手册”	

2.3 供应商协作管理流程设计与工作执行

2.3.1 供应商协作管理流程设计

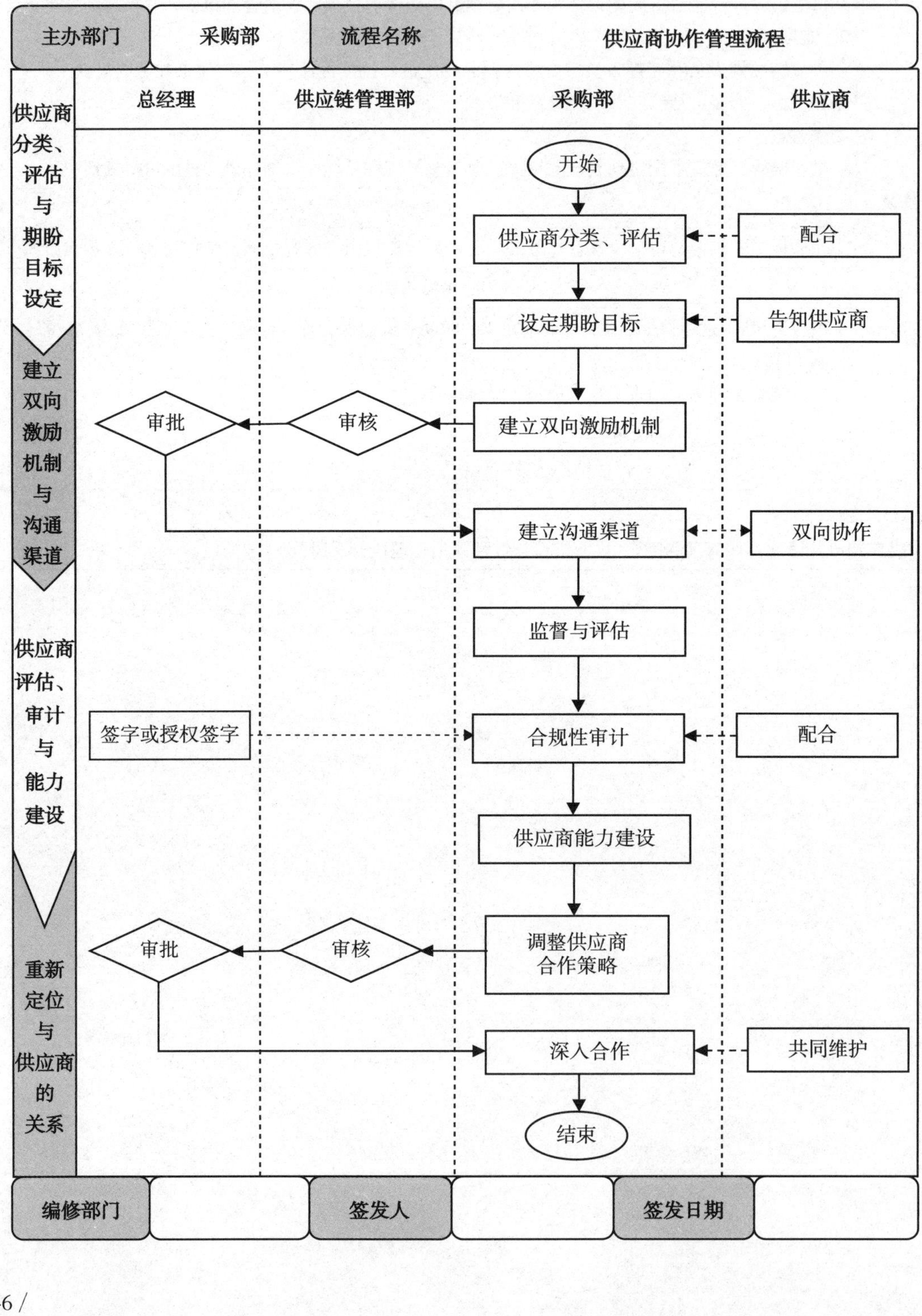

2.3.2 供应商协作管理执行程序、工作标准、考核指标、执行规范

<table>
<tr><th>任务名称</th><th>执行程序、工作标准与考核指标</th></tr>
<tr><td rowspan="6">供应商分类、评估与期盼目标设定</td><td>执行程序</td></tr>
<tr><td>1. 供应商分类、评估
☆采购部收集供应商资料，按采购类别、采购额等对供应商进行分类，筛选战略供应商、优选供应商、淘汰供应商
☆分析评估供应商历史绩效，包括供货物料质量、时间等
2. 设定期盼目标
采购部根据供应链需求设定期盼目标，并将持续性期盼目标告知供应商，纳入供应商行为守则
工作重点
采购部对供应商进行分类时，要注意评估供应商的风险因素，包括产品/服务质量风险、资财风险等</td></tr>
<tr><td>工作标准</td></tr>
<tr><td>质量标准：采购部收集的供应商资料全面、准确</td></tr>
<tr><td>考核指标</td></tr>
<tr><td>☆供应商分类结果准确率：用来衡量采购部的工作能力
☆$\text{供应商分类结果准确率}=\frac{\text{分类结果准确的次数}}{\text{分类总次数}}\times 100\%$</td></tr>
<tr><td rowspan="4">建立双向激励机制与沟通渠道</td><td>执行程序</td></tr>
<tr><td>1. 建立双向激励机制
☆对于供应商，企业可建立有效的双向激励机制，供应商激励的方法有订单激励、付款方式激励、开辟免检通道及商誉激励等
☆激励是一种双向的行为，供应商同样可以对可信赖的需求方进行激励，如价格激励、提供更周全的服务项目、允许需求方改变订单需求数量甚至取消某些订单、向需求方提供更简单的采购业务流程、减少采购作业成本、提供更为宽松的付款条件等
☆采购部将供应商双向激励机制向供应链管理部、总经办逐级汇报，提请审核与审批
2. 建立沟通渠道
建立良好的供应商沟通渠道，有助于掌握更新、更准确、更全面的信息，进而获得有利的竞争地位
工作重点
双向激励机制建立在与供应商的深度协作关系基础上，企业要有意识地推进关系深入</td></tr>
<tr><td>工作标准</td></tr>
<tr><td>质量标准：双向激励机制的制定应具有可操作性和可执行性</td></tr>
</table>

（续）

<table>
<tr><th>任务名称</th><th>执行程序、工作标准与考核指标</th></tr>
<tr><td rowspan="5">供应商评估、审计与能力建设</td><td>执行程序</td></tr>
<tr><td>1. 监督与评估
采购部对供应商的行为进行持续性监督、评估（包括现场评估），同时要求供应商自我评估，以分辨偏低表现区域及其根本原因和进步机会
2. 合规性审计
采购部组织审计小组对与供应商相关的事务进行合规性审计，也可由第三方审计公司进行，重点是审计其是否符合供应链管理的期望
3. 供应商能力建设
审计小组指出供应商偏低表现因素，企业为相关供应商提供培训和资源，以提升其供应能力
工作重点
对供应商的监督、评估、审计要按规范进行</td></tr>
<tr><td>工作标准</td></tr>
<tr><td>质量标准：企业通过定期对供应商进行审计与评估，保证货源质量符合相关标准</td></tr>
<tr><td style="display:none"></td></tr>
<tr><td rowspan="4">重新定位与供应商的关系</td><td>执行程序</td></tr>
<tr><td>1. 调整供应商合作策略
采购部根据审计评估结果，思考与各供应商的合作模式和合作策略，若有必要可进行调整
2. 深入合作
对于具备持续性合作条件的供应商，企业可以与其进一步建立以可持续进步为目标的合作伙伴关系</td></tr>
<tr><td>工作标准</td></tr>
<tr><td>目标标准：与供应商建立可持续战略合作伙伴关系</td></tr>
<tr><td colspan="2">执行规范</td></tr>
<tr><td colspan="2">“供应商调查报告”“供应商考核结果报告”“供应商关系维护方案”“采购合同”</td></tr>
</table>

2.4 市场调研流程设计与工作执行

2.4.1 市场调研流程设计

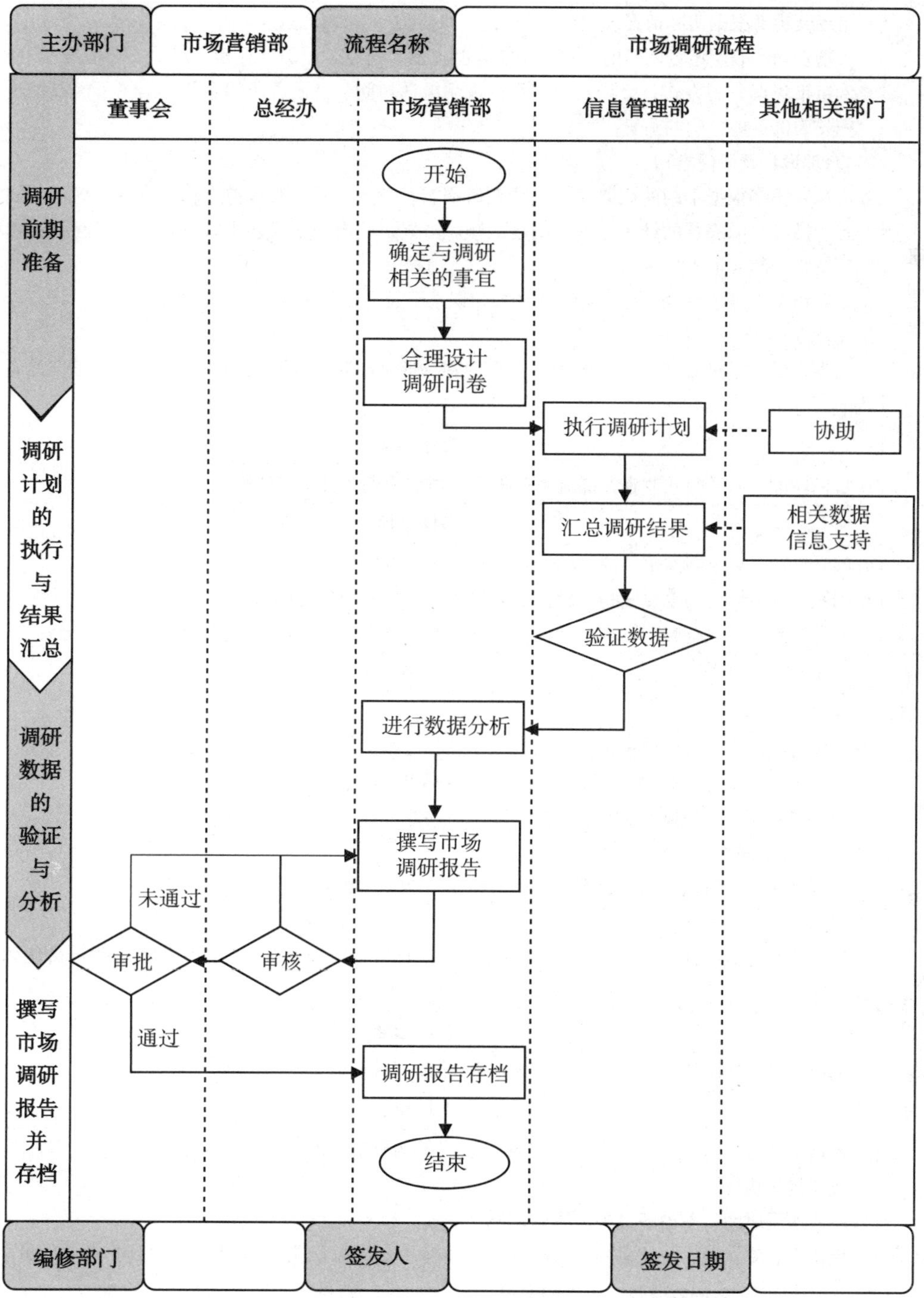

2.4.2 市场调研执行程序、工作标准、考核指标、执行规范

任务名称	执行程序、工作标准与考核指标
调研前期准备	**执行程序**
	1. 确定与调研相关的事宜 ☆市场营销部根据实际情况确定调研的目的、时间、人员与地点 ☆市场营销部确定市场调研的内容，主要包括产品、价格、渠道、促销、对手、环境等 ☆确定市场调研的方式，市场营销部可以采用电话访问、发放调研问卷等方式（下面以发放调研问卷为例）进行市场调研 **2. 合理设计调研问卷** ☆市场营销部根据不同的调研对象设计调研问卷，设计步骤主要有搜集相关资料，确定问题的内容、措辞与问答题的结构，安排问题的顺序，确定问卷的格式和排版方式，拟订问卷的初稿和预调查，制成正式问卷 ☆问卷行文要浅显易懂，考虑到受访者的知识水平及文化程度，不要超过受访者的领悟能力 **工作重点** 问卷中的问题设置要灵活，便于受访者回答，通常应包括开放式问题、封闭式问题、量表应答式问题等
	工作标准
	目标标准：通过问卷调查，能有效获得企业所需要的各种真实资料
	考核指标
	☆问卷深度：要求问卷中所涉及的信息能够为决策者提供参考 ☆问题的针对性：问题要紧扣主题，与调研主题相关的问题的比例不少于____% ☆问卷的严谨性：所有问题均应列出可能存在的答案，问题设置不存在前后矛盾的情况
调研计划的执行与结果汇总	**执行程序**
	1. 执行调研计划 ☆市场营销部按照调研计划组织信息管理部及其他相关部门开展调研活动 ☆在调研计划执行过程中，市场营销部与信息管理部要注意控制时间进度，保证在规定的期限内完成调研任务，如果确实需要延期，要及时沟通汇报 **2. 汇总调研结果** 调研完成后，信息管理部负责汇总调研结果，准备做数据分析 **工作重点** 执行调研计划要注意计划中的一些关键场景，必须按照步骤设计好这些场景，否则会使调研活动失真
	工作标准
	完成标准：调研任务按期完成，结果汇总全面
	考核指标
	☆调研执行的规范性与严谨性：相关部门要确保调研活动的工作流程、操作步骤、检验标准严格按照规定执行 ☆调研所用时间：不得超过规定调研期限 ☆调研废卷率：调研所获得的信息应真实、准确，废卷率不超过____%，用以评价调研质量 $\text{调研废卷率}=\frac{\text{回收问卷中废卷的数量}}{\text{发放问卷总数量}}\times 100\%$

（续）

任务名称	执行程序、工作标准与考核指标
调研数据的验证与分析	**执行程序**
	1. 验证数据 信息管理人员在调研结果汇总过程中要注意鉴别真实信息与虚假信息，并鉴定所获得的数据是否存在显著偏差，对于明显存在错误的数据和信息，要及时剔除 **2. 进行数据分析** ☆确定数据和信息无误后，市场营销部着手进行调研数据分析 ☆根据调研目的和对象不同，可以采用不同的分析方法，常用的有 SWOT 分析、回归分析、关键因素分析等方法 ☆若有必要，可以使用不同的研究方法对同一问题进行解释，互相验证结论的真伪，从而进一步提升结论的真实性与准确性 **工作重点** ☆在验证数据时，对于不好把握的数据和信息，信息管理部要注意寻求其他相关部门的信息支持，如有必要，工作人员要亲自到现场核实 ☆分析方法要根据企业的经营理念及过去的经验来确定
	工作标准
	参考标准：同行业其他企业同类调研数据的验证与分析过程资料
撰写市场调研报告并存档	**执行程序**
	1. 撰写市场调研报告 ☆调研和分析结束后，市场营销部根据资料分析情况撰写市场调研报告 ☆报告中必须准确阐明全部有关论据，包括从问题的提出到引出的结论，论证的全部过程，分析研究问题的方法，以及可供企业决策者进行独立思考的全部调查结果和必要的市场信息 ☆市场营销部将调研报告呈递总经办和董事会逐层审核与审批，审批未通过的，由市场营销部修改，直至获批 **2. 调研报告存档** ☆市场营销部对通过审批的市场调研报告实施建档保存 ☆建档保存的市场调研报告作为企业日后调研、营销等活动的依据 **工作重点** 市场调研报告的编制要规范，内容全面、结构清晰且无重大纰漏
	工作标准
	目标标准：市场调研报告能够为企业相关活动提供充实的决策支持
执行规范	
“市场调研计划”“市场调研报告”	

2.5 数据收集流程设计与工作执行

2.5.1 数据收集流程设计

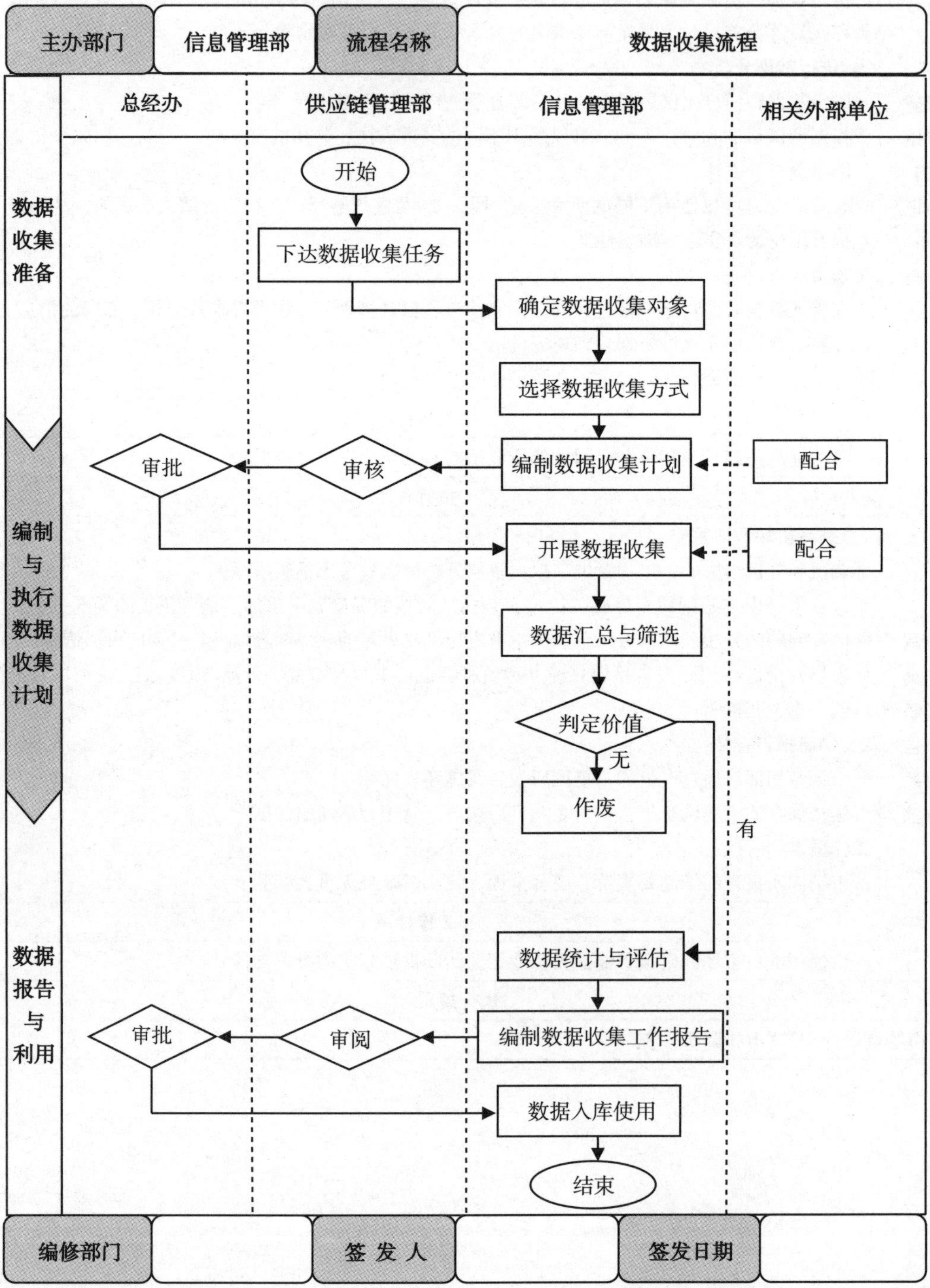

2.5.2 数据收集执行程序、工作标准、考核指标、执行规范

任务名称	执行程序、工作标准与考核指标
数据收集准备	**执行程序**
	1. 下达数据收集任务 供应链管理部根据企业中长期发展战略和年度目标的要求，下达数据收集任务 **2. 确定数据收集对象** 信息管理部根据数据收集任务，确定数据收集的对象、方式和执行人员等 **工作重点** 数据收集可能需要多部门配合，如有必要，信息管理部可以抽调多部门人员组成联合工作小组
	工作标准
	质量标准：数据收集任务清晰，收集对象、方式等明确
编制与执行数据收集计划	**执行程序**
	1. 编制数据收集计划 信息管理部根据前期确定事宜编制数据收集计划，并将计划报供应链管理部审核、总经办审批。数据收集计划通常包括数据收集的内容、途径、时间进度、人员安排、费用预算等 **2. 开展数据收集** 数据收集计划审批通过后，信息管理部工作人员根据计划开展数据收集工作，并对收集的数据进行整理归类，做出初步的分析和筛选 **3. 判定价值** ☆信息管理部对经过筛选的数据进行价值判定，确定有价值的数据，进一步做出完善评估 ☆对判定为无价值的数据，按作废处理 **工作重点** ☆数据收集计划要目标明确，且收集项目符合企业发展需要 ☆注意不要将作废数据泄露给竞争对手或他人，应将作废文件、数据等彻底销毁
	工作标准
	☆效率标准：在收到数据后的____个工作日内完成数据价值判定工作 ☆审核标准：审核数据的完整性、时效性、准确性、系统性及针对性
	考核指标
	计划编制的及时性：要求在每年（季）度下一个月的____个工作日内完成编制工作

（续）

<table>
<tr><th>任务名称</th><th>执行程序、工作标准与考核指标</th></tr>
<tr><td rowspan="4">数据报告与利用</td><td>执行程序</td></tr>
<tr><td>1. 编制数据收集工作报告
☆信息管理部对有价值且完善的数据进行最终统计与评估
☆信息管理部针对整个信息收集工作的过程编制数据收集工作报告，并提交供应链管理部审核、总经办审批
2. 数据入库使用
数据收集工作报告审批通过后，信息管理部根据批示情况将数据入库，并根据相应权限将其发送给对应的部门和人员使用
工作重点
参考多方资料，剔除错误和虚假数据</td></tr>
<tr><td>工作标准</td></tr>
<tr><td>☆使用标准：企业内部人员若要查阅和使用企业数据，需要向企业信息系统管理人员提出申请，经同意后再进行查阅，并可以对相关信息进行复制和使用
☆效率标准：信息管理人员每两个月对信息系统进行一次整理和更新，主要从内容上对系统所存数据进行整理，侧重于信息安全性和信息系统稳定性的维护</td></tr>
<tr><td colspan="2">执行规范</td></tr>
<tr><td colspan="2">“数据管理制度”“数据管理总结报告”“作废数据销毁单”“数据鉴定报告”</td></tr>
</table>

2.6 客户需求预测及评估流程设计与工作执行

2.6.1 客户需求预测及评估流程设计

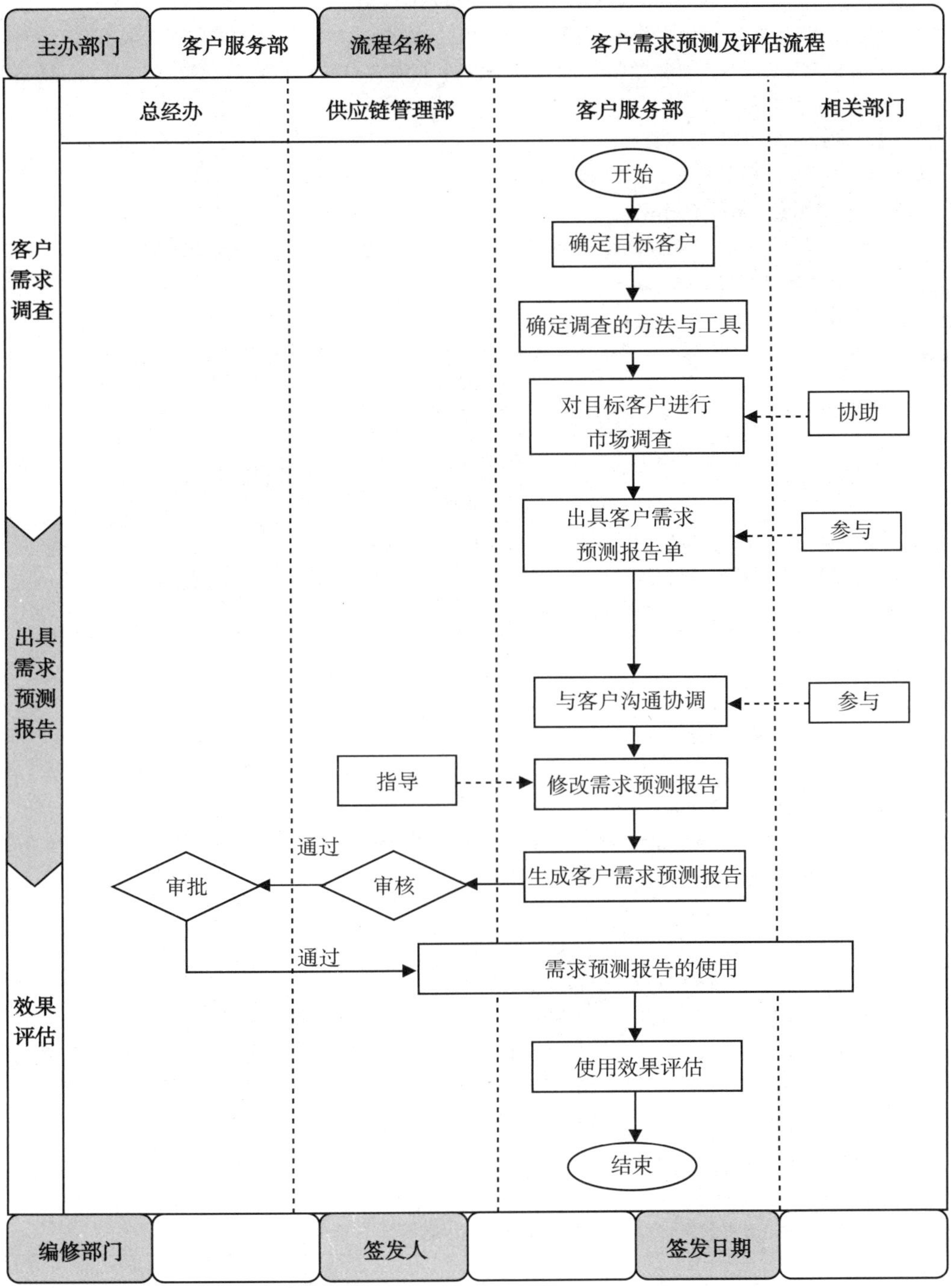

2.6.2　客户需求预测及评估执行程序、工作标准、考核指标、执行规范

任务名称	执行程序、工作标准与考核指标
客户需求调查	**执行程序**
	1. 确定目标客户 客户服务部为生产计划的制订进行市场调查，调查客户需求情况，根据客户本身的市场属性选定若干目标客户 **2. 确定调查的方法与工具** 客户服务部根据客户分类确定调查的方法与工具 **3. 对目标客户进行市场调查** 客户服务部对客户需求情况进行市场调查，同时参考历年需求报告，确定需求计划的合理性，并出具分析报告 **工作重点** 客户服务部要有的放矢，根据产品情况进行客户需求精准调查
	工作标准
	☆参照标准：企业历年客户需求报告 ☆质量标准：通过市场调查获得的信息真实有效，能够发挥应有价值
	考核指标
	☆市场调查工作的完成时间：应在____个工作日内完成 ☆工作计划完成率：用以衡量调查人员市场调查工作的完成情况 $\text{工作计划完成率}=\frac{\text{实际完成的工作事项}}{\text{计划完成的工作事项}}\times 100\%$
出具需求报告	**执行程序**
	1. 出具客户需求预测报告单 客户服务部根据市场调查结果，与其他相关部门进行会议讨论，出具客户需求预测报告单 **2. 生成客户需求预测报告** 客户服务部可请部分客户代表审阅客户需求预测报告单，请其提出修改意见，并于修改后生成客户需求预测报告，提交供应链管理部审核、总经办审批 **工作重点** ☆客户服务部要注意客户需求预测报告的合理性，全面考虑客户需求 ☆一旦出现较大的需求偏差，相关人员应及时汇报 ☆随着新技术的发展，注意利用大数据、人工智能等方法预测客户需求 ☆客户需求预测要选择适当的方法，通常有定性预测法和定量预测法。前者需要少量的数据和一些直观的材料，结合人们的经验对客户需求进行判断、预测，一般有购买者意向调查法、专家意见法、市场试销法等；后者则需要完备的统计资料和先进的计算手段，建立数学模型，一般有时间序列预测法和因果分析预测法
	工作标准
	质量标准：客户需求预测报告的格式规范、内容翔实、参考性强

（续）

<table>
<tr><th>任务名称</th><th>执行程序、工作标准与考核指标</th></tr>
<tr><td rowspan="6">效果评估</td><td>执行程序</td></tr>
<tr><td>1. 需求预测报告的使用
客户需求预测报告审批通过后，由客户服务部负责发往企业各部门和相关单位，以供使用
2. 使用效果评估
客户服务部根据各部门和相关单位使用需求预测报告后的反馈意见，评估前期客户需求预测工作存在的问题和不足，总结经验，形成使用效果评估报告
工作重点
使用效果评估报告要紧贴企业当下的业务关键点</td></tr>
<tr><td>工作标准</td></tr>
<tr><td>质量标准：使用效果评估报告的内容详尽、科学，能够为后续的客户需求预测工作打下良好的基础</td></tr>
<tr><td>考核指标</td></tr>
<tr><td>☆需求预测结论正确率：用来衡量需求预测报告的质量，目标值为____%
☆需求预测结论正确率 = $\frac{\text{需求预测结论正确的数量}}{\text{需要预测结论总数}} \times 100\%$</td></tr>
<tr><td colspan="2">执行规范</td></tr>
<tr><td colspan="2">“客户服务部规章制度”“客户需求预测报告”</td></tr>
</table>

2.7 供应链业务预算管理流程设计与工作执行

2.7.1 供应链业务预算管理流程设计

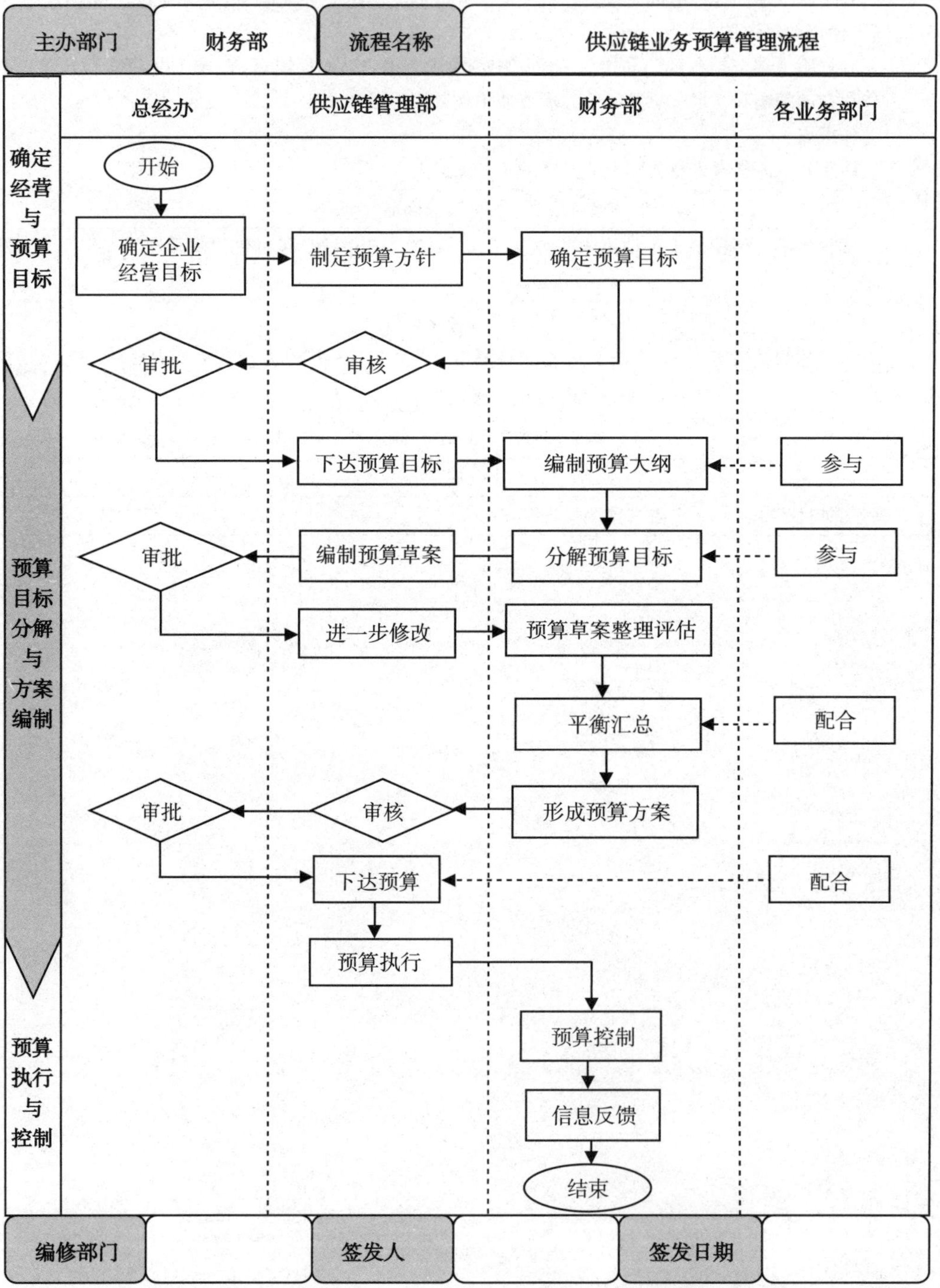

2.7.2 供应链业务预算管理执行程序、工作标准、考核指标、执行规范

任务名称	执行程序、工作标准与考核指标
确定经营与预算目标	**执行程序**
	1. 确定企业经营目标 ☆企业总经办根据企业发展情况开会讨论下一年度经营目标 ☆供应链管理部对部门的经营环境进行分析、评价，并预测部门未来发展的趋势及其可能对企业产生的影响 ☆各相关部门负责人参与会议讨论，确定企业下一年度经营计划，供应链管理部制定预算方针 **2. 确定预算目标** 财务部根据预算方针制定预算目标，并上报审核与审批 **工作重点** 参会人员需要对企业的经营状况进行全面的分析与预测
	工作标准
	目标标准：通过召开会议，确定企业下一年度的经营目标与经营计划
预算目标分解与方案编制	**执行程序**
	1. 编制预算大纲 ☆预算目标审批通过后，供应链管理部负责下达本年度预算目标 ☆财务部根据预算目标，综合各业务部门的运营状况，编制预算大纲 **2. 分解预算目标** 财务部根据各业务部门的经营情况及供应链管理部需求分析，将预算目标分解到供应链管理部与各业务部门 **3. 编制预算草案** ☆供应链管理部与各业务部门根据分解后的预算目标，结合本部门本年度的运营情况与下一年度的工作安排编制预算草案 ☆预算草案编制完成后需要报总经办审批，审批未通过的，需要进行修改并重新报批 **4. 形成预算方案** ☆财务部根据各部门预算草案进行平衡汇总，确保部门经营的协调性与稳定性 ☆汇总完成后，财务部对预算草案进行最终整理，编制预算方案，上报审核与审批 **工作重点** 财务部需要对各部门上报的预算草案进行严格审核，并且汇总平衡各部门的预算
	工作标准
	质量标准：财务部在汇总平衡预算时，要确保各部门协调发展
	考核指标
	预算草案编写的及时性：预算草案须在考核期内编写完成

（续）

<table>
<tr><th>任务名称</th><th>执行程序、工作标准与考核指标</th></tr>
<tr><td rowspan="4">预算执行与控制</td><td>执行程序</td></tr>
<tr><td>1. 预算执行
预算方案通过后，下达到供应链管理部与各业务部门，由部门负责人组织执行
2. 预算控制
☆财务部需要对预算执行过程进行监控，控制预算金额，对预算执行存在偏差的部门进行调整
☆财务部针对各部门的预算执行情况进行信息收集与反馈，供应链管理部需要知悉各部门的预算执行情况，对执行中出现问题的部门进行指导
工作重点
各部门对预算进行精准控制，保证预算方案顺利实施</td></tr>
<tr><td>工作标准</td></tr>
<tr><td>执行标准：预算实施需要确定起始时间、详细的工作步骤、各工作环节在一定时间段内的目标、各步骤的负责人等</td></tr>
<tr><td colspan="2">执行规范</td></tr>
<tr><td colspan="2">“企业预算管理制度”“企业经营分析报告”“供应链管理部预算方案”“企业预算报告”</td></tr>
</table>

2.8 战略愿景制定及传达流程设计与工作执行

2.8.1 战略愿景制定及传达流程设计

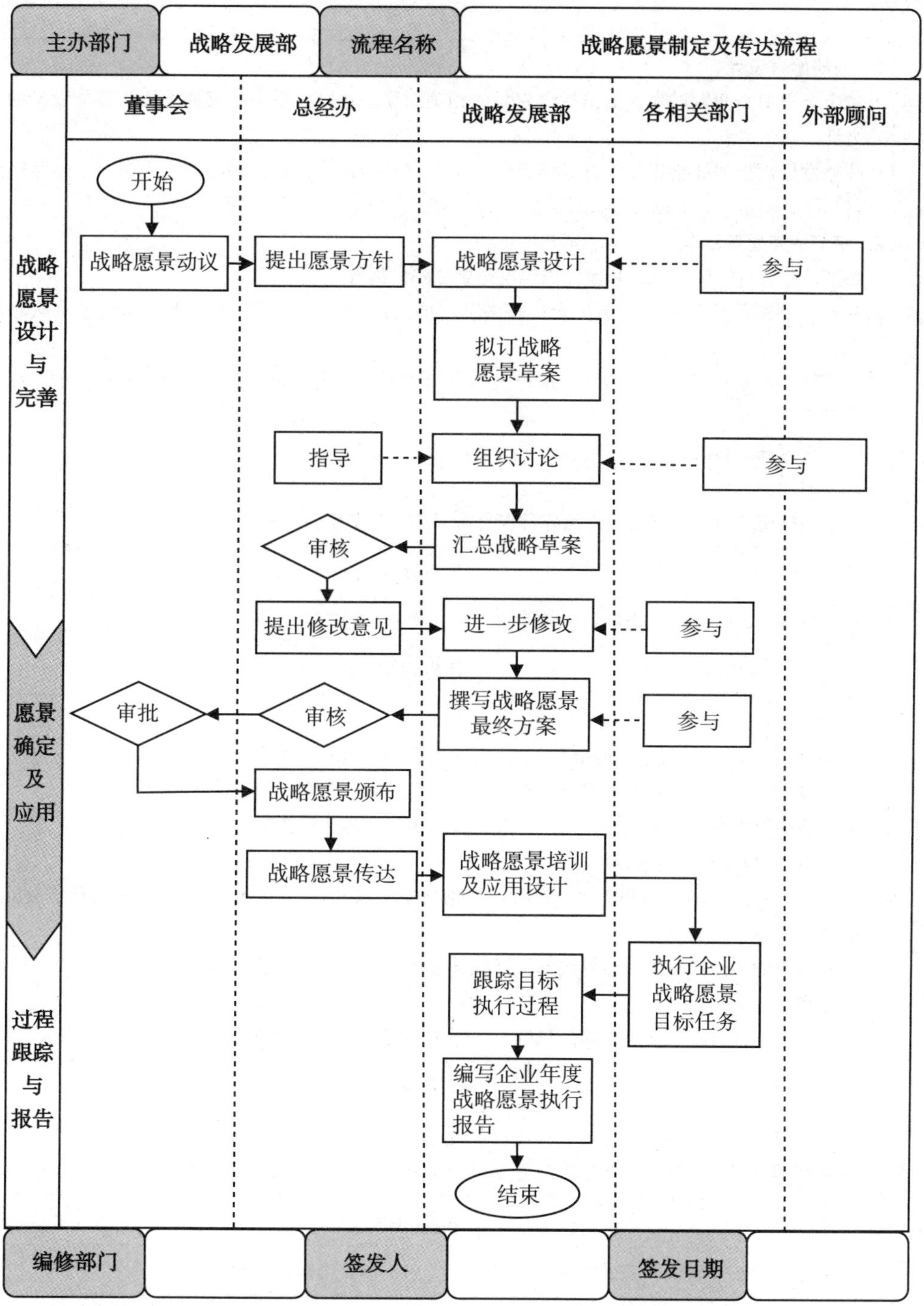

2.8.2 战略愿景制定及传达执行程序、工作标准、考核指标、执行规范

任务名称	执行程序、工作标准与考核指标
战略愿景设计与完善	**执行程序**
	1. 战略愿景设计 ☆董事会根据企业发展变化提出战略愿景的相关动议，总经办根据动议提出战略愿景设计的总体方针 ☆战略发展部根据战略愿景设计总体方针，组织召开会议，各相关部门负责人参会，外部顾问进行指导，确定企业战略愿景设计的负责人、目标、内容、流程、时间安排等 2. 拟订战略愿景草案 ☆各部门将各自的调研总结和设计内容反馈给战略发展部 ☆战略发展部与相关部门沟通配合，在各部门的总结和设计内容的基础上，拟订企业战略愿景草案 ☆企业战略愿景草案拟订完成后，战略发展部组织召开会议，对有异议的地方进行修改，相关部门负责人参与讨论 ☆战略发展部对会议内容进行汇总，形成新草案，报总经办审核 工作重点 企业战略愿景草案要结合企业历年经营状况及未来发展前景进行设计
	工作标准
	质量标准：企业战略愿景草案内容完整、格式规范、指导性强
愿景确定及应用	**执行程序**
	1. 战略愿景颁布 ☆战略发展部将经过多次沟通和研讨的战略愿景草案汇编成正式的企业战略愿景方案 ☆战略发展部负责人对方案进行详细审核，审核通过后报总经办、董事会核批 ☆企业战略愿景方案经批准后，由总经办正式颁布，并传达到各部门和下属单位 2. 战略愿景培训及应用设计 ☆战略发展部组织各部门和下属单位学习讨论战略愿景方案，举办培训活动，为后续任务部署做好准备 ☆根据企业的实际情况，战略发展部设计战略愿景的各种应用场景和相应目标 工作重点 企业战略愿景方案要设定恰当的目标，可通过制定目标管理责任书来督促执行
	工作标准
	☆完成标准：企业战略愿景方案顺利通过审批 ☆参照标准：同行业其他企业的战略愿景规划文书
	考核指标
	企业战略愿景方案编制完成的时间：应在____个工作日内编制完成

（续）

<table>
<tr><th>任务名称</th><th>执行程序、工作标准与考核指标</th></tr>
<tr><td rowspan="6">过程跟踪与报告</td><td>执行程序</td></tr>
<tr><td>1. 执行企业战略愿景目标任务
☆各部门和下属单位按照战略愿景方案与目标管理责任书执行目标任务
☆战略发展部按月或季度对目标任务的执行情况进行跟踪检查，填写目标管理追踪单
2. 编写企业年度战略愿景执行报告
☆战略发展部制定各部门和下属单位年度总结的标准及要求，最好根据实际情况设计相应的总结模板供大家使用
☆各部门和下属单位根据本年度实际经营管理情况，编写年度经营管理报告，各部门和下属单位负责人要对报告进行审定
☆战略发展部汇总各部门和下属单位的总结报告，并编写企业年度战略愿景执行报告
工作重点
企业年度战略愿景执行报告编制规范，内容全面、结构清晰，无重大纰漏</td></tr>
<tr><td>工作标准</td></tr>
<tr><td>参照标准：企业过去年度的类似执行报告</td></tr>
<tr><td>考核指标</td></tr>
<tr><td>跟踪检查工作的及时性：跟踪检查工作应在每月或每季度次月的____日前完成</td></tr>
<tr><td colspan="2">执行规范</td></tr>
<tr><td colspan="2">“企业战略愿景草案”“企业战略愿景方案”“企业战略目标管理责任书”“企业年度战略愿景执行报告”</td></tr>
</table>

2.9 供应链战略制定及评估流程设计与工作执行

2.9.1 供应链战略制定及评估流程设计

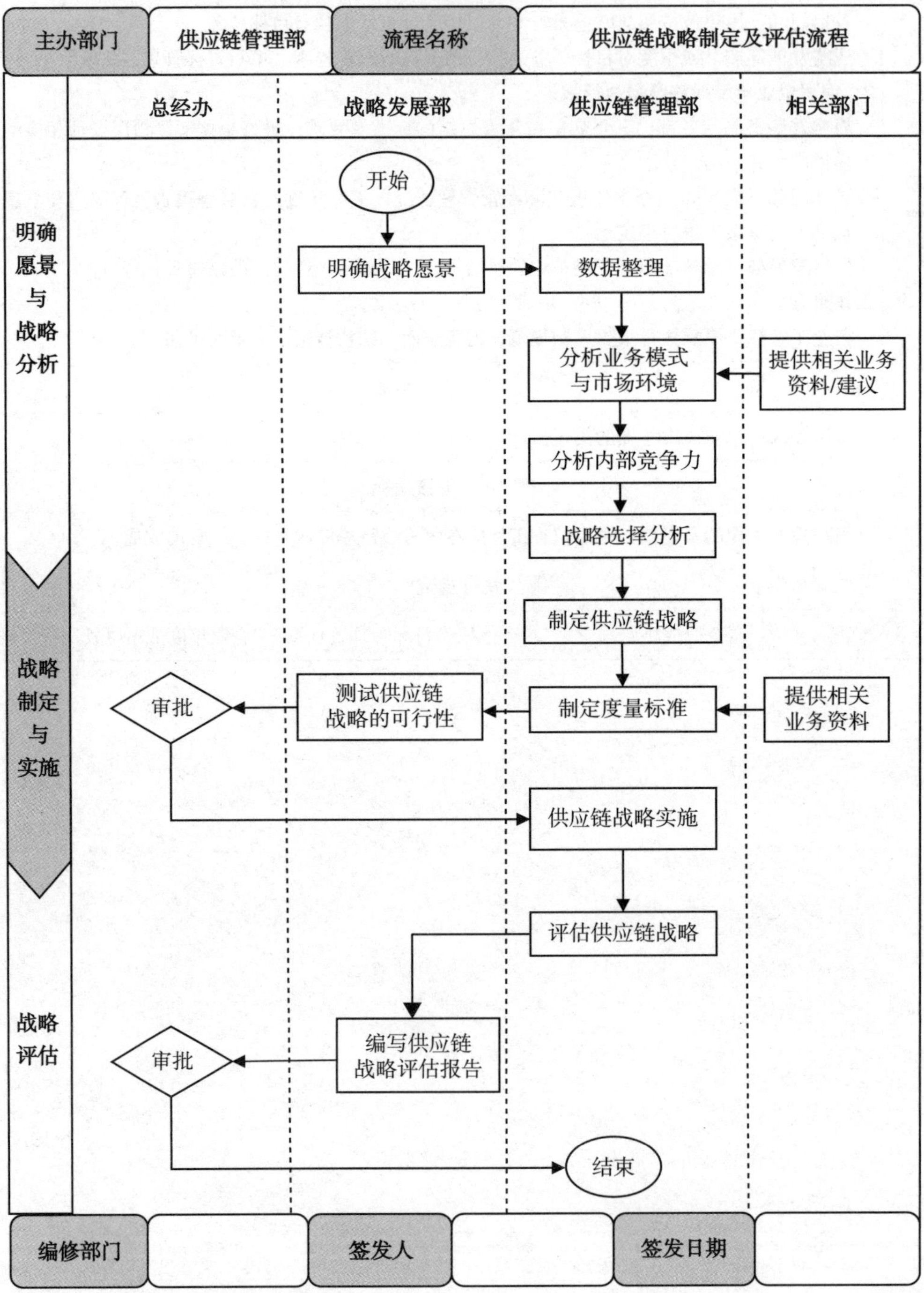

2.9.2 供应链战略制定及评估执行程序、工作标准、考核指标、执行规范

<table>
<tr><th>任务名称</th><th>执行程序、工作标准与考核指标</th></tr>
<tr><td rowspan="6">明确愿景与战略分析</td><td>执行程序</td></tr>
<tr><td>1. 数据整理
☆在明确企业战略愿景的基础上，供应链管理部整理供应链管理端到端的可视性数据，用于制定供应链战略
☆可视性数据包括原材料的获取和运输，产品的制造或服务的提供，以及产品配送和售后服务的方式与特点等方面的数据
2. 分析业务模式与市场环境
☆对企业当前的业务模式及组织资源进行分析，确定组织当前的主要盈利模式
☆通过波特五力分析模型、PEST 分析（宏观环境分析）等方法分析市场宏观环境和产品竞争环境，从而了解企业的发展潜力和上限
3. 分析内部竞争力
通过价值链分析、核心竞争力分析等方法分析企业的内部竞争力，找准主要的竞争优势来源，明确企业发展的核心驱动因素
4. 战略分析
通过 SWOT 分析、波士顿矩阵分析等方法，找准企业的优势、劣势，以及当前的机会与威胁，确定当下的主要战略选择，明确企业的发展方向、途径和手段
工作重点
☆在分析市场环境时，供应链管理部要开展“假设”分析，对市场严重下滑或上行的影响因素进行弹性建模
☆在评估外部环境时，供应链管理部要注意对关键供应商进行深入分析，重点是质量保证与合作可持续性评估
☆战略分析要特别注意 SWOT 分析法的应用。SWOT 分析法即态势分析法，它经常被用于企业战略方向选择、目标制定、竞争对手分析等方面。SWOT 分析法根据企业自身的既定内在条件和外在环境进行综合分析，找出企业的优势、劣势及核心竞争力。其中，S 代表优势（strengths），W 代表弱势（weaknesses），O 代表机会（opportunities），T 代表威胁（threats）。其中，S、W 是内部因素，O、T 是外部因素。按照企业战略目标的完整概念，目标应是一个企业“能够做的”（即组织的强项和弱项）和“可能做的”（即环境的机会和威胁）之间的有机组合。根据以上对 SWOT 分析方法的界定，加之其自身由于不受企业类型、企业规模及管理方式的限制，因此被众多企业所采用，特别是在设定企业绩效目标时备受推崇。SWOT 分析法可以帮助企业把资源聚集于自己的强项，在机会最多的方面付诸行动，并让企业的战略方向和目标变得清晰</td></tr>
<tr><td>工作标准</td></tr>
<tr><td>质量标准：战略分析数据可靠，分析过程严谨、细致、规范，符合企业实际情况</td></tr>
<tr><td>考核指标</td></tr>
<tr><td>☆分析工作计划完成率：用以衡量相关人员分析工作的完成情况
☆分析工作计划完成率 = $\frac{\text{实际完成的分析工作事项}}{\text{计划完成的分析工作事项}} \times 100\%$</td></tr>
</table>

（续）

<table>
<tr><th>任务名称</th><th>执行程序、工作标准与考核指标</th></tr>
<tr><td rowspan="6">战略制定与实施</td><td>执行程序</td></tr>
<tr><td>1. 制定供应链战略
☆供应链管理部总结之前战略分析的结果，从企业战略的高度对供应链进行全局性规划，并制定供应链战略
☆供应链战略的内容包括供应链业务（涵盖采购、生产、销售、仓储和运输等一系列活动）、目的、竞争任务及核心运作策略等
2. 制定度量标准
供应链管理部制定与各项关键业务战略相关的一系列度量标准
3. 测试供应链战略的可行性
战略管理部从供应商、风险、产能、价格、产量和盈利能力等方面测试供应链战略的可行性，并上报总经办审批
4. 供应链战略实施
☆审批通过后，供应链管理部组织实施供应链战略
☆供应链战略实施主要关注的问题有资源获取与分配、组织结构调整、具体业务运作、企业文化管理等
工作重点
☆企业的供应链战略必须与企业竞争战略、新产品开发战略、市场营销战略等相互匹配
☆企业的供应链战略必须与整体业务战略和业务规划保持协同</td></tr>
<tr><td>工作标准</td></tr>
<tr><td>质量标准：供应链战略切实可行，顺利通过审批，度量标准制定准确</td></tr>
<tr><td>考核指标</td></tr>
<tr><td>☆供应链战略制定完成的时间：应在____个工作日内制定完成</td></tr>
<tr><td rowspan="4">战略评估</td><td>执行程序</td></tr>
<tr><td>1. 评估供应链战略
☆供应链管理部与战略发展部参照企业实际运营状况和新机遇、新理念、新技术、新方法，及时对供应链战略进行调整，以保证供应链战略对企业经营管理进行指导的有效性
☆通过绩效评估，审视供应链战略的科学性和有效性，并及时对相关人员进行奖惩
2. 编写供应链战略评估报告
战略发展部负责编写供应链战略评估报告，并提交总经办审批
工作重点
供应链战略评估应遵循系统优化原则、通用可比原则及实用性原则</td></tr>
<tr><td>工作标准</td></tr>
<tr><td>目标标准：通过及时评估、总结战略执行效果，奖惩有关人员，进一步提升供应链管理水平和相关人员的工作积极性</td></tr>
<tr><td colspan="2">执行规范</td></tr>
<tr><td colspan="2">“供应链战略制定及评估细则”“供应链战略评估报告”</td></tr>
</table>

2.10 全球运营计划制订流程设计与工作执行

2.10.1 全球运营计划制订流程设计

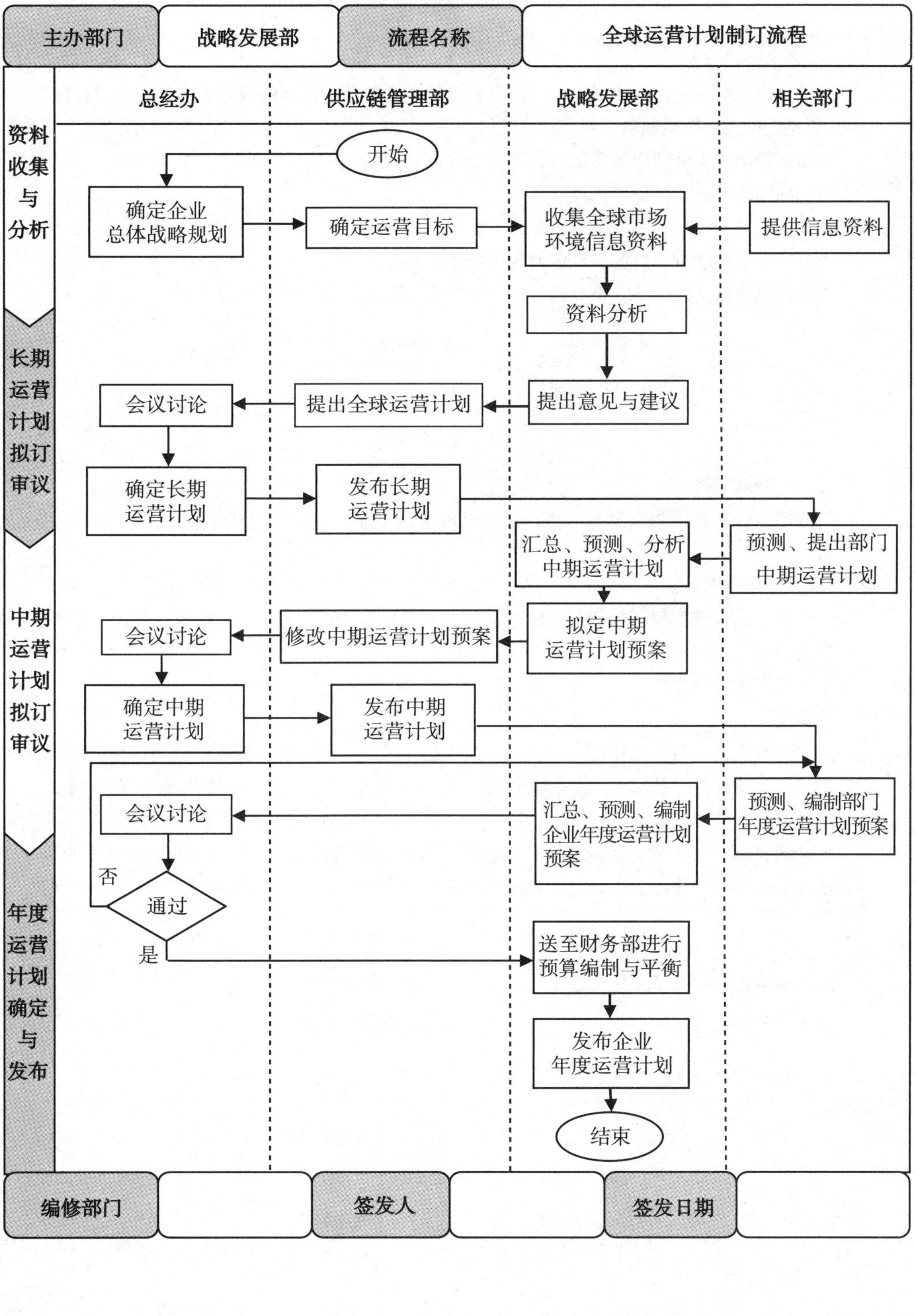

2.10.2 全球运营计划制订执行程序、工作标准、考核指标、执行规范

任务名称	执行程序、工作标准与考核指标
资料收集与分析	**执行程序**
	1. 确定运营目标 总经办确定企业总体战略规划，供应链管理部根据企业总体战略规划确定全球运营目标 **2. 收集全球市场环境信息资料** ☆战略发展部收集全球市场环境信息资料，并进行资料分析 ☆相关部门按要求提供信息资料 **工作重点** ☆战略发展部应注意所收集信息数据的准确性，避免出现数据误差 ☆为促进供应链全球运营，企业应指派供应链全球化战略负责人，专司其职
	工作标准
	质量标准：统一思路，明确目标，任务清晰，措施可行
长期运营计划拟订审议	**执行程序**
	1. 提出全球运营计划 供应链管理部根据相关资料信息，提出具体的全球运营计划，包括运营目标、工作标准和执行要求 **2. 确定长期运营计划** ☆总经办与供应链管理部进行会议讨论，确定长期运营计划，并为长期运营计划的编制补充资料，完善信息 ☆发布长期运营计划 **工作重点** ☆相关负责人应注意企业资源计划（ERP）战略在供应链全球化运营中的关键作用，实现 ERP 战略支持全球所有运营场所，在全球范围内统一标准，并且与企业全球化战略完美同步 ☆供应链管理部要设计供应链全球化运营的关键场景，实现全球供应商选择，优化全球制造网络，协调主要运营场所和全球供应商合作伙伴的关系，尤其重视与其他国家和地区可持续发展及环境安全标准的一致性
	工作标准
	效率标准：长期运营计划发布及时，在____个工作日内完成
	考核指标
	相关数据的准确性：数据误差不得超过____处

（续）

<table>
<tr><th>任务名称</th><th>执行程序、工作标准与考核指标</th></tr>
<tr><td rowspan="4">中期运营计划拟订审议</td><td>执行程序</td></tr>
<tr><td>1. 汇总、预测、分析中期运营计划
☆战略发展部根据长期运营计划汇总、预测、分析各部门的中期运营计划
☆各部门对与本部门相关的目标进行分析、研究，明确本部门工作目标
2. 确定中期运营计划
☆总经办与供应链管理部进行会议讨论，针对中期运营计划进行沟通，提出意见
☆发布中期运营计划
工作重点
企业每年要全面评估全球化对企业供应链需求预测和支持服务的影响，并及时制定应对措施</td></tr>
<tr><td>工作标准</td></tr>
<tr><td>质量标准：各部门根据企业运营计划及本部门工作计划，着眼全局开展工作，以保证本部门工作目标和企业整体运营目标的实现</td></tr>
<tr><td rowspan="4">年度运营计划确定与发布</td><td>执行程序</td></tr>
<tr><td>1. 汇总、预测、编制企业年度运营计划预案
☆战略发展部汇总、预测、编制企业年度运营计划预案，并提交总经办审批
☆未经过审批的，战略发展部依据总经办反馈的意见对年度运营计划预案进行调整
2. 送至财务部进行预算编制与平衡
战略发展部将审批通过的企业年度运营计划送至财务部进行预算编制与平衡
3. 发布企业年度运营计划
战略发展部负责发布企业年度运营计划并监督执行
工作重点
针对预算平衡中出现的问题，战略发展部与财务部应共同制定调整方案，力求达到满意的结果</td></tr>
<tr><td>工作标准</td></tr>
<tr><td>质量标准：企业年度运营计划目标完整，包含每一项经营指标；计划目标合理，切合企业实际，既不冒进，也不保守</td></tr>
<tr><td colspan="2">执行规范</td></tr>
<tr><td colspan="2">“供应链全球化发展战略”“企业年度经营计划标准”“企业年度运营计划预案”“企业年度运营计划书”</td></tr>
</table>

2.11 共享服务规划流程设计与工作执行

2.11.1 共享服务规划流程设计

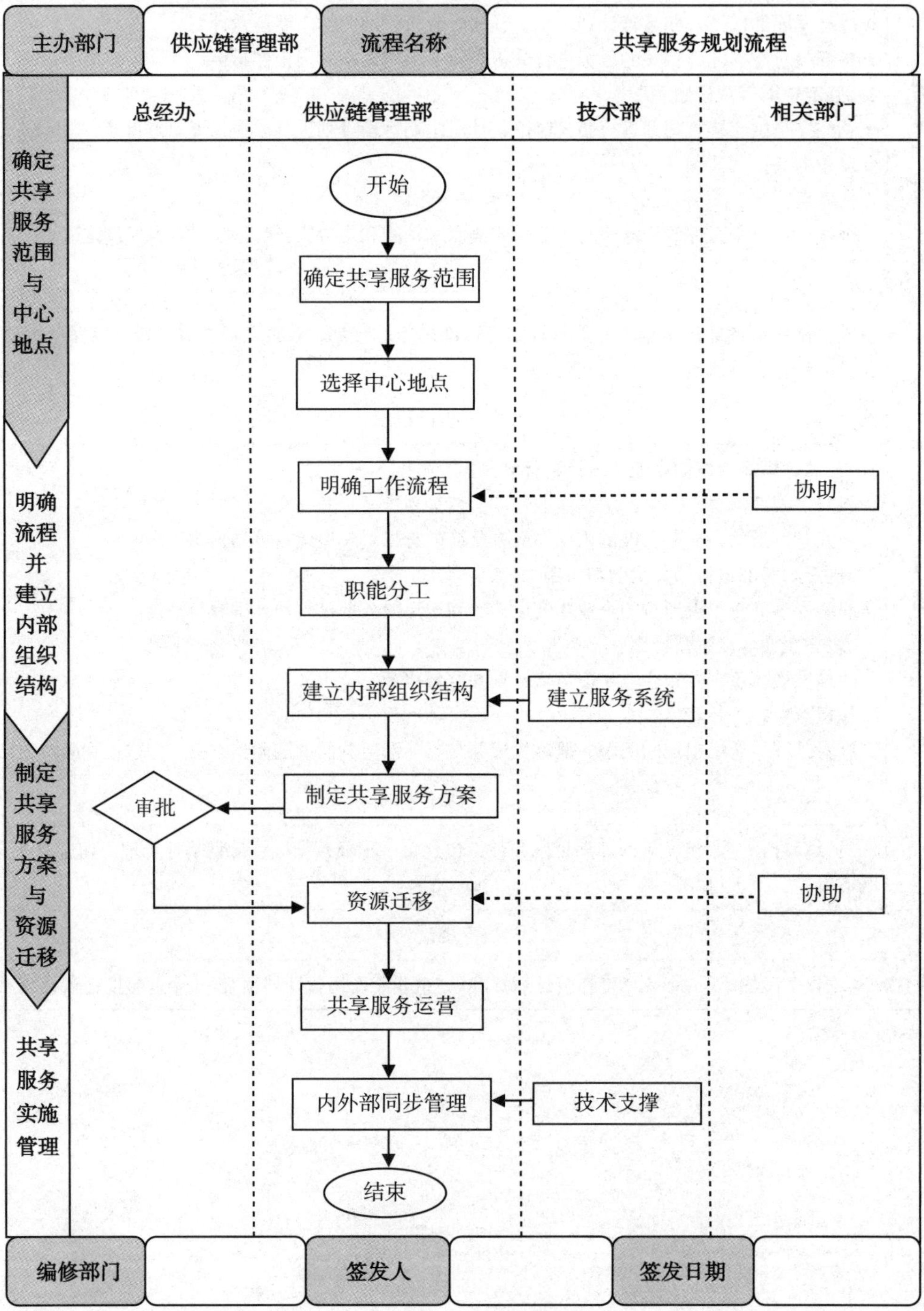

2.11.2 共享服务规划执行程序、工作标准、考核指标、执行规范

任务名称	执行程序、工作标准与考核指标
确定共享服务范围与中心地点	**执行程序** **1. 确定共享服务范围** ☆供应链管理部确定共享服务中心的集成服务范围 ☆可以采用矩阵式的结构进行经营，并在财务、会计、税务、人力资源等方面采用共享服务 **2. 选择中心地点** 企业可以根据国家颁布的外包示范城市列表及自身的实际状况，选择中心地点并加以评价，评价的标准需要从商务条件、基础设施建设、人力资源和经营成本这几个方面来思考 **工作重点** 共享服务流程设计必须满足不同业务单位的需要，应根据地区的相关要求设计处理流程 **工作标准** 质量标准：共享服务范围合理，选址符合国家政策和企业发展需求
明确流程并建立内部组织结构	**执行程序** **1. 明确工作流程** ☆供应链管理部要明确共享服务范围内的工作流程 ☆部分业务循环与工作范围需要进行明确的分类及规定 **2. 职能分工** 共享服务系统在组织设计过程中需要根据流程职能进行科学分工，以达到管理范围扁平化、管理人员专业化、后台支撑职能专职化的目标 **3. 建立内部组织结构** 供应链管理部根据流程职能划分建立共享服务系统内部组织结构 **工作重点** 在内部组织结构设计过程中，应当先确定共享服务系统业务、企业总部业务、地区业务的职责分类与合作关系，如此可以更好地实施共享服务 **工作标准** 内容标准：职能分工明确、合理，组织结构设计符合企业实际
制定共享服务方案与资源迁移	**执行程序** **1. 制定共享服务方案** 供应链管理部根据共享服务范围、中心地点、工作流程等要素制定共享服务方案，并提交总经办审批 **2. 资源迁移** ☆共享服务方案审批通过后，供应链管理部组织相关资源向共享服务中心迁移 ☆在迁移前，需要选好地点、优化系统、明确人员，并对业务展开简要的分析 ☆正式迁移时，供应链管理部要组织开展针对标准流程计划的培训，统计共享服务工作人员，整合相关资源 **工作重点** 供应链管理部要注意提前规划好共享服务系统的管理细节，包括共享服务系统的管理结构、服务标准、绩效考评及内部控制机制等，并定期进行调整 **工作标准** 内容标准：共享服务方案制定流程规范，内容全面，结构清晰，无重大纰漏

（续）

任务名称	执行程序、工作标准与考核指标
共享服务实施管理	**执行程序**
	企业应建立联合组织促进共享服务运营，实现企业内部及外部共享服务系统的同步管理 **工作重点** ☆共享服务方案启动前，企业应确定实施业务的新渠道，明确当地人员与共享服务系统人员之间的职责划分，进行测试与风险评价等 ☆企业还应做好基准服务质量认定与人员分配等方面的准备工作，在服务质量合同上确定服务标准，在启动前明确管理体系，要求业务部门主动配合，以防止出现服务水平降低、流程调整难以实施等情况
	考核指标
	共享服务满意度评分：目标值为____分
执行规范	
“供应链管理部规章制度”“共享服务管理制度”	

2.12 供应链风险管理战略制定流程设计与工作执行

2.12.1 供应链风险管理战略制定流程设计

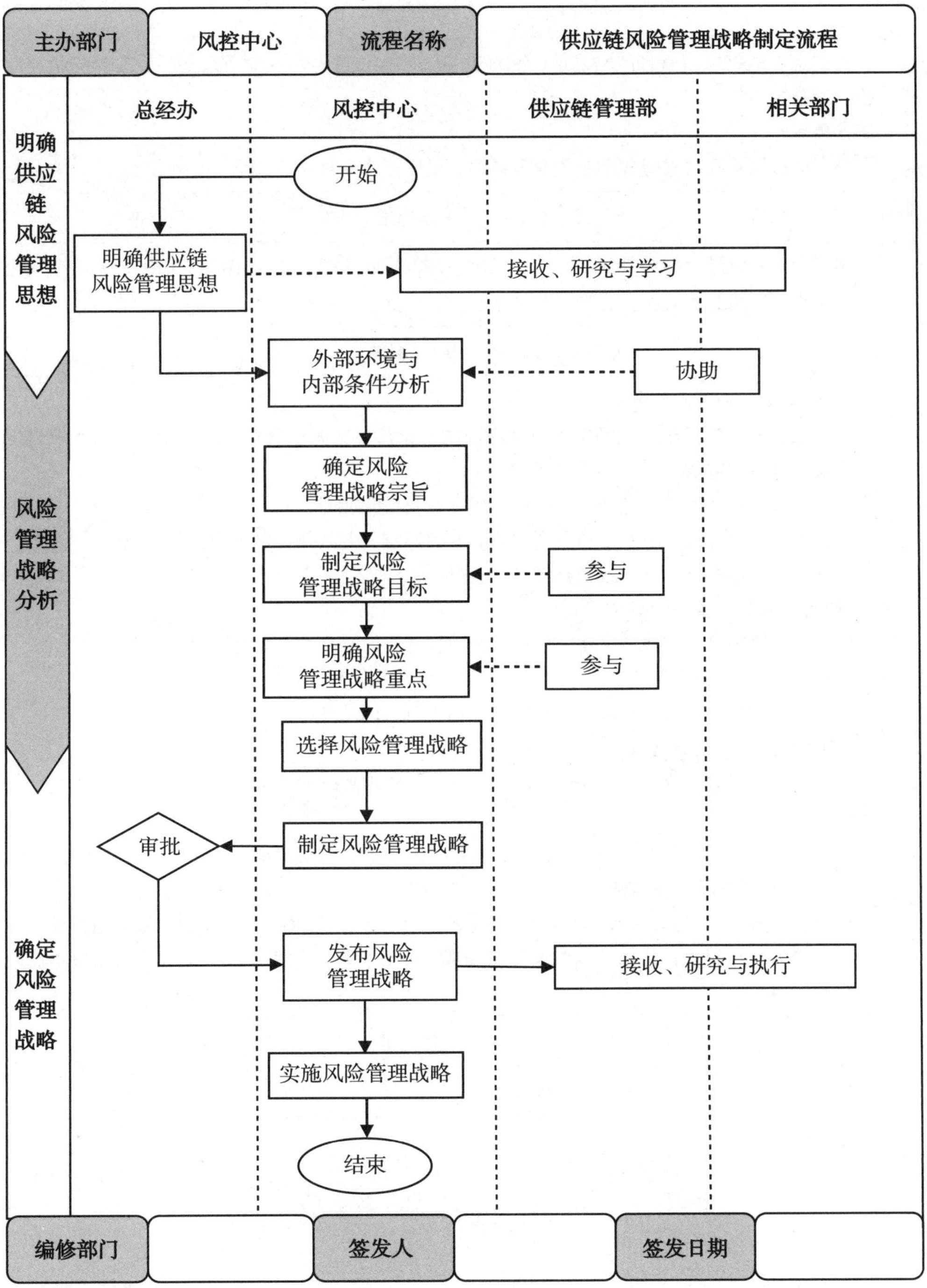

2.12.2 供应链风险管理战略制定执行程序、工作标准、考核指标、执行规范

任务名称	执行程序、工作标准与考核指标
明确供应链风险管理思想	**执行程序**
	在制定供应链风险管理战略之前，总经办应该明确供应链风险管理思想，它是指导战略制定和执行的基本思想 **工作重点** 企业应将风险管理思想贯彻于全业务部门，最终形成一种企业文化
	工作标准
	参照标准：国际、国内最新的供应链风险管理标准化文件，如《供应链风险管理指南》《公司治理风险管理指南》等
风险管理战略分析	**执行程序**
	1. 外部环境与内部条件分析 ☆了解企业所处的环境（包括宏观、微观环境）正在发生哪些变化，这些变化将给企业供应链带来哪些机会和威胁 ☆分析企业自身所处的市场地位，具有哪些资源及战略能力 ☆分析与企业供应链有关的利益和利益相关者的期望，尤其是关键供应商的期望 ☆正式评审延伸的供应链，找出材料与原料可能无法满足需求的点 **2. 确定风险管理战略宗旨** 确定供应链风险管理战略宗旨，从根本上回答“我们管理的是什么”这个问题 **3. 制定风险管理战略目标** 制定风险管理战略目标，可分为损前目标和损后目标 **4. 明确风险管理战略重点** 风控中心与供应链管理部协作，明确供应链风险管理战略的重点，确定风险管理的主次 **工作重点** ☆目标制定应满足三个条件：一是符合轻重缓急的要求；二是定量定性相结合；三是可实现 ☆要注意风险管理战略的现实性、明确性、层次性 ☆在分析宏观环境对供应链的影响时，要注意以下关键点并提前制定应对措施：通货膨胀导致需要激进型现金管理；能源价格波动导致总成本剧烈变动；信用市场失灵或政府对资本流动制定限制措施等
	工作标准
	质量标准：战略分析全面、准确，战略目标制定合理，符合企业实际需求

（续）

<table>
<tr><th>任务名称</th><th>执行程序、工作标准与考核指标</th></tr>
<tr><td rowspan="6">确定风险管理战略</td><td>执行程序</td></tr>
<tr><td>1. 选择并制定风险管理战略
风控中心选择并制定供应链风险管理战略，提交总经办审批
2. 发布风险管理战略
供应链风险管理战略经审批通过后正式发布
工作重点
☆风控中心要注意供应链风险管理战略的全面性、完整性
☆风控中心要在风险管理战略中部署并定期评审供应链风险评估方法和相关度量标准
☆风险管理战略要包含与供应链合作伙伴协作查找供应链风险并加以应对的内容
☆风险管理战略中针对高概率风险要进行专门的阐述，包括风险的发现、评估以及制定响应和恢复方案等</td></tr>
<tr><td>工作标准</td></tr>
<tr><td>质量标准：协调配合使用各种风险管理工具，不断反馈、检查、调整、修正，使之更接近目标</td></tr>
<tr><td>考核指标</td></tr>
<tr><td>供应链风险管理战略制定完成的时间：应在____个工作日内制定完成</td></tr>
<tr><td colspan="2">执行规范</td></tr>
<tr><td colspan="2">“供应链风险管理制度”“供应链风险管理战略”</td></tr>
</table>

2.13 远期业务战略选择流程设计与工作执行

2.13.1 远期业务战略选择流程设计

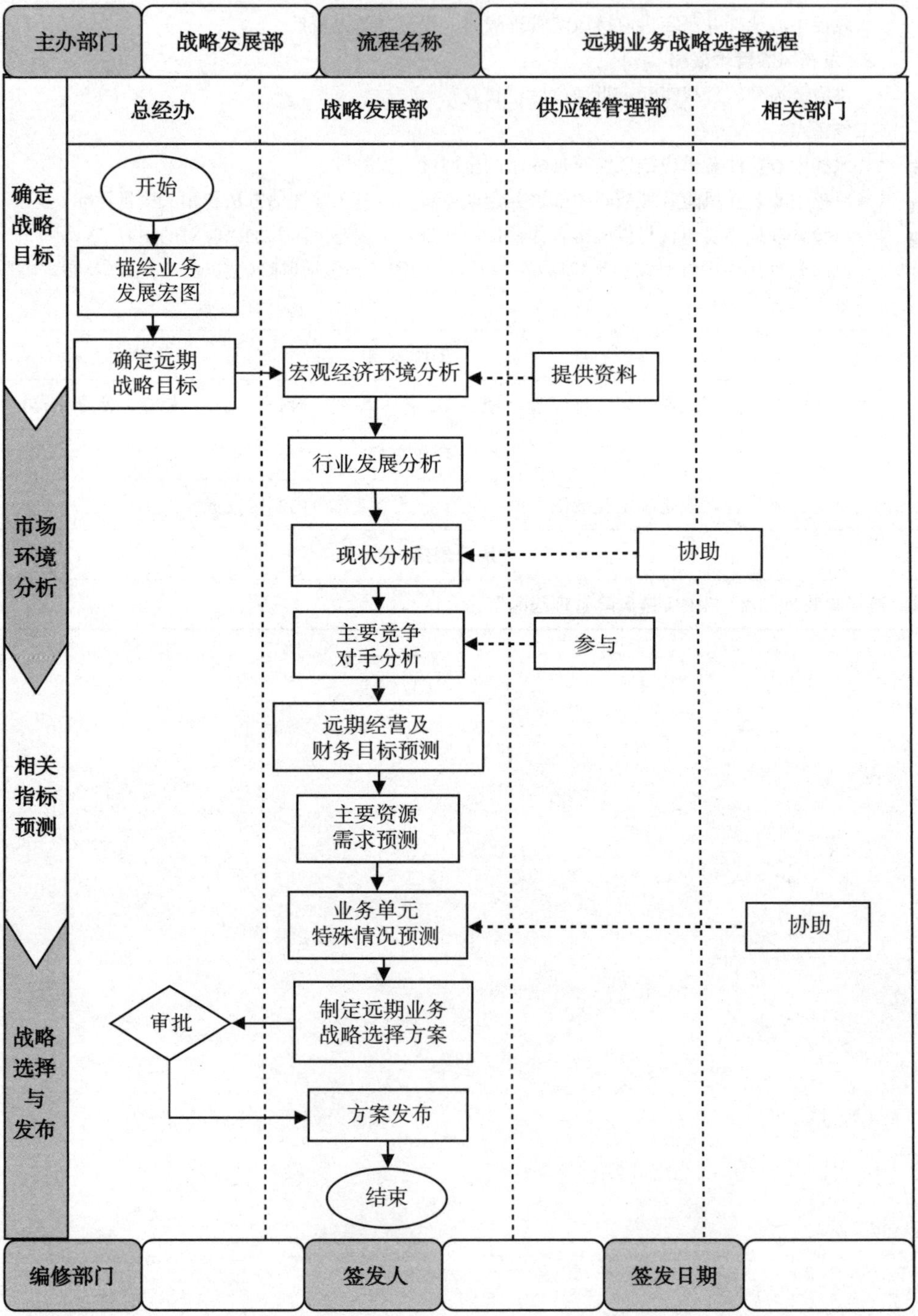

2.13.2 远期业务战略选择执行程序、工作标准、考核指标、执行规范

任务名称	执行程序、工作标准与考核指标
确定战略目标	**执行程序**
	总经办描绘业务发展宏图，确定远期战略目标，并下发给战略发展部 **工作重点** 战略发展部与供应链管理部应针对实现远期战略目标所采取的战略举措进行讨论
	工作标准
	质量标准：业务发展宏图和远期战略目标翔实、合理，具有可实现性、指导性与激励性
市场环境分析	**执行程序**
	1. 宏观经济环境分析 分析国内外宏观经济环境发展趋势及其对供应链业务发展的影响 **2. 行业发展分析** ☆展望、分析今后五年行业的发展趋势 ☆分析行业发展将对供应链相关业务单元造成哪些影响 **3. 现状分析** 分析本企业供应链业务单元近年业绩、发展趋势及主要竞争优势和弱点等 **4. 主要竞争对手分析** ☆分析主要竞争对手近几年的业绩及之后可能采用的战略举措 ☆评估竞争对手战略举措对本企业供应链业务单元的潜在威胁 **工作重点** ☆远期业务战略规划应与企业的各领域战略保持一致，包含市场战略、财务战略、可持续性战略、全球战略、共享服务战略、风险管理战略等 ☆中远期的战略规划要形成书面文件，并且需要关键部门和领域的计划支持，形成一个综合性的战略执行体系 ☆部门和地区规划与企业远期业务战略规划相关联
	工作标准
	目标标准：分析内容全面，分析结果准确
	考核指标
	☆分析结果错误率：用以衡量市场环境分析的质量 ☆$分析结果错误率=\frac{分析结果有错漏的次数}{分析总次数}\times 100\%$

（续）

任务名称	执行程序、工作标准与考核指标
相关指标预测	**执行程序** **1. 远期经营及财务目标预测** 远期经营及相关财务目标预测包括主要增长点预测、总销售额预测、市场份额预测、投资回报预测等 **2. 主要资源需求预测** 远期经营所需要的资源预测包括资本投资预测、人才需求预测、其他资源预测等 **3. 业务单元特殊情况预测** 供应链相关业务单元特殊情况预测包括业务单元特殊情况背景预测、业务单元特殊情况的影响预测、业务单元特殊情况所需资源预测、业务单元特殊情况的应对预测等 **工作重点** 远期业务战略需要定期评审、更新，相关负责人在评审时要注意观察相关指标预测的准确性
	工作标准 质量标准：预测内容全面，预测结果合理
战略选择与发布	**执行程序** ☆战略发展部根据分析和预测的结果制定远期业务战略选择方案，并报总经办审批 ☆方案审批通过后发布实施 **工作重点** 主要竞争方式和战略举措的选择要契合企业的业务惯性和实际情况
	工作标准 目标标准：远期业务战略的选择合理，符合企业实际情况，可以持续为企业创造价值
执行规范	
“市场环境分析报告”“业务说明书”“远期业务战略选择方案”	

2.14 管理战略计划制订流程设计与工作执行

2.14.1 管理战略计划制订流程设计

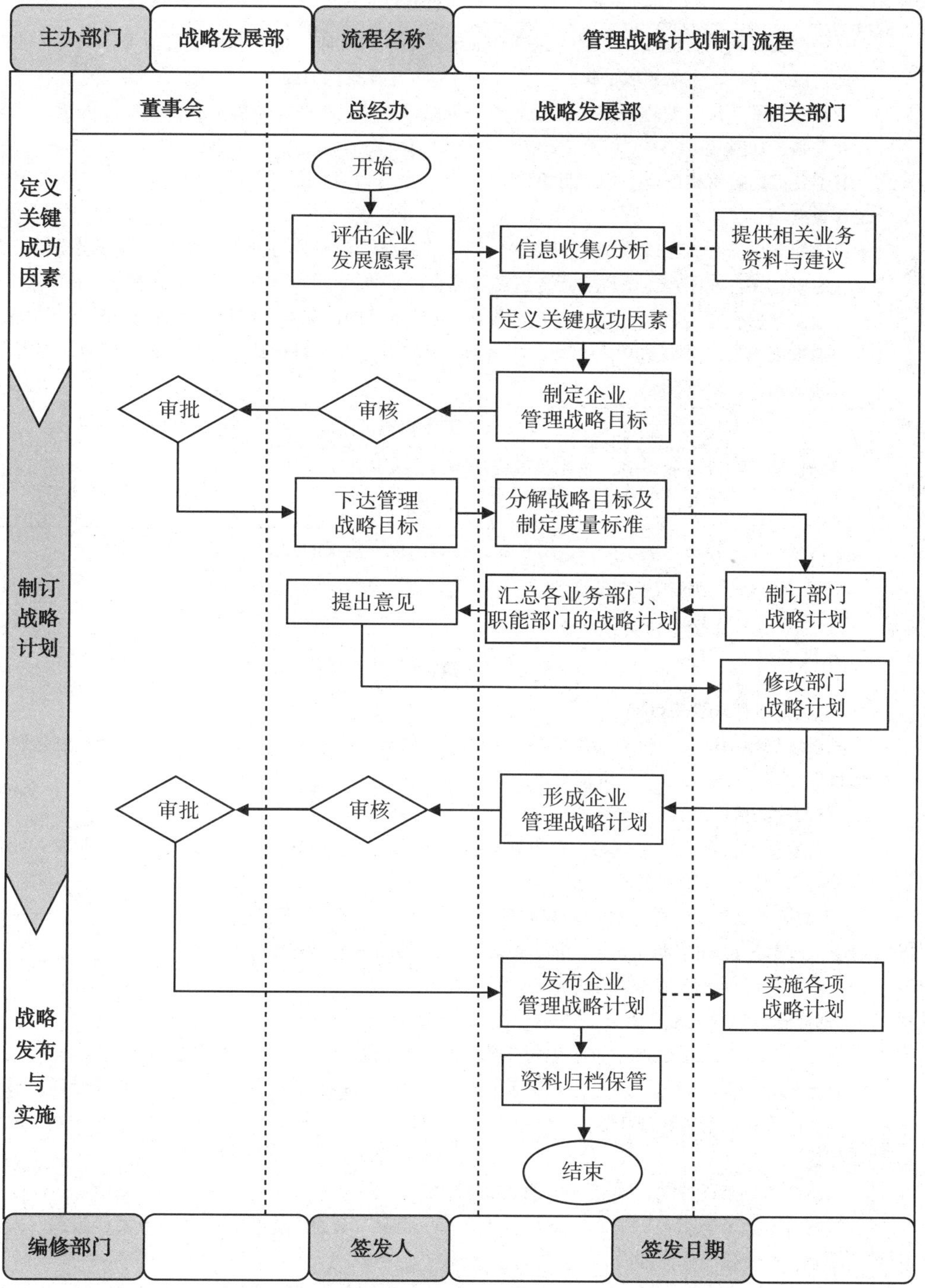

2.14.2 管理战略计划制订执行程序、工作标准、考核指标、执行规范

任务名称	执行程序、工作标准与考核指标
定义关键成功因素	**执行程序** ☆总经办负责评估企业发展愿景，包括企业未来的发展方向、企业的核心价值等，明确企业的使命、经营方针、事业领域、核心竞争力、行为方针及执行力度等 ☆战略发展部收集、整理各类企业业务竞争信息，总结企业的竞争优势和发展驱动因素，定义企业关键成功因素（CSF） ☆其他各部门提供相关业务资料与建议 **工作重点** ☆企业愿景的责任方是企业的治理层，包括企业高级管理人员与董事会成员。治理层需要定义企业愿景，在企业内宣传企业愿景，还需要检查企业的运作是否符合企业愿景的方向和要求 ☆企业要促使利益相关方完全了解企业愿景、使命和战略的联系，以更好地提升合作伙伴关系 ☆战略发展部要对关键成功因素做出清晰的定义，并且要有目标缺口分析和改善计划，这是实现战略目标的重要基础
	工作标准
	目标标准：明确企业使命，企业关键成功因素定义清晰
	考核指标
	☆建议采纳率：目标值为____%，用来衡量各部门提供建议的质量 ☆$\text{建议采纳率}=\frac{\text{建议被采纳的次数}}{\text{提出建议总次数}}\times 100\%$
制订战略计划	**执行程序** **1. 制定企业管理战略目标** 战略发展部根据企业过去的发展情况，预测关键成功因素的未来趋势，在此基础上制定管理战略目标，并报总经办审核、董事会审批 **2. 分解战略目标及制定度量标准** 战略发展部将企业总体战略目标分解成各个关键领域的目标，并制定指标清单，驱动企业各项职能行为和战略目标的实现 **3. 汇总各业务部门、职能部门的战略计划** ☆各业务部门、职能部门结合分解的战略目标制订部门战略计划 ☆战略发展部负责汇总各部门的战略计划 **4. 形成企业管理战略计划** ☆战略发展部将汇总形成的企业整体的管理战略计划报总经办审核、董事会审批 ☆企业最高管理层通过会议讨论，确定企业的任务、目标、业务组合计划和新业务计划，形成整体切实可行的企业管理战略 **工作重点** ☆群策群力地制订科学、严密、可行的战略计划 ☆战略计划通常包括盈利能力、市场、生产率、产品、资金、生产、研究与开发、组织、人力资源及社会责任等方面的内容 ☆相关人员在制订战略计划时，应重点分析制约或影响企业营销活动和企业利润的两类因素

（续）

任务名称	执行程序、工作标准与考核指标
制订战略计划	**工作标准**
	☆内容标准：企业战略目标分解正确、全面、科学 ☆效率标准：各业务部门、职能部门的战略计划制订及时
	考核指标
	各业务部门、职能部门的战略计划应在____个工作日内制订完成
战略发布与实施	**执行程序**
	企业管理战略计划通过审批后，由战略发展部负责发布，并督促相关部门实施 **工作重点** 企业管理战略计划须周期性地进行评审，以确保其有效性、及时性和可操作性
	工作标准
	效率标准：企业管理战略计划的发布应在____个工作日内完成，资料归档工作应在____个工作日内完成
执行规范	
“企业管理战略计划”“业务部门战略计划”“职能部门战略计划”	

第3章 开发和管理产品及服务

3.1 开发和管理产品及服务工作流程

3.1.1 流程目的说明

企业对开发和管理产品及服务进行流程设计的目的如下：

（1）规范新产品及服务开发工作程序，增强新产品开发活动的计划性、有序性、系统性；

（2）为企业更快、更好地开展产品生命周期管理提供保障，促进企业销售目标的实现；

（3）提升企业在新产品及服务开发环节与供应商的协调性，加强客户伙伴关系，促进企业供应链为新产品及服务开发服务。

3.1.2 流程结构设计

企业可将开发和管理产品及服务细分为 11 个事项，就每个事项分别设计流程，即产品 / 服务评价分析流程、产品 / 服务改善流程、新产品审核流程、新产品研发流程、产品生命周期管理流程、产品退出流程、产品 / 服务数据管理流程、产品工艺设计流程、产品质量设计流程、供应商产品设计协作流程和客户伙伴关系建设流程，具体结构设计如图 3-1 所示。

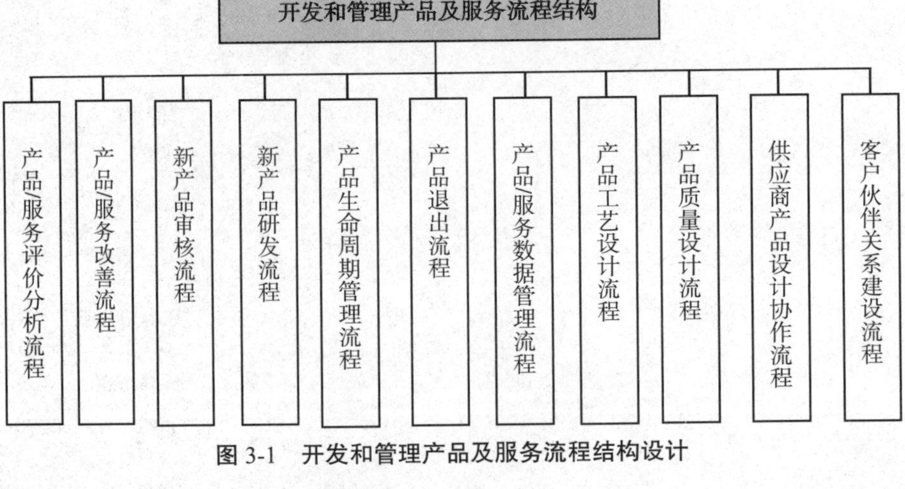

图 3-1　开发和管理产品及服务流程结构设计

3.2 产品 / 服务评价分析流程设计与工作执行

3.2.1 产品 / 服务评价分析流程设计

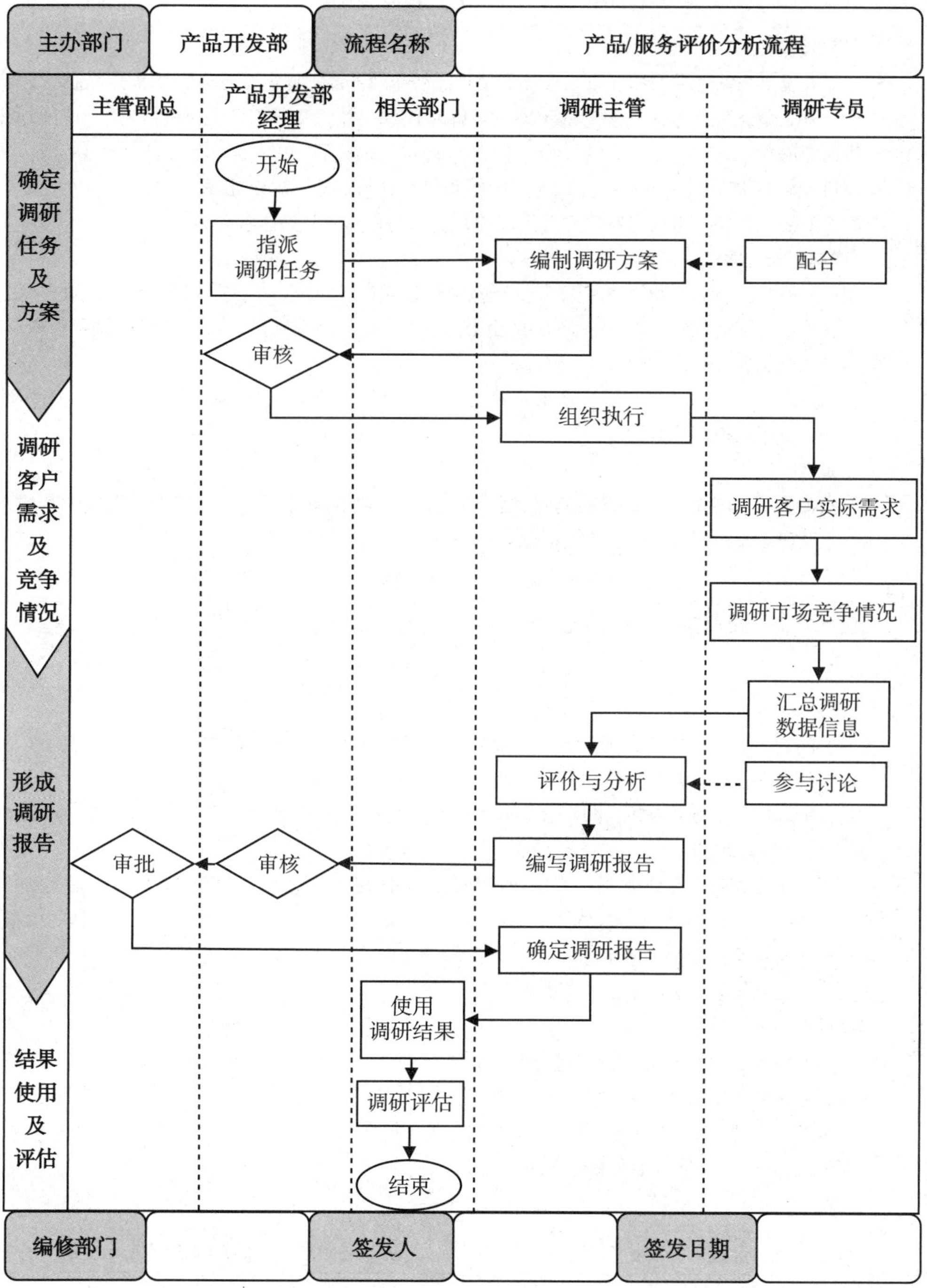

3.2.2　产品 / 服务评价分析执行程序、工作标准、考核指标、执行规范

任务名称	执行程序、工作标准与考核指标
确定调研任务及方案	**执行程序** 1. 指派调研任务 ☆产品开发部根据管理层的要求、市场竞争动态及企业产品 / 服务发展规划等确定产品研发规划 ☆产品开发部经理根据研发规划确定研发目标和任务，并向调研主管发出调研通知，以便调研工作的开展 ☆调研主管根据调研通知及相关建议，明确调研目标与任务，并确定调研方向，包括产品 / 服务的客户需求调研、市场竞争情况调研、成本费用调研及相关具体事务的调研 2. 编制调研方案 ☆调研主管根据调研目标和调研任务，选择合适的人员、地点、方式及时间，制订调研计划，设计具体的调研方案，包括调查问卷的设计、相关人员的培训安排、调研工作的执行步骤及调研信息的汇总方式等内容 ☆产品开发部经理对调研方案进行审核并给出相关意见与建议，调研主管根据产品开发部经理的审核意见组织执行该方案 **工作重点** 在指派调研任务时，产品开发部经理要明确调研任务的背景，尤其是产品 / 服务的市场定位，以利于调研主管确定调研对象，同时做好调研费用的预算工作
	工作标准
	质量标准：调研任务明确，方案清晰、具有可操作性
调研客户需求及竞争情况	**执行程序** 1. 调研客户实际需求 ☆通过问卷、访谈、观察等方式调研、总结客户的实际需求，包括客户存在的问题与困难、客户现在的工作模式、客户对产品 / 服务的期望等 ☆对目标客户进行重点分析，包括客户画像、客户的行为习惯分析等 2. 调研市场竞争情况 调研人员根据行业发展水平及本企业所处的发展阶段，确定竞争对手，并对其产品 / 服务进行调研，包括产品范围、产品的结构与用途、产品优缺点、产品的质量认证情况、产品的价格与产量、近三年产品的变化、产品生产线及生产能力、产品生产技术、主要原料及原料价格变动承受能力、产品的包装与运输情况、服务细节等 **工作重点** 产品开发部要注意对竞争情况进行动态管理，一旦发现同行企业有以下情况之一者，应将其列入本企业主要竞争对手名单，并予以重点关注：当年销售总额增长超过 80%；行业排名在 30 名以内，年度上升超过 5 位；行业排名在 30 ~ 50 名，年度上升超过 10 位；行业排名在 50 ~ 100 名，年度上升超过 20 位；当年有爆款产品上市
	工作标准
	目标标准：通过调研客户需求和市场竞争情况，精准把握产品 / 服务的改善与开发方向

（续）

任务名称	执行程序、工作标准与考核指标
调研客户需求及竞争情况	**考核指标**
	☆调研执行的规范性、严谨性：确保调研活动的工作流程、操作步骤、检验标准严格按照规定执行 ☆调研所用时间：不得超过规定调研期限的____天 ☆调研废卷率：要求调研所得信息真实、准确，废卷率不超过____%，用以评价调研质量 $调研废卷率=\frac{回收试卷中废卷的数量}{发放问卷总数量}\times 100\%$
形成调研报告	**执行程序**
	1. 汇总调研数据信息 ☆调研专员妥善保管每次采集活动得来的数据信息 ☆调研专员将调研数据信息进行整理、汇总及分类，并将初步整合后的资料上交调研主管 **2. 评价与分析** ☆调研主管依据以往经验，采取逻辑判断以及与其他资料相对比等手段，删除经过初步整合后虚假、错误、冗余的数据信息 ☆调研主管对经过筛选的资料进行评价、分析，以发掘资料中的隐藏信息，并总结、提炼客户的真实需求和竞争产品 / 服务的核心特征，为后续产品 / 服务的改善与研发提供方向和借鉴 **3. 编写调研报告** ☆调研主管根据评价分析的结果编写市场调研报告 ☆产品开发部经理及主管副总对市场调研报告进行审核与审批，并注明各自的意见及建议 ☆调研主管参考审核、审批意见完成正式的调研报告 **工作重点** 调研报告的编写要规范，做到内容全面，结构清晰，无重大纰漏
	工作标准
	质量标准：调研资料分析富有成效，调研报告达到要求并通过审核
结果使用及评估	**执行程序**
	1. 使用调研结果 产品开发部、市场营销部、企划部等相关部门在产品 / 服务改善和研发项目推进过程中使用调研报告中的结论与数据 **2. 调研评估** 产品研发工作告一段落后，产品开发部、市场营销部、企划部等报告使用部门应会同人力资源部对市场调研效果进行评估和分析，客观、全面、准确地评估和分析调研活动的成本与效果，明确调研活动的缺陷和不足，认真总结调研工作经验与教训 **工作重点** 调研评估要按照规范进行，人力资源部最好制定相应的考评细则
	工作标准
	目标标准：调研报告能够为产品 / 服务的改善提供及时、准确的决策支持
执行规范	
“新产品 / 服务研发管理制度”“项目调研计划”“项目调研实施方案”“××产品市场调研报告”	

3.3 产品 / 服务改善流程设计与工作执行

3.3.1 产品 / 服务改善流程设计

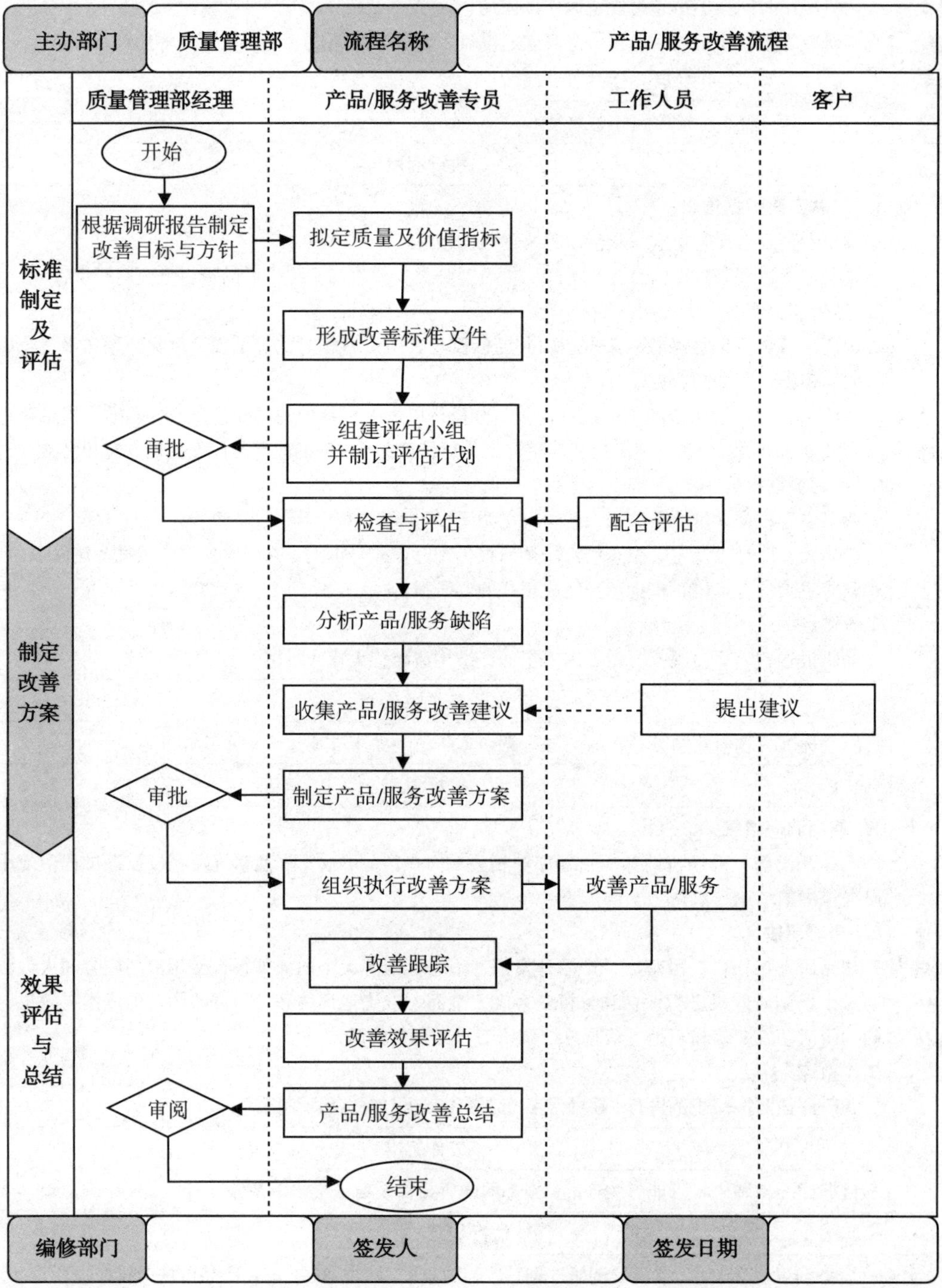

3.3.2 产品 / 服务改善执行程序、工作标准、考核指标、执行规范

任务名称	执行程序、工作标准与考核指标
标准制定及评估	**执行程序**
	1. 拟定质量及价值指标 ☆质量管理部经理根据产品 / 服务市场调研报告制定企业产品 / 服务的总体改善目标与方针 ☆产品 / 服务改善专员根据产品 / 服务改善目标与方针，结合客户的需求、竞争对手的产品 / 服务特点拟定本企业产品 / 服务的质量指标与价值指标，以此推进本企业产品 / 服务的改善 ☆在质量指标和价值指标的基础上，制定本企业产品 / 服务改善标准文件 **2. 组建评估小组并制订评估计划** ☆产品 / 服务改善专员组织建立评估小组，对企业相关部门的工作进行检查与评估 ☆评估小组根据企业产品 / 服务提供的整体过程，围绕客户关键接触点，制订产品 / 服务评估计划，提交质量管理部经理审批 **3. 检查与评估** 评估计划审批通过后，产品 / 服务改善专员根据批示意见执行评估任务，检查企业产品 / 服务的提供过程及质量水平 **工作重点** 企业产品 / 服务质量检查评估要特别注意现场评估，产品 / 服务改善专员要按照服务质量标准进行现场监督检查、电话监听、电话录音监控等各项工作
	工作标准
	☆组成标准：评估小组成员包括组长、副组长和评估人员 ☆评估标准：制度执行能力，常规性工作及责任目标落实情况，客户问卷调查情况，部门之间工作配合、相互支持情况等
制定改善方案	**执行程序**
	1. 分析产品 / 服务缺陷 产品 / 服务改善专员根据企业产品 / 服务改善标准文件和产品 / 服务检查评估的数据及结果，整理分析企业产品 / 服务提供中的问题和缺陷 **2. 收集产品 / 服务改善建议** 产品 / 服务改善专员围绕产品 / 服务提供中的问题和缺陷，收集相关资料及客户的改善建议 **3. 制定产品 / 服务改善方案** 产品 / 服务改善专员汇总改善建议，分析筛选有效建议，结合本企业的实际情况制定企业产品 / 服务改善方案，提交质量管理部经理审批 **工作重点** 凡与企业产品 / 服务改善工作有关的建议均应收集，包括企业产品的包装、性能、生产工艺、售后服务，以及服务态度、服务种类、服务时间等方面的建议
	工作标准
	依据标准：企业产品 / 服务改善标准文件

（续）

任务名称	执行程序、工作标准与考核指标
制定改善方案	**考核指标** ☆产品 / 服务改善方案制定及时率：用来衡量产品 / 服务改善的及时性与效率，目标值为 100% $产品/服务改善方案制定及时率 = \frac{期限内提交的改善方案数}{应提交的改善方案总数} \times 100\%$ ☆产品 / 服务改善方案的可行性：目标为改善方案符合企业实际情况，可操作性强
效果评估与总结	**执行程序** **1. 组织执行改善方案** 产品 / 服务改善方案审核通过，产品 / 服务改善专员按照方案组织执行，将具体任务和实施流程下发给企业相关人员 **2. 改善效果评估** 产品 / 服务改善专员对产品 / 服务改善方案的执行情况进行检查，评估企业相关人员和相关部门工作的改善效果与成绩 **3. 产品 / 服务改善总结** 产品 / 服务改善专员根据产品 / 服务改善效果评估的情况，编写产品 / 服务改善工作总结，提交质量管理部经理审阅 **工作重点** 改善工作要及时，有结果、有反馈、有记录 **工作标准** 质量标准：组织产品 / 服务改善工作的措施得当，力度较大，客户满意度明显提升
执行规范	
“客户服务目标责任书”“客户服务质量调查问卷”“产品 / 服务评估报告”“产品 / 服务质量责任制度”	

3.4 新产品审核流程设计与工作执行

3.4.1 新产品审核流程设计

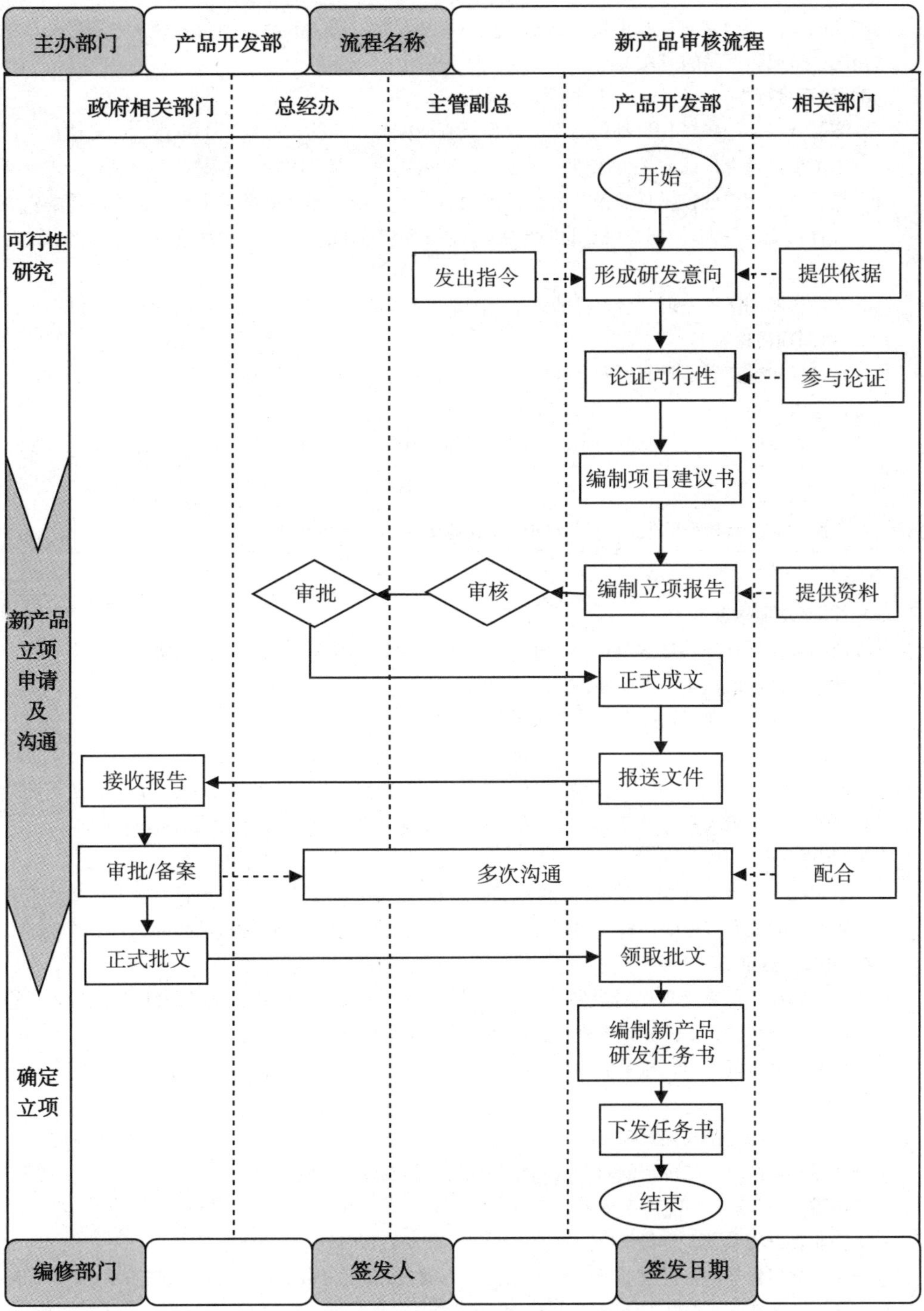

3.4.2 新产品审核执行程序、工作标准、考核指标、执行规范

任务名称	执行程序、工作标准与考核指标
可行性研究	**执行程序**
	1. 形成研发意向 产品开发部根据企业长期发展愿景、产品规划及年度研发战略，结合上级指令和产品市场调研情况，形成新产品的研发意向 **2. 论证可行性** ☆产品开发部组织各相关部门召开会议，认真研究并讨论新产品研发的可行性，可请相关部门和生产单位及外部的有关专家参加论证。论证内容包括新产品的技术发展方向是否合理，新产品是否具备相应的技术优势及这种优势到底有多大，新产品从研发到生产、销售所需的资源条件是否具备，是否具有快速批量生产能力，以及新产品的经济效益和社会效益，新产品的环境影响等 ☆产品开发部详细记录参会人员的意见，为新产品开发、完善提供借鉴和依据 **3. 编制项目建议书** 在可行性论证的基础上，产品开发部编制新产品研发项目建议书，初步确立项目 **工作重点** 可行性论证要注意供应商的态度和能力，并将其作为一个重要的可行性参考因素
	工作标准
	参照标准：新科技的发展情况及同行业其他企业的产品变动情况
新产品立项申请及沟通	**执行程序**
	1. 编制立项报告 ☆产品开发部在项目建议书的基础上，配套相关资料，编制正式的新产品研发立项报告，内容包括可行性论证、产品市场分析、经济效益分析等 ☆新产品研发立项报告按企业管理权限分别报主管副总审核、总经办审批 **2. 正式成文** ☆新产品研发立项报告经企业相关领导审批后，研发项目负责人落实最后意见或建议，使其正式成文 ☆研发项目负责人安排做好立项报告的检查、印刷及打印、装订工作，盖上企业印章 **3. 报送文件** 研发项目负责人在相关政府部门指定的时间内送交立项报告，并在政府办事人员初步审查立项报告时，有礼有节地回答各项问题，配合相关政府部门做好立项报告审批 / 备案工作 **4. 审批 / 备案** ☆相关政府部门在受理申请报告后，会就报告中所涉及的问题多次联系研发项目负责人，进行新产品立项沟通，以消除报告中存在的疑问或不明确因素 ☆研发项目负责人组织相关职能部门就政府部门提出的问题进行协商，达成一致意见 **5. 领取批文** ☆相关政府部门正式同意项目立项后，会下发项目立项的正式批文 ☆产品开发部负责在规定的时间内到相关政府部门领取正式批文 **工作重点** ☆企业要设法激发客户与供应商对产品创新、开发的积极性 ☆新产品研发要高度注意其合规性，企业要对政府相关部门的政策、规划进行深入研究，精心准备申请文件，必要情况下可请业内专家予以指导

（续）

<table>
<tr><th>任务名称</th><th>执行程序、工作标准与考核指标</th></tr>
<tr><td rowspan="4">新产品立项申请及沟通</td><td>工作标准</td></tr>
<tr><td>参照标准：企业过去年份的项目立项申请程序及注意事项</td></tr>
<tr><td>考核指标</td></tr>
<tr><td>立项报告的全面性、准确性、合规性：新产品研发立项报告的内容全面、完整，论据充分且报告中应用的数据无误或误差能够控制在一定的范围内，符合国家及行业相关标准</td></tr>
<tr><td rowspan="4">确定立项</td><td>执行程序</td></tr>
<tr><td>产品开发部根据新产品研发立项报告以及与相关部门的沟通，编制并向项目负责人下发新产品研发任务书
工作重点
新产品研发任务书要严格按照企业的要求编制，注意规范性，以利于研发团队后续工作的开展</td></tr>
<tr><td>工作标准</td></tr>
<tr><td>质量标准：新产品研发任务书具有较强的可操作性，对一些预期出现的问题有相应的应对策略</td></tr>
<tr><td colspan="2">执行规范</td></tr>
<tr><td colspan="2">“新产品研发项目建议书”“研发项目立项管理制度”“新产品研发立项报告”“公司印鉴管理办法”</td></tr>
</table>

3.5 新产品研发流程设计与工作执行

3.5.1 新产品研发流程设计

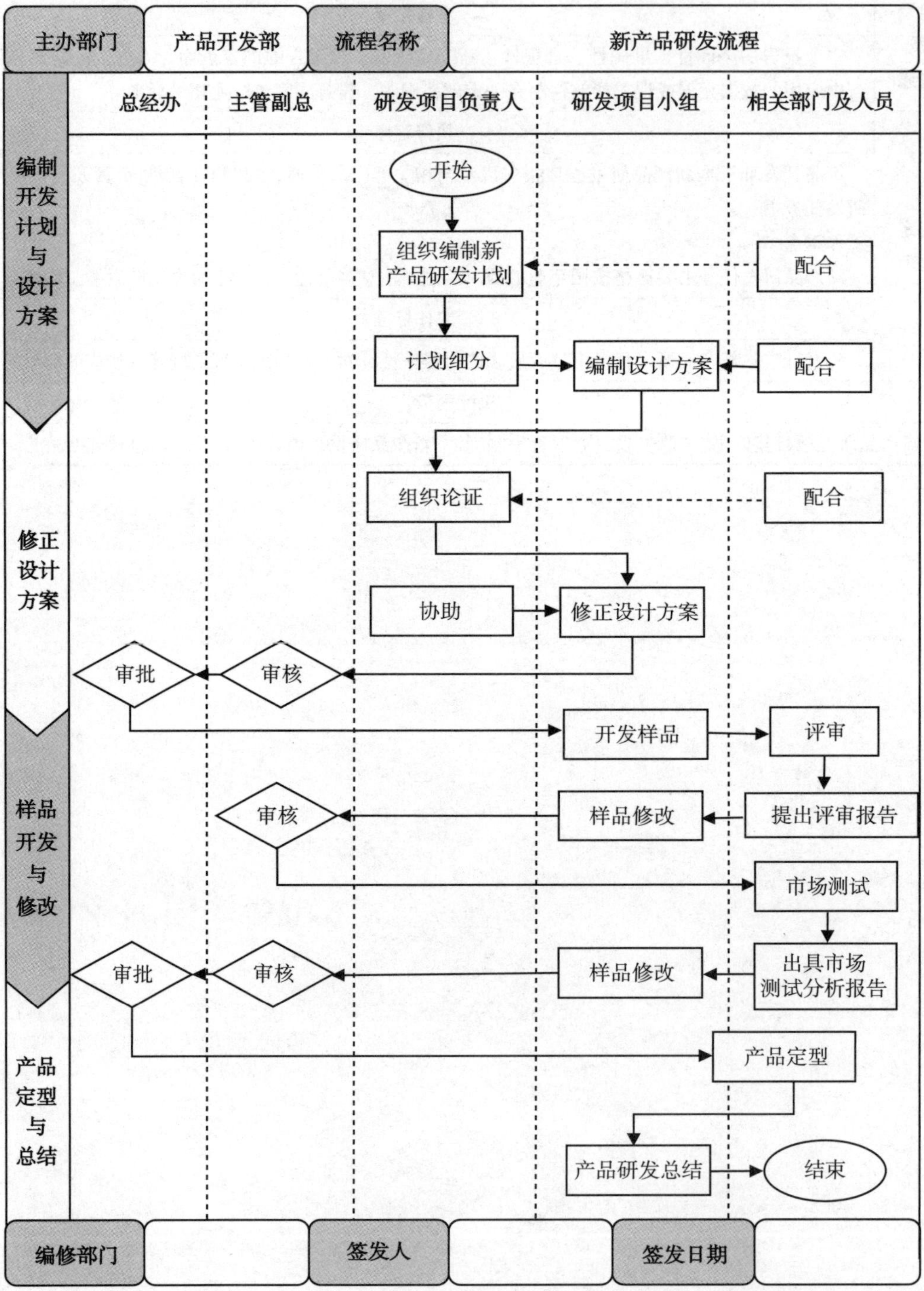

3.5.2 新产品研发执行程序、工作标准、考核指标、执行规范

任务名称	执行程序、工作标准与考核指标
编制开发计划与设计方案	**执行程序**
	1. **组织编制新产品研发计划** 研发项目负责人接到新产品研发任务书后，在相关部门的配合下，完成新产品研发计划的编制工作，并负责组织执行 2. **编制设计方案** ☆研发项目负责人根据研发计划及各部门、人员的职能，细化新产品研发计划，将计划落实到相关部门和人员 ☆产品开发部研发项目小组依据新产品研发计划编制具体的新产品设计方案 **工作重点** ☆新产品研发计划要对研发成本进行估算，注意控制新产品的研发时间和研发总成本 ☆新产品设计方案要给予新产品的质量、安全以适当的权重
	工作标准
	☆参照标准：企业过去年度类似的新产品研发计划与新产品设计方案的资料 ☆目标标准：通过编制设计方案，描绘出从创意到产品的完整路线图，规范后续各个阶段的研发工作
	考核指标
	新产品设计方案内容的完整性：编制时要确保方案论据充足、内容完整
修正设计方案	**执行程序**
	1. **组织论证** ☆研发项目负责人针对新产品设计方案，组织相关部门和人员进行论证。除了研发项目小组成员，参与论证的人员还包括生产部、营销部、采购部、维修部、客户服务部等部门的负责人 ☆研发项目小组根据论证意见对新产品设计方案进行修正 2. **审核与审批** ☆修正后的新产品设计方案须提交主管副总审核 ☆主管副总可以会同相关高层管理人员着重从方案的技术可行性、经济可行性、风险大小等方面进行审核，审核无误后报总经办审批 **工作重点** ☆新产品设计要注意坚持端到端的设计战略，在设计中多利用售后服务和维修数据 ☆研发项目负责人在方案论证过程中要把握好节奏，注意对各类意见进行总结、归纳，提炼出最有价值的意见，这也是研发项目负责人核心素质的重要体现
	工作标准
	质量标准：方案论证过程高效、富有建设性，研发项目小组能够根据论证意见及时对设计方案进行修正
	考核指标
	☆方案论证的及时性：研发项目负责人要有较强的时间观念，须及时组织开展方案论证工作 ☆方案论证内容的全面性：方案论证内容要涵盖各个核心要素，包括技术可行性论证、价格可行性论证、产品外观论证、质量及安全预估等

（续）

<table>
<tr><th>任务名称</th><th>执行程序、工作标准与考核指标</th></tr>
<tr><td rowspan="6">样品开发与修改</td><td>执行程序</td></tr>
<tr><td>1. 开发样品
新产品设计方案审批通过后，研发项目小组按计划推进研发进度，组织相关部门开始进行样品试制工作，形成初步的产品标准和样本
2. 评审
研发项目负责人根据样品的研发进度，在小试、中试阶段向产品开发部提出评审申请。产品开发部组织开展企业内部评审并出具评审报告。研发项目小组根据评审报告对样品进行修改
3. 市场测试
☆对于反复修改过的样品，市场营销部应在企业的安排和指示下进行市场测试，对目标消费者展开市场调查，以判断产品的性能
☆市场营销部对市场测试反馈的信息进行归纳、总结，出具市场测试分析报告
4. 样品修改
产品开发部根据市场测试分析报告对样品进行修改，以完善产品各方面的性能
工作重点
☆为提高研发工作效率，人力资源部要针对研发过程制定相关的激励措施
☆评审过程要注意对采购物料和配件通用性等因素的鉴定，从而准确评估采购保障能力</td></tr>
<tr><td>工作标准</td></tr>
<tr><td>目标标准：通过评审、测试活动，让新产品“过一过内外部筛子”，从而不断完善新产品的性能</td></tr>
<tr><td>考核指标</td></tr>
<tr><td>☆样品与研发计划、设计方案的相符性：确保样品符合研发计划、设计方案的要求，误差控制在合理的范围内
☆目标消费者对样品的满意度评分：基本能满足消费者的各种需求，满意度评分应达到____分</td></tr>
<tr><td rowspan="2">产品定型与总结</td><td>执行程序</td></tr>
<tr><td>1. 产品定型
☆经过修改的样品，须再次报请主管副总审核，听取主管副总的审核意见，并报总经办审批
☆研发项目小组及相关部门根据总经办的审批意见对样品进行调整，调整定型后准备投产
2. 产品研发总结
研发项目小组对新产品研发过程进行综合分析，形成新产品研发总结报告，以便于未来产品的研发
工作重点
新产品研发总结报告的编制要规范，做到内容全面、结构清晰、无重大纰漏，重点总结研发过程中的特别事项、特别经验，以便于以后的研发工作借鉴</td></tr>
</table>

（续）

<table>
<tr><th>任务名称</th><th>执行程序、工作标准与考核指标</th></tr>
<tr><td rowspan="4">产品定型与总结</td><td>工作标准</td></tr>
<tr><td>质量标准：经反复修改定型后的产品符合各项标准与要求</td></tr>
<tr><td>考核指标</td></tr>
<tr><td>☆产品性能稳定性：确保拟投产的产品性能稳定
☆新产品研发总结报告提交及时率：应达到100%
☆产品投产时标准文件的质量：产品投产时标准文件齐全、无误</td></tr>
<tr><td colspan="2">执行规范</td></tr>
<tr><td colspan="2">“新产品研发管理制度”“新产品设计方案”“新产品研发试制鉴定操作办法”“市场测试分析报告”“新产品研发总结报告”</td></tr>
</table>

3.6 产品生命周期管理流程设计与工作执行

3.6.1 产品生命周期管理流程设计

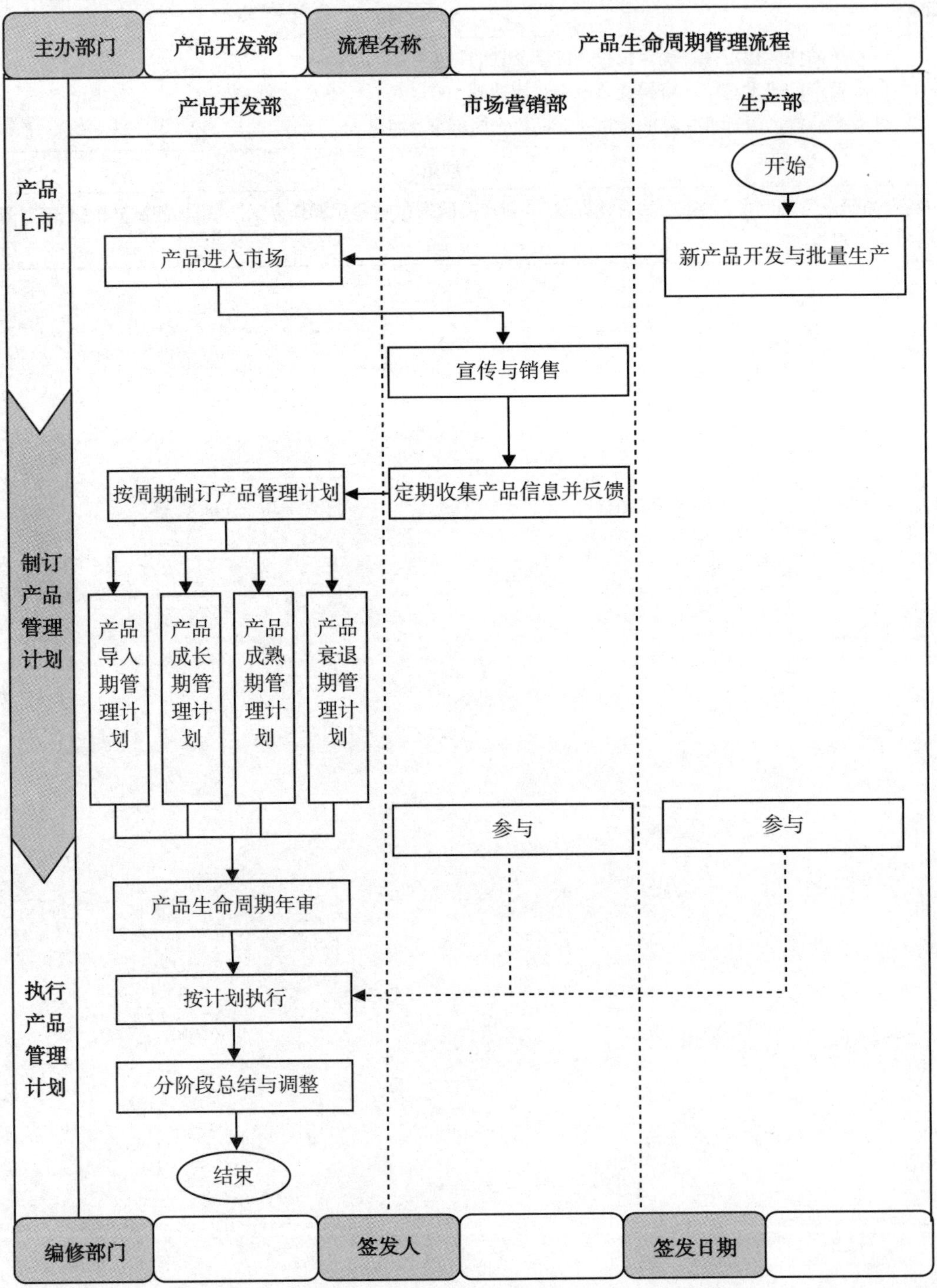

3.6.2 产品生命周期管理执行程序、工作标准、考核指标、执行规范

任务名称	执行程序、工作标准与考核指标
产品上市	**执行程序** **1. 新产品开发与批量生产** 产品开发部采用适合的模型和原型开发新产品，完成后生产部按照生产计划与生产工艺开始大批量生产产品 **2. 产品进入市场** 产品生产完成后，产品开发部负责筹划将产品投入市场，产品正式上市 **3. 宣传与销售** ☆市场营销部就产品展开宣传，提高产品的知名度与影响力，刺激市场反应 ☆市场营销部收到市场反馈，接到订单，产品进入销售程序 **工作重点** 市场营销部要做好产品宣传工作，组织好与客户一起举办的新产品投放会议
	工作标准 ☆完成标准：产品成功上市并完成销售，成功激活客户的热情 ☆质量标准：产品营销工作到位，新产品投放会议成功召开，销售数据达到预期目标
制订产品管理计划	**执行程序** **1. 定期收集产品信息并反馈** ☆产品进入市场开始销售后，市场营销部要密切关注产品状态，定期收集与产品相关的各类信息 ☆需要收集的信息包括销售额、销售增长率、市场占有率、产品成本信息、产品利润信息、市场变化信息及相关政策信息等 **2. 按周期制订产品管理计划** ☆产品进入市场后，其生命周期一般被分为导入期、成长期、成熟期、衰退期四个阶段，产品在每个阶段具有不同的特点，产品开发部要根据每个阶段的不同特点有针对性地制订产品管理计划，而产品管理计划又包括产品生产计划、产品营销计划及产品改进计划等 ☆在产品导入期，产品刚刚上市，销售缓慢，资金投入较大，产品利润低，产品开发部要协同相关部门合理制订产品营销与资金管理等计划 ☆在产品成长期，产品已占据一定的市场份额，产品销售快速增长，利润显著增加，产品开发部要协同相关部门合理制订产品生产与竞品管理等计划 ☆在产品成熟期，产品市场占有率趋于饱和，产品销售增长达到峰值，市场竞争更加激烈，产品开发部要协同相关部门合理制订产品营销与竞品管理等计划 ☆在产品衰退期，产品销量持续下降，产品利润大幅滑落，产品开发部要协同相关部门合理控制产品生产量，做好产品退市准备 **工作重点** ☆企业要注意制定跨职能协调机制，以利于产品各生命周期不同部门间的沟通、协调 ☆企业要注意制定产品生命周期年审机制，定期审视产品的生命存续状态，建立程序式的改善、更改、放弃产品机制

（续）

<table>
<tr><th>任务名称</th><th>执行程序、工作标准与考核指标</th></tr>
<tr><td rowspan="4">制订产品管理计划</td><td>工作标准</td></tr>
<tr><td>质量标准：各周期产品管理计划内容合理，重点突出，针对性与可行性强</td></tr>
<tr><td>考核指标</td></tr>
<tr><td>产品生命周期变化的反应时间：应在年审后____个工作日内做出反应并进行工作调整</td></tr>
<tr><td rowspan="4">执行产品管理计划</td><td>执行程序</td></tr>
<tr><td>1. 按计划执行
通过年审确定产品进入不同的生命周期后，产品开发部制订新的相应产品管理计划，市场营销部、生产部等相关部门根据当期计划执行产品营销与生产任务
2. 分阶段总结与调整
在产品生命周期的每个阶段，产品开发部都要总结当前阶段的产品管理现状，发现问题后及时分析原因，研究对策并做出调整，以便在产品的下个生命周期做出更好的决策
工作重点
产品生命周期并非一成不变，企业可通过一定手段改变产品生命周期，典型的例子就是通过营销手段延长产品的成熟期。因此，产品开发部一定要时刻注意产品在市场上的表现，及时调整管理手段</td></tr>
<tr><td>工作标准</td></tr>
<tr><td>质量标准：产品各生命周期内各相关部门圆满完成产品管理计划</td></tr>
<tr><td colspan="2">执行规范</td></tr>
<tr><td colspan="2">“产品导入期管理计划”“产品成长期管理计划”“产品成熟期管理计划”“产品衰退期管理计划”</td></tr>
</table>

3.7 产品退出流程设计与工作执行

3.7.1 产品退出流程设计

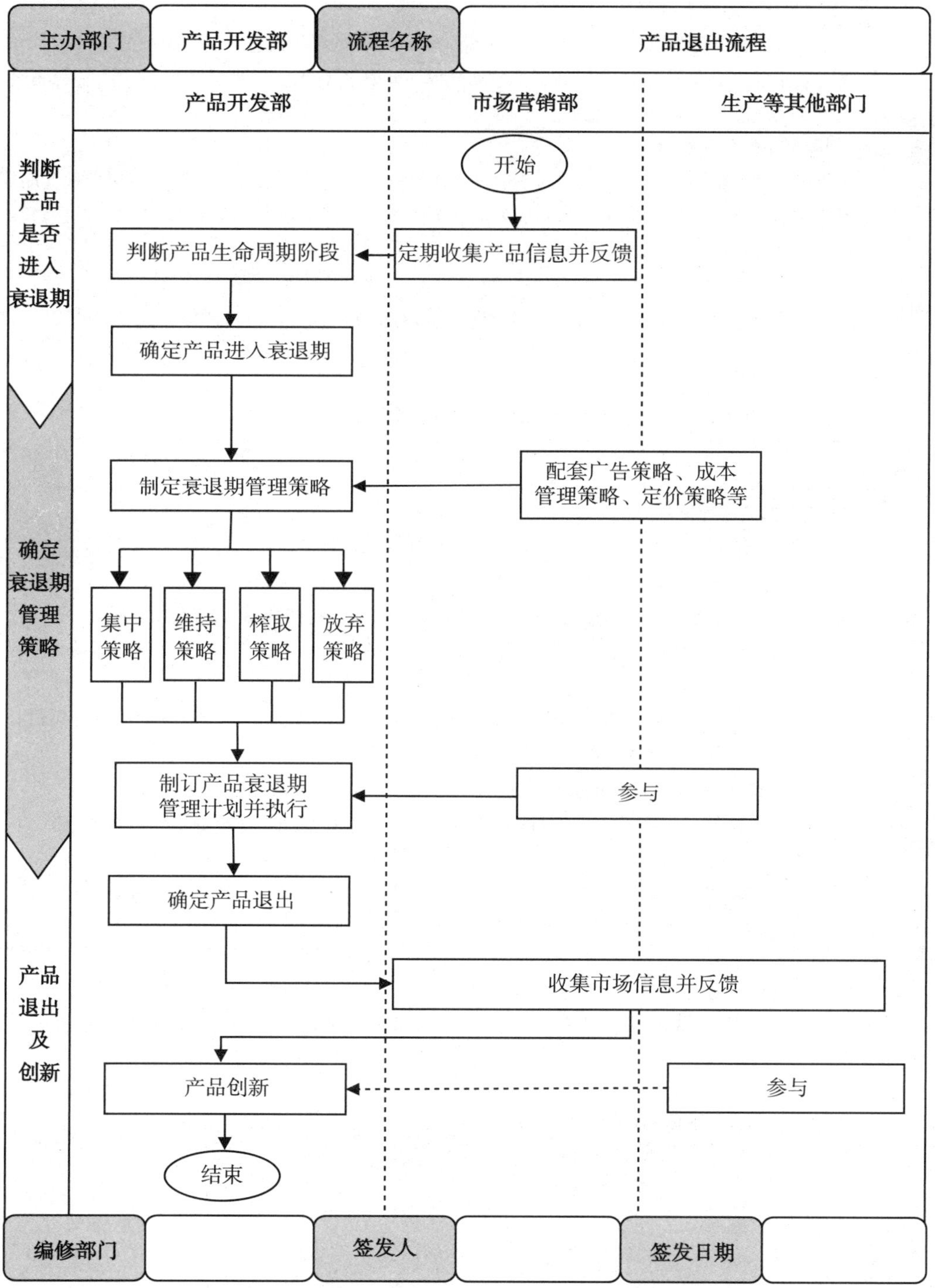

3.7.2 产品退出执行程序、工作标准、考核指标、执行规范

任务名称	执行程序、工作标准与考核指标
判断产品是否进入衰退期	**执行程序** **1. 定期收集产品信息并反馈** ☆市场营销部要密切关注产品状态，定期收集与产品相关的各类信息 ☆需要收集的产品信息包括销售额、销售增长率、市场占有率、产品成本信息、产品利润信息、市场变化信息及相关政策信息等 **2. 判断产品生命周期阶段** 在收集的信息中，如果存在客户的消费兴趣明显转移，消费需求逐渐减退，市场出现竞品或竞争者纷纷退出市场，销售增长率疲弱或下降，企业微利甚至出现亏损等现象，那么可以判断产品已进入衰退期 **工作重点** 产品开发部要组建专门的管理团队，定期对产品的生命周期阶段进行评估 **工作标准** 质量标准：产品信息收集全面，产品生命周期阶段判断准确
确定衰退期管理策略	**执行程序** **1. 制定衰退期管理策略** ☆产品进入衰退期后，为获取最大的收益，产品开发部要制定有针对性的产品管理策略，如集中策略、维持策略、榨取策略及放弃策略等 ☆集中策略，即企业缩短产品战线，集中资源在最有利可图的部分细分市场上 ☆维持策略，即企业维持之前的市场整体策略不变，仅逐步降低销售水平，等到适当的时候主动退出市场 ☆榨取策略，即企业不管销售额的变动，主动大幅度降低各类成本费用，以增加眼前的利润水平 ☆放弃策略，即企业决定放弃产品生产和销售并处理好善后事宜 **2. 制订产品衰退期管理计划并执行** 产品开发部根据企业选定的产品衰退期管理策略，制订相应的产品衰退期管理计划并执行 **工作重点** 产品进入衰退期，要尤其重视广告策略的转变，此时应采取提醒式的广告策略，重点宣传产品品牌，维持老用户对品牌的偏好和忠诚度 **工作标准** 质量标准：产品退衰期管理策略选择恰当，重点突出，针对性与可行性强 **考核指标** 产品衰退期管理策略调整的时间：应在年审后____个工作日内做出反应并进行工作调整

（续）

<table>
<tr><th>任务名称</th><th>执行程序、工作标准与考核指标</th></tr>
<tr><td rowspan="4">产品退出及创新</td><td>执行程序</td></tr>
<tr><td>1. 确定产品退出
通过各种策略、手段延长产品的生命周期后，如果产品依然出现销量大幅下跌，利润不升反降甚至明显亏损的情况，就要及时制订产品退出计划
2. 产品创新
☆市场营销部密切关注市场产品状态，收集各类竞争产品信息并反馈到产品开发部；客户服务部、质量管理部等部门也要定期或不定期地将收集到的各类产品、客户信息汇总后反馈到产品开发部，以助于产品创新
☆产品开发部根据各渠道的市场信息，决定产品创新的方向和策略，对产品进行升级换代，或者开发市场上没有的全新产品，以实现“换道超车”
工作重点
☆产品开发部的信息来源要紧扣客户的需求，重点关注与客户密切接触的部门（如客户服务部、维修部等）提供的信息和数据
☆产品创新需要多部门深入协调、沟通，企业要建立跨部门、跨职能的协调方案，同时需要企业领导层的推动
☆产品退出是一个系统工程，企业要建立结构化、文件化的程序与模式，以控制产品有序退出</td></tr>
<tr><td>工作标准</td></tr>
<tr><td>质量标准：产品退出时机恰当，创新方向正确</td></tr>
<tr><td colspan="2">执行规范</td></tr>
<tr><td colspan="2">“产品衰退期管理策略”“产品衰退期管理计划”</td></tr>
</table>

3.8 产品 / 服务数据管理流程设计与工作执行

3.8.1 产品 / 服务数据管理流程设计

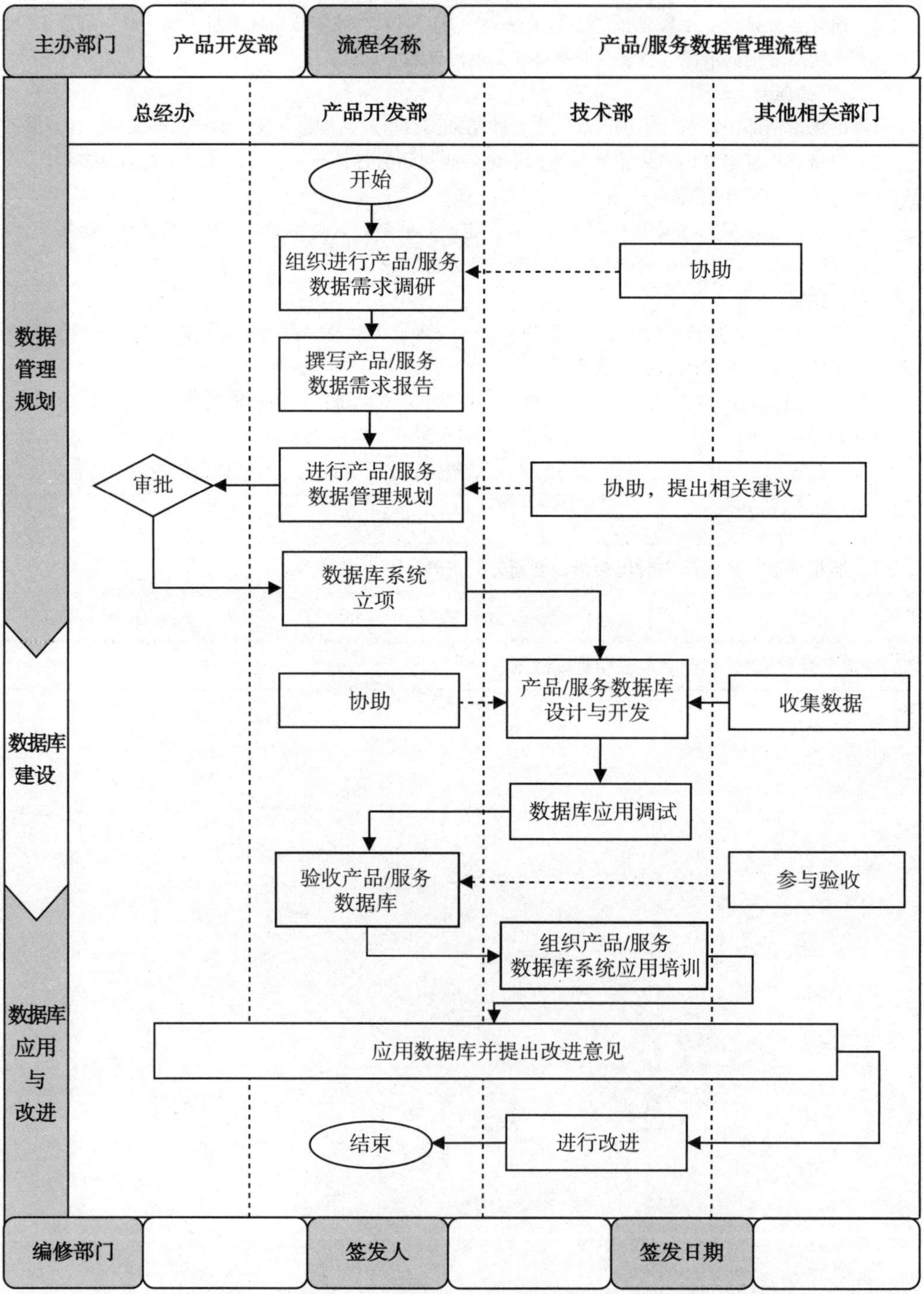

3.8.2 产品 / 服务数据管理执行程序、工作标准、考核指标、执行规范

任务名称	执行程序、工作标准与考核指标
数据管理规划	**执行程序**
	1. 组织进行产品 / 服务数据需求调研 产品开发部组织相关人员对产品 / 服务数据的使用部门和人员进行需求调研，了解、明确各相关部门和人员对产品 / 服务数据的要求，并初步对数据库进行设计 **2. 撰写产品 / 服务数据需求报告** 产品开发部根据数据需求调研的结果撰写产品 / 服务数据需求调研报告 **3. 进行产品 / 服务数据管理规划** ☆产品开发部根据企业产品 / 服务信息和资料的情况，进行产品 / 服务数据管理规划，重点在于产品 / 服务数据库建设规划 ☆产品 / 服务数据需求调研报告和管理规划须提交总经办审批 ☆技术部和市场、研发、销售等相关部门协助产品 / 服务数据规划工作，提供相关建议 **4. 数据库系统立项** 管理规划审批通过后，产品开发部准备开展数据库的立项报批工作 **工作重点** 数据库建设规划应综合考虑涉及的所有产品 / 服务数据使用部门的需求
	工作标准
	内容标准：数据库建设规划包括规划目标、功能需求、总成本预算设计等要素，建设规划的内容要全面、详细、可行
数据库建设	**执行程序**
	1. 产品 / 服务数据库设计与开发 ☆产品 / 服务数据库立项后，技术部设计开发人员根据产品 / 服务数据需求调研报告进行数据库设计与开发 ☆设计开发人员要注意采用机器可读的格式来标志各阶段的产品 / 服务，从而迅速、准确、便捷地收集产品 / 服务数据 **2. 数据库应用调试** 数据库设计开发完成，技术部组织开展数据库的应用调试工作，模拟各类使用场景，观测应用效果 **3. 验收产品 / 服务数据库** 产品 / 服务数据库设计开发、调试应用完成，产品开发部与相关使用部门负责人对产品 / 服务数据库进行质量验收 **工作重点** ☆开发数据库时应确保数据标准统一、规范，与国际标准及客户和供应商的标准一致 ☆注意采用现有行业产品标识标准，从而迅速、准确地对产品及其包装进行识别

（续）

任务名称	执行程序、工作标准与考核指标
数据库建设	**工作标准**
	☆质量标准：产品 / 服务数据库系统建设安全、稳定、可靠，更新及时，合格率达到 100% ☆效率标准：产品 / 服务数据库在 ____ 天内完成建设与调试工作
	考核指标
	☆产品 / 服务数据库验收合格率：用以衡量数据库的建设质量 ☆产品 / 服务数据库验收合格率 $=\frac{\text{合格的数据数}}{\text{验收的数据总数}}\times 100\%$
数据库应用与改进	**执行程序**
	1. 组织产品 / 服务数据库系统应用培训 产品 / 服务数据库验收完成，技术部组织使用部门和人员进行应用培训 **2. 应用数据库并提出改进意见** 相关部门和人员使用产品 / 服务数据库，根据使用体验和感受提出问题及改进意见 **3. 进行改进** 技术部收集产品 / 服务数据库使用部门和人员提出的改进意见，结合问题的实际情况研究解决办法，改进并完善产品 / 服务数据库 **工作重点** 企业要设立专门的数据专员来维护数据库的良好运行，并及时将数据整合进 ERP、MRP 系统
	工作标准
	☆考核标准：产品 / 服务数据库使用人员的培训考核合格率超过 ____% ☆效率标准：技术部在接收改进意见后 ____ 天内完成数据库的改进工作
执行规范	
“产品 / 服务数据库建设规划”“产品 / 服务数据需求调研报告”“产品 / 服务数据库系统应用培训总结报告”	

3.9 产品工艺设计流程与工作执行

3.9.1 产品工艺设计流程

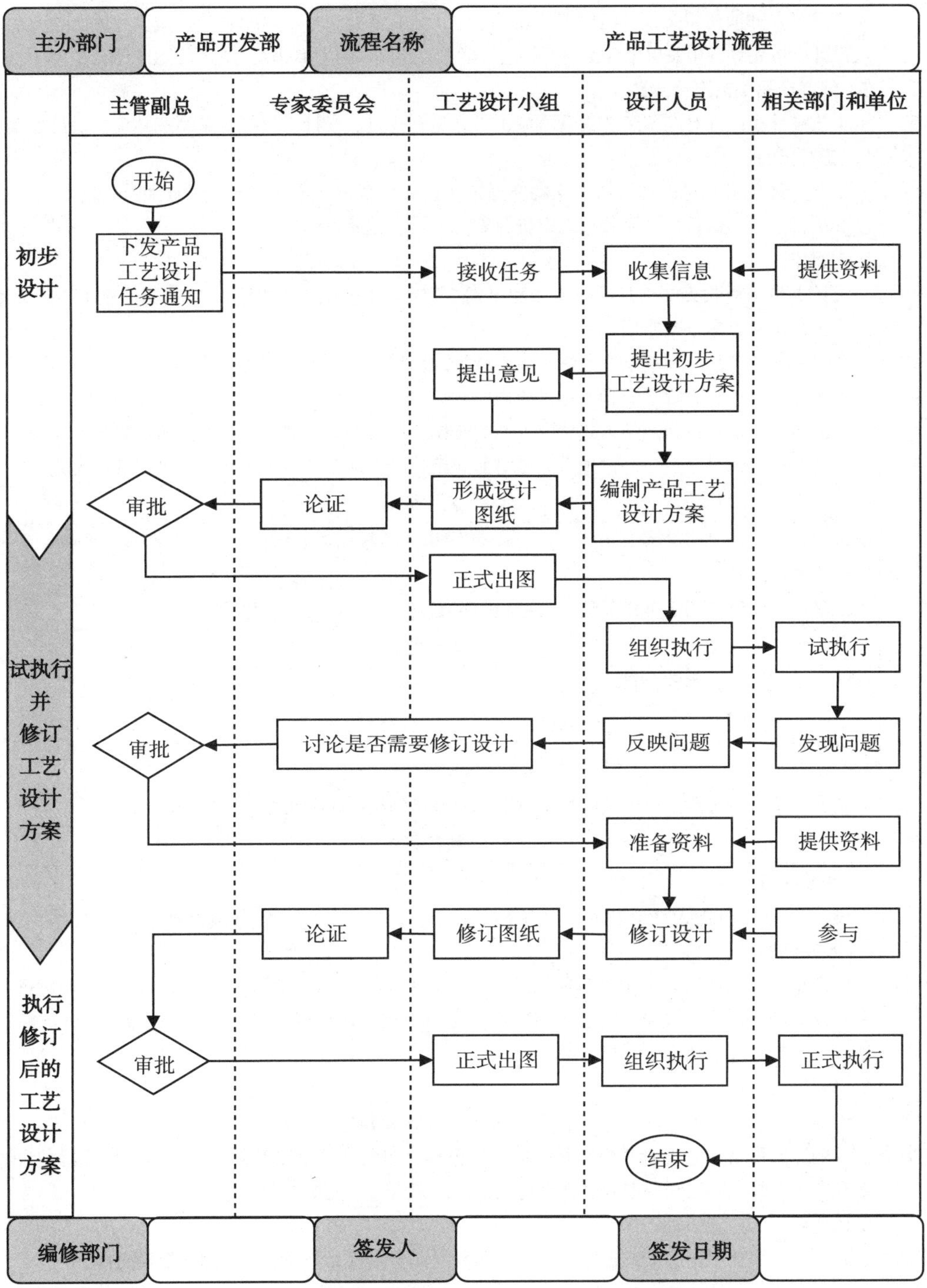

3.9.2 产品工艺设计执行程序、工作标准、考核指标、执行规范

任务名称	执行程序、工作标准与考核指标
初步设计	**执行程序** **1. 提出初步工艺设计方案** ☆产品开发部抽调相关人员组成工艺设计小组，如有必要，还可以组建跨部门设计团队 ☆设计人员先对各相关单位提供的资料进行汇总、整理，再对其进行分析，提出初步工艺设计方案 **2. 编制产品工艺设计方案** 工艺设计小组针对初步工艺设计方案提出意见和建议，设计人员据此编制产品工艺设计方案 **3. 正式出图** 工艺设计小组先对设计人员上交的产品工艺设计方案进行审核，形成设计图纸，再上交专家委员会进行论证，最后提交主管副总审批，审批通过后正式出图 **工作重点** ☆设计人员须对收集的信息进行审核和鉴别，确定其真实性和合理性，避免因信息不准确导致初步工艺设计方案方向错误 ☆要坚持精益产品开发理念和方法，主动减少浪费 ☆工艺设计要注意吸收客户和关键供应商的意见 ☆加强与合作伙伴在新产品工艺设计方面的合作，可以事先与其沟通新产品研制趋势，在季 / 年度召开的技术研讨会上与之讨论产品暴露的问题，以实现设计最优化和资源利用的最大化 **工作标准** ☆内容标准：产品工艺设计方案包括产品性能相关参数和重要指标、零部件明细表，批量生产组织方式等内容 ☆质量标准：设计团队工作灵活，跨部门协作流畅，工艺设计符合要求 **考核指标** ☆方案编制准时完成率：目标值为____% $方案编制准时完成率=\frac{实际编制周期}{计划编制周期}\times 100\%$ ☆技术方案差错次数：审查期内技术方案出现差错的次数应控制在____次之内
试执行并修订工艺设计方案	**执行程序** **1. 组织执行** 设计人员根据工艺设计小组的正式出图文件组织执行初步设计方案，有关生产单位试执行设计方案 **2. 反映问题** 生产单位在试执行过程中发现问题的，应及时将问题反馈给设计人员。设计人员对问题进行汇总，并向领导和专家委员会反映，专家委员会与工艺设计小组共同讨论是否需要对设计方案进行修订，如需修订，则报主管副总审批 **3. 修订设计** 设计人员先根据有关生产单位提供的试执行资料和其他有关资料进行工艺设计修订；然后将修订后的方案提交工艺设计小组审核，由工艺设计小组负责修订设计图纸；最后将修订后的设计方案和设计图纸一同提交专家委员会进行论证，论证通过后上报主管副总审批 **工作重点** ☆企业应采用数字化的方式管理产品信息和数据，要注意为分散的设计团队提供支持 ☆后续变更工艺设计时，外部工程代表（包括供应链所有领域）要及时组成团队评估其影响

（续）

任务名称	执行程序、工作标准与考核指标
试执行并修订工艺设计方案	**工作标准**
	质量标准：工艺设计方案修订及时，论证充分
	考核指标
	反映技术问题的及时性：相关人员须在规定的时间内及时反映技术问题，目标值为 100%
执行修订后的工艺设计方案	**执行程序**
	修订后的工艺设计方案经主管副总审批通过后，由设计人员组织生产单位执行 **工作重点** 企业应加强对新工艺设计方案执行的监督
	工作标准
	目标标准：新工艺设计方案得到全面、正确的落实
执行规范	
“产品工艺设计规定”“产品工艺设计方案”“产品工艺设计图纸”	

3.10 产品质量设计流程与工作执行

3.10.1 产品质量设计流程

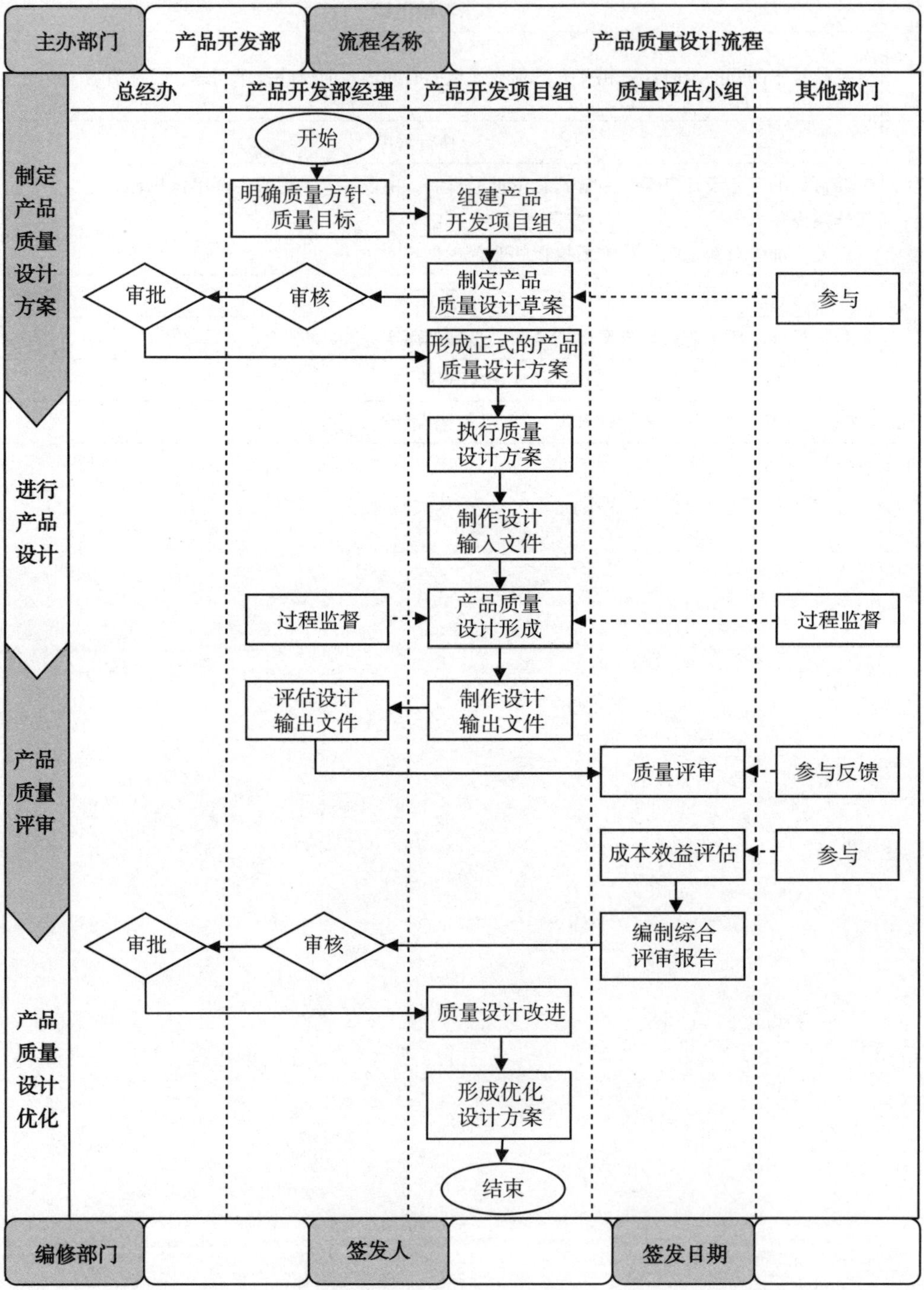

3.10.2 产品质量设计执行程序、工作标准、考核指标、执行规范

任务名称	执行程序、工作标准与考核指标
制定产品质量设计方案	**执行程序**
	1. 组建产品开发项目组 ☆企业组建产品开发项目组，小组成员来自产品开发部、客户服务部、客户、供应商等 ☆确定项目负责人，明确成员分工，并制定项目组职责表 **2. 制定产品质量设计草案** ☆产品开发项目组分析市场同类产品动态、用户要求、技术水平，结合企业的质量政策和发展战略来制定产品质量设计草案 ☆产品开发项目组对产品质量设计草案进行评审，若判定产品质量设计无法达到要求，可放弃产品的开发 ☆产品质量设计草案经产品开发部经理审核通过后，报总经办审批 **3. 形成正式的产品质量设计方案** 产品开发项目组根据总经办的审批意见完善产品质量设计方案，形成正式版本 **工作重点** 产品开发项目组在制定产品质量设计方案时，要注意关键内容要素，包括产品的质量标准、技术要求、检验方法及检验规则等
	工作标准
	☆质量标准：产品质量设计方案的格式规范，内容全面且具有较强的可操作性 ☆完成标准：产品质量设计方案经过总经办审批，形成正式版本
	考核指标
	☆方案编制工作按时完成率：保证编制工作按时完成，目标值为100% $方案编制工作按时完成率=\frac{按时编制完成的方案要素数}{方案包括的总要素数}$ ☆方案可行性：保证产品设计工作顺利进行，符合企业质量方针、质量目标
进行产品设计	**执行程序**
	1. 制作设计输入文件 ☆产品开发项目组根据产品质量设计方案、客户合同、技术协议等制作设计输入文件，这是开展产品设计开发工作的依据 ☆产品开发项目组根据产品和过程特点评审、确认客户指定的产品特性，确认后列入初始特性明细表，作为设计输入的内容 **2. 制作设计输出文件** ☆产品开发项目组制作设计输出文件，文件应满足输入文件的要求 ☆产品设计输出文件要经过拟制、审核、工艺会签、质量会签、标准化检查、批准六道关口，每个签署人员均须执行规定的职责和权限，确保文件质量 **工作重点** 产品开发项目组在制作设计输出文件时，要注意输出文件的主要内容，包括产品图纸、验证流程、材料规范、初始零件清单、工程规范、新工艺设备和设施的要求、产品和过程的特性等

（续）

<table>
<tr><th>任务名称</th><th>执行程序、工作标准与考核指标</th></tr>
<tr><td rowspan="4">进行产品设计</td><td>工作标准</td></tr>
<tr><td>参照标准：同行业其他企业的设计输入文件与输出文件</td></tr>
<tr><td>考核指标</td></tr>
<tr><td>设计输入文件中指标的量化程度：文件中所有指标应全部量化，尽量让设计人员有据可依</td></tr>
<tr><td rowspan="6">产品质量评审</td><td>执行程序</td></tr>
<tr><td>1. 评估设计输出文件
产品开发部经理应评估产品设计的可行性，以及产品能否按客户要求的价格、标准、时间、数量进行制造、装配、试验、包装和交货，并填写产品质量设计初期评审表
2. 质量评审
☆质量评审工作由与产品开发工作没有直接关系的相关专家组成的质量评估小组负责，该评估小组要从不同的角度对质量设计工作提出符合实际情况的综合性意见
☆质量评估小组在评审时，要注意从各个渠道吸收客户对产品质量的意见，查找质量缺陷，摸清产品质量问题与质量设计的关联，并形成意见，提交产品开发项目组
3. 成本效益评估
财务部参与产品成本效益评估，并进行投资风险分析，确定产品开发的初期、中期、后期各阶段应投入资金的比例，形成投资分析报告
工作重点
产品质量评审项目具体包括产品的性能、可检查性、可维修性、可替代性、材料的易获取性等</td></tr>
<tr><td>工作标准</td></tr>
<tr><td>完成标准：质量评估小组与财务部共同完成成本效益评估，并形成投资分析报告</td></tr>
<tr><td>考核指标</td></tr>
<tr><td>质量评审的全面性：确保对产品设计质量进行全方位评审，把因产品缺陷产生的风险降到最低</td></tr>
<tr><td rowspan="2">产品质量设计优化</td><td>执行程序</td></tr>
<tr><td>1. 编制综合评审报告
☆在对产品和制造过程的设计结果进行评审之后，质量评估小组编制综合评审报告
☆综合评审报告须提交产品开发部经理审核、总经办审批
2. 质量设计改进
☆综合评审报告审批通过后，产品开发项目组要根据评审中提出的质量改进建议对产品质量设计方案进行修改，形成优化设计方案
☆产品开发部应将更改后的设计文件及时归档，需投产加工的图纸要从档案中复制出来
工作重点
☆在改进质量设计时，对可能会影响交货期、可靠性、安全性等重要技术指标的重大设计问题，要组织评审后方能予以更改
☆产品质量设计要注意可持续性，产品开发部要定期对质量设计方案进行审查并优化
☆质量设计优化要注意利用特别职能领域的数据，如产品维修数据、客服数据等</td></tr>
</table>

（续）

任务名称	执行程序、工作标准与考核指标
产品质量设计优化	工作标准
	☆参照标准：业内其他企业最新的综合评审报告 ☆完成标准：质量设计文件符合要求并及时归档，需要用的要复制以备用
	考核指标
	☆质量设计文件的规范性：按照规定的流程和范式制定完成 ☆质量体系文件保存的合理性：便于保管、便于使用
执行规范	
“产品质量设计方案”“产品质量设计初期评审表”“综合评审报告”	

3.11 供应商产品设计协作流程与工作执行

3.11.1 供应商产品设计协作流程

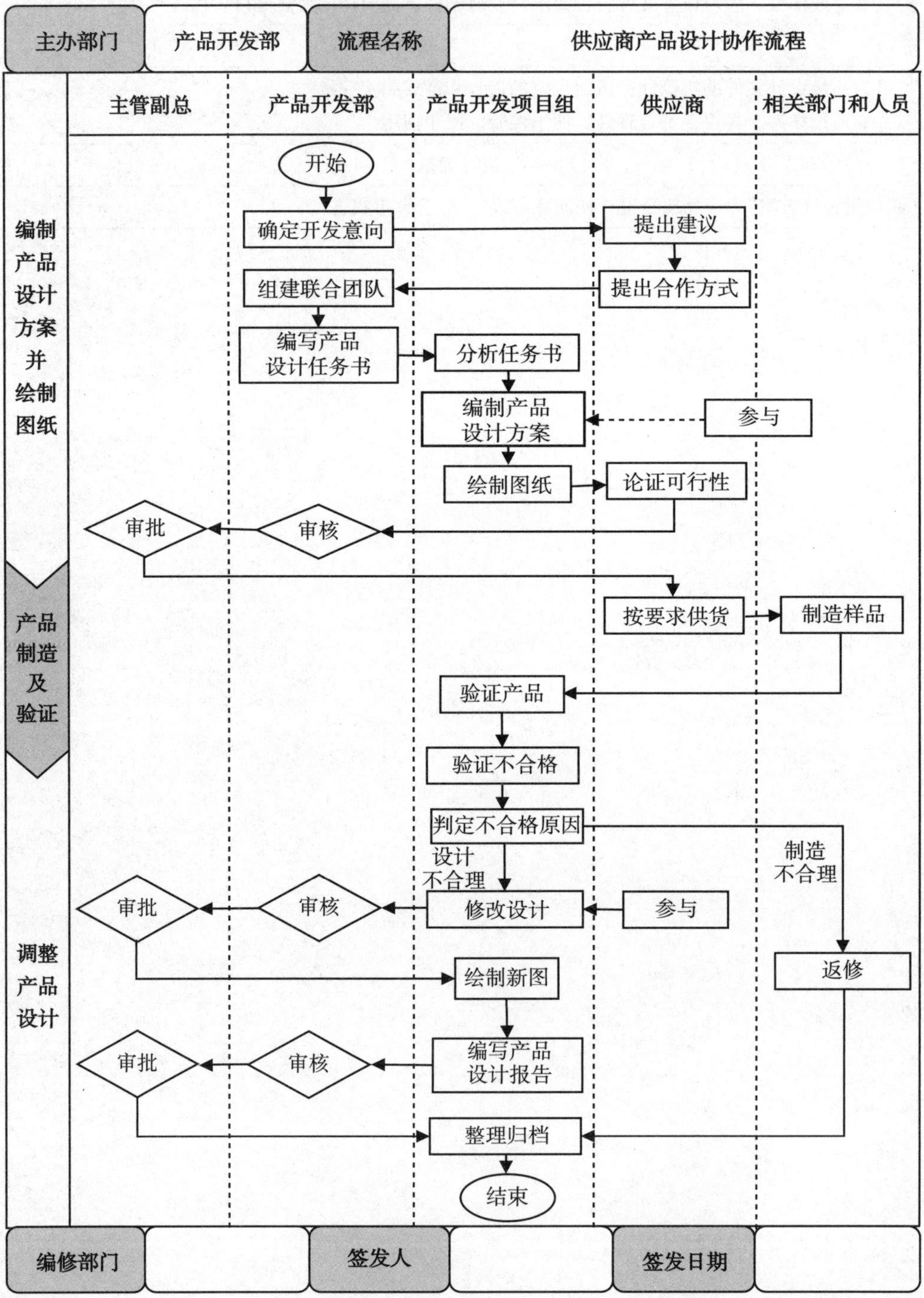

3.11.2 供应商产品设计协作执行程序、工作标准、考核指标、执行规范

任务名称	执行程序、工作标准与考核指标
编制产品设计方案并绘制图纸	**执行程序** 1. **确定开发意向** ☆产品开发部根据客户需求变动、竞争对手产品的变化等因素确定产品开发意向 ☆供应商根据产品开发意向和自己的专长提出系列开发意见 2. **提出合作方式** ☆供应商估算产品开发的成本、收益情况，提出联合开发的具体合作方式 ☆产品开发部与供应商协商后组建联合开发项目组（以下简称项目组），如有必要，可以吸收客户代表、第三方开发团队进入项目组 3. **编制产品设计方案** 项目组根据产品设计任务书、工艺规程等相关资料编写产品设计方案 4. **绘制图纸** ☆项目组根据产品设计方案绘制设计图，供应商进行可行性审查、论证 ☆产品开发部审核产品设计方案及设计图，通过后上交主管副总审批，正式确定设计图 **工作重点** 企业应注意发挥关键供应商在产品设计中的关键作用 **工作标准** ☆内容标准：产品设计方案的内容包括产品结构示意图，选择主要原件，进行刚度、强度、精度及受力的分析计算等 ☆时间标准：产品设计方案的编制须在____个工作日内完成 **考核指标** ☆产品设计方案编制的及时性：相关人员要在规定的时间内完成产品设计方案的编制工作
产品制造及验证	**执行程序** 1. **按要求供货** 供应商根据产品设计方案的要求，及时提供产品制造所需的原材料、元器件、零配件等货物 2. **制造样品** 生产单位根据产品图纸的要求进行生产制造，项目组进行指导、监督 3. **验证产品** 项目组及时组织人员对产品进行验证。产品验证合格的，验证人员填写产品验证书，可转入生产，并在产品设计图上加盖验证合格标记；产品验证不合格的，验证人员也需填写产品验证书，在参与验证的人员会签后进行返修，并注明返修后验证或返修后不验证的字样 **工作重点** 为保证样品的质量，供应商人员可到制造现场进行追踪，及时解决发现的问题 **工作标准** 质量标准：供应商供货及时，货品符合要求，产品制造过程严格按照方案和图纸进行

（续）

<table>
<tr><th>任务名称</th><th>执行程序、工作标准与考核指标</th></tr>
<tr><td rowspan="5">调整产品设计</td><td>执行程序</td></tr>
<tr><td>1. 判定不合格原因
☆产品经验证不合格的，由项目组对产品不合格原因进行判定，判定其是设计不合理还是制造不合理
☆若是制造不合理，生产部根据产品验证书中的意见对产品进行返修
☆若是设计不合理，项目组及时组织人员按照产品验证书中的修改内容和要求修改设计方案，供应商也要参与。设计方案修改后须上报产品开发部审核、主管副总审批
2. 绘制新图
项目组按领导审批意见，根据修改方案进行底图的修改绘制，并发给相关部门，组织其执行
3. 编写产品设计报告
项目组根据产品设计的实际过程编写产品设计报告，并上报产品开发部审核、主管副总审批，审批通过后对产品设计文件、产品设计报告进行编号、归档管理
工作重点
企业要注意通过创新沟通、及时收益共享等方式与关键供应商、客户代表建立紧密的合作伙伴关系</td></tr>
<tr><td>工作标准</td></tr>
<tr><td>内容标准：产品设计报告的内容具体包括设计方案、实际执行过程、设计方案修改部分、投入成本分析计算及工作人员考核等</td></tr>
<tr><td></td></tr>
<tr><td colspan="2">执行规范</td></tr>
<tr><td colspan="2">“产品设计任务书”“产品设计方案”“产品结构示意图”“产品设计修改方案”“产品设计修改图纸”“产品设计报告”</td></tr>
</table>

3.12 客户伙伴关系建设流程设计与工作执行

3.12.1 客户伙伴关系建设流程设计

主办部门	产品开发部	流程名称	客户伙伴关系建设流程

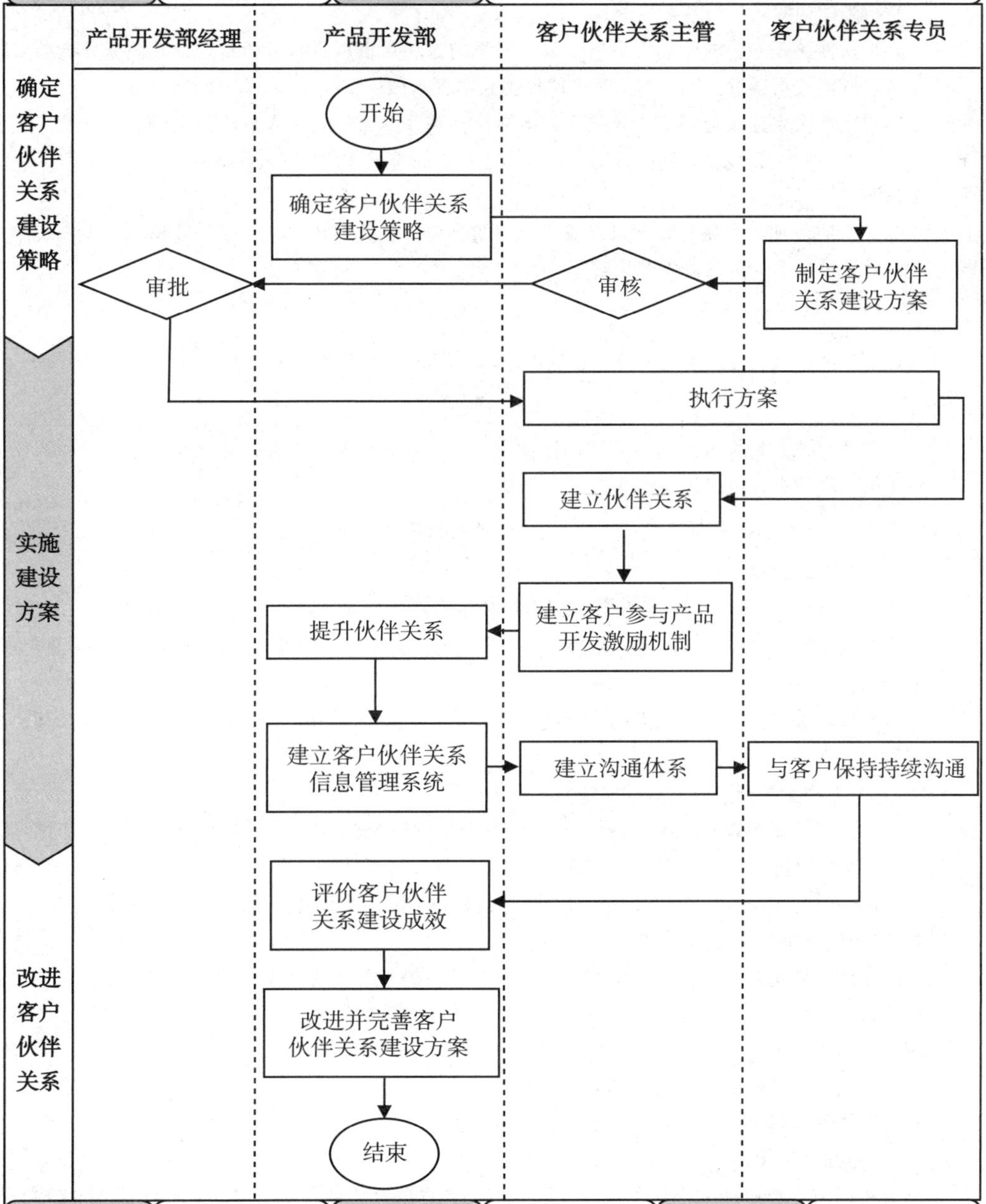

编修部门		签发人		签发日期	

3.12.2 客户伙伴关系建设执行程序、工作标准、考核指标、执行规范

任务名称	执行程序、工作标准与考核指标
确定客户伙伴关系建设策略	**执行程序** ☆产品开发部制定客户伙伴关系建设策略，对企业新产品 / 服务开发过程中的客户伙伴关系管理进行整体说明 ☆客户伙伴关系专员收集客户资料，采用科学的方法对资料进行分析整理，并根据分析结果制定客户伙伴关系建设方案，提交客户伙伴关系主管审核 ☆客户伙伴关系建设方案审核通过后，客户伙伴关系主管签署个人意见，上报产品开发部经理审批；产品开发部经理审批后签署个人意见，并及时下发文件 **工作重点** 为了方便管理，产品开发部可以成立专门的客户伙伴关系管理办公室，统筹管理客户伙伴关系的建立、维护、满意度调查等事宜 **工作标准** 参照标准：同行业其他企业的客户伙伴关系管理制度等资料 **考核指标** 客户伙伴关系建设方案的可行性：目标为客户伙伴关系建设方案符合企业实际情况和客户伙伴关系的需求特点，可操作性强
实施建设方案	**执行程序** **1. 执行方案** ☆客户伙伴关系主管指导客户伙伴关系专员执行客户伙伴关系建设方案 ☆客户伙伴关系专员应该近距离接触客户，掌握他们的需求，并及时将其反馈引入产品设计团队 **2. 建立伙伴关系** 客户伙伴关系主管代表企业与客户建立战略伙伴关系，形成长久机制，与客户实现共赢，增强与客户在产品开发方面的互动 **3. 建立客户参与产品开发激励机制** ☆客户伙伴关系主管建立客户参与产品开发激励机制，根据客户在产品开发中的不同作用将客户划分为关键客户、重点客户、一般客户等级别加以管理，并根据不同级别制定不同的激励政策 ☆具体的激励政策包括物质激励（如资金、实物等）及精神激励（如荣誉证书、牌匾等）等 **4. 提升伙伴关系** 产品开发部整合企业内部资源，以客户为导向，提升客户伙伴关系的整合服务能力，包括量身打造设计模式、建立服务沟通平台、整合渠道伙伴（包括运输商与分销商）及共同参与产品标准制定等内容 **5. 建立客户伙伴关系信息管理系统** ☆产品开发部建立客户伙伴关系信息管理系统，以客户伙伴关系的信息资料为基础，围绕客户伙伴关系进行分析 ☆分析内容主要包括客户伙伴关系发展分析、客户伙伴关系价值分析、客户伙伴关系行为分析、客户贡献分析及客户伙伴关系满意度分析等

（续）

任务名称	执行程序、工作标准与考核指标
实施建设方案	**6. 建立沟通体系** ☆客户伙伴关系主管时刻关注客户伙伴关系满意度，组织建立全方位的沟通体系 ☆客户伙伴关系主管和客户伙伴关系专员要定期或不定期地主动向客户询问其对新产品或当前产品的要求 ☆客户伙伴关系主管应建立产品预警机制，及时了解客户在产品使用过程中的问题，避免问题持续恶化 ☆根据企业实际情况，客户伙伴关系主管要定期组织召开企业与客户之间的产品座谈会，共同分析产品出现的问题和竞品发展情况，说明企业未来产品开发的战略，引导客户参与企业新产品的开发工作 **工作重点** ☆注意引导客户参与企业的售后战略执行过程，包括包装材料的再次循环、回收利用等 ☆注意通过积极的战略性客户满意度项目，将客户反馈迅速传至设计团队 ☆对于客户定制的产品或服务，最终设计要由客户批准；在新产品开发过程中，首检也需获得客户的批准 ☆注意客户对包装的特殊要求，并在产品规划方面进行反映
	工作标准
	质量标准：相关部门与人员严格执行客户伙伴关系建设方案，促进企业与客户在产品开发方面建立共赢、互动机制，不断提升产品的客户满意度
	考核指标
	☆客户伙伴关系建设方案目标完成率：目标值为100% $客户伙伴关系建设方案目标完成率=\frac{实际完成的方案目标数}{计划完成的方案目标数}\times 100\%$ ☆客户伙伴关系信息的准确性：目标为信息准确、有效，没有重大错误与偏差
改进客户伙伴关系	**执行程序**
	1. 评价客户伙伴关系建设成效 产品开发部对客户伙伴关系建设方案的执行效果进行评价，以产品的客户评价和客户满意度为标准进行业绩评定 **2. 改进并完善客户伙伴关系建设方案** 客户伙伴关系主管根据评价结果对客户伙伴关系建设方案做出相应的改进与完善 **工作重点** 产品开发部对客户伙伴关系建设成效的评价要严谨，须严格按照规范的工作流程、操作步骤、评价标准进行评定
	工作标准
	☆参照标准：同行业其他企业的客户伙伴关系建设改善措施等 ☆目标标准：通过及时评价、总结方案执行效果，奖惩有关人员，进一步提升企业的客户伙伴关系管理水平和相关人员的积极性
执行规范	
“客户伙伴关系建设方案”“客户伙伴关系信息保密细则”	

第4章 营销/销售产品与服务

4.1 营销/销售产品与服务工作流程

4.1.1 流程目的说明

企业对营销/销售产品与服务工作实施流程管理的目的如下：

（1）规范营销/销售产品与服务工作各个事项的工作流程，逐步实现营销/销售全流程的规范化、标准化、程序化；

（2）明确营销/销售工作目标，更好地指导营销/销售工作的实施，促进企业供应链管理战略目标的实现；

（3）提高营销/销售组织管理各事项的工作效率，快速响应市场需求，促进营销/销售效率最大化。

4.1.2 流程结构设计

营销/销售产品与服务工作流程设计将营销/销售产品与服务工作细分为14个事项，就每个事项分别设计流程，即市场分析流程、市场定位流程、定价管理流程、销售预测流程、渠道合作伙伴关系管理流程、分销网络管理流程、销售管理流程、日常报价管理流程、合同盈利性分析流程、销售订单管理流程、客户数据管理流程、客户订单管理流程、延期交货管理流程、订单监控流程，具体结构设计如图4-1所示。

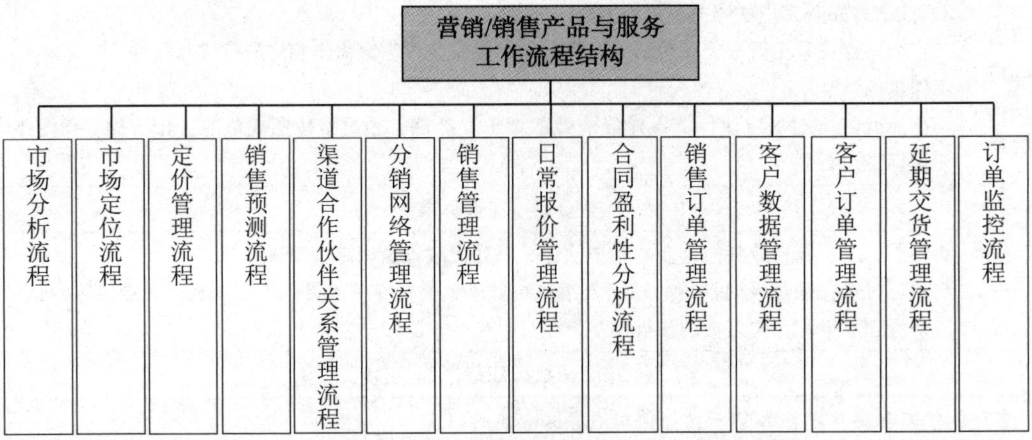

图4-1 营销/销售产品与服务工作流程结构设计

4.2 市场分析流程设计与工作执行

4.2.1 市场分析流程设计

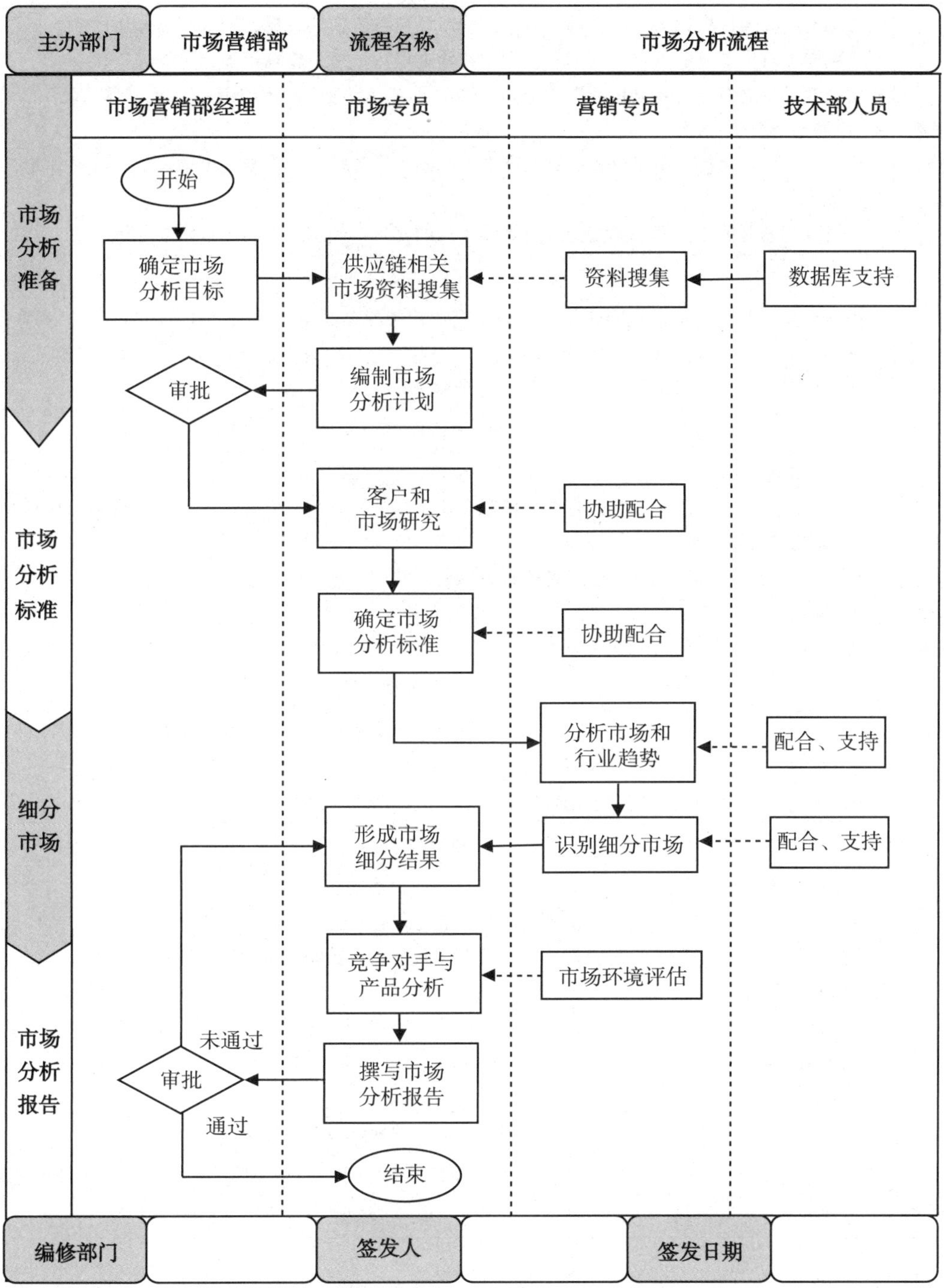

4.2.2 市场分析执行程序、工作标准、考核指标、执行规范

任务名称	执行程序、工作标准与考核指标
市场分析准备	**执行程序**
	1. 供应链相关市场资料搜集 ☆市场营销部经理根据供应链管理要求，明确市场分析工作的目标，下达市场分析任务 ☆市场专员对供应链管理营销和销售过程中的数据进行汇总，整理市场分析相关资料 ☆营销专员协助搜集市场分析数据和资料，技术部 IT 人员协助使用供应链数据管理系统 **2. 编制市场分析计划** 市场专员根据市场分析目标和已有数据资料编制市场分析计划，提交市场营销部经理审批 **工作重点** 市场分析的标准不是固定不变的，应紧跟市场的变化，确定对应的变量因素分析原则
	工作标准
	☆内容标准：数据资料的内容包括但不限于企业营销战略、竞争状况、自身产品情况、竞争者情况、产品市场和行业环境等 ☆效率标准：市场分析计划应在规定时间内编制完成并提交审批，目标值为____天
市场分析标准	**执行程序**
	1. 客户和市场研究 市场专员对企业产品或服务的客户群体和行业市场进行研究，做好市场分析的前期准备工作 **2. 确定市场分析标准** 市场专员根据对客户和市场的了解确定市场分析的项目和基础标准 **工作重点** 市场专员在做市场分析之前，应先进行大致的市场区隔工作，以便更好地研究客户
	工作标准
	☆方法标准：共性需求的产品，一般可从年龄上直接区隔；特性需求的产品，则要根据不同产品的类别对应的不同人群加以区隔 ☆依据标准：市场专员在确定市场分析标准时，应参考供应链管理的市场分析基本要求
细分市场	**执行程序**
	1. 分析市场和行业趋势 ☆营销专员对各自负责的区域消费者市场和行业变化趋势进行信息搜集与内容分析 ☆对市场和行业趋势做进一步分析后，营销专员向市场专员提交市场细分意见与说明 **2. 形成市场细分结果** 市场专员汇总营销专员提交的资料，做进一步的市场细分考察后，对产品或服务市场进行划分，形成市场细分结果 **工作重点** 市场专员在进行市场分析时，要注意结合使用定性分析与定量分析方法
	工作标准
	方法标准：市场细分的方法包括单一变量法、综合因素法、系列因素法等

（续）

<table>
<tr><th>任务名称</th><th>执行程序、工作标准与考核指标</th></tr>
<tr><td rowspan="6">市场分析报告</td><td>执行程序</td></tr>
<tr><td>1. 竞争对手与产品分析
☆市场专员结合本企业的实际情况对竞争对手及其产品和服务进行调查与对比分析
☆营销专员主要负责内部销售环境和外部市场环境的分析与评估工作
2. 撰写市场分析报告
☆市场专员汇总整理分析成果，撰写市场分析报告，提交市场营销部经理审批
☆市场分析报告审批不通过的，市场专员和营销专员要重新进行市场分析，并再次提交分析报告
工作重点
市场专员应与营销专员保持充分沟通，确保内外部环境要素分析的结果准确无误</td></tr>
<tr><td>工作标准</td></tr>
<tr><td>质量标准：市场分析报告的主要内容不限于市场细分结果、客户和行业趋势分析、竞争对手分析、内外部环境分析等</td></tr>
<tr><td>考核指标</td></tr>
<tr><td>☆市场分析报告审批通过率：该指标是对市场分析工作成果质量和效率的考核，目标值为 100%
☆市场分析报告审批通过率 = $\frac{\text{审批通过的报告数}}{\text{提交审批的报告数}} \times 100\%$</td></tr>
<tr><td colspan="2">执行规范</td></tr>
<tr><td colspan="2">“企业供应链管理要求”“客户与行业趋势分析报告”“市场分析计划”“市场分析标准说明”“市场细分结果报告”“竞争对手分析结果报告”“内外部环境分析结果报告”“市场分析报告”</td></tr>
</table>

4.3 市场定位流程设计与工作执行

4.3.1 市场定位流程设计

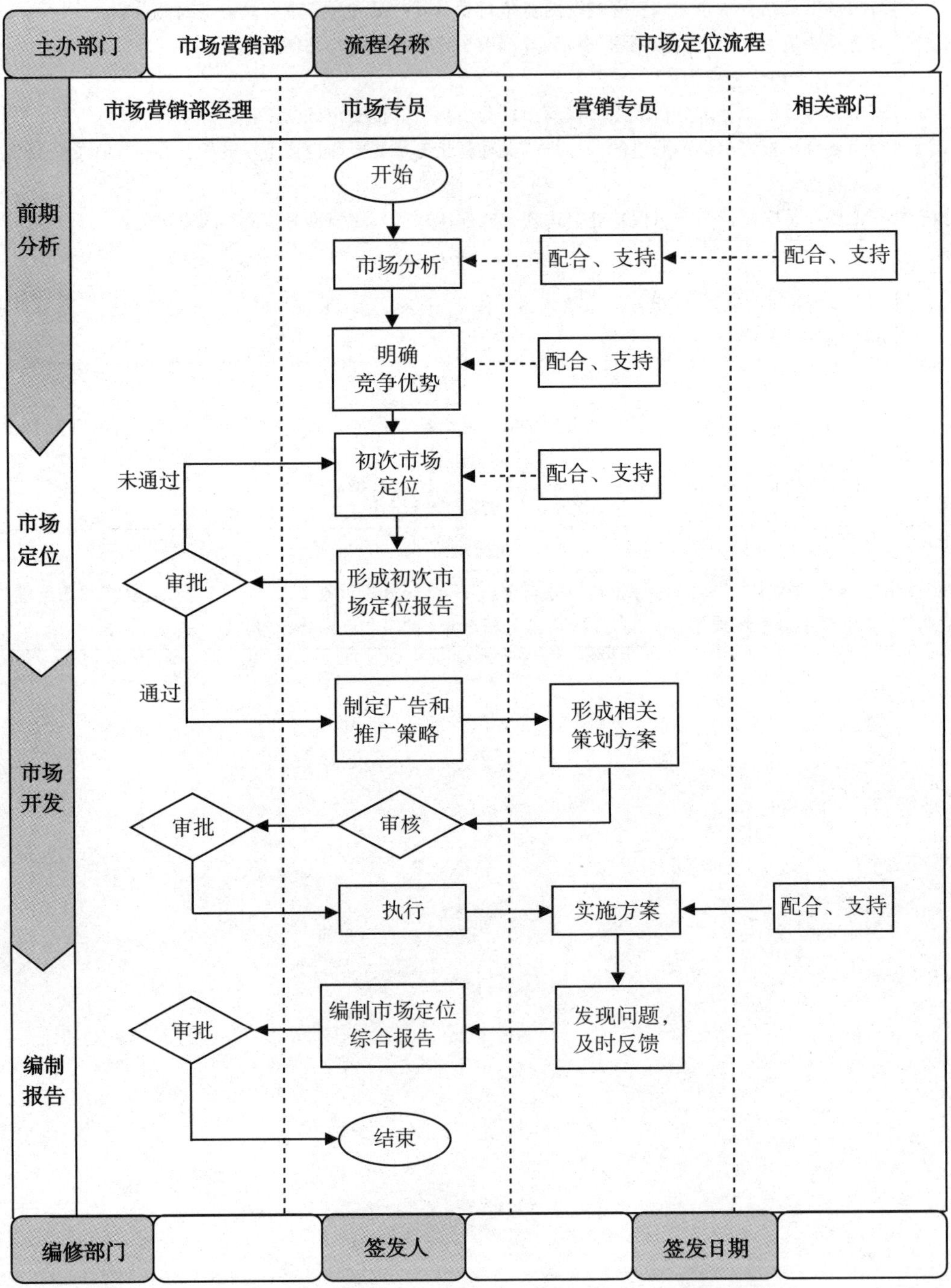

4.3.2 市场定位流程执行程序、工作标准、考核指标、执行规范

任务名称	执行程序、工作标准与考核指标
前期分析	**执行程序**
	1. 市场分析 ☆市场专员对目标市场进行调查研究，分析消费者、市场和行业内的竞争对手情况 ☆营销专员、供应链内外部相关部门提供与目标市场分析工作相关的资料，配合做好分析工作 **2. 明确竞争优势** 市场专员根据目标市场的分析结果，结合本企业特点和优势分析差异，以此明确产品真实有效的竞争优势 **工作重点** 市场专员在市场定位时，应有效利用供应链管理系统的数据对目标市场进行分析
	工作标准
	内容标准：产品竞争优势可以从企业的组织管理、生产技术、产品特点、消费群体、市场渠道、促销方式、战略规划等方面进行分析
市场定位	**执行程序**
	1. 初次市场定位 确定产品竞争优势后，市场专员对竞争者、消费者、企业自身进行综合分析，选择恰当的位置和切入角度对产品进行初步定位 **2. 形成初次市场定位报告** ☆市场专员根据产品初步定位情况，编制初次市场定位报告，提交市场营销部经理审批 ☆定位报告审批不通过的，市场专员要重新进行产品的初步定位，并再次提交审批 **工作重点** 市场专员选择合适的角度进行初步市场定位后，还应结合适当的市场定位策略做进一步的全面定位，从而确定企业自身独特的竞争优势
	工作标准
	☆方法标准：市场定位策略包括回避定位策略、对峙定位策略、取代定位策略等 ☆质量标准：市场定位须清晰、可实现、不易模仿，并具有盈利性
市场开发	**执行程序**
	1. 形成相关策划方案 ☆初步定位报告审批通过后，市场专员根据产品定位制定营销广告和推广策略 ☆营销专员根据营销推广策略制定具体的产品营销策划方案，经市场专员审核后，报市场营销部经理审批 **2. 实施方案** ☆产品营销策划方案审批通过后，市场专员负责组织执行，分解目标任务 ☆营销专员按照分解的目标任务实施产品营销方案，供应链相关部门提供协助配合 **工作重点** 市场营销部通过广告宣传和促销推广确认市场定位，具体可分为三个步骤，即传播、强化、纠正
	工作标准
	方法标准：市场专员可应用SWOT矩阵法进行分析，使用二维矩阵法进行综合评估

（续）

<table>
<tr><th>任务名称</th><th>执行程序、工作标准与考核指标</th></tr>
<tr><td rowspan="6">编制报告</td><td>执行程序</td></tr>
<tr><td>1. 发现问题，及时反馈
营销专员定期对产品的市场开发活动进行效果评估，关注市场动态，收集相关信息，并及时将发现的问题反馈给市场专员
2. 编制市场定位综合报告
市场专员根据营销专员反馈的信息，调查分析问题，总结并编制市场定位综合报告，提交市场营销部经理审批
工作重点
市场情况不是一成不变的，市场专员应随时关注市场变化，从而发掘新市场</td></tr>
<tr><td>工作标准</td></tr>
<tr><td>效率标准：市场专员应实时关注产品、市场、消费者、竞争者等因素的变化情况</td></tr>
<tr><td>考核指标</td></tr>
<tr><td>☆市场定位综合报告正确率：该指标用于考核市场专员编制的市场定位综合报告的质量
☆市场定位综合报告正确率 = $\frac{\text{正确的报告数}}{\text{提交的报告总数}} \times 100\%$</td></tr>
<tr><td colspan="2">执行规范</td></tr>
<tr><td colspan="2">“竞争分析作业表”“市场分析报告”“初次市场定位报告”“市场定位综合报告”</td></tr>
</table>

4.4 定价管理流程设计与工作执行

4.4.1 定价管理流程设计

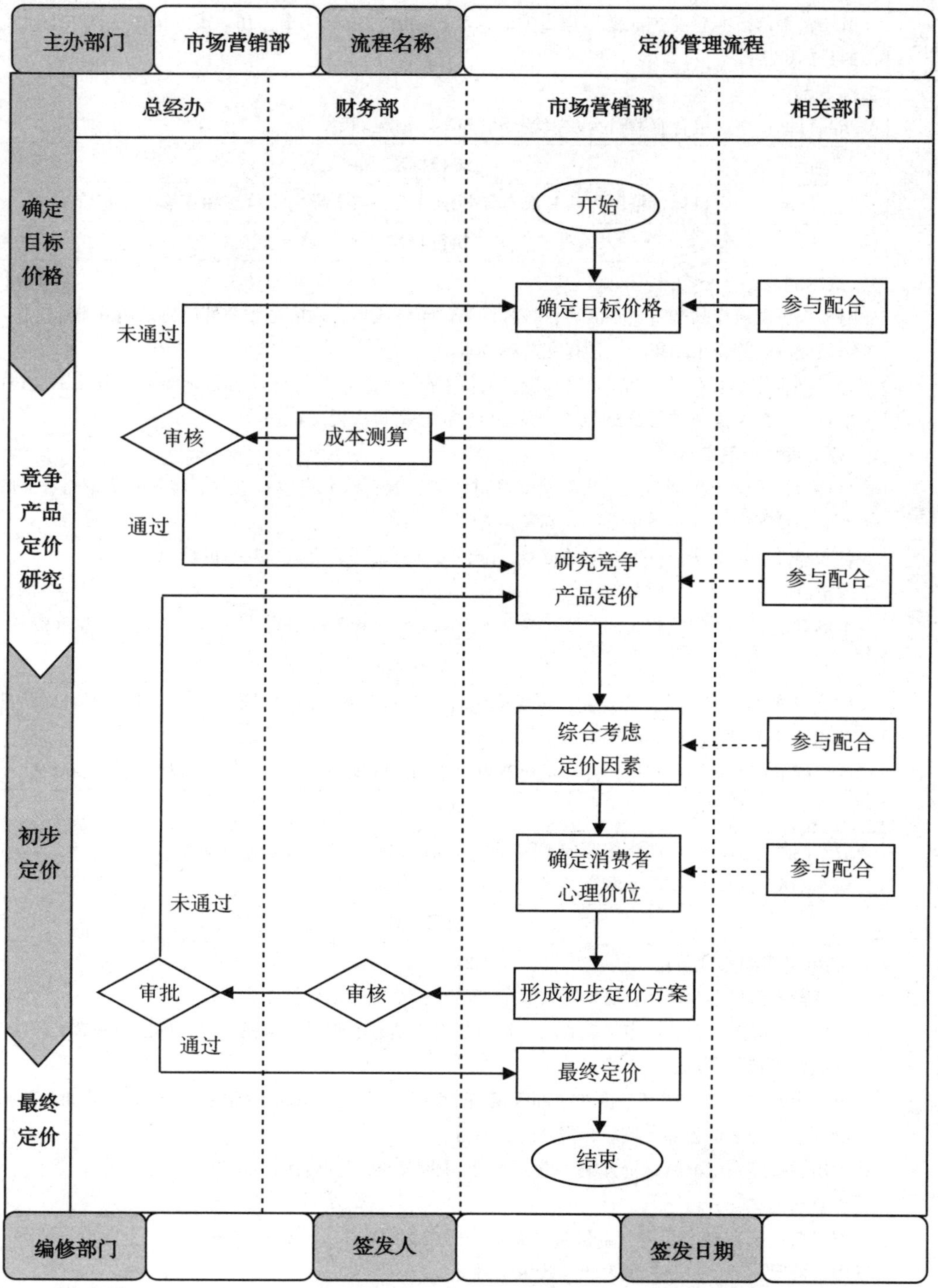

4.4.2 定价管理执行程序、工作标准、考核指标、执行规范

任务名称	执行程序、工作标准与考核指标
确定目标价格	**执行程序** ☆市场营销部研究所在行业细分领域的市场价格层次，根据企业产品情况选择合适的价格层次 ☆市场营销部按照企业供应链管理目标的要求，结合目标利润率，在选定的价格层次中确定产品的目标价格 **工作重点** 产品目标价格应结合企业自身及市场环境等实际情况确定 **工作标准** 方法标准：确定目标价格的方法有成本导向定价法、需求导向定价法和竞争导向定价法
竞争产品定价研究	**执行程序** **1. 成本测算** ☆财务部负责对产品进行成本测算，核算产品的单位成本，供应链相关部门协助做好测算工作 ☆产品成本测算得出结果后，须提交总经办审核 ☆总经办根据目标价格情况，结合成本测算结果，判断目标价格是否符合要求；审核不通过的，市场营销部要重新进行价格选择，确定目标价格后再次提交审核 **2. 研究竞争产品定价** ☆目标价格方案审核通过后，市场营销部进一步调查、研究竞争对手，了解其定价策略、品牌与产品的情况 ☆各职能部门协助搜集竞争对手的资料，配合市场营销部研究竞争对手的情况 **工作重点** 市场营销部及供应链相关部门要积极配合财务部对单位产品进行成本测算，提供信息和资料 **工作标准** ☆依据标准：竞争产品定价研究，主要依靠对供应链管理过程中积累的市场调查资料和对所搜集的相关一手资料进行分析得出结论 ☆内容标准：竞争产品定价研究包括对竞争对手的品牌知名度、产品性能等相关因素的研究 **考核指标** ☆成本测算的规范性：严格按照成本测算的流程，利用科学的方法进行测算 ☆成本测算的准确性：成本测算结果应与实际发生的成本相符
初步定价	**执行程序** **1. 确定消费者心理价位** ☆市场营销部将企业产品自身情况、竞争产品定价情况相结合做综合分析 ☆市场营销部选择合适的市场调查与分析方法对消费者心理进行分析研究，确定消费者心理价位 **2. 形成初步定价方案** ☆市场营销部将影响产品定价的全部因素整合起来进行总体分析，确定产品的初步定价，形成定价方案，提交财务部审核后，报总经办审批 ☆未通过总经办审批的定价方案，市场营销部须重新制定并再次提交 **工作重点** 市场营销部在对产品进行定价时，需要分析产品的成本、产品的自身特性、企业自身情况、市场供求情况、竞争情况、国家相关政策法规等

（续）

<table>
<tr><th>任务名称</th><th>执行程序、工作标准与考核指标</th></tr>
<tr><td rowspan="2">初步定价</td><td>工作标准</td></tr>
<tr><td>☆方法标准：产品定价可采用目标利润定价法、边际成本定价法、习惯定价法、随行就市定价法、撇脂定价法、认知价值定价法及密封投标定价法等
☆审核标准：审核初步定价需要预测竞争对手的反应，企业必须清楚地评估竞争对手可能做出的反应，以避免新产品的价格损害企业和整个行业的价值</td></tr>
<tr><td rowspan="2">最终定价</td><td>执行程序</td></tr>
<tr><td>☆产品定价方案通过审批，市场营销部根据方案和批示意见确定最终的产品定价
☆市场营销部通知供应链相关单位最终的产品定价，并做好产品发布上市前的价格保密工作
工作重点
根据供应链的不同位置，如制造、采购、交付等，议价要以产品市场定价为基础</td></tr>
<tr><td colspan="2">执行规范</td></tr>
<tr><td colspan="2">“市场调查问卷”“市场调研报告”“产品成本测算报告”“产品定价方案”</td></tr>
</table>

4.5 销售预测流程设计与工作执行

4.5.1 销售预测流程设计

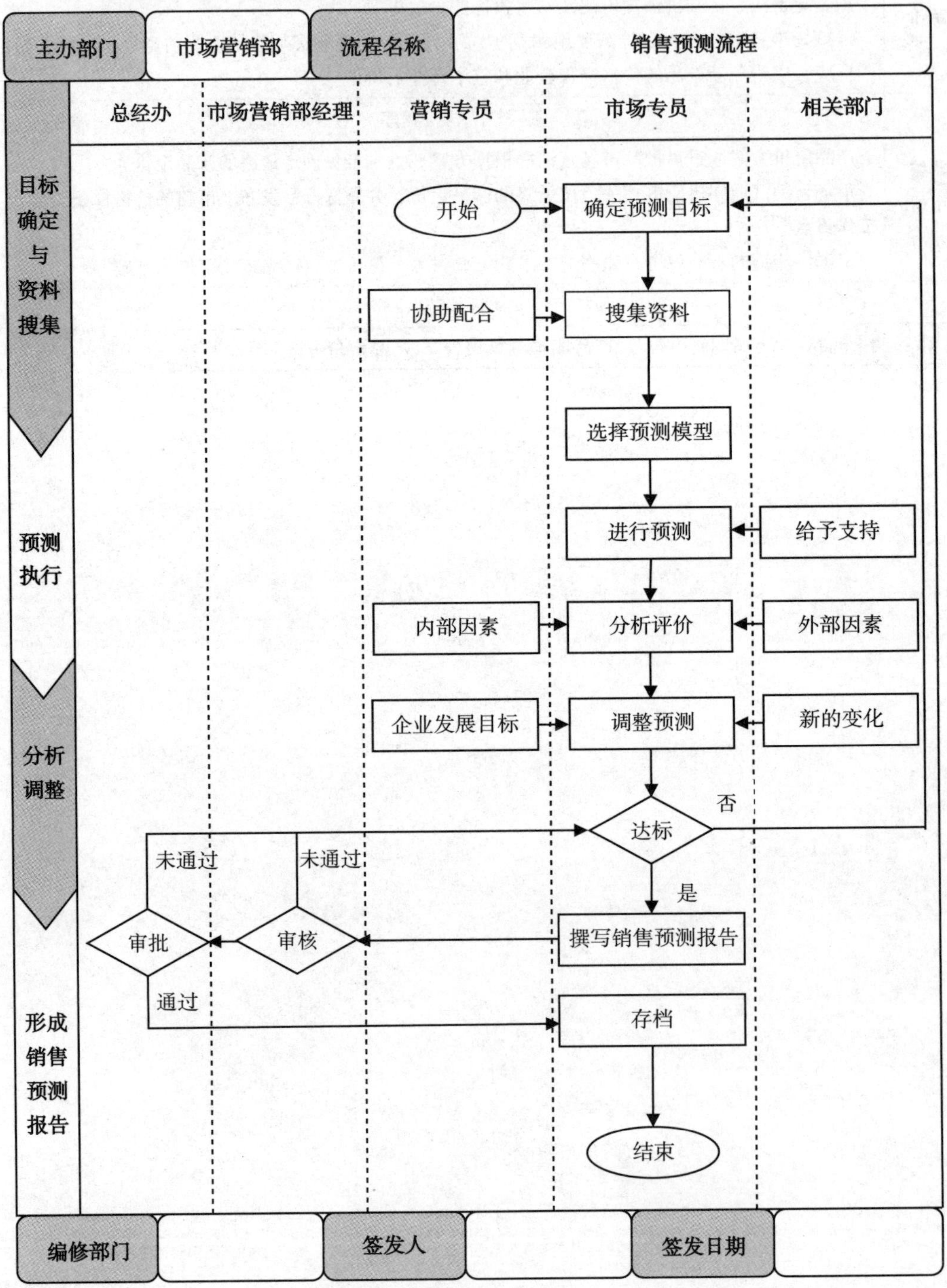

4.5.2 销售预测执行程序、工作标准、考核指标、执行规范

任务名称	执行程序、工作标准与考核指标
目标确定与资料搜集	**执行程序**
	1. 确定预测目标 ☆市场专员负责确定销售预测工作所要达到的目标 ☆销售预测与企业生产经营和发展相关，能够为企业供应链管理决策提供参考 ☆市场专员与销售代表和生产线人员共同开展月度的预测审核 **2. 搜集资料** 市场专员搜集与预测对象直接及间接有关的各种资料，包含供应链当前和历史订单数据，以及相关资源、政策、市场、竞争对手等各方面的信息 **工作重点** 销售预测应与整体营收整合并同步，同时与财务预测相协调
	工作标准
	目标标准：市场搜集的资料信息与销售预测工作的相关性较强
预测执行	**执行程序**
	1. 选择预测模型 市场专员根据已有资料和目标选择合适的预测模型，常用的定量分析模型有平均数法、时间序列法及回归分析法等 **2. 进行预测** ☆当证实了所选定的预测模型有效后，市场专员着手组织相关人员进行预测 ☆参加预测的人员必须经事先选定，应当是对预测内容比较熟悉和擅长的人员，且与预测事项无利益关系 ☆预测实施过程应结合企业实际，遵循相应规律和原则 **工作重点** 市场专员选择的预测模型和方法应当切实可行，具有可操作性，并且考虑到此种方法的操作成本
	工作标准
	参照标准：企业之前年份进行的类似市场预测的各种资料信息
	考核指标
	预测模型的适用性：预测模型应适用于所要预测的内容和目标
分析调整	**执行程序**
	1. 分析评价 ☆预测完成后，市场专员着手组织相关人员对预测结果进行分析、论证 ☆在分析、论证时，相关人员应充分考虑企业内外部因素，全面掌握各种情况 **2. 调整预测** ☆对预测中不符合企业发展目标的部分，市场专员应结合实际进行调整 ☆若预测后产生了新的结果，市场专员应对预测所采用的资料进行更新，对原预测结果进行修正 **工作重点** 对原预测结果进行调整必须实事求是，并且要做好记录以备查

（续）

<table>
<tr><th>任务名称</th><th>执行程序、工作标准与考核指标</th></tr>
<tr><td rowspan="4">分析调整</td><td>工作标准</td></tr>
<tr><td>目标标准：预测经过调整更加符合企业的发展目标与实际情况</td></tr>
<tr><td>考核指标</td></tr>
<tr><td>☆预测调整的及时性：一旦发现预测与实际情况不符，应在____个工作日内进行调整
☆预测调整的科学性：所调整的内容应当以事实为依据</td></tr>
<tr><td rowspan="4">形成销售预测报告</td><td>执行程序</td></tr>
<tr><td>1. 撰写销售预测报告
☆市场专员根据销售预测执行情况撰写内容完整、符合规范、指导性强的销售预测报告
☆市场专员将销售预测报告报市场营销部经理、总经办审核与审批；若审批不通过，则重新调整预测并修改销售预测报告
2. 存档
市场专员将修改完善并经过审批的预测报告存档保管，为以后的销售预测工作提供参考依据
工作重点
销售预测报告是供应链营销决策环节的重要参考依据，必须按照规范撰写</td></tr>
<tr><td>工作标准</td></tr>
<tr><td>质量标准：销售预测数据进入供应链管理数据库，相关部门可获取使用</td></tr>
<tr><td colspan="2">执行规范</td></tr>
<tr><td colspan="2">“销售预测执行目标”“销售预测模型利用方案”“销售预测报告”</td></tr>
</table>

4.6 渠道合作伙伴关系管理流程设计与工作执行

4.6.1 渠道合作伙伴关系管理流程设计

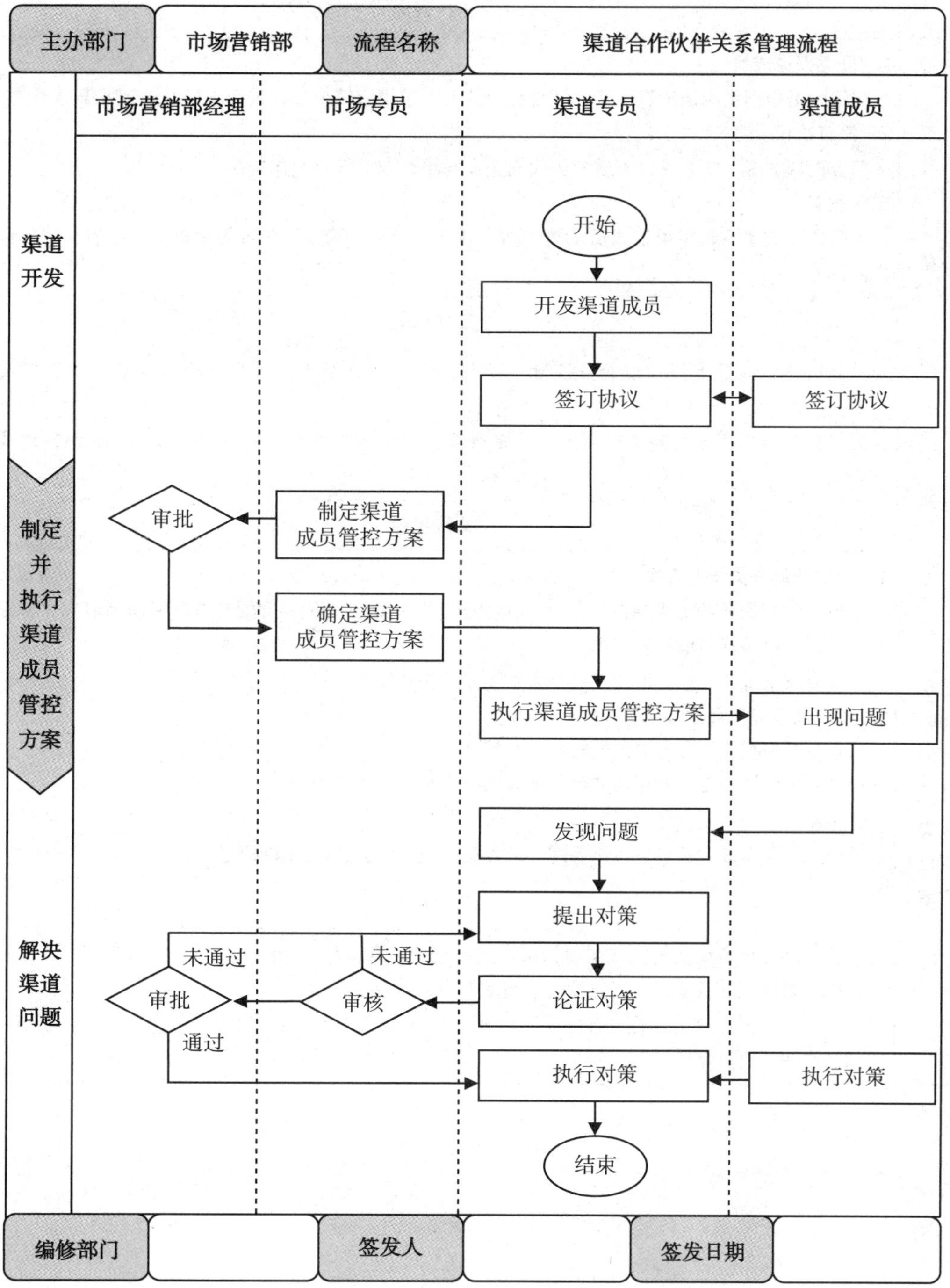

4.6.2 渠道合作伙伴关系管理执行程序、工作标准、考核指标、执行规范

任务名称	执行程序、工作标准与考核指标
渠道开发	**执行程序**
	1. 开发渠道成员 渠道专员根据供应链销售策略，考察优秀的上下游供应链企业，进一步接触、开发渠道成员 **2. 签订协议** 双方商谈达成一致意见，渠道专员代表企业与渠道成员签订合作协议 **工作重点** 本阶段工作重点包括渠道成员申请评估、备选渠道成员确定、备选渠道成员上报审批、签订合作协议等
	工作标准
	☆数量标准：渠道专员按照企业实际需要与产品特点发展渠道成员，确保年新增渠道成员达到____家 ☆质量标准：渠道专员要考察渠道成员是否具备供应链管理要求的资质和能力，确保渠道成员合格
制定并执行渠道成员管控方案	**执行程序**
	1. 制定渠道成员管控方案 ☆市场专员根据签约的渠道成员情况，按照企业营销渠道管理制度的要求，编制渠道成员管控方案，提交市场营销部经理审批 ☆管控方案审批通过后，市场专员将方案下发至各营销分支机构和渠道专员处 **2. 执行渠道成员管控方案** ☆渠道专员根据管控方案对渠道成员进行管理 ☆渠道专员定期检查、监督渠道系统中各部分成员的运作情况 **工作重点** 渠道专员应有效利用集成系统管理、监控渠道成员，并适时做出调整
	工作标准
	☆内容标准：渠道成员管控方案包括渠道成员培训、渠道任务分配及下达、日常渠道业务管理及维护、渠道成员考核、渠道成员激励制度等内容 ☆质量标准：渠道成员管控方案应便于对现有渠道进行管理，确保渠道成员间、企业和渠道成员间相互协调并通力合作

（续）

<table>
<tr><th>任务名称</th><th>执行程序、工作标准与考核指标</th></tr>
<tr><td rowspan="6">解决渠道问题</td><td>执行程序</td></tr>
<tr><td>1. 提出对策
渠道专员对供应链渠道成员的运作问题进行调查分析，根据实际情况判断问题的严重程度，并提出应对、处理策略，进行论证
2. 执行对策
☆根据渠道成员的问题和对策论证情况，渠道专员整理撰写报告，提交市场专员审核后，报市场营销部经理审批
☆问题及对策报告审批不通过的，渠道专员根据批复意见修改并重新提交审批
☆问题及对策报告审批通过后，渠道专员据此编制应对、处理方案，发给相关渠道成员
☆渠道专员定期跟进渠道成员问题的解决情况
工作重点
市场专员对需求管理流程、有效管理所需数据、贸易促进实施与支出的监控进行集成管理</td></tr>
<tr><td>工作标准</td></tr>
<tr><td>☆质量标准：对策有效，能够切实消除出现的问题和不良现象，为企业挽回损失
☆考核标准：市场专员对渠道成员的终端客户销售和服务视图、订单绩效与交货绩效视图、销售或供应与价格变动视图等的考核</td></tr>
<tr><td>考核指标</td></tr>
<tr><td>提出对策的及时性：问题出现后，渠道专员不得推责、拖拉，应在____个工作日内提出解决对策</td></tr>
<tr><td colspan="2">执行规范</td></tr>
<tr><td colspan="2">“渠道成员合作协议”“供应链渠道管理策略”“渠道成员管理方案”“渠道成员控制方案”“渠道问题分析表”“渠道问题解决方案”</td></tr>
</table>

4.7　分销网络管理流程设计与工作执行

4.7.1　分销网络管理流程设计

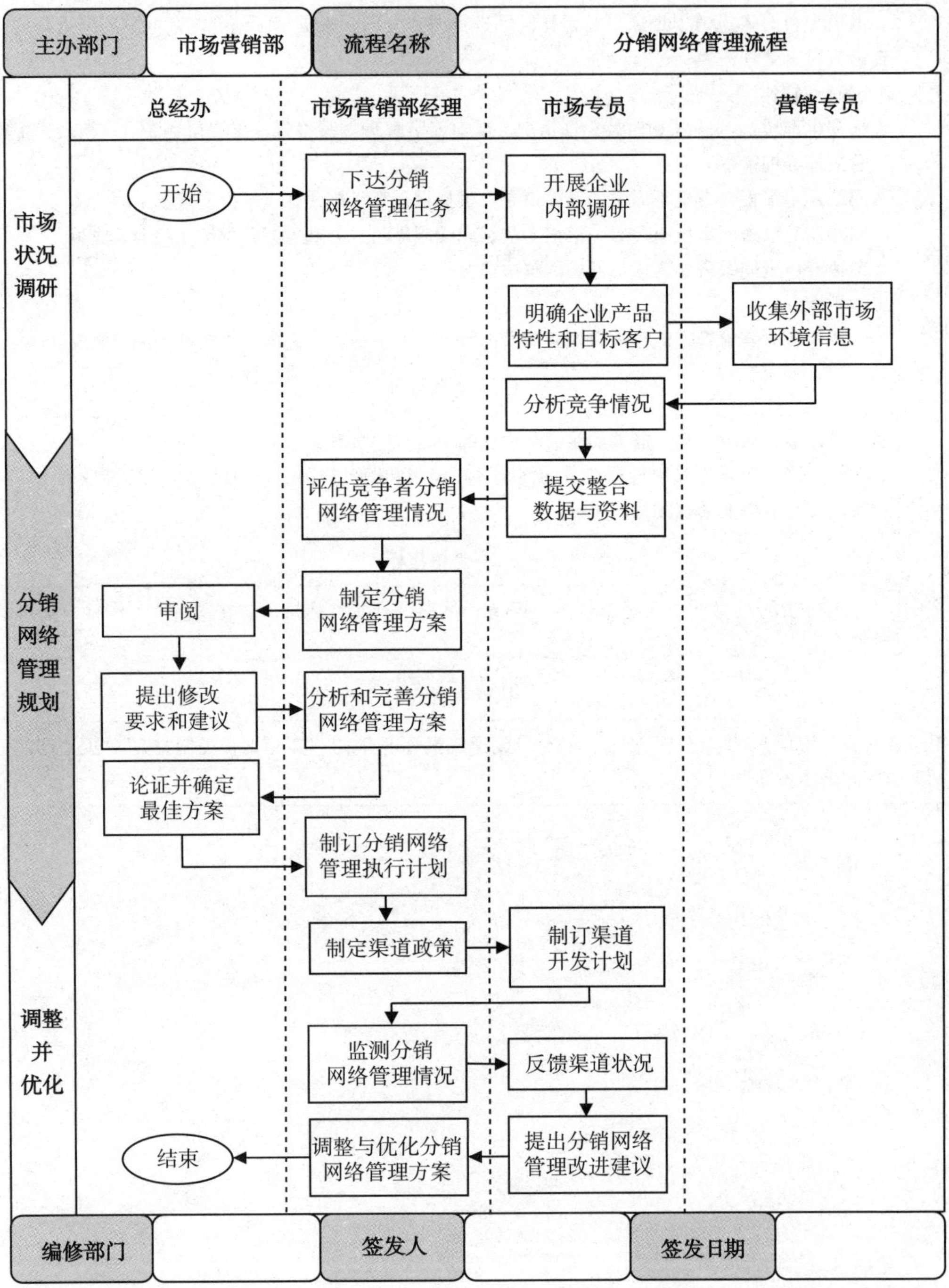

4.7.2 分销网络管理执行程序、工作标准、考核指标、执行规范

任务名称	执行程序、工作标准与考核指标
市场状况调研	**执行程序**
	1. 下达分销网络管理任务 市场营销部经理根据供应链分销网络渠道的管理要求，将产品、消费者、分销网络渠道成员结合起来做综合考量，向市场专员下达分销网络管理任务 **2. 开展企业内部调研** 市场专员根据分销网络的管理要求，开展企业内部调研，了解现有供应链分销渠道的情况，撰写内部调研报告 **3. 明确企业产品特性和目标客户** 市场专员研究产品的销售表现情况，认识目标客户和潜在客户，明确产品的特性和竞争优势 **4. 分析竞争情况** ☆营销专员围绕产品特性和目标客户收集市场、行业、竞争对手渠道等外部相关信息 ☆市场专员根据市场调研资料，认识企业所处的竞争环境，分析竞争情况，并向市场营销部经理提交整合数据和相关资料 **工作重点** 营销专员在收集外部市场有关数据信息时，要特别注意消费者的消费习惯和偏好
	工作标准
	质量标准：市场调研有充分的调研数据支持，调研结果符合现实，具有参考价值
分销网络管理规划	**执行程序**
	1. 评估竞争者分销网络管理情况 市场营销部经理对行业内优秀的竞争对手进行分析研究，了解其产品的市场表现和渠道系统，评估其分销网络管理系统的优劣势 **2. 制定分销网络管理方案** ☆根据企业供应链管理战略和产品分销渠道现状，结合市场调研信息和对竞争对手的渠道评估结果，市场营销部经理制定适合企业的分销网络管理方案，提交总经办审阅 ☆总经办审阅后，对分销网络管理方案提出修改要求和建议 **3. 分析和完善分销网络管理方案** ☆市场营销部经理根据总经办提出的要求和建议，修改完善分销网络管理方案，并再次提交总经办审阅 ☆总经办组织相关人员召开会议，就分销网络管理方案进行论证，选择并确定最佳方案 **4. 制订分销网络管理执行计划** 分销网络管理方案确定后，市场营销部经理综合考量企业内外部关系、渠道经济成本等要素，根据最终方案制订执行计划，并向各相关部门下达 **工作重点** 市场营销部经理在制定分销网络管理方案时，要实时整合销售和物流模块，按照产品、服务、市场、地区和客户生活方式的模式制订计划并执行
	工作标准
	质量标准：分销网络管理方案制定体系化、灵活化、科学化、标准化

（续）

<table>
<tr><th>任务名称</th><th>执行程序、工作标准与考核指标</th></tr>
<tr><td rowspan="6">调整与优化</td><td>执行程序</td></tr>
<tr><td>1. 制订渠道开发计划
☆市场营销部经理根据企业对供应链分销渠道的要求和分销网络管理方案，制定新渠道开发策略
☆市场专员根据新渠道开发策略，结合实际情况制订具体的渠道开发计划
2. 监测分销网络管理情况
市场营销部经理定期监测分销网络管理方案的执行状况和渠道的运行状况，发现问题后及时解决
3. 提出分销网络管理改进建议
市场专员将分销网络组建、运行过程中出现的问题反馈给市场营销部经理，并就问题提交分销网络调整及改进建议
4. 调整与优化分销网络管理方案
市场营销部经理分析和评估市场专员提交的调整及改进建议，根据分销网络实际情况做出调整和优化渠道设计的决定，并形成方案，报总经办审批通过后实施
工作重点
分销网络管理方案不得轻易调整，须在证明现有分销渠道体系已存在明显缺陷，调整后能促进营销发展的情况下，报总经办审批通过后方可调整</td></tr>
<tr><td>工作标准</td></tr>
<tr><td>☆数量标准：市场营销部经理应每月对现有分销网络进行监控，并出具相关报告
☆质量标准：新渠道开发政策应有利于企业营销业务的开展，能够提高企业分销网络管理工作的效率</td></tr>
<tr><td>考核指标</td></tr>
<tr><td>☆监测的频率：市场营销部经理应在规定的周期内对分销网络的运行状况进行深入的分析和检查
☆调整的效果：渠道商投诉下降____%，营业收入增长____%</td></tr>
<tr><td colspan="2">执行规范</td></tr>
<tr><td colspan="2">“内部调研报告”“市场调研报告”“分销网络管理方案”“分销渠道开发计划”“分销网络调整和优化方案”</td></tr>
</table>

4.8 销售管理流程设计与工作执行

4.8.1 销售管理流程设计

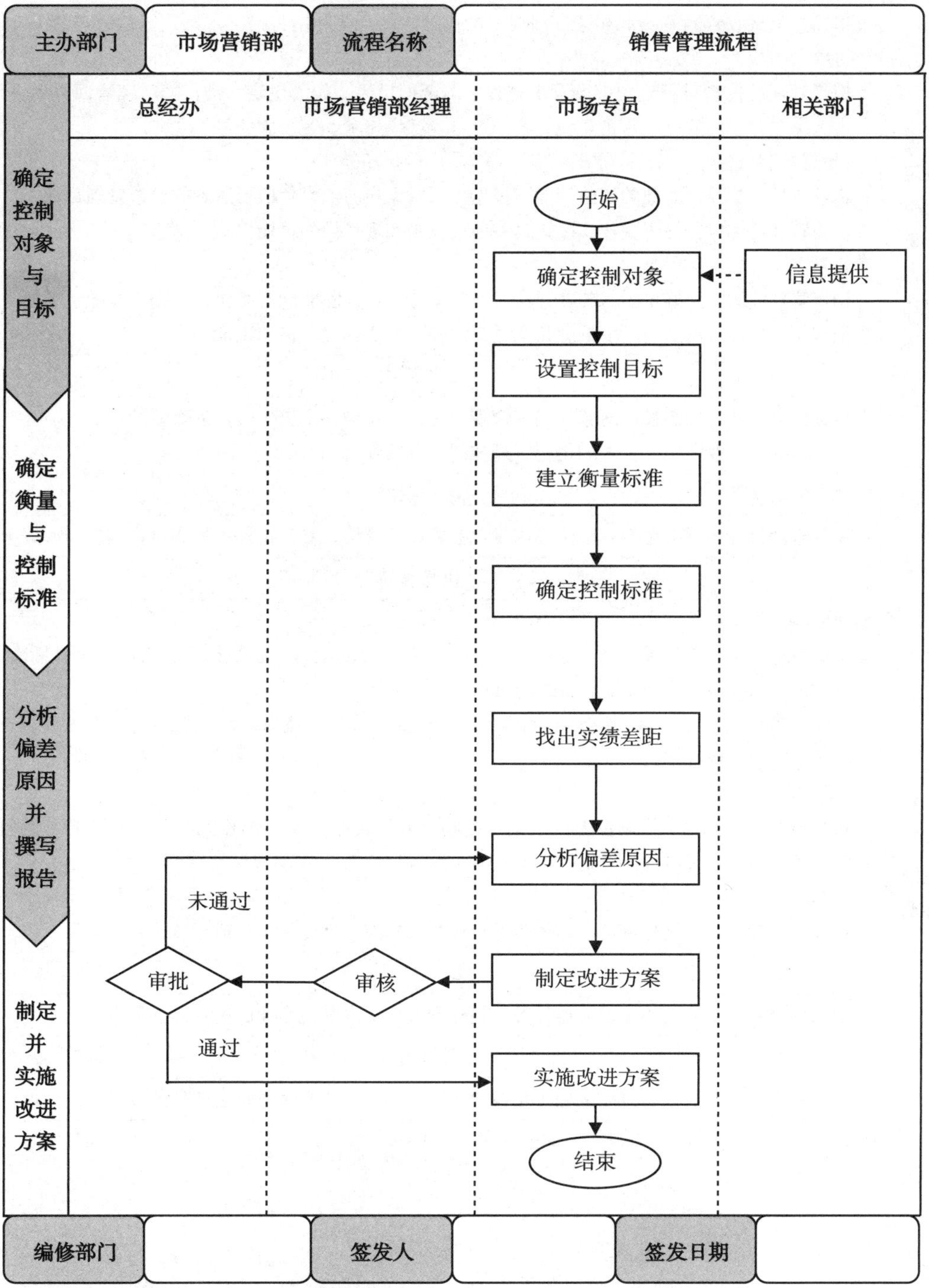

4.8.2 销售管理执行程序、工作标准、考核指标、执行规范

任务名称	执行程序、工作标准与考核指标
确定控制对象与目标	**执行程序**
	1. 确定控制对象 ☆市场专员接收营销专员和相关部门提供的信息，结合实际销售情况来确定销售管理的关键控制对象 ☆销售管理的控制对象包含市场营销过程中的全程目标，如销售量、销售额、销售回款率、市场占有率、经销商数量、营销业绩、客户数量、客户需求、客户服务等 **2. 设置控制目标** ☆市场专员分析控制对象的当前情况，根据控制对象当前值设置所要达到的销售管理目标 ☆销售管理目标应立足于企业实际，具备通过控制实现目标的可能性 **工作重点** ☆销售管理控制对象确定后，要在一段时间内保持稳定，除非确有必要，否则不要随便更换 ☆销售管理目标可以随着环境的变化而适当调整，但要经过严格的论证和审批
	工作标准
	☆目标标准：通过确定控制对象与销售管理目标，实现对整个销售过程的高效管理 ☆参照标准：行业内优秀企业的销售管理控制对象及其目标
	考核指标
	销售管理目标的可衡量性：尽量使用量化数据设置目标，量化指标占控制目标的____% 以上
确定衡量与控制标准	**执行程序**
	1. 建立衡量标准 ☆市场专员研究已有衡量标准，若无衡量标准，市场专员要建立衡量标准；若已有衡量标准但不合适的，市场专员要对衡量标准进行修改 ☆衡量标准的建立可以采用历史水平比较法、行业比较法和竞争对手比较法等，以内部、外部、竞争者的相关情况作为参照体系 **2. 确定控制标准** 市场专员在查阅过去资料的基础上确定控制标准。通常，若无控制标准，市场专员要建立控制标准；若已有控制标准但不合适的，市场专员要进行修改 **工作重点** 市场专员在确定控制标准时，需要参考行业相关标准，不能为了达成考核而偏离实际
	工作标准
	参照标准：本企业的历史供应链相关衡量标准及行业内其他企业的衡量标准资料
	考核指标
	衡量标准的科学性：衡量标准位于行业、企业平均水平，同时也符合产品的市场定位

（续）

任务名称	执行程序、工作标准与考核指标
分析偏差原因并撰写报告	**执行程序**
	1．找出实绩差距 ☆市场专员统计一定时期内的实际销售业绩，并将实际销售业绩与销售管理目标做比较 ☆市场专员找出实际业绩与销售管理目标存在的差距，并将差距以表格形式进行整理汇总 2．分析偏差原因 ☆市场专员组织营销专员和相关部门召开会议，从市场、产品、客户服务、订单管理、成交等几个方面对实绩与标准的偏差原因进行分析 ☆市场专员总结偏差存在的原因，撰写销售偏差分析报告 **工作重点** 市场专员要注意偏差统计的准确性，统计出的偏差数据应当准确无误
	工作标准
	质量标准：销售偏差分析报告内容完整，数据翔实，分析准确，指导性强
	考核指标
	报告表现形式的直观性：报告尽量以图表形式呈现，形象、直观地将实绩与控制目标之间的差距表现出来
制定并实施改进方案	**执行程序**
	1．制定改进方案 ☆市场专员根据销售偏差分析报告，研究制定销售管理改进方案 ☆市场专员将改进方案报市场营销部经理审核，总经办审批 ☆若审批未通过，则按照市场营销部经理及总经办提出的意见，重新进行偏差原因分析，直至审批通过方可进入下一阶段 2．实施改进方案 ☆改进方案审批通过后，市场专员组织相关人员实施 ☆市场专员应对改进方案实施的情况进行定期检查，并填写改进方案实施反馈表 **工作重点** 改进方案的内容要切实可行，具有可操作性
	工作标准
	目标标准：通过实施改进方案，销售问题得到妥善解决
	考核指标
	改进方案的有效性：改进方案的实施应对销售管理目标起到明显的提升作用，实绩差距降低____%
执行规范	
“供应链销售管理目标”“供应链销售管理控制标准”“销售偏差分析报告”“销售管理改进方案”	

4.9 日常报价管理流程设计与工作执行

4.9.1 日常报价管理流程设计

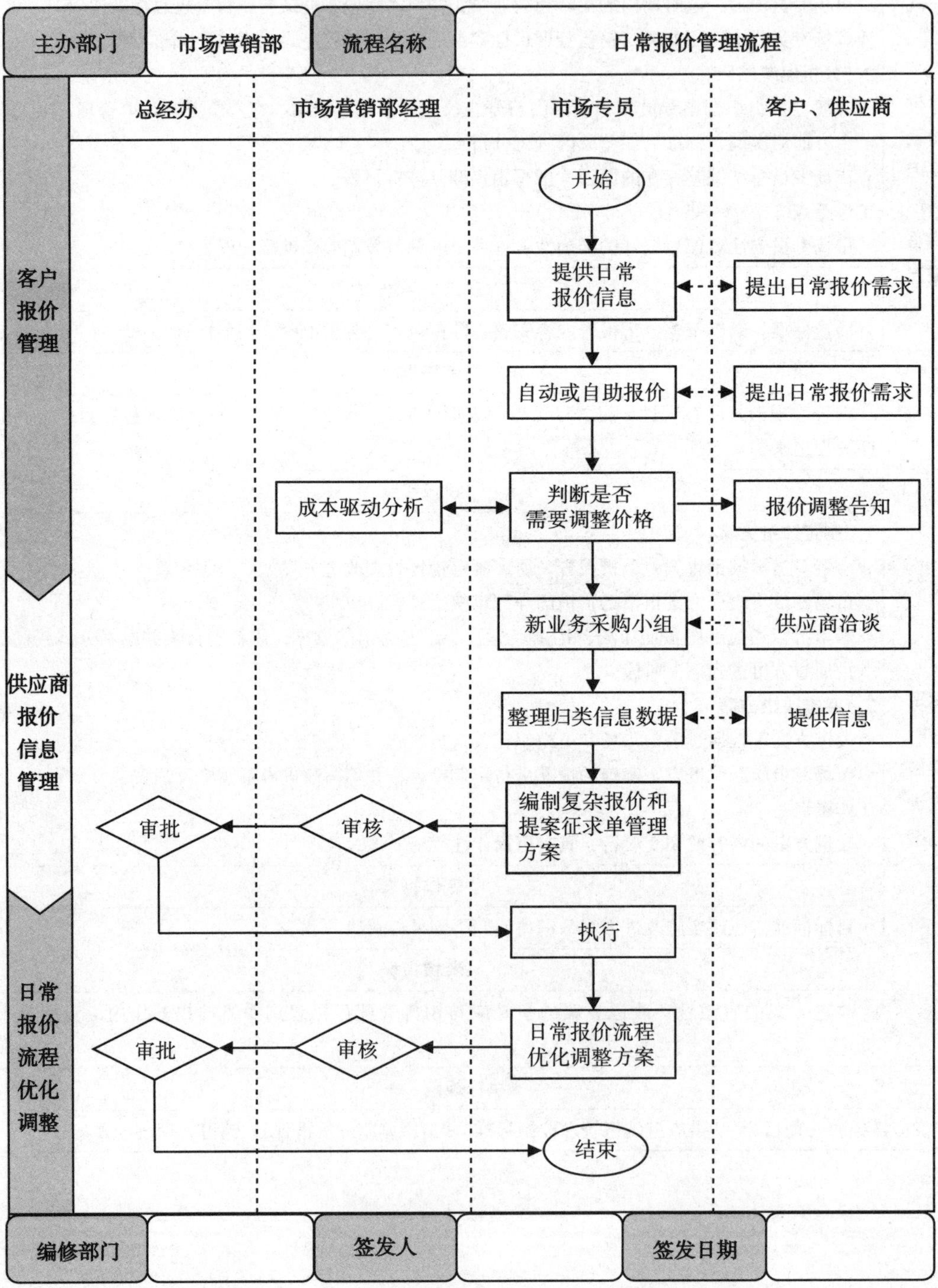

4.9.2 日常报价管理执行程序、工作标准、考核指标、执行规范

任务名称	执行程序、工作标准与考核指标
客户报价管理	**执行程序** **1. 提供日常报价信息** ☆客户通过各类渠道或现场咨询的方式向市场专员提交报价需求，市场专员收集报价需求 ☆销售人员或客服人员根据市场专员收集的客户报价需求，通过人工方式向客户提供日常报价信息 **2. 自动或自助报价** 客户也可以通过自动或自助服务系统获取产品及服务的日常报价信息 **3. 判断是否需要调整价格** 市场营销部经理通过成本驱动分析评审报价请求，判断当前报价是否合理，向市场专员传达报价调整指令 **工作重点** 日常报价的自动或自助服务系统是供应链信息数据系统的重要组成部分
	工作标准 ☆质量标准：报价信息数据准确，条款正确，格式清晰 ☆依据标准：日常报价数据要随着供应链上下游成本情况的变化及时进行调整与更正
	考核指标 日常报价考量的全面性：日常报价应考量企业内部的可供应性，以及供应商能力和原料的可供应性
供应商报价信息管理	**执行程序** **1. 新业务采购小组** 新业务订单确认后，市场专员负责组建跨职能采购小组，就资源和原料采购与供应商接洽 **2. 整理归类信息数据** ☆供应商提供相关资料和原料采购的信息 ☆市场专员管理新的复杂的 RFI（信息邀请书）和 RFP（建议邀请书），整理归类信息数据 **3. 编制复杂报价和提案征求单管理方案** 市场专员结合新业务需求，编制复杂报价和提案征求单管理方案，提交市场营销部经理审核，报总经办审批 **工作重点** 市场专员要妥善利用企业在供应链中所处的位置，在收取供应商报价的同时向供应商传达采购要求
	工作标准 依据标准：市场专员可以依据行业市场调研结果、供应链历史供应商报价及竞争对手成本数据等信息编制管理方案

（续）

任务名称	执行程序、工作标准与考核指标
日常报价流程优化调整	**执行程序**
	☆复杂报价和提案征求单管理方案审批通过后，由市场专员负责按批示意见组织执行 ☆日常报价流程结束，市场专员根据报价流程中出现的问题，编制日常报价流程优化调整方案，提交市场营销部经理审核，报总经办审批 **工作重点** 日常报价流程优化调整方案应以不断规范供应商报价程序、降低经济成本为目标
	工作标准
	质量标准：市场专员须严格执行管理方案，对供应商报价进行回复；编制的日常报价流程优化调整方案对后续工作有指导意义
	考核指标
	日常报价流程优化调整方案的实用性：能够切实优化改善报价程序
执行规范	
“销售人员报价表”“自动或自助服务系统报价表”“供应商信息、提案征求单”“复杂报价和提案征求单管理方案”“日常报价流程优化调整方案”	

4.10 合同盈利性分析流程设计与工作执行

4.10.1 合同盈利性分析流程设计

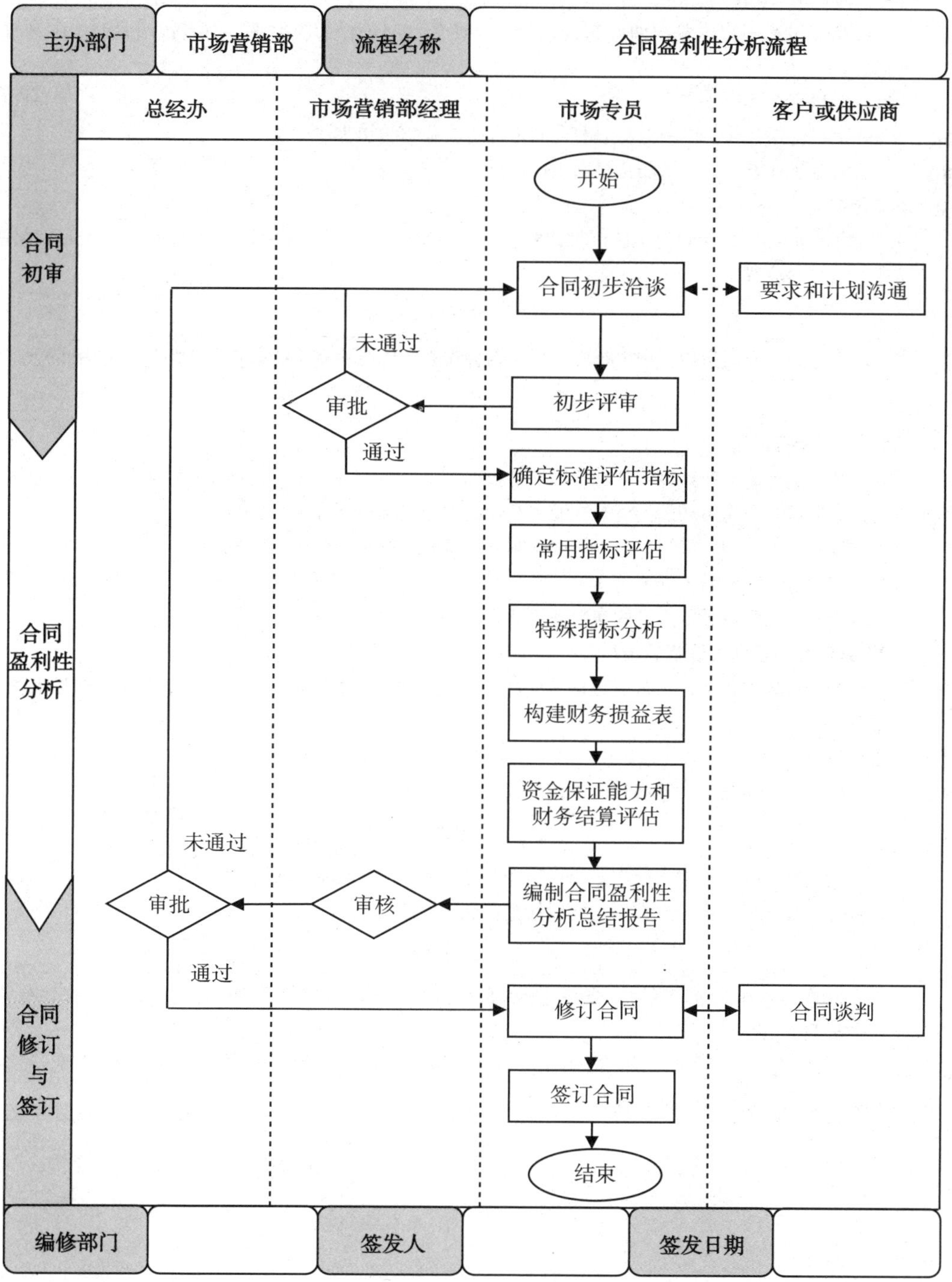

4.10.2　合同盈利性分析执行程序、工作标准、考核指标、执行规范

任务名称	执行程序、工作标准与考核指标
合同初审	**执行程序**
	1. 合同初步洽谈 市场专员与客户或供应商就相关销售、业务等合同进行初步洽谈，双方沟通合同要求和计划信息 2. 初步评审 ☆在上报合同之前，市场专员应对合同进行正确有效的初步评审 ☆合同初步评审后，报市场营销部经理审批 **工作重点** 市场专员在进行合同初步评审时，要严格按照相关制度的要求执行，避免因粗心大意出现错误或产生时间浪费
	工作标准
	内容标准：合同初步评审内容应至少包括合作方主体合法资格的确定、产品生产能力匹配性等
合同盈利性分析	**执行程序**
	1. 常用指标评估 ☆市场专员为成本计算确定基础标准评估指标 ☆市场专员联合相关部门人员对合同盈利性的常用指标进行评估 ☆市场专员联合相关部门人员对合同盈利性的特殊指标进行分析 2. 构建财务损益表 市场专员联合财务部人员构建财务损益表 3. 编制合同盈利性分析总结报告 市场专员根据各项评估分析数据，编制合同盈利性分析总结报告，提交市场营销部经理审核后，报总经办审批 **工作重点** 市场专员要注意与财务部和生产相关部门及时沟通，做好合同盈利性分析工作
	工作标准
	质量标准：财务损益表以作业成本法和服务成本数据为编制基础 内容标准：盈利性分析常用指标包括销售利润率、资金利用率、投资利润率、利润增长率等
	考核指标
	☆合同盈利性分析的客观性：合同盈利性分析应由参与项目的相关部门派专人参加，参加盈利性分析的人员不得少于____人 ☆合同盈利性分析的全面性：应保证至少对合同所涉及产品的销售利润率、资金利用率、投资利润率、利润增长率等进行全面、综合的评估

（续）

任务名称	执行程序、工作标准与考核指标
合同修订与签订	**执行程序**
	1. 修订合同 合同盈利性分析总结报告审批通过后，市场专员根据批示意见与客户或供应商就修订部分进行谈判 **2. 签订合同** ☆合同谈判双方达成一致合作意见 ☆市场专员取得总经办签署的授权委托书，正式与客户或供应商签订合同 **工作重点** 签订合同要“慢”一点，将各种隐患找出来并想好对策，而履行合同则要“快”一点
	工作标准
	质量标准：合同签订的各项文件合法合规，正常生效
执行规范	
“合同盈利性分析总结报告”“合同补充修订管理规范”	

4.11 销售订单管理流程设计与工作执行

4.11.1 销售订单管理流程设计

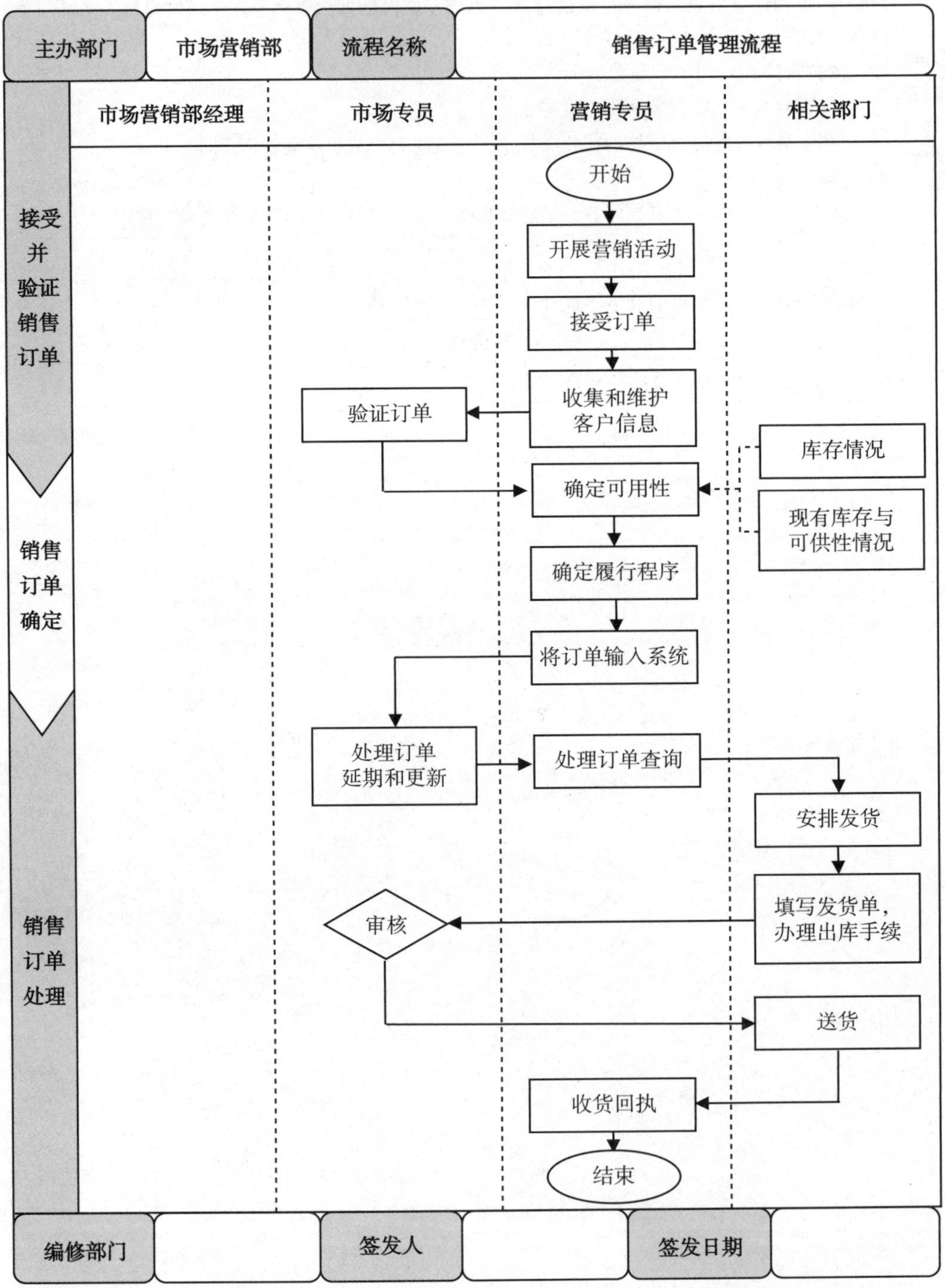

4.11.2 销售订单管理执行程序、工作标准、考核指标、执行规范

任务名称	执行程序、工作标准与考核指标
接受并验证销售订单	**执行程序**
	1. 接受订单 营销专员通过各类渠道与客户接触，与客户建立友好关系，了解客户真实的需求，促进产品销售，接受销售订单 **2. 验证订单** ☆营销专员根据销售订单收集客户信息并进行维护，整体汇总后交市场专员进行订单验证 ☆销售订单验证无误后进入订单确定程序 **工作重点** 市场营销部要积极利用自动系统技术，确定一定基础标准的销售价格、提前期、测量单位等
	工作标准
	内容标准：客户信息收集和维护包含管理关键客户信息、提取客户资料、记录收货资料和联系资料等
	考核指标
	销售订单受理的客户满意度评分：客户满意度评分应达到____分，包含客户对价格、渠道优惠、溢价和产品稀缺性等咨询的满意度评分
销售订单确定	**执行程序**
	1. 确定可用性 ☆销售订单验证后，营销专员确定订单的可用性 ☆仓储部提供订单相关产品的现有库存情况，必要时进行手动查询，供应链管理部提供 ATP（订单可承诺量）数据和订单可供性数据 **2. 确定履行程序** 销售订单可用性确定后，营销专员根据订单管理系统确定履行程序 **3. 将订单输入系统** 营销专员将销售订单输入内部相应的 EDI（电子数据交换）或订单互联网管理系统 **工作重点** 销售订单应录入企业统一的数据管理系统，以便于进行精益供应链策略管理
	工作标准
	内容标准：销售订单输入的内容包括服务水平要求、产品特性、成本、承运商合同要求和碳排放要求等
	考核指标
	销售订单输入的准确率：应与订单的内容完全一致，准确率达到 100%

（续）

任务名称	执行程序、工作标准与考核指标
销售订单处理	**执行程序**
	1. 处理订单延期和更新 市场专员应实时关注销售订单的完成情况，处理因上下游问题而带来的订单延期和信息更新 **2. 处理订单查询** 营销专员处理客户的订单查询问题和其他非订单的相关问题 **3. 安排发货** ☆物流部门安排发货，填写发货单，办理出库手续。市场专员须对发货单进行审核，并做好订单跟踪工作 ☆物流工作人员准确、及时地将货物送至客户指定地点 ☆物流工作人员请客户确认、签收货品，并接收客户收货回执 **工作重点** 市场专员要注意审核发货的准确性，货物的品名、规格、型号、数量等内容均要与销售订单一致
	工作标准
	完成标准：尽量提前发货，确有延期情况应及时取得客户认可
	考核指标
	订单失误率：货物安全、及时、准确地送达客户手中，订单失误率为0
执行规范	
“供应链ATP管理规范”“销售订单管理制度”	

4.12 客户数据管理流程设计与工作执行

4.12.1 客户数据管理流程设计

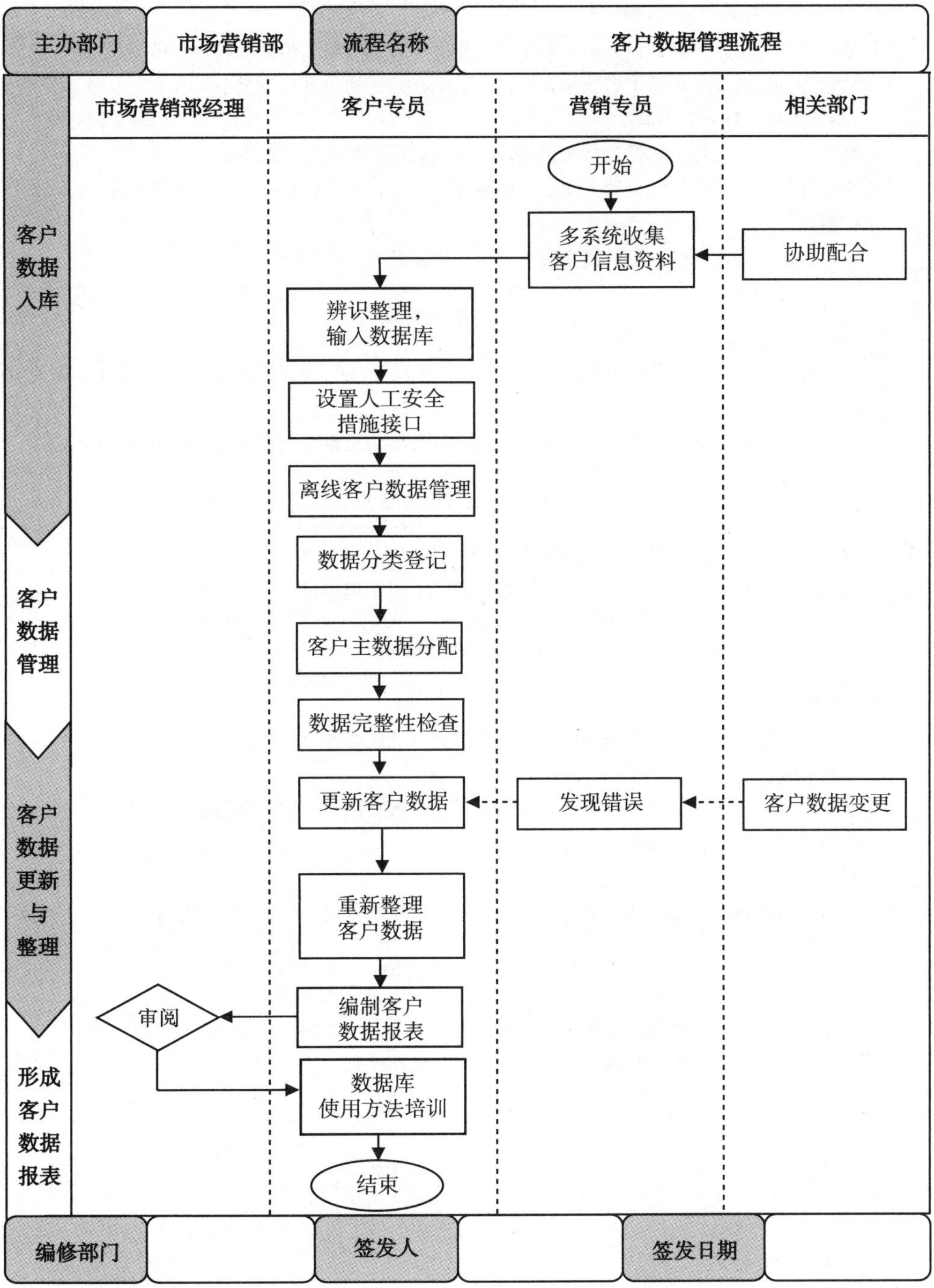

4.12.2 客户数据管理执行程序、工作标准、考核指标、执行规范

任务名称	执行程序、工作标准与考核指标
客户数据入库	**执行程序**
	1. 多系统收集客户信息资料 ☆供应链上下游涉及客户信息的相关部门收集客户数据资料，传递给营销专员 ☆营销专员通过多个系统渠道收集客户信息数据，并传递给客户专员 2. 辨识整理，输入数据库 ☆客户专员对客户信息数据进行辨识整理，输入企业的相应客户数据库 ☆客户专员为客户数据库设置人工安全措施接口，并检查客户数据的离线管理流程 **工作重点** 客户数据离线使用的必要前提是数据准确、更新及时
	工作标准
	☆内容标准：客户信息资料包括客户的姓名、地址、电话、经营管理者、法人代表、相关业务订单数据等 ☆质量标准：客户必须是真实存在或潜在的，其各项信息也必须准确无误，不得虚构伪造
	考核指标
	☆客户信息的数量：每月新上报的客户信息不得少于____个 ☆上报客户信息的及时性：自获得客户数据起，上报不得超过____个工作日
客户数据管理	**执行程序**
	1. 数据分类登记 客户专员根据客户数据管理制度，将分类并划分完成的客户数据按要求进行登记 2. 客户主数据分配 ☆客户专员利用客户数据库的数据分析工具对客户数据进行计算，并按照相关属性分配数据 ☆客户专员定期对客户数据的完整性进行检查 **工作重点** 客户专员要及时对客户数据进行分类与分析，形成相关报表以备市场营销工作使用
	工作标准
	☆依据标准：依据销售额或销售量等，可将客户划分为重点客户、普通客户和潜在客户 ☆管理标准：客户数据的管理要遵循保密与即时更新原则

（续）

任务名称	执行程序、工作标准与考核指标
客户数据更新与整理	**执行程序**
	1. 更新客户数据 ☆接触客户、涉及客户信息的相关部门收集客户数据的更新情况，并将其提供给客户专员 ☆营销专员在使用客户数据库的过程中，如发现客户数据存在问题，要及时向客户专员反馈 **2. 重新整理客户数据** 客户专员更新客户数据库，将更新后的客户资料重新进行分类、汇总和整理 **工作重点** 当客户信息发生变化时，客户专员要根据其他相关部门和营销专员的反馈，对客户数据进行更新，以保证客户数据的真实性和准确性
	工作标准
	☆质量标准：客户数据更新及时，数值记录准确无误 ☆依据标准：更新客户数据的依据为相关部门提供的更新信息材料
形成客户数据报表	**执行程序**
	1. 编制客户数据报表 客户专员利用数据库系统编制客户导向的、在线实时的客户数据报表，提交市场营销部经理审阅 **2. 数据库使用方法培训** 客户专员为市场专员、营销专员及相关部门人员安排客户数据库使用方法的培训，改进客户数据管理工作 **工作重点** 客户专员要及时对客户数据的更新进行说明，发送更新通知，以方便内部使用
	工作标准
	质量标准：客户数据档案目录清晰，检索查找快捷，存档及时，完善准确
执行规范	
“客户信息登记表”“客户档案卡”“客户信息汇总表”“客户信息保密制度”“客户档案借阅制度”“客户数据使用报表”	

4.13 客户订单管理流程设计与工作执行

4.13.1 客户订单管理流程设计

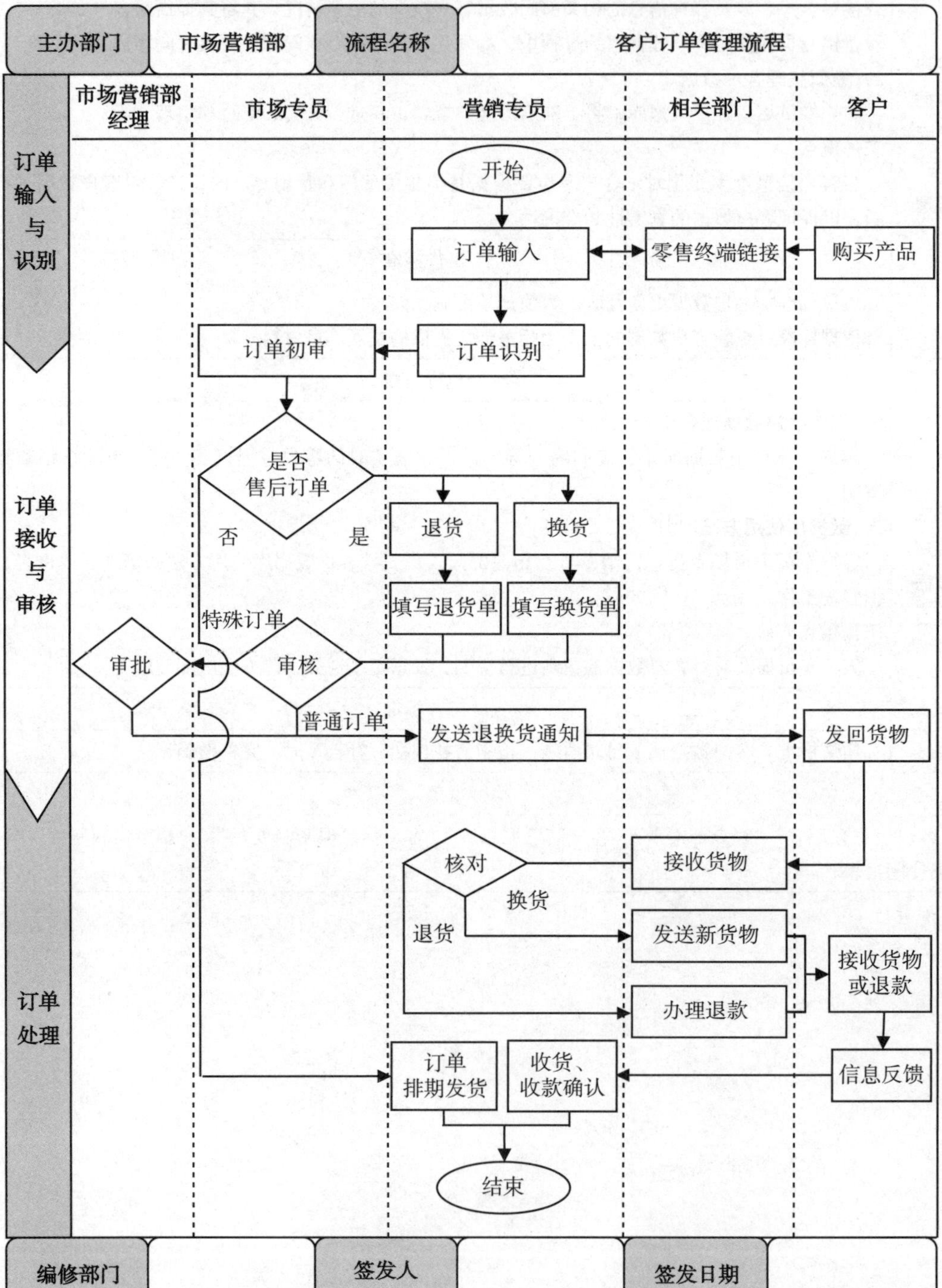

4.13.2 客户订单管理执行程序、工作标准、考核指标、执行规范

任务名称	执行程序、工作标准与考核指标
订单输入与识别	**执行程序**
	1. 订单输入 ☆客户购买产品，订单通过互联网输入在线系统，营销专员核对产品价格和配置情况 ☆营销专员通过订单系统与零售商终端站点系统链接查验存货水平 **2. 订单识别** 营销专员对客户订单进行识别，确定客户订单的类型 **工作重点** 营销专员应确保订单系统运行良好，不会出现瘫痪的情况
	工作标准
	考核标准：订单系统一年 365 天、一周 7 天 ×24 小时有在线人员处理或有自助操作机制
	考核指标
	客户满意度评分：接受随机调查的客户对订购下单满意度评分的算术平均值达到____分
订单接收与审核	**执行程序**
	1. 是否售后订单 ☆市场专员根据客户订单的情况，判定其是否为售后订单 ☆一般销售订单直接发送到排期发货系统，售后订单（退换货）交由营销专员处理 **2. 填写退货单、换货单** ☆对于售后订单，按照规定可以退换货的，营销专员为客户填写退货单、换货单，办理退换货手续 ☆营销专员将填好的退货、换货单报市场专员审核，特殊或较大订单须报市场营销部经理审批 **工作重点** 客户订单处理是一个与客户深入沟通的过程，营销专员要注意使用适当的沟通方式
	工作标准
	目标标准：营销专员应与客户充分沟通，确认订单细节并及时处理
	考核指标
	☆订单处理态度：营销专员要妥善处理客户的售后订单，因客户不满意而引起的投诉每月不得超过____起 ☆订单处理的专业度：营销专员能够对客户的售后订单做出合理处置，并给出初步解决方案，或能使客户在满意的情况下取消退换货申请

（续）

<table>
<tr><th>任务名称</th><th>执行程序、工作标准与考核指标</th></tr>
<tr><td rowspan="6">订单处理</td><td>执行程序</td></tr>
<tr><td>1. 发送退换货通知
客户订单退换货处理审批通过后，营销专员负责将通知发送给客户，请客户按要求退回货物
2. 接收货物
☆仓储物流部收到客户退回的货物后，对货物进行登记，将相关客户订单的产品情况告知营销专员
☆营销专员核对客户订单，确认无误后进行退换货处理，安排仓储物流部发送新货物或为客户办理退款
☆客户确认收货或退款完成后，客户售后订单处理完毕
工作重点
客户售后订单的处理不得影响正常订单的发货排期，也不得影响其他客户的合理利益</td></tr>
<tr><td>工作标准</td></tr>
<tr><td>考核标准：客户售后订单的处理过程须在相关订单系统中及时更新，交易状态可视、安全</td></tr>
<tr><td>考核指标</td></tr>
<tr><td>☆通知的及时性：客户售后订单处理结果应在____个小时内通知客户
☆退款数额的正确性：退款数额准确无误，无多退或少退现象</td></tr>
<tr><td colspan="2">执行规范</td></tr>
<tr><td colspan="2">“客户订单管理制度”“客户订单处理流程”“售后订单处理意见指南”</td></tr>
</table>

4.14 延期交货管理流程设计与工作执行

4.14.1 延期交货管理流程设计

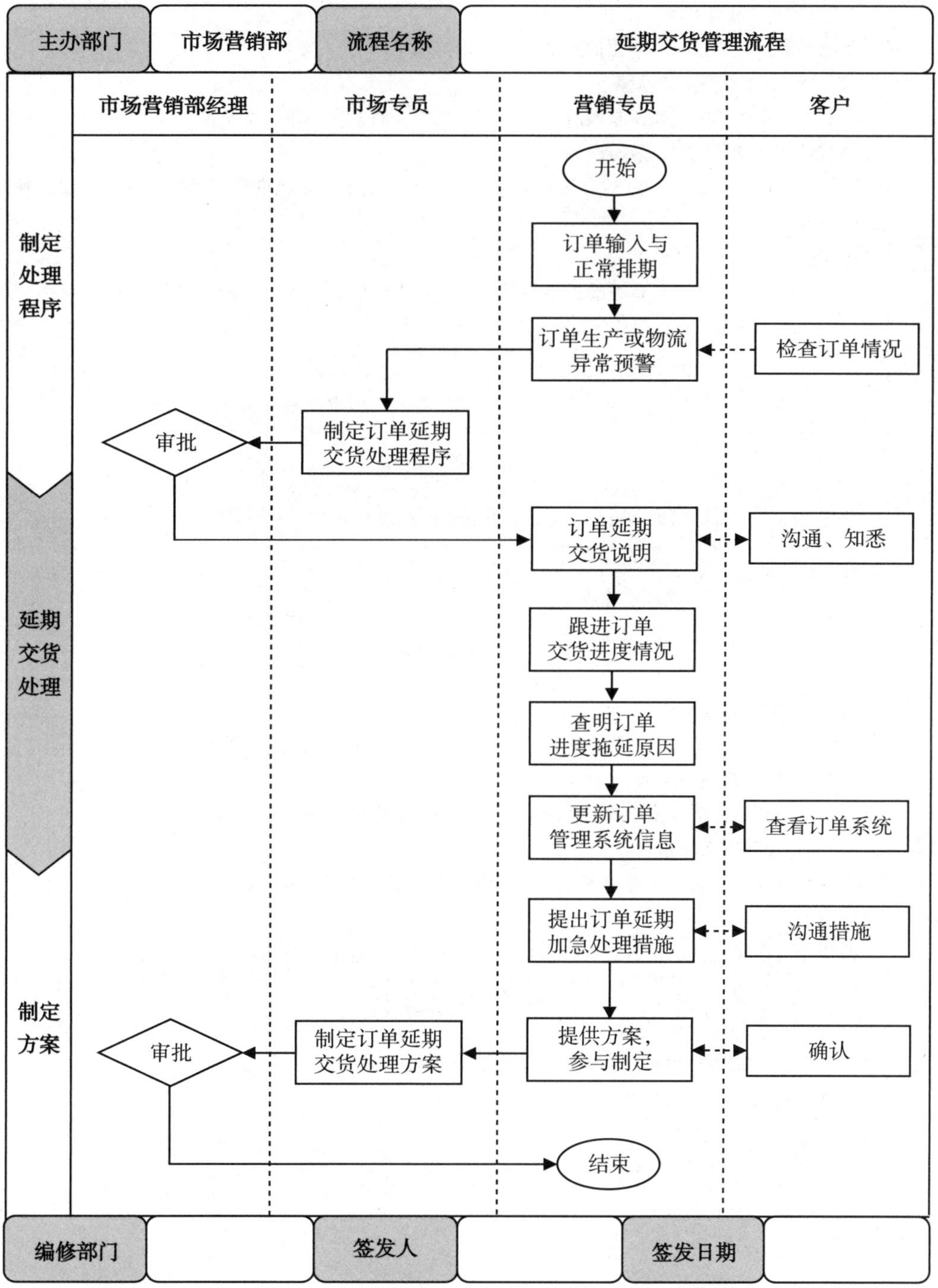

4.14.2 延期交货管理执行程序、工作标准、考核指标、执行规范

任务名称	执行程序、工作标准与考核指标
制定处理程序	**执行程序**
	1. 订单输入与正常排期 客户下单，订单输入自动化信息系统，开始排期生产 **2. 订单生产或物流异常预警** 订单生产或物流出现非正常情况时，营销专员要及时发出订单异常预警 **3. 制定订单延期交货处理程序** 市场专员接到预警后，应结合订单异常历史情况，制定订单延期交货处理程序，提交市场营销部经理审批 **工作重点** 营销专员要实时注意订单系统的运行情况，确保客户的合法权益，避免出现纠纷
	工作标准
	质量标准：订单延期交货处理程序严谨，切实有效，可以妥善解决问题
	考核指标
	☆预警及时率：目标值为100%，该指标用于考核营销专员对订单异常情况的敏感性 ☆预警及时率 $= \frac{及时预警的订单数}{问题订单总数} \times 100\%$
延期交货处理	**执行程序**
	1. 订单延期交货说明 营销专员按照订单延期交货处理程序，将订单延期可公布的信息对客户进行说明 **2. 查明订单进度拖延原因** 营销专员针对订单系统反映的情况，了解客户订单进度问题，查明进度拖延原因 **3. 更新订单管理系统信息** 营销专员要及时对订单管理系统的相关信息进行更新，以便客户查看了解订单进度 **工作重点** 营销专员在披露订单延期交货信息时，要注意保护企业商业机密
	工作标准
	内容标准：延期交货需要查明的项目包括承诺和实际货运日期、计划和实际制造日期、客户要求日期、实际交货预期日期、数量和质量水平等

（续）

<table>
<tr><th>任务名称</th><th>执行程序、工作标准与考核指标</th></tr>
<tr><td rowspan="7">制定方案</td><td>执行程序</td></tr>
<tr><td>1. 提出订单延期加急处理措施
营销专员根据订单延期的具体情况提出加急处理措施，与客户进行沟通协商
2. 制定订单延期交货处理方案
市场专员结合营销专员的意见，根据实际情况制定订单延期交货处理方案，提交市场营销部经理审批
工作重点
订单延期加急处理措施应得到客户的认可，避免无效的沟通和工作</td></tr>
<tr><td>工作标准</td></tr>
<tr><td>考核标准：市场专员在确定处理措施后____个工作日内完成处理方案的制定工作</td></tr>
<tr><td>考核指标</td></tr>
<tr><td>订单延期处理的客户满意度评分：该指标用于考核市场营销部的订单延期处理能力，目标值为不低于____分</td></tr>
<tr><td></td></tr>
<tr><td colspan="2">执行规范</td></tr>
<tr><td colspan="2">“订单延期交货处理程序”“订单延期交货说明”“订单延期问题调查报告”“订单延期交货处理方案”</td></tr>
</table>

4.15 订单监控流程设计与工作执行

4.15.1 订单监控流程设计

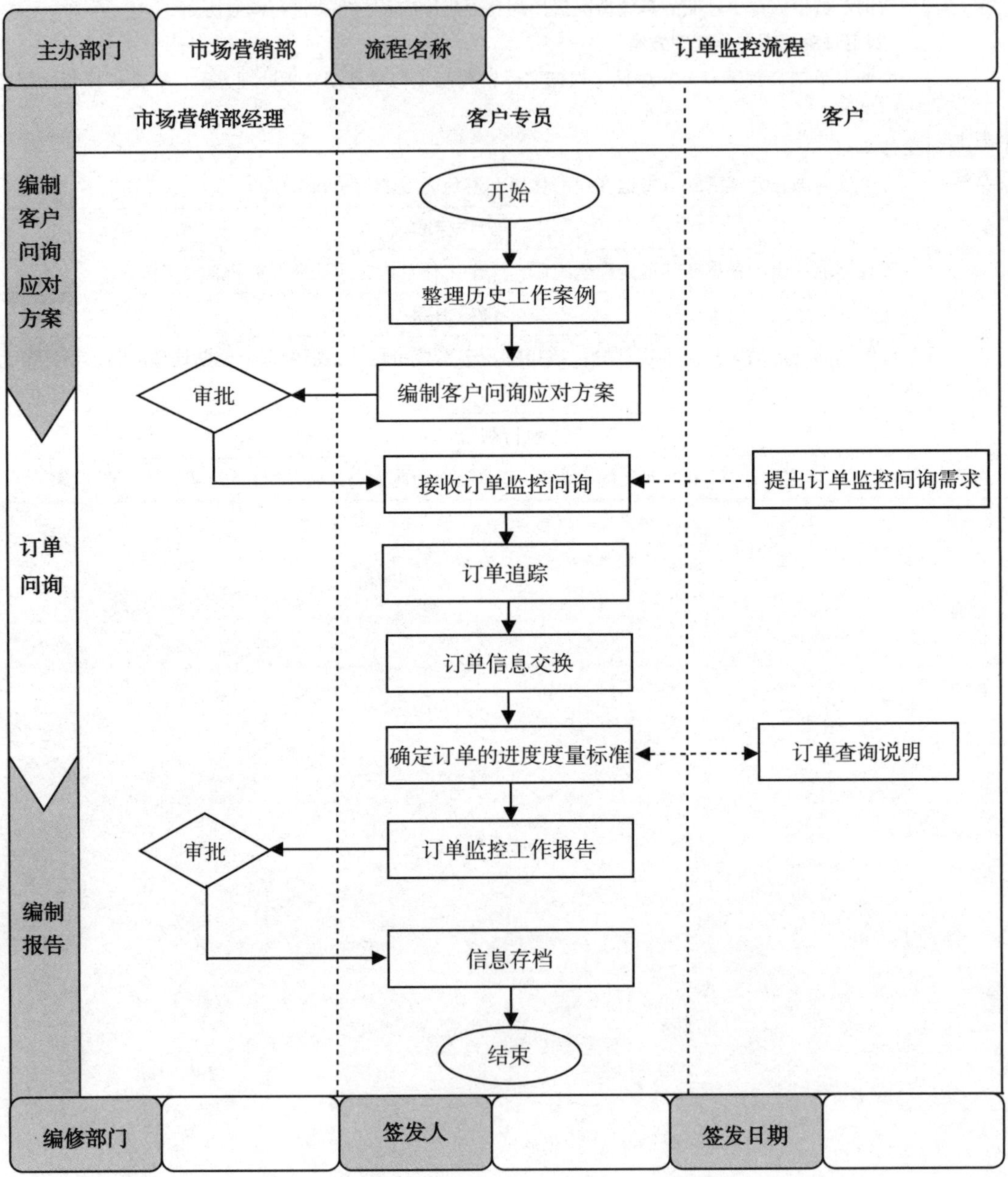

4.15.2 订单监控执行程序、工作标准、考核指标、执行规范

任务名称	执行程序、工作标准与考核指标
编制客户问询应对方案	**执行程序** 客户专员整理企业历史订单监控工作案例，结合各类客户问询情况，编制客户问询应对方案，提交市场营销部经理审批 **工作重点** 客户专员应全面借鉴行业内优秀企业的客户订单监控问询处理制度 **工作标准** 质量标准：客户问询应对方案针对性强，符合实际的订单监控问询处理需要 **考核指标** 客户问询应对方案的全面性：方案内容要全面，应综合考虑各类渠道、各种方式的订单问询情况
订单问询	**执行程序** **1. 接收订单监控问询** 客户就订单的进度或其他问题向客户专员提出监控问询，客户专员要及时接收问询 **2. 订单追踪** ☆客户专员根据客户订单的信息对相关订单进行追踪，获取货物的在途情况，并做出处理 ☆非企业独立承运的订单，客户专员要与其他成员企业沟通交换信息，追踪订单 **3. 确定订单的进度度量标准** 客户专员根据订单的实际情况确定订单的进度度量标准，将相关信息反馈给客户 **工作重点** 客户专员应积极响应客户的订单监控问询需求，提高客户满意度 **工作标准** 考核标准：客户专员应在客户问询后2小时内进行处理回复
编制报告	**执行程序** **1. 订单监控工作报告** 客户专员整理客户订单监控问询工作结果，编制订单监控工作报告，提交市场营销部经理审批 **2. 信息存档** 订单监控工作报告通过审批后，客户专员按照企业档案管理要求对相关资料进行存档 **工作重点** 客户专员应以数据化、量表化的形式呈现订单监控工作成果 **工作标准** 质量标准：订单监控工作报告内容全面、详细，重要内容无遗漏 **考核指标** ☆订单监控工作报告编制及时率：目标值为100%，该指标用于考核客户专员编制工作报告的效率 ☆订单监控工作报告编制及时率 $=\frac{\text{按时提交的工作报告数}}{\text{提交的工作报告总数}}\times 100\%$
执行规范	
“客户问询应对方案”“订单监控工作报告”	

第5章 交付产品 / 服务

5.1 交付产品 / 服务工作流程

5.1.1 流程目的说明

企业对供应链构成中的交付产品 / 服务工作实施流程管理的目的如下：

（1）通过流程管理，实现产品 / 服务交付的设计与建造，以及走向市场的全程可控、可视；

（2）形成流程化、规范化、模式化的产品 / 服务交付标准和计划，实现供应链的成本优化；

（3）提高产品 / 服务交付的质量，缩短产品 / 服务交付的时间，加强产品 / 服务交付与供应商的链接，通过产品 / 服务交付紧紧地把握客户。

5.1.2 流程结构设计

交付产品 / 服务工作流程设计将交付产品 / 服务工作细分为 33 个事项，就每个事项分别设计流程，即定制管理流程、外包制造管理流程、产能管理流程、自制及外购零部件成本评估流程、生产流程协同管理流程、生产过程控制流程、生产变更管理流程、工作场所设计流程、生产能力管理流程、基线预测流程、市场预测流程、一致性预测流程、预测纠正及改善流程、物料计划制订流程、生产排程管理流程、库存管理流程、运输管理流程、质量标准制定流程、采购计划制订流程、供应商选择流程、物料采购流程、供应商评估流程、供应商绩效评估流程、采购绩效评估流程、交付产品质量监控流程、设备维护计划制订流程、客户服务交付流程、物流战略制定流程、物流网络设计及优化流程、内向物流系统规划流程、回收计划管理流程、仓储运营管理流程及逆向物流管理流程，具体结构设计如图 5-1 所示。

图 5-1　交付产品 / 服务工作流程结构设计

5.2 定制管理流程设计与工作执行

5.2.1 定制管理流程设计

主办部门	产品交付部	流程名称	定制管理流程

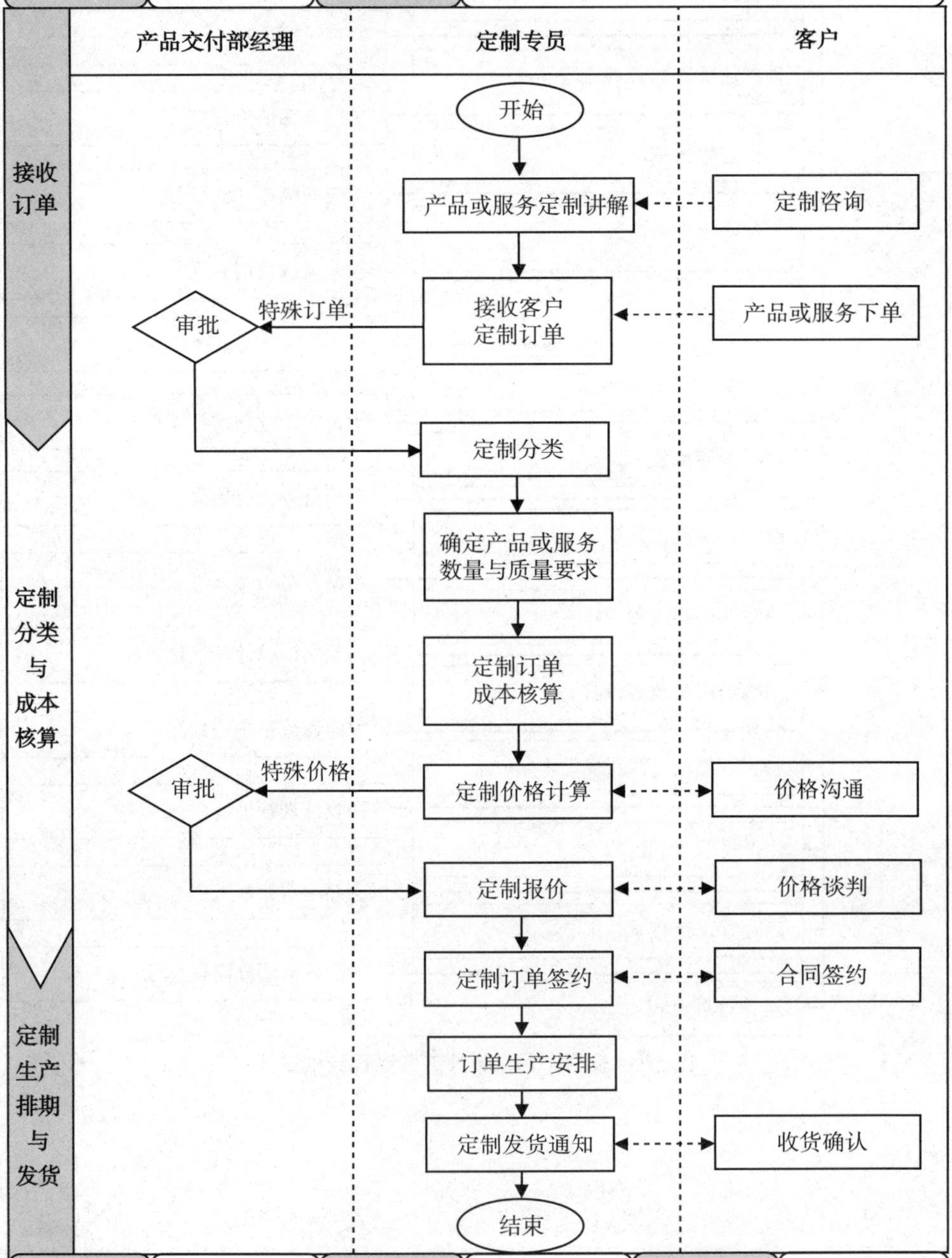

编修部门		签发人		签发日期	

5.2.2 定制管理执行程序、工作标准、考核指标、执行规范

任务名称	执行程序、工作标准与考核指标
接收订单	**执行程序**
	1. 产品或服务定制讲解 客户就定制需求向企业定制专员进行咨询，定制专员为客户讲解定制业务的内容和程序 **2. 接收客户定制订单** ☆客户下单定制产品或服务，定制专员接收客户订单 ☆对于特殊的客户定制订单，定制专员无法确定的，须提交产品交付部经理审批 **工作重点** 定制业务的灵活性较强，定制专员应充分与客户沟通，引导其需求，促成业务合作
	工作标准
	依据标准：定制专员的业务讲解符合企业定制业务管理制度的要求
	考核指标
	☆定制订单跑单率：该指标是对定制专员业务能力的考核，目标值为不超过____% ☆定制订单跑单率 = $\frac{\text{跑单数}}{\text{客户意向总数}} \times 100\%$
定制分类与成本核算	**执行程序**
	1. 定制分类 定制专员按照时间、规模、质量等不同属性对订单进行分类 **2. 定制订单成本核算** 订单分类后，定制专员根据企业定制业务管理制度的规定，按照对应的核算方法对各类订单进行成本核算，整理归纳各项成本要素 **3. 定制报价** ☆定制专员按照各项成本要素的核算结果，计算相应定制订单的初步报价，同时回应客户价格问询，进行价格沟通 ☆定制专员将订单初步报价的计算数据汇报给产品交付部经理，同时说明客户的特殊价格要求 ☆定制报价审批通过后，定制专员就正式报价与客户进行价格谈判 **工作重点** 定制专员务必熟悉不同定制业务的内容明细，避免出现价格计算错误，进而带来损失
	工作标准
	☆内容标准：定制业务的分类包含大规模定制、精益定制、准时定制、全面质量提升定制等 ☆考核标准：订单直接成本和间接成本核算数据清晰，项目无遗漏，结论可靠
	考核指标
	☆定制报价成功率：该指标是对定制专员把握最小化成本和客户心理价位能力的考核 ☆定制报价成功率 = $\frac{\text{客户接收报价的单数}}{\text{报价总单数}} \times 100\%$

（续）

<table>
<tr><th>任务名称</th><th>执行程序、工作标准与考核指标</th></tr>
<tr><td rowspan="4">定制生产排期与发货</td><td>执行程序</td></tr>
<tr><td>1. 定制订单签约
双方就定制价格达成一致意见，定制专员代表企业与客户签订定制合同
2. 订单生产安排
定制专员将订单安排给相关生产单位，根据要求进行排期生产
3. 定制发货通知
☆定制订单生产完成，定制专员向客户传达发货通知，提醒客户注意收货
☆客户收货，签字确认回执
工作重点
定制专员与客户签约时应使用统一的合同模板，对于修改的合同条款，要经过法务的审核</td></tr>
<tr><td>工作标准</td></tr>
<tr><td>☆考核标准：定制报价确定后，定制专员应在____个工作日内与客户完成合同签约
☆质量标准：定制订单的收货回执凭证清晰，权责明确，合法有效</td></tr>
<tr><td colspan="2">执行规范</td></tr>
<tr><td colspan="2">“企业定制业务管理制度”“定制订单报价表”“定制订单成本核算说明”“企业定制业务合同”</td></tr>
</table>

5.3 外包制造管理流程设计与工作执行

5.3.1 外包制造管理流程设计

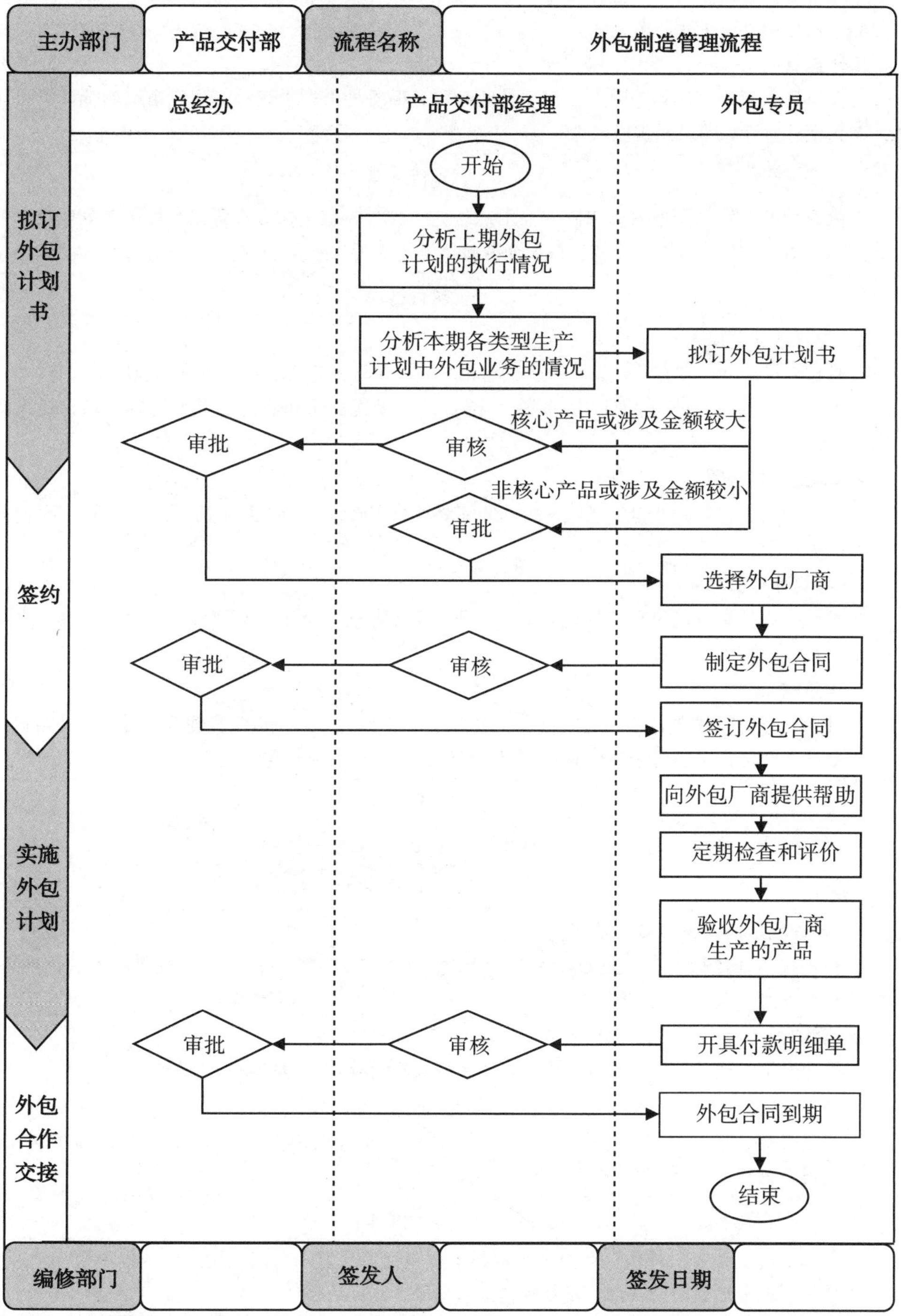

5.3.2 外包制造管理执行程序、工作标准、考核指标、执行规范

<table>
<tr><th>任务名称</th><th>执行程序、工作标准与考核指标</th></tr>
<tr><td rowspan="4">拟订外包计划书</td><td>执行程序</td></tr>
<tr><td>外包专员根据产品交付部经理对上期外包计划执行结果和对本期生产计划中外包任务的分析情况，拟订企业外包计划书
工作重点
在拟订本期外包计划书时，外包专员应查阅上期各种类型外包计划完成情况的统计资料，为本期各项外包计划的编制提供参考</td></tr>
<tr><td>工作标准</td></tr>
<tr><td>内容标准：外包计划书的编制应采用统一的格式，内容包括外包背景，外包业务项目，外包产品的规格、型号、数量、预算，外包业务具体实施流程，外包的主要风险和预期收益等</td></tr>
<tr><td rowspan="4">签约</td><td>执行程序</td></tr>
<tr><td>1. 选择外包厂商
☆外包专员向外界发布外包招标公告，与相应的外包厂商建立联系，筛选外包厂商
☆外包专员对筛选出来的外包厂商进行调查，了解其资质和能力等关键信息，确定最终的外包厂商
2. 制定外包合同
外包专员根据企业外包生产任务的标准和要求制定外包合同，并将其提交产品交付部经理审核、总经办审批
3. 签订外包合同
外包合同经审批通过后，外包专员与外包厂商就外包合同的主要条款进行谈判，达成共识后由双方代表签订外包合同
工作重点
外包专员应对候选外包厂商的综合竞争力进行排名，并会同相关管理人员分析企业与候选外包厂商建立合作关系的风险，根据实际情况挑选出一家或几家外包厂商</td></tr>
<tr><td>工作标准</td></tr>
<tr><td>考核标准：外包厂商筛选资料准备齐全，与规定项目数量相同</td></tr>
<tr><td rowspan="4">实施外包计划</td><td>执行程序</td></tr>
<tr><td>1. 向外包厂商提供帮助
在外包厂商执行生产任务的过程中，外包专员就产品生产向外包厂商提供技术、标准、规格、培训等方面的帮助
2. 验收外包厂商生产的产品
外包专员与质量检验人员按照外包合同的相关规定验收外包厂商生产的产品
工作重点
为了提高外包厂商的生产效率和产品质量，技术部应派技术人员和作业人员，对外包厂商的操作人员进行技术指导</td></tr>
<tr><td>工作标准</td></tr>
<tr><td>内容标准：企业向外包厂商提供的资料主要包括产品蓝图与规格书、生产程序图、生产工艺操作标准、产品质量检验标准、材料规格及数量等</td></tr>
</table>

（续）

<table>
<tr><th>任务名称</th><th>执行程序、工作标准与考核指标</th></tr>
<tr><td rowspan="4">外包合作交接</td><td>执行程序</td></tr>
<tr><td>1．开具付款明细单
外包厂商生产的产品经验收合格后，外包专员与外包厂商就验收结果达成一致，并开具付款明细单，随后将其提交产品交付部经理审核、总经办审批，审批通过后由财务部向外包厂商支付费用
2．外包合同到期
外包合同到期并且产品经验收合格后，外包专员代表企业与外包厂商解除合同，收回相应的技术资料和机密数据信息
工作重点
企业和外包厂商都要遵守保密协议，不得将相关资料泄露给第三方</td></tr>
<tr><td>工作标准</td></tr>
<tr><td>考核标准：外包合同解除后，外包专员应收回相应的技术资料，如企业所有的专利权、关键技术资料、重要工艺数据资料、产品设计图、设备机密资料等</td></tr>
<tr><td colspan="2">执行规范</td></tr>
<tr><td colspan="2">“外包计划管理办法”“外包计划书”“投标公告”“外包业务竞标邀请书”“外包生产管理制度”</td></tr>
</table>

5.4 产能管理流程设计与工作执行

5.4.1 产能管理流程设计

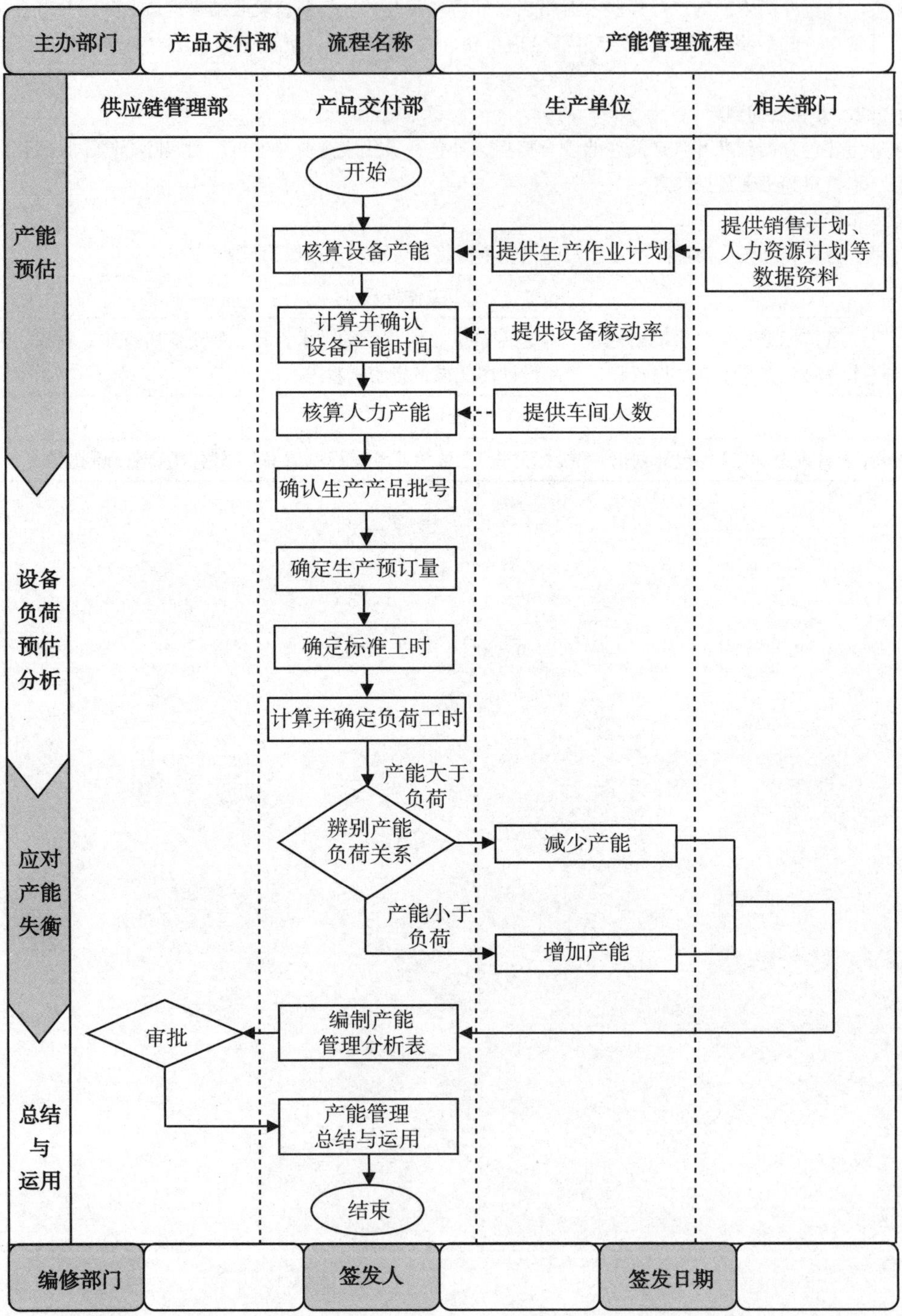

5.4.2 产能管理执行程序、工作标准、考核指标、执行规范

任务名称	执行程序、工作标准与考核指标
产能预估	**执行程序**
	1. 核算设备产能 ☆产品交付部对生产所需要的设备进行整理、分类，核算出各类设备的生产产能 ☆生产单位向产品交付部提供生产作业计划，相关部门为设备产能核算工作提供必要的数据资料 **2. 计算并确认设备产能时间** ☆产品交付部根据相关设备数据计算并确认设备产能时间 ☆生产单位向产品交付部提供相关设备数据 **3. 核算人力产能** ☆生产单位向产品交付部提供生产人力方面的数据 ☆产品交付部根据生产单位提供的生产人力方面的数据和工作安排核算人力产能 **工作重点** 产能核算的整个过程由掌握专业技能的员工负责
	工作标准
	设备产能时间计算标准：设备产能时间 = 每日正常上班时间 × 每日班次 × 可稼动天数 × 可稼动设备数
设备负荷预估分析	**执行程序**
	1. 确定生产预订量 产品交付部整理、分析订货记录，对生产订单的项目进行分类，合并符合规定的订单，并根据整理后的订单确定生产预订量 **2. 确定标准工时** 产品交付部根据生产单位提供的相关资料确定各项生产工作的标准工时 **3. 计算并确定负荷工时** 产品交付部根据确定的生产预订量和标准工时计算并确定生产工作的负荷工时 **工作重点** 产品交付部应对各生产单位提供的相关资料进行反复核准
	工作标准
	负荷工时计算标准：负荷工时 = 生产预订量 × 标准工时

（续）

<table>
<tr><th>任务名称</th><th>执行程序、工作标准与考核指标</th></tr>
<tr><td rowspan="4">应对产能失衡</td><td>执行程序</td></tr>
<tr><td>1. 辨别产能负荷关系
产品交付部辨别产能负荷关系，分析产能大于负荷和产能小于负荷两种可能的生产情况
2. 减少产能
当产能大于负荷时，各生产单位通过调整人力、设备、班次等措施减少产能
3. 增加产能
当产能小于负荷时，各生产单位通过增加设备、劳动人数，修改班次等措施增加产能，以满足生产需求
工作重点
☆如果产能大于负荷，各生产单位可以安排富余人力或设备支持其他工作中心，或者安排人员参加培训等；必要时，可将设备变卖、转移，或裁减人员
☆如果产能小于负荷，各生产单位可以安排工人加班，向其他工作中心请求设备、人力支援等</td></tr>
<tr><td>工作标准</td></tr>
<tr><td>考核标准：产能负荷失衡应对措施得当，既能有效解决当前的失衡局面，又能充分应对将来的市场变化</td></tr>
<tr><td rowspan="6">总结与运用</td><td>执行程序</td></tr>
<tr><td>1. 编制产能管理分析表
产品交付部根据实际的产能负荷关系和调整情况编制产能管理分析表，并将其提交供应链管理部审批
2. 产能管理总结与运用
产能管理分析表经审批通过后，产品交付部根据审批意见和产能负荷情况总结生产产能管理工作，吸取经验并将其运用到今后的工作中
工作重点
编制产能管理分析表的步骤为先编制产能与负荷管制表，确定工作重心与评估期，再形成产能管理分析表</td></tr>
<tr><td>工作标准</td></tr>
<tr><td>内容标准：产能管理分析表的内容主要包括工作重心的名称与编号、分析评估区间、产能状况、负荷状况、分析结论与对策等</td></tr>
<tr><td>考核指标</td></tr>
<tr><td>产能管理分析表的规范性：内容完整、清晰，分析有理有据，见解精准</td></tr>
<tr><td colspan="2">执行规范</td></tr>
<tr><td colspan="2">“销售计划”“人力资源计划”“产能管理分析表”</td></tr>
</table>

5.5 自制及外购零部件成本评估流程设计与工作执行

5.5.1 自制及外购零部件成本评估流程设计

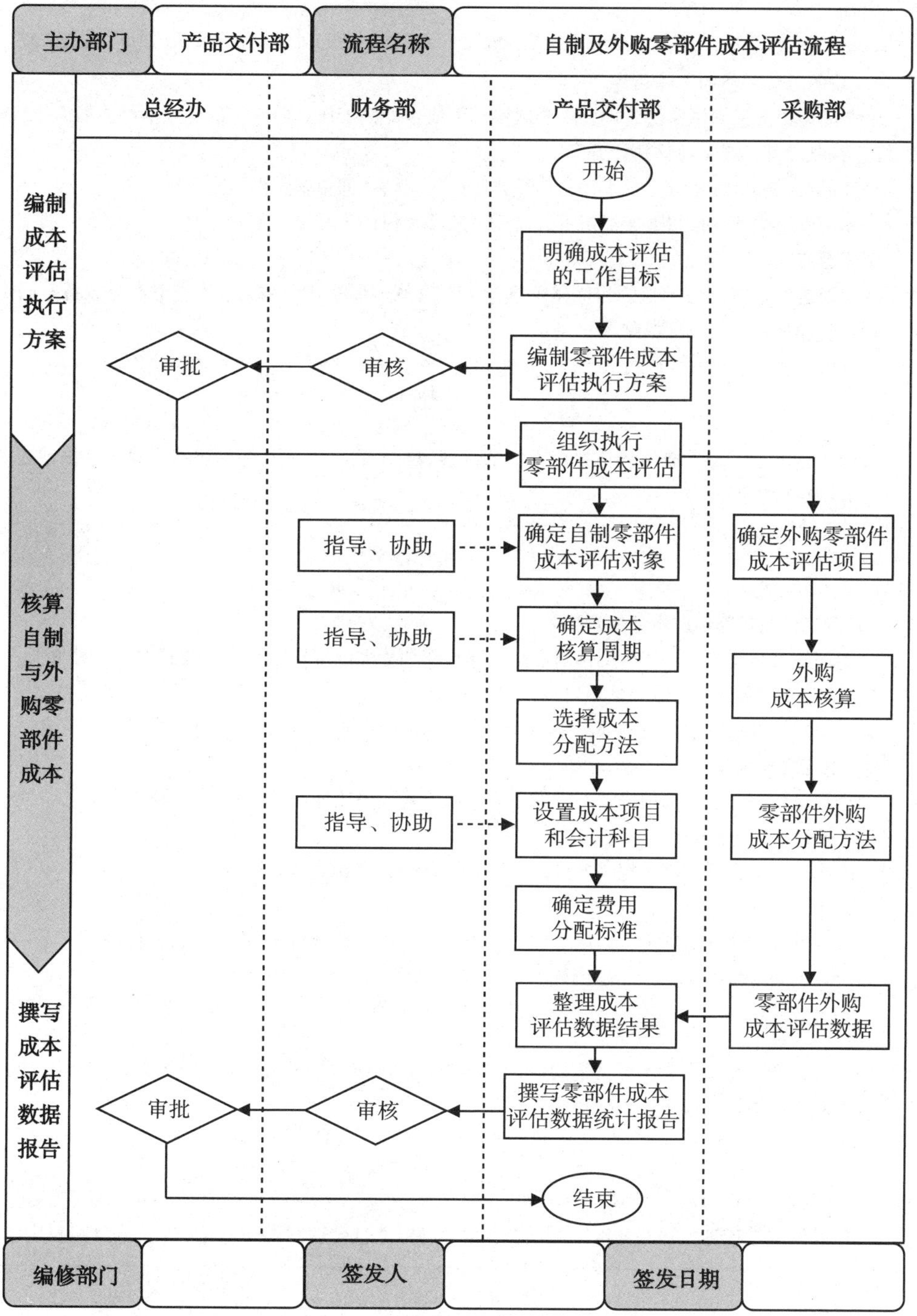

5.5.2 自制及外购零部件成本评估执行程序、工作标准、考核指标、执行规范

<table>
<tr><th>任务名称</th><th>执行程序、工作标准与考核指标</th></tr>
<tr><td rowspan="4">编制成本评估执行方案</td><td>执行程序</td></tr>
<tr><td>1. 明确成本评估的工作目标
产品交付部根据供应链管理要求开展零部件成本评估工作，明确零部件成本评估的工作目标
2. 编制零部件成本评估执行方案
☆产品交付部编制零部件成本评估执行方案，提交财务部审核、总经办审批
☆零部件成本评估执行方案经审批通过后，产品交付部负责组织实施
工作重点
企业进行成本评估的目的为优化供应链成本决策、帮助计划编制、衡量资产与收益、确定产品价格、加强供应链成本控制等</td></tr>
<tr><td>工作标准</td></tr>
<tr><td>内容标准：零部件成本评估执行方案的内容包括概述、评估目标、评估对象、评估方法、阶段任务、执行负责人等</td></tr>
<tr><td rowspan="6">核算自制与外购零部件成本</td><td>执行程序</td></tr>
<tr><td>1. 确定自制零部件成本评估对象
零部件自制情况下，产品交付部根据自制步骤和标准确定自制零部件的成本评估对象
2. 确定外购零部件成本评估项目
零部件外购情况下，采购部根据零部件采购的情况确定外购零部件的成本评估项目
3. 确定成本核算周期
产品交付部和采购部根据零部件的不同获取方式，确定相应的成本核算周期
4. 选择成本分配方法
产品交付部和采购部根据零部件的不同获取方式，选择成本分配方法
工作重点
零部件成本评估的周期一般以年度为单位，采用产品销售成本核算方法进行评估</td></tr>
<tr><td>工作标准</td></tr>
<tr><td>考核标准：零部件成本评估采用作业成本法和边际成本分析法，对自制及外购零部件的总成本、成本和供应的长期稳定性进行年度评估</td></tr>
<tr><td>考核指标</td></tr>
<tr><td>零部件成本核算数据的准确性：要求数据准确，并且合理归类到对应成本的会计科目中</td></tr>
</table>

（续）

<table>
<tr><th>任务名称</th><th>执行程序、工作标准与考核指标</th></tr>
<tr><td rowspan="6">撰写成本评估数据报告</td><td>执行程序</td></tr>
<tr><td>1. 整理成本评估数据结果
零部件成本评估完成后，产品交付部整合采购部提供的成本数据，并整理零部件成本评估的所有数据
2. 撰写零部件成本评估数据统计报告
产品交付部撰写零部件成本评估数据统计报告，提交财务部审核后，报总经办审批
工作重点
零部件成本评估数据统计报告应能够全面反映阶段性的零部件成本情况</td></tr>
<tr><td>工作标准</td></tr>
<tr><td>☆质量标准：零部件成本评估数据统计报告中的数据准确，适用方法正确，结果直观，分析全面
☆考核标准：零部件产品交付部须在完成成本评估后____个工作日内撰写统计报告并提交审批</td></tr>
<tr><td>考核指标</td></tr>
<tr><td>☆零部件成本评估数据统计报告合格率：该指标用于反映产品交付部撰写统计报告的能力和水平
☆零部件成本评估数据统计报告合格率 $=\dfrac{\text{合格的报告数}}{\text{报告提交总数}}\times 100\%$</td></tr>
<tr><td colspan="2">执行规范</td></tr>
<tr><td colspan="2">“零部件成本评估执行方案”“零部件成本评估数据统计报告”</td></tr>
</table>

5.6 生产流程协同管理的流程设计与工作标准

5.6.1 生产流程协同管理的流程设计

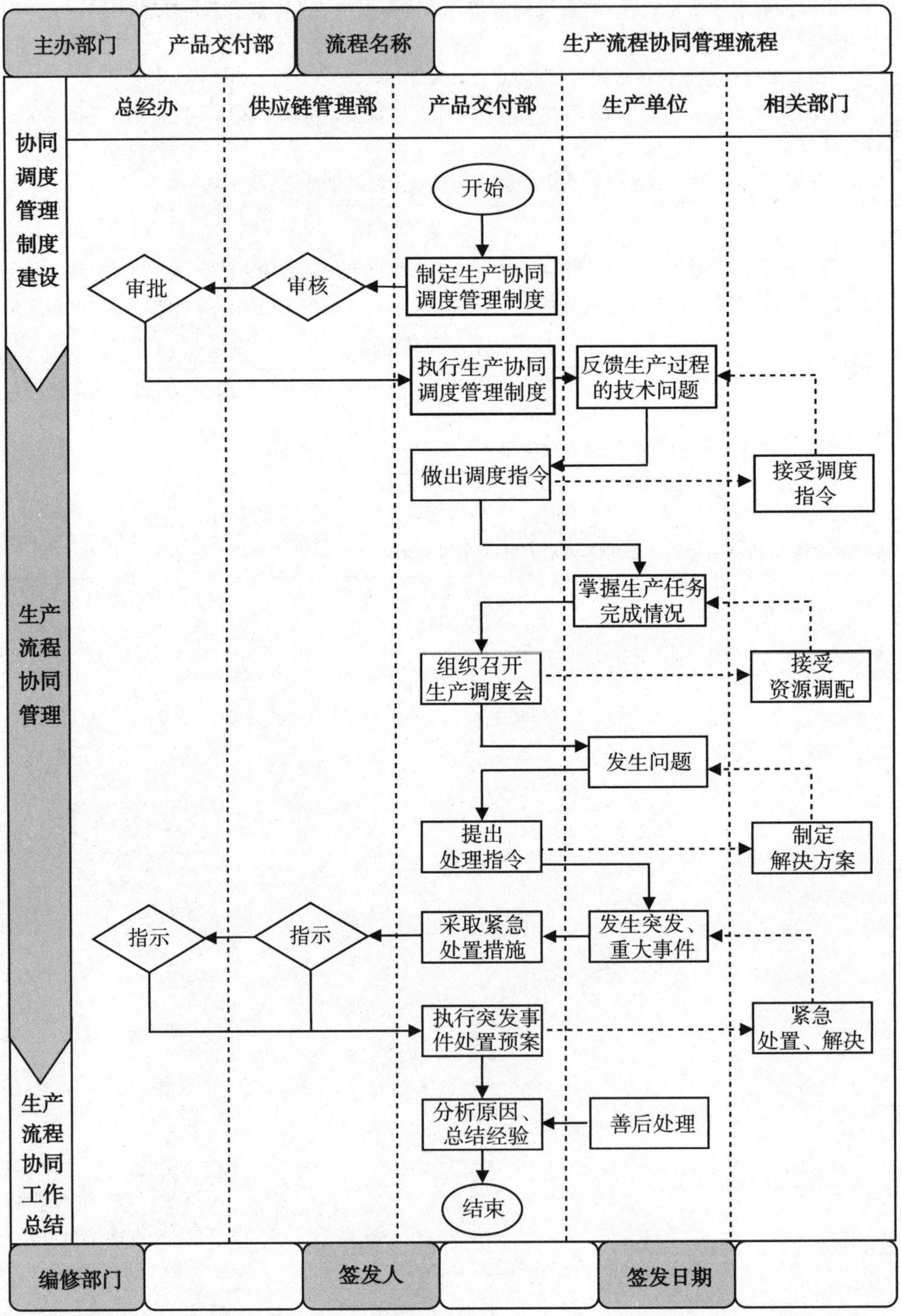

5.6.2 生产流程协同管理执行程序、工作标准、考核指标、执行规范

任务名称	执行程序、工作标准与考核指标
协同调度管理制度建设	**执行程序** **1. 制定生产协同调度管理制度** 产品交付部分析、研究企业生产过程中的实际情况，制定生产协同调度管理制度，并提交供应链管理部审核、总经办审批 **2. 执行生产协同调度管理制度** 生产协同调度管理制度经审批通过后，产品交付部根据审批意见形成正式的协同调度管理制度文件，并组织执行 **工作重点** 企业应确定生产协同调度管理制度在企业生产经营活动中的地位与作用，明确产品交付部的职权，以便统一协调各生产单位的工作 **工作标准** 质量标准：生产协同调度管理制度应结合企业实际制定，要有条理、有规划、切实可行
生产流程协同管理	**执行程序** **1. 做出调度指令** ☆产品交付部根据各生产单位反馈的技术问题做出调度指令，责成相关部门解决 ☆相关部门接收调度指令，并及时反馈技术问题的解决情况 **2. 组织召开生产调度会** ☆产品交付部通过多种途径掌握各生产单位的生产进度，并定期组织召开生产调度会，确保均衡生产 ☆各相关部门配合产品交付部的工作，接受资源调配 **3. 提出处理指令** ☆产品交付部针对生产过程中发生的设备、动力等问题提出处理指令 ☆相关部门接收处理指令后要尽快制定解决方案，及时解决问题 **4. 采取紧急处置措施** 产品交付部针对生产过程中出现的突发事件采取紧急处置措施，控制事态，降低企业的损失，调查、整理事件经过，并向供应链管理部和总经办进行汇报 **5. 执行突发事件处置预案** ☆产品交付部依据领导的指示执行突发事件处置预案，妥善处理突发事件 ☆突发事件涉及的相关部门依据产品交付部提出的预案在现场进行紧急处置，及时解决突发事件 **工作重点** 相关部门按调度指令完成任务后，应向调度室反馈完成情况，产品交付部根据其完成情况判断是否取消调度指令

（续）

任务名称	执行程序、工作标准与考核指标
生产流程协同管理	**工作标准**
	考核标准：通过生产流程协同管理，相关部门应确保技术人员能快速、正确、精准地解决技术问题，并且在处理后较长时间内不再出现类似问题
	考核指标
	☆生产任务完成率：该指标用于考核生产任务的完成情况，目标值为100%
	☆生产任务完成率 $=\frac{\text{完成生产的任务数}}{\text{待生产任务总数}}\times 100\%$
生产流程协同工作总结	**执行程序**
	产品交付部总结调度工作，分析事件和问题发生的原因，总结工作经验，提出改进措施，完善调度管理工作 **工作重点** 多方面、全方位地分析问题发生的原因，全面总结工作经验
	工作标准
	考核标准：产品交付部须在调度工作完成后的____天内完成分析和总结工作
执行规范	
“生产协同调度管理制度”“生产管理制度”	

5.7 生产过程控制流程与工作标准

5.7.1 生产过程控制流程设计

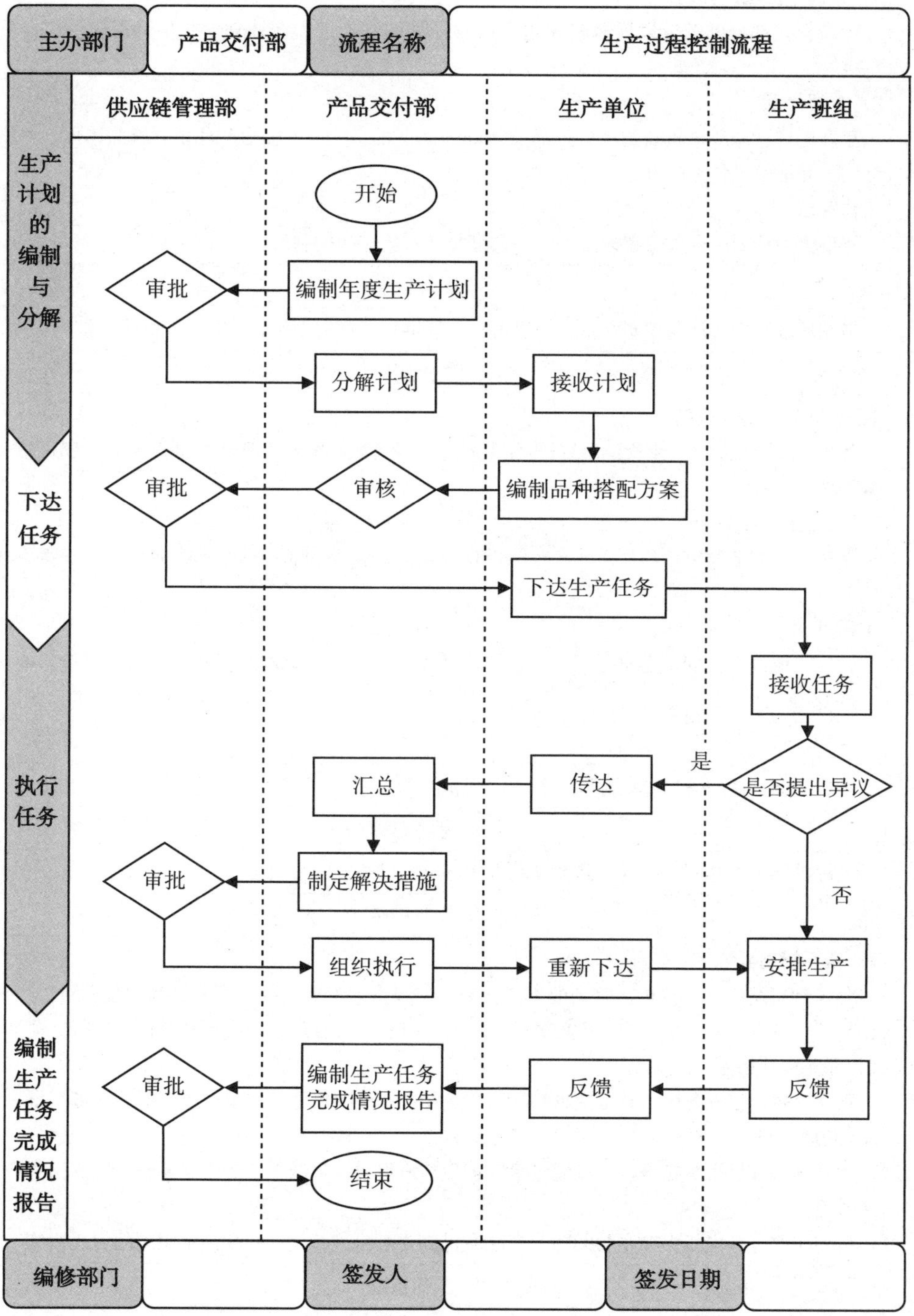

5.7.2 生产过程控制执行程序、工作标准、考核指标、执行规范

任务名称	执行程序、工作标准与考核指标
生产计划的编制与分解	**执行程序**
	1. **编制年度生产计划** 产品交付部根据企业发展战略和生产经营计划编制年度生产计划，并将其提交供应链管理部审批 2. **分解计划** 年度生产计划经审批通过后，产品交付部根据审批意见将年度生产计划分解为季度、月度生产计划，并下发至各生产单位 **工作重点** 年度生产计划应合理分解，按季度、月度实现对生产的控制
	工作标准
	考核标准：生产计划编制规范、内容可行，能够达到产销平衡，符合企业的生产能力
下达任务	**执行程序**
	1. **编制品种搭配方案** 各生产单位根据生产计划和不同的分工编制品种搭配方案，并将其提交产品交付部审核、供应链管理部审批 2. **下达生产任务** 品种搭配方案经审批通过后，各生产单位根据生产计划和品种搭配方案向各生产班组下达生产任务 **工作重点** 各生产单位在接到产品交付部下发的生产计划后，要及时编制品种搭配方案，以免影响整体生产进度
	工作标准
	考核标准：品种搭配方案合理，利于生产和销售
	考核指标
	品种搭配方案修改的次数：品种搭配方案不可频繁修改，要求控制在____次以内
执行任务	**执行程序**
	1. **是否提出异议** 各生产班组研究、分析接收到的生产任务，并根据自身的实际生产能力判断是否对生产任务提出异议。若无异议，则按照生产任务组织安排生产；若有异议，则向产品交付部进行反馈 2. **制定解决措施** 产品交付部根据各生产单位提出的异议制定相应的解决措施，并提交供应链管理部审批 3. **安排生产** 生产任务异议解决措施经审批通过后，各生产班组根据重新下达的生产任务组织安排生产 **工作重点** 针对生产任务安排中存在的问题，产品交付部要及时进行处理，并制定相应的解决措施
	工作标准
	考核标准：各生产班组在接到生产任务后，要根据自身的生产能力认真研究并安排生产工作

（续）

<table>
<tr><th>任务名称</th><th>执行程序、工作标准与考核指标</th></tr>
<tr><td rowspan="4">编制生产任务完成情况报告</td><td>执行程序</td></tr>
<tr><td>产品交付部根据各生产单位收集、整理的生产班组的工作记录，编制生产任务完成情况报告，提交供应链管理部审批
工作重点
生产任务完成情况报告的内容要全面、真实</td></tr>
<tr><td>工作标准</td></tr>
<tr><td>考核标准：生产任务完成情况报告编制规范，提交及时</td></tr>
<tr><td colspan="2">执行规范</td></tr>
<tr><td colspan="2">“企业年度生产经营目标”“产品技术工艺方案指导”“产品品种搭配方案说明”</td></tr>
</table>

5.8 生产变更管理流程设计与工作执行

5.8.1 生产变更管理流程设计

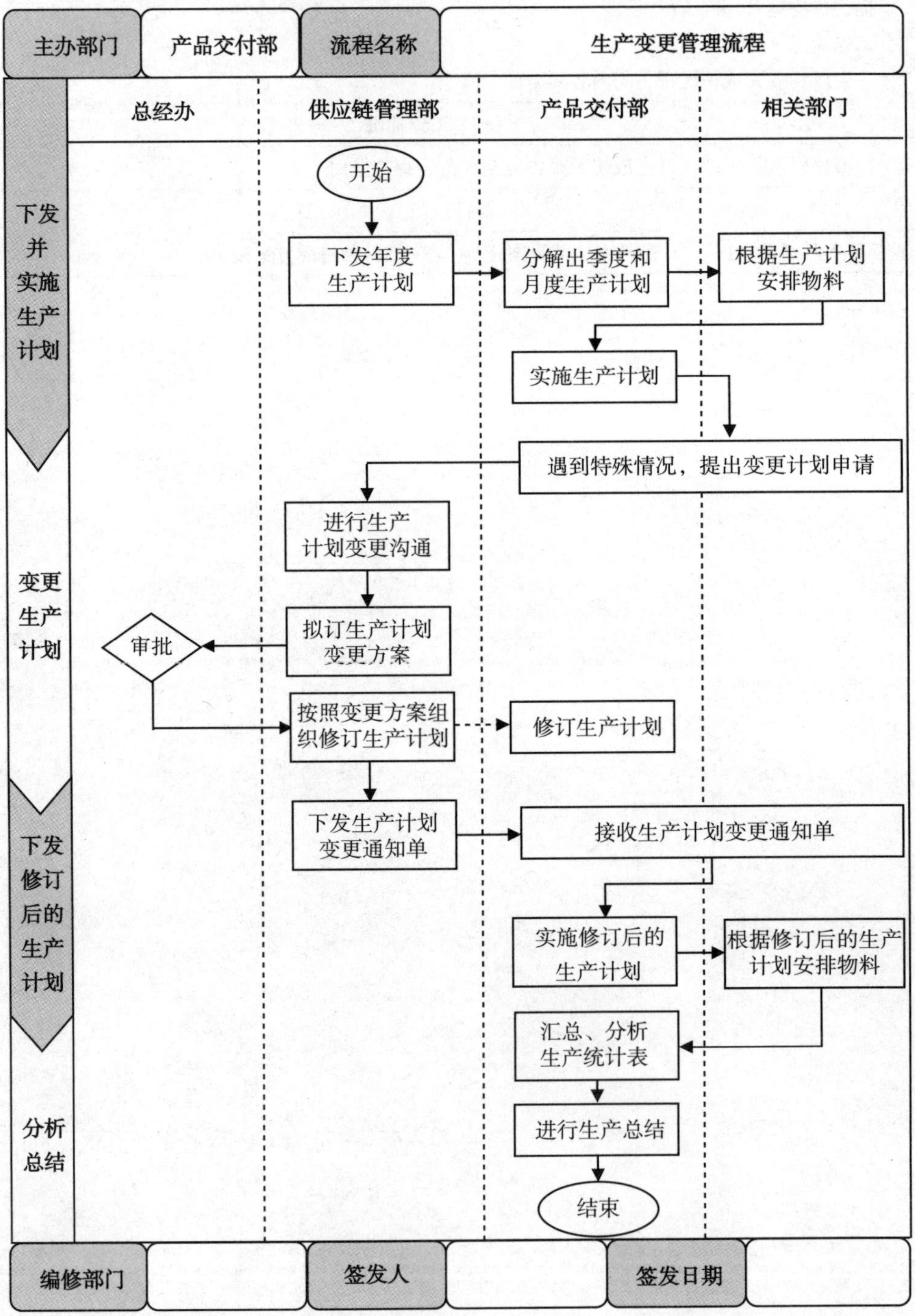

5.8.2 生产变更管理执行程序、工作标准、考核指标、执行规范

任务名称	执行程序、工作标准与考核指标
下发并实施生产计划	**执行程序** **1. 下发年度生产计划** 供应链管理部整理设计年度生产计划，并下发至产品交付部 **2. 分解出季度和月度生产计划** 产品交付部根据接收的年度生产计划，为各生产单位分解季度、月度生产计划 **3. 根据生产计划安排物料** 生产相关部门根据生产计划制订物料供应计划，并组织安排生产物料的供应 **工作重点** 各生产单位要按照季度、月度生产计划组织生产 **工作标准** 质量标准：产品交付部在分解生产计划时，要按照品种、规格、数量分解生产任务
变更生产计划	**执行程序** **1. 进行生产计划变更沟通** 供应链管理部就生产计划变更申请与产品交付部、各生产单位进行沟通，并根据实际情况确定变更生产计划的必要性和变更要求 **2. 拟订生产计划变更方案** 供应链管理部根据生产计划变更沟通的结果拟订生产计划变更方案，并将其提交总经办审批 **3. 按照变更方案组织修订生产计划** ☆生产计划变更方案经审批通过后，供应链管理部按照变更方案组织修订生产计划 ☆产品交付部根据修订后的总体生产计划修订各生产单位和部门的生产计划 **工作重点** 生产计划变更范围较大的，产品交付部应召集市场销售部、质量管理部、仓储部等部门进行协商 **工作标准** 内容标准：生产计划变更原因包括客户追加或减少订单、客户要求取消订单、客户订单交期变更、物料短缺导致的变更、技术问题导致的变更、品质问题导致的变更、客户提出其他要求导致的变更、其他问题导致的变更等
下发修订后的生产计划	**执行程序** **1. 下发生产计划变更通知单** 生产计划修订完成后，供应链管理部向产品交付部和各生产单位下发生产计划变更通知单 **2. 实施修订后的生产计划** 产品交付部根据生产计划变更通知单实施修订后的生产计划 **3. 根据修订后的生产计划安排物料** 生产相关部门根据修订后的生产计划重新制订物料需求和供应计划，安排物料供应工作 **工作重点** 产品交付部接到生产计划变更通知单后，须立即对各生产单位的工作做出调整 **工作标准** 内容标准：生产计划变更通知单的内容包括生产计划变更的原因、相关部门受影响的生产任务、原生产计划的生产日程安排状况、变更后的生产计划排程状况、需要相关部门注意配合的事项等

（续）

<table>
<tr><th>任务名称</th><th>执行程序、工作标准与考核指标</th></tr>
<tr><td rowspan="6">分析总结</td><td>执行程序</td></tr>
<tr><td>1. 汇总、分析生产统计报表
产品交付部汇总、分析各生产单位提交的生产统计报表，了解各生产单位的实际生产情况
2. 进行生产总结
产品交付部回顾计划变更的过程，总结生产工作情况，编制生产总结报告并归档
工作重点
产品交付部应全面汇总各生产单位提交的生产统计报表并加以分析</td></tr>
<tr><td>工作标准</td></tr>
<tr><td>质量标准：生产统计报表的内容完整，分析认真，见解精辟；生产总结报告的内容完整、清晰、深刻，对今后生产计划的制订与实施具有指导意义</td></tr>
<tr><td>考核指标</td></tr>
<tr><td>生产统计报表汇总出错的次数：目标值为0。生产统计报表须数值准确，结果客观，无差错</td></tr>
<tr><td colspan="2">执行规范</td></tr>
<tr><td colspan="2">“企业生产计划管理制度”“企业年度生产计划书”“生产计划变更方案”“生产总结报告”</td></tr>
</table>

5.9 工作场所设计流程与工作执行

5.9.1 工作场所设计流程

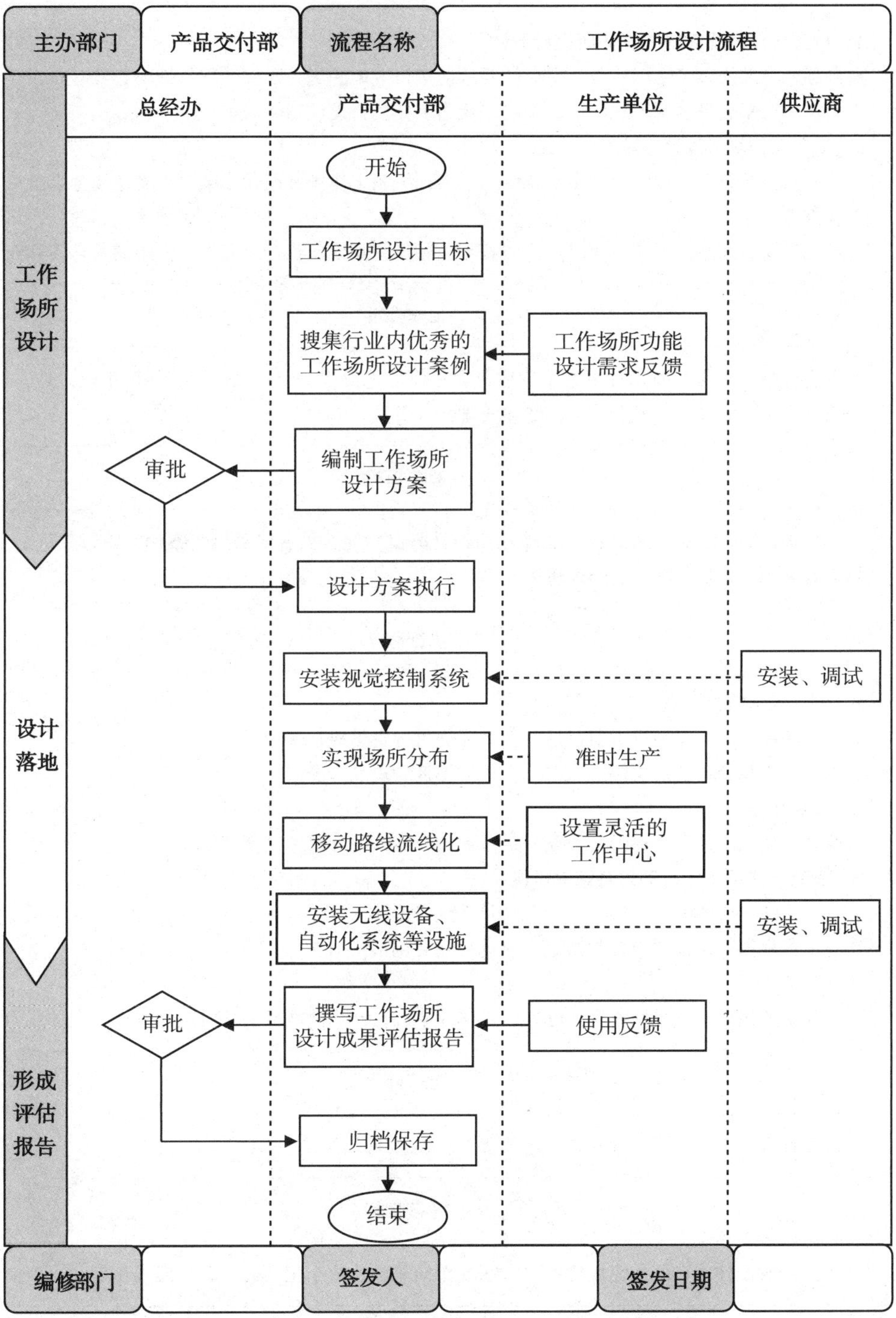

5.9.2 工作场所设计执行程序、工作标准、考核指标、执行规范

任务名称	执行程序、工作标准与考核指标
工作场所设计	**执行程序**
	1. 搜集行业内优秀的工作场所设计案例 ☆产品交付部按照工作场所设计目标的要求搜集行业内的优秀案例，积累资料和经验 ☆生产单位根据日常生产工作中的情况，反馈工作场所设计功能需求 **2. 编制工作场所设计方案** 产品交付部结合产品的实际生产特性和要求，编制工作场所设计方案，提交总经办审批 **工作重点** 产品交付部在设计工作场所时，应注意与国际最新理论接轨，提高设计方案的科学性和先进性
	工作标准
	内容标准：工作场所设计方案至少应包含工作场地设计、产品线设计、辅助手段设计、设备布局设计、工作站设计、职业安全与健康管理设计等
	考核指标
	工作场所设计方案的实用性：工作场所设计方案应充分借鉴优秀同行案例，吸收先进的生产现场设计理念，并且能够顺利通过审批
设计落地	**执行程序**
	1. 安装视觉控制系统 ☆工作场所设计方案经审批通过后，由产品交付部负责执行落地 ☆安装视觉控制系统，要能够反映工作中的不良表现和情况 **2. 实现场所分布** 生产工作场所的工位、设备、原料等单元的分布式设计落地实现 **3. 安装无线设备、自动化系统等设施** ☆安装工作场所的配套无线设备、自动化系统等设施 ☆供应商根据工作场所设计的落地需求进行安装调试 **工作重点** 工作场所设计方案应始终以实际生产工作为中心，在提高产量的同时能够减少工人的压力
	工作标准
	质量标准：工作场所设计和布局落地要符合准时生产原则
	考核指标
	工作场所设计方案落地完成度：要求实现布局灵活、最小化动线、生产流线化等

（续）

<table>
<tr><th>任务名称</th><th>执行程序、工作标准与考核指标</th></tr>
<tr><td rowspan="4">形成评估报告</td><td>执行程序</td></tr>
<tr><td>1. 撰写工作场所设计成果评估报告
☆生产单位向产品交付部反馈工作场所的使用信息
☆产品交付部撰写工作场所设计成果评估报告，提交总经办审批
2. 归档保存
工作场所设计成果评估报告经审批通过后，由产品交付部负责归档保存，以备查考
工作重点
产品交付部应全面获得生产单位及工作场所使用相关部门的意见</td></tr>
<tr><td>工作标准</td></tr>
<tr><td>质量标准：工作场所设计成果评估报告的内容细致，数据真实，结论客观</td></tr>
<tr><td colspan="2">执行规范</td></tr>
<tr><td colspan="2">“工作场所设计方案”“工作场所设计成果评估报告”</td></tr>
</table>

5.10 生产能力管理流程设计与工作执行

5.10.1 生产能力管理流程设计

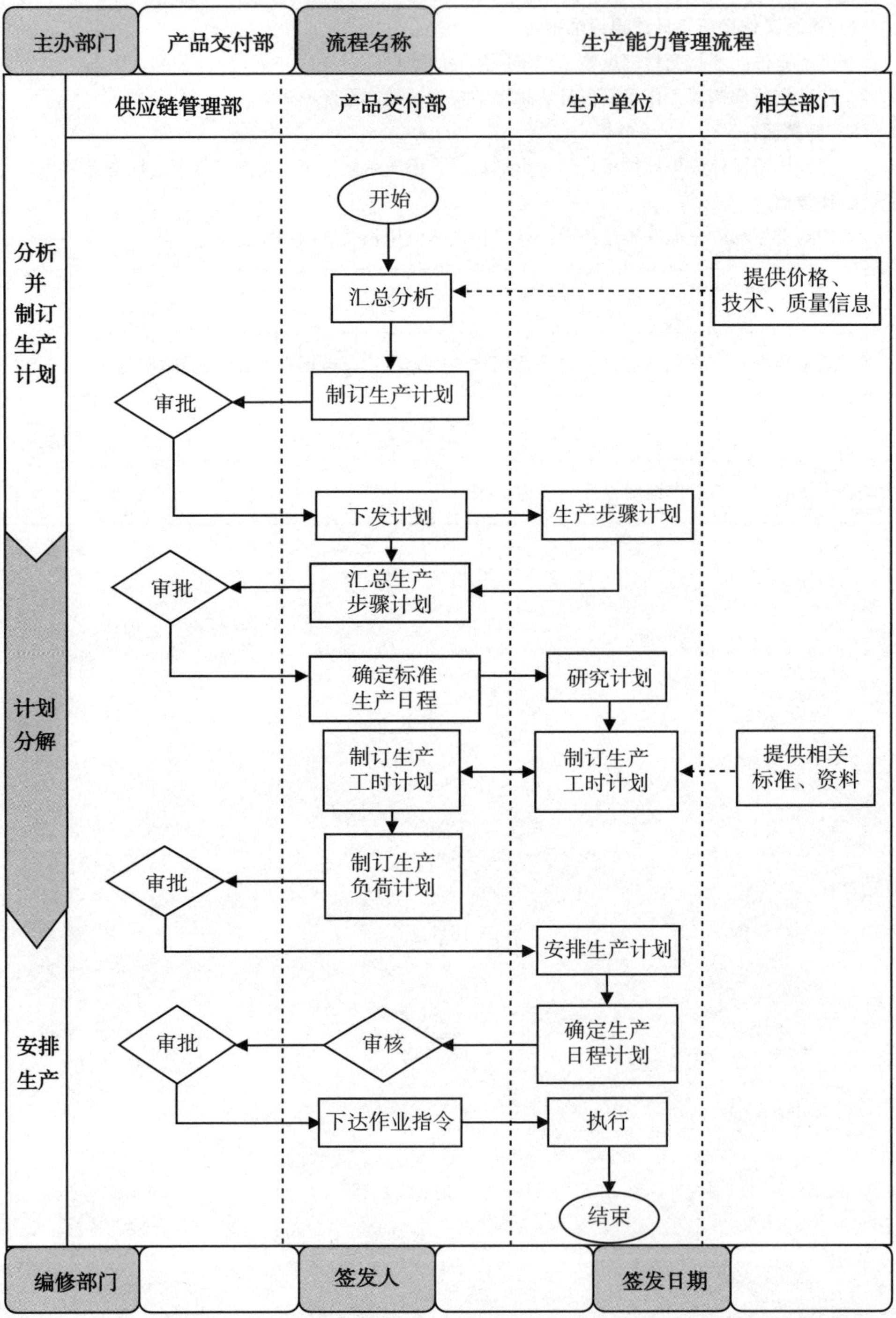

5.10.2 生产能力管理执行程序、工作标准、考核指标、执行规范

任务名称	执行程序、工作标准与考核指标
分析并制订生产计划	**执行程序**
	1. 汇总分析 ☆相关部门收集市场和行业中的价格、产品质量、技术等方面的信息，将其提供给产品交付部 ☆产品交付部汇总、分析和研究相关部门提供的信息 **2. 制订生产计划** 产品交付部依据对市场和行业相关信息的分析与研究制订企业生产计划，并提交供应链管理部审批 **工作重点** 技术部门要随时关注行业最新技术信息，将其反馈至产品交付部；质量管理部要关注行业产品质量标准，将改变的质量标准反馈至产品交付部；产品交付部要及时汇总各种信息
	工作标准
	质量标准：企业生产计划的编写规范、合理，符合计划管理制度的要求，内容准确、完整、清晰，没有重大遗漏
	考核指标
	汇总分析的规范化：分析结论准确、有价值
计划分解	**执行程序**
	1. 汇总生产步骤计划 ☆各生产单位制订本单位的生产步骤计划，并提交产品交付部 ☆产品交付部汇总各生产单位提交的生产步骤计划，并报供应链管理部审批 **2. 确定标准生产日程** 产品交付部根据各生产单位的生产步骤计划确定标准生产日程 **3. 制订生产工时计划** ☆产品交付部和各生产单位根据企业生产计划共同制订生产工时计划 ☆相关部门配合制订生产工时计划，提供相关标准、资料 **4. 制订生产负荷计划** 产品交付部根据确认的生产日程、工时计划和生产计划制订生产负荷计划，并提交供应链管理部审批 **工作重点** 产品交付部与各生产单位应在对一系列计划进行详细研究的基础上，共同制订生产工时计划
	工作标准
	质量标准：生产工时计划、生产负荷计划应与企业额定工时、额定产能相吻合，不影响企业的生产进度

（续）

<table>
<tr><th>任务名称</th><th>执行程序、工作标准与考核指标</th></tr>
<tr><td rowspan="4">安排生产</td><td>执行程序</td></tr>
<tr><td>1. 安排生产计划
各生产单位根据实际生产能力安排生产计划
2. 确定生产日程计划
各生产单位根据生产计划的安排情况确定生产日程计划，并提交产品交付部审核，供应链管理部审批
3. 下达作业指令
生产日程计划经审批通过后，产品交付部下达作业指令
工作重点
各生产单位在安排生产计划时应考虑全面，注意把控细节</td></tr>
<tr><td>工作标准</td></tr>
<tr><td>质量标准：生产日程计划的编制规范、合理，计划安排周密、妥当，具有较强的可操作性</td></tr>
<tr><td colspan="2">执行规范</td></tr>
<tr><td colspan="2">“企业年度生产目标管理责任书”“企业年度生产计划”</td></tr>
</table>

5.11 基线预测流程设计与工作执行

5.11.1 基线预测流程设计

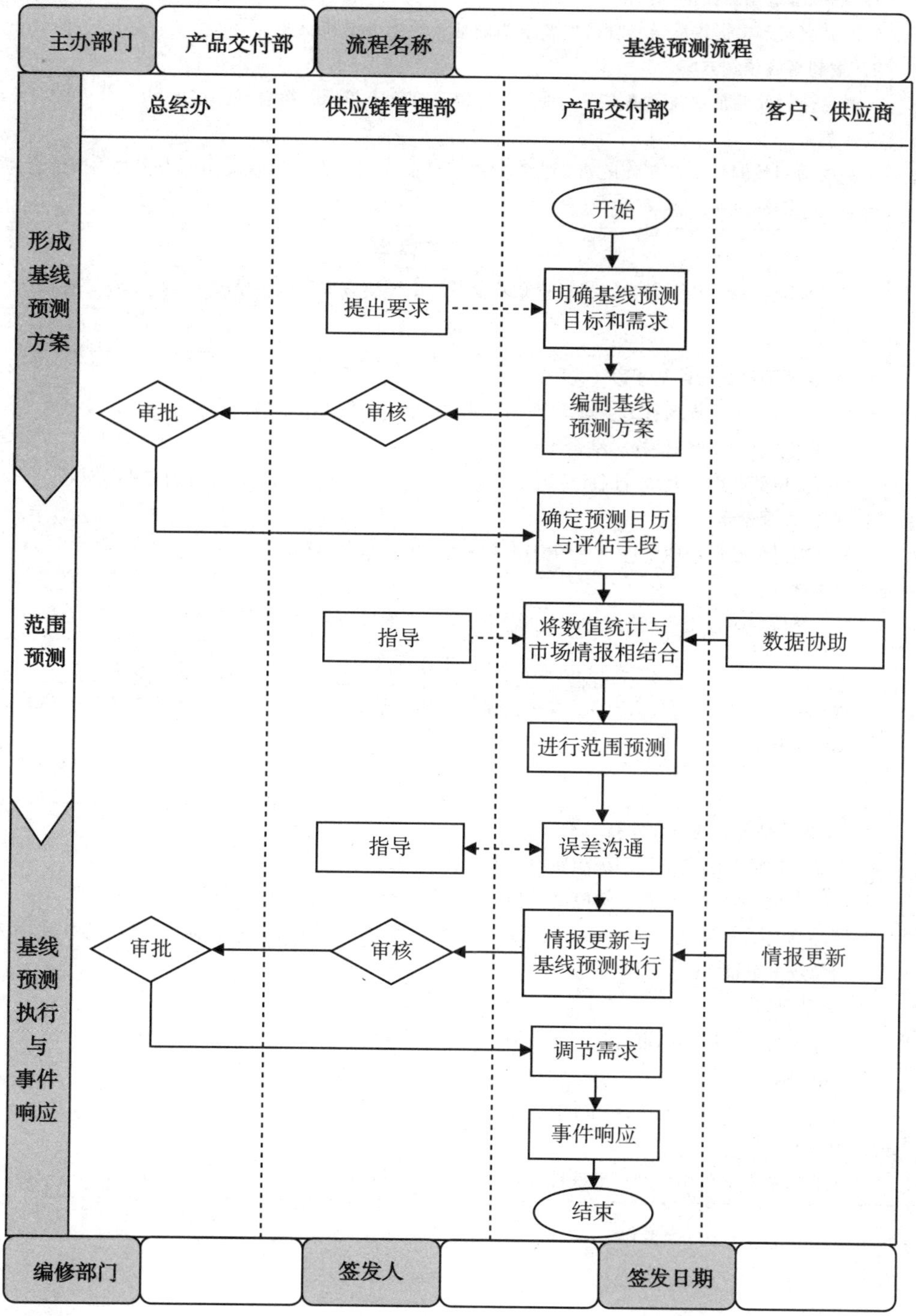

5.11.2 基线预测执行程序、工作标准、考核指标、执行规范

<table>
<tr><th>任务名称</th><th>执行程序、工作标准与考核指标</th></tr>
<tr><td rowspan="4">形成基线预测方案</td><td>执行程序</td></tr>
<tr><td>1. 明确基线预测目标和需求
产品交付部根据供应链管理部的要求明确基线预测目标和需求
2. 编制基线预测方案
产品交付部编制基线预测方案，提交供应链管理部审核后，报总经办审批
工作重点
基线预测数据是生产工作的重要参考数据，产品交付部在编制基线预测方案时，应综合考虑市场与供应链等内外部要素</td></tr>
<tr><td>工作标准</td></tr>
<tr><td>考核标准：基线预测方案的编制应充分参考历史预测方案的误差情况，并将其计算在内</td></tr>
<tr><td rowspan="4">范围预测</td><td>执行程序</td></tr>
<tr><td>1. 确定预测日历与评估手段
产品交付部确定预测日历，对特定的市场、客户、产品等有对应的评估手段
2. 将数值统计与市场情报相结合
产品交付部利用多元统计时间序列工具箱，将数值统计与市场情报结合起来进行分析
3. 进行范围预测
产品交付部根据数值统计与市场情报分析结果进行范围预测
工作重点
产品交付部应使用适当的方法，对底层产品、零部件或原材料进行预测</td></tr>
<tr><td>工作标准</td></tr>
<tr><td>质量标准：产品交付部能够根据相关属性做出预测，如体积、数量、频率、期限、SKU（库存量单位）和地理位置等</td></tr>
<tr><td rowspan="2">基线预测执行与事件响应</td><td>执行程序</td></tr>
<tr><td>1. 情报更新与基线预测执行
☆产品交付部与供应链管理部沟通预测范围和误差
☆产品交付部通过与客户、供应商及相关人员的合作，持续获取并更新市场情报
☆产品交付部根据实际市场变化编制情报更新与基线预测执行报告，提交供应链管理部审核后，报总经办审批
2. 调节需求
产品交付部可以利用定价和其他促销活动调节需求
3. 事件响应
产品交付部要及时响应计划外的事件
工作重点
所有的数据来源均需经过准确性评估</td></tr>
</table>

（续）

<table>
<tr><th>任务名称</th><th>执行程序、工作标准与考核指标</th></tr>
<tr><td rowspan="4">基线预测执行与事件响应</td><td>工作标准</td></tr>
<tr><td>质量标准：采用历史法和其他方法评估预测方式与算法的合理性及准确性</td></tr>
<tr><td>考核指标</td></tr>
<tr><td>预测工具使用熟练度：该指标用于考核产品交付部工作人员对基线预测工具和各类指数的计算统计能力</td></tr>
<tr><td colspan="2">执行规范</td></tr>
<tr><td colspan="2">“基线预测方案”“情报更新与基线预测执行报告”</td></tr>
</table>

5.12　市场预测流程设计与工作执行

5.12.1　市场预测流程设计

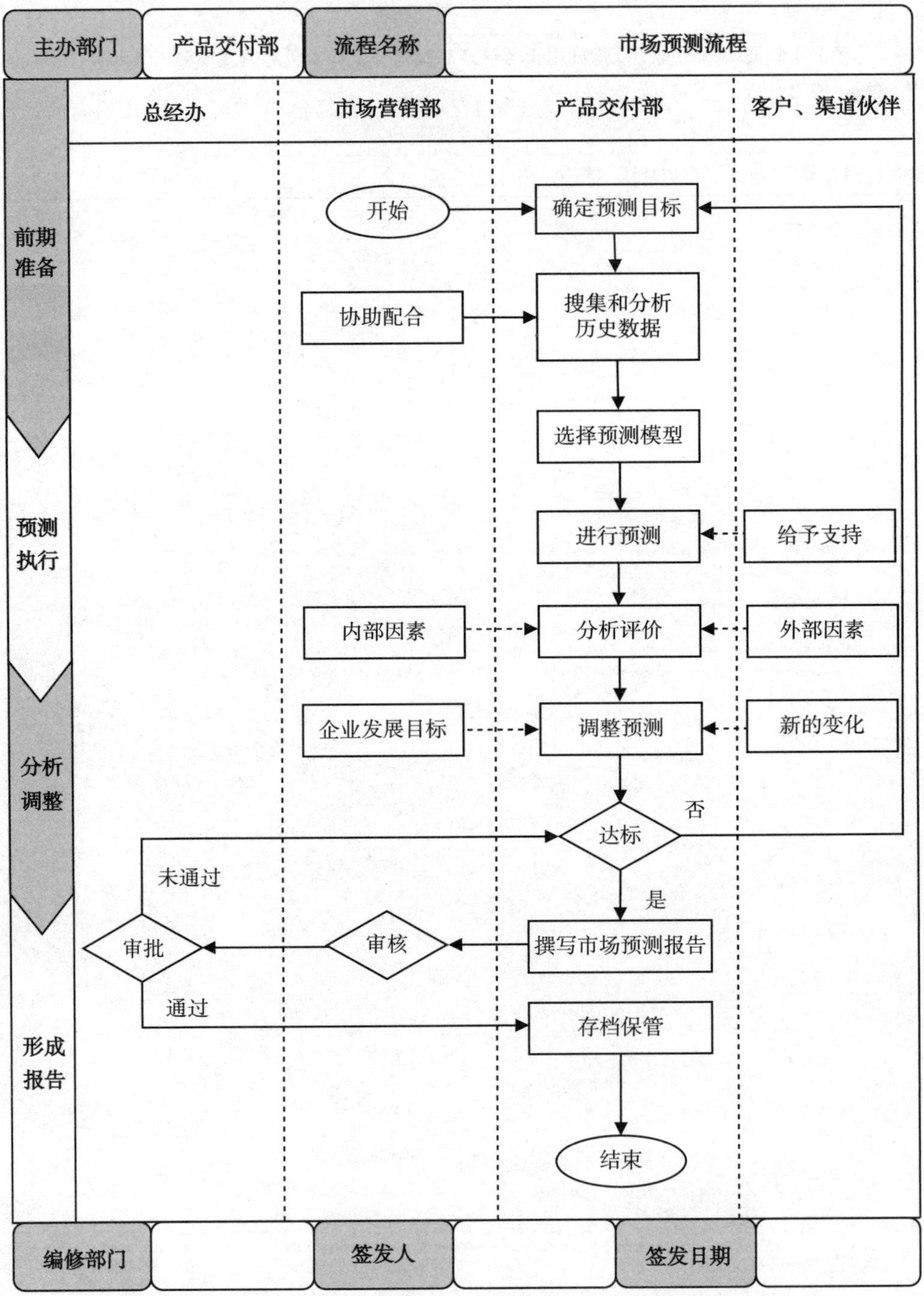

5.12.2 市场预测执行程序、工作标准、考核指标、执行规范

任务名称	执行程序、工作标准与考核指标
前期准备	**执行程序** **1. 确定预测目标** ☆产品交付部负责确定预测工作所要达到的目标，预测目标应切实可行，与企业生产经营或发展相关，能够为企业管理者提供决策参考 ☆产品交付部在确定预测目标时，还应考虑预测工作的时间期限及数量单位 **2. 搜集和分析历史数据** 产品交付部搜集与预测对象直接及间接相关的各种资料，资料内容包括资源、政策、市场、竞争对手等各方面有用的信息 **工作重点** 产品交付部获得资料后，需要判断这些资料是否符合预测所需 **工作标准** 目标标准：产品交付部搜集的资料信息与预测目标的相关性较强
预测执行	**执行程序** **1. 选择预测模型** 产品交付部根据已有资料和目标，选择合适的预测模型进行分析，如定量分析模型。常用的定量分析模型有时间序列法、回归分析法等 **2. 进行预测** ☆当证实了所选择的预测模型有效时，产品交付部着手组织相关人员进行预测 ☆参加预测的人员必须经事先选定，应当是对预测内容比较熟悉和擅长的人员，并且与预测事项无利益关系 ☆预测实施过程应结合企业实际，遵循相应的规律和原则 **工作重点** 产品交付部选择的预测模型和方法应当切实可行，具有可操作性，并且充分考虑到操作成本 **工作标准** 参照标准：企业之前年份进行的类似市场预测的各种资料信息
分析调整	**执行程序** **1. 分析评价** ☆预测过程完成后，产品交付部着手组织相关人员对预测结果进行分析、论证 ☆在分析、论证时，相关人员应充分考虑企业内外部因素，全面掌握各种信息 **2. 调整预测** ☆对预测中不符合企业发展目标的部分，产品交付部应结合实际进行调整 ☆若预测后产生了新的情况，产品交付部应对预测所采用的资料进行更新，并对原预测结果进行调整 **工作重点** 产品交付部对原预测结果进行调整时，必须实事求是，并且要做好记录以备查

（续）

任务名称	执行程序、工作标准与考核指标
分析调整	**工作标准**
	目标标准：预测经过调整后，更加符合企业发展目标，并且更适合市场环境
	考核指标
	☆调整的及时性：一旦发现预测与实际情况不符，须在规定的最短时间内完成纠正与调整工作 ☆调整的科学性：预测调整的内容应当以事实为依据，调整方案科学可行
形成报告	**执行程序**
	1. 撰写市场预测报告 ☆产品交付部根据市场预测执行情况撰写内容完整、符合规范、指导性强的市场预测报告 ☆产品交付部将市场预测报告提交市场营销部审核后，报总经办审批。审批不通过的，须重新调整预测并修改市场预测报告 **2. 存档保管** 产品交付部将审批通过的市场预测报告存档保管，为以后的市场预测活动提供依据 **工作重点** 市场预测报告是企业各项营销决策的重要参考依据，必须按照规范撰写
	工作标准
	参照标准：企业过去年度的各种市场预测报告
执行规范	
“市场预测报告”“市场预测方案”	

5.13　一致性预测流程设计与工作执行

5.13.1　一致性预测流程设计

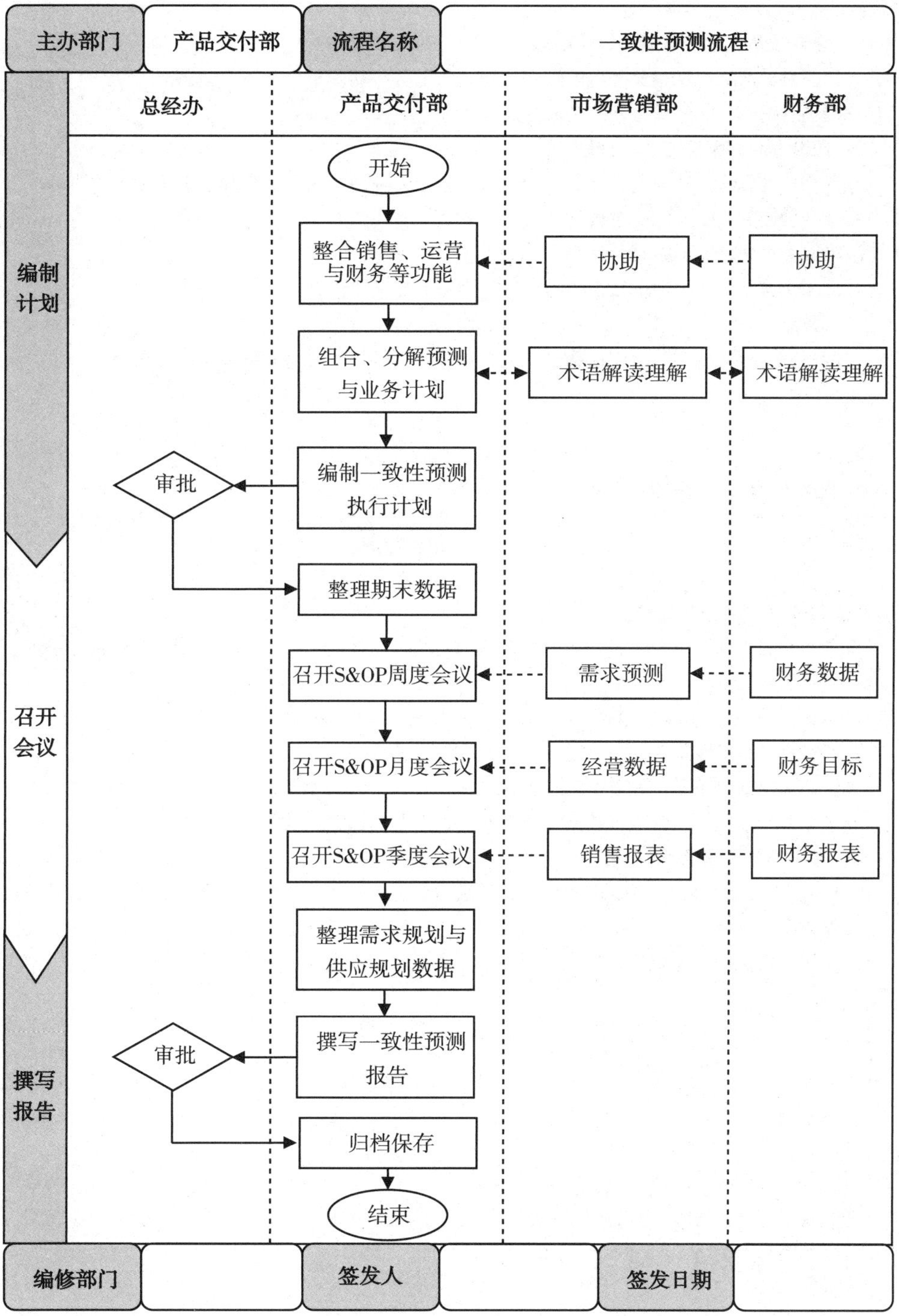

5.13.2 一致性预测执行程序、工作标准、考核指标、执行规范

任务名称	执行程序、工作标准与考核指标
编制计划	**执行程序**
	1. 整合销售、运营与财务等功能 ☆产品交付部将产品相关分离的销售、运营与财务等功能整合成一个整体 ☆市场营销部、财务部协助配合完成此项工作 **2. 组合、分解预测与业务计划** ☆产品交付部将预测与业务计划进行组合、分解，并向销售、运营和财务等相关方讲解 ☆市场营销部、财务部应解读并理解对应术语 **3. 编制一致性预测执行计划** 产品交付部负责编制一致性预测执行计划，并提交总经办审批 **工作重点** 产品交付部应科学、合理地编制一致性预测执行计划，对供应链资源进行调整
	工作标准
	考核标准：财务预算、预测与运营计划保持一致
召开会议	**执行程序**
	1. 召开 S&OP 周度会议 ☆产品交付部组织召开 S&OP（销售与运营计划）周度会议，衔接销售策略与运营规划，关注销售预测变动情况 ☆市场营销部提交需求预测数据，财务部提供相关财务数据 **2. 召开 S&OP 月度会议** ☆产品交付部组织召开 S&OP 月度会议，衔接销售计划、运营能力、经营成果和财务目标 ☆市场营销部提供经营成果数据，财务部提供财务目标相关数据 **3. 召开 S&OP 季度会议** 产品交付部组织召开 S&OP 季度会议，会议讨论的重点在于长期基础设施规划和企业战略 **工作重点** 通过一致性预测规划流程，调节预测数据来源与建模之间的差距
	工作标准
	考核标准：S&OP 预测与财务预算、运营计划保持一致
	考核指标
	会议召开的及时性：产品交付部应按期组织召开 S&OP 周度、月度与季度会议，无拖延

（续）

<table>
<tr><th>任务名称</th><th>执行程序、工作标准与考核指标</th></tr>
<tr><td rowspan="6">撰写报告</td><td>执行程序</td></tr>
<tr><td>产品交付部整理相关需求规划和供应规划数据，撰写一致性预测报告，提交总经办审批
工作重点
产品交付部应认真撰写一致性预测报告，其涉及中长期计划的制订与执行，需求与供应的平衡，订单履行策略，库存与服务水平的调整等</td></tr>
<tr><td>工作标准</td></tr>
<tr><td>内容标准：一致性预测报告的内容至少应包含实施 S&OP 的效益，S&OP 与供应链管理，S&OP 与订单履行等</td></tr>
<tr><td>考核指标</td></tr>
<tr><td>☆一致性预测报告审批通过率：该指标用于考核产品交付部的工作质量，目标值为 100%
☆一致性预测报告审批通过率 = $\frac{\text{审批通过的预测报告数}}{\text{提交的预测报告数}} \times 100\%$</td></tr>
<tr><td colspan="2">执行规范</td></tr>
<tr><td colspan="2">“一致性预测执行计划”“一致性预测报告”</td></tr>
</table>

5.14 预测纠正及改善流程设计与工作执行

5.14.1 预测纠正及改善流程设计

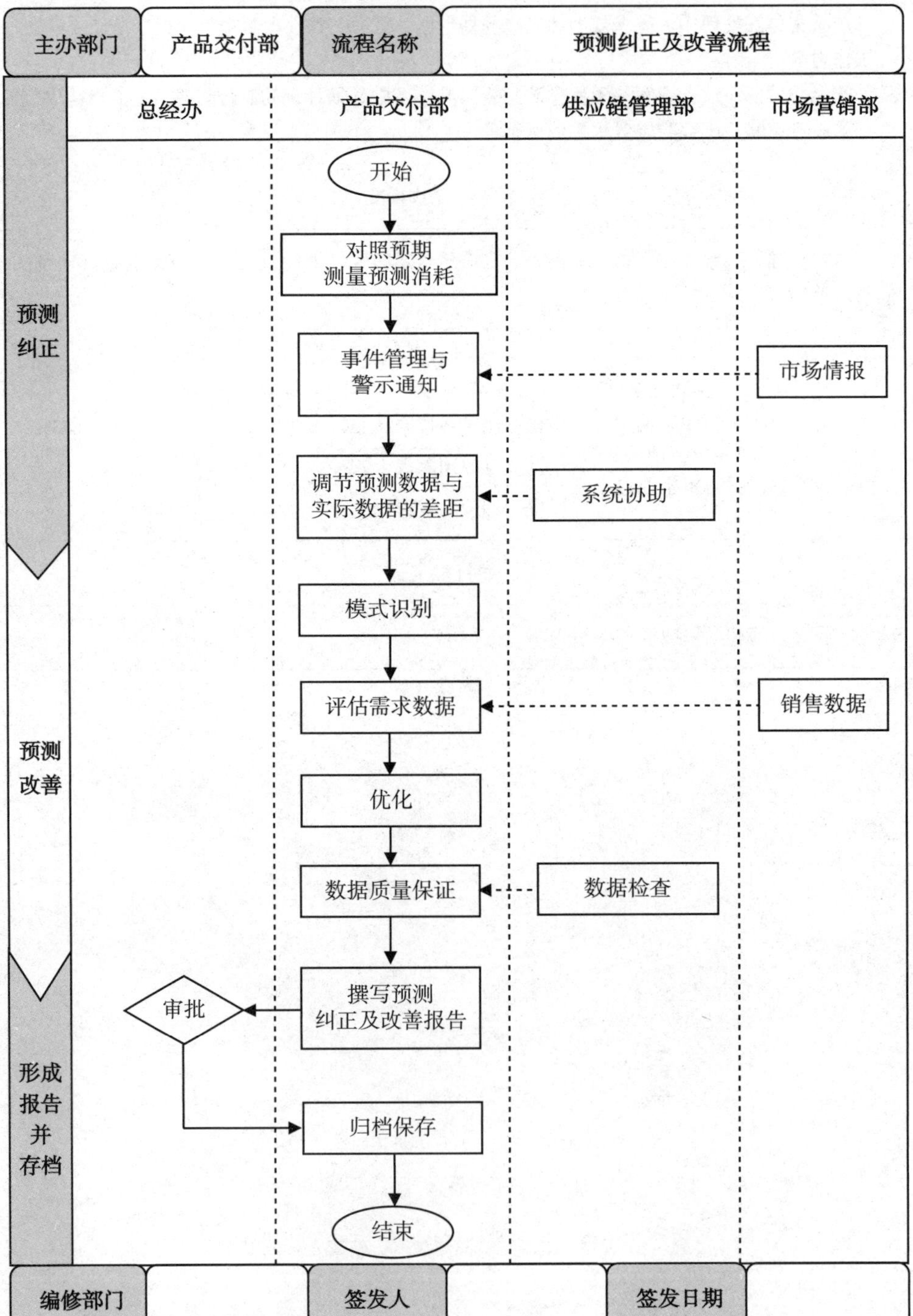

5.14.2 预测纠正及改善执行程序、工作标准、考核指标、执行规范

任务名称	执行程序、工作标准与考核指标
预测纠正	**执行程序**
	1. 对照预期测量预测消耗 产品交付部每天对照预期测量预测消耗，确定在需求模式下对变化的最大反应能力 **2. 事件管理与警示通知** ☆产品交付部发出供应或需求不平衡信号，进行事件管理，发出警示通知 ☆市场营销部实时传递相关市场情报 **3. 调节预测数据与实际数据的差距** ☆产品交付部以预测变化、订单变化、市场情报变化等为基础，调节预测数据与实际数据的差距 ☆供应链管理部提供系统性的信息协助 **工作重点** 产品交付部就促销和价格调整所影响的需求变化与制造部门进行沟通，留出充分的生产周期
	工作标准
	考核标准：产品交付部应利用内外部合作流程细化库存单位和零部件层面的预测方案
预测改善	**执行程序**
	1. 模式识别 产品交付部采用模式识别技术来判断应用的预测模型和方法是否正确 **2. 优化** 产品交付部使用网络规划和优化工具、高级计划排程软件及 ABC 分类法，完成绩效优化并管理运营成本 **3. 数据质量保证** 产品交付部通过预测改善得出高质量的通用数据 **工作重点** 产品交付部要保证数据在供应链中的通用性，确保数据采用同样的数据结构和方法，以推动企业发展
	工作标准
	依据标准：数据质量的标准符合企业供应链数据系统的统一要求
形成报告并存档	**执行程序**
	1. 撰写预测纠正及改善报告 产品交付部撰写预测纠正及改善报告，提交总经办审批 **2. 归档保存** 预测纠正及改善报告审批通过后，产品交付部要及时归档，以备日后工作使用 **工作重点** 预测纠正及改善力求通过科学的需求规划，用最小的库存要求，来实现最大化订单完成率和及时率

（续）

<table>
<tr><th>任务名称</th><th>执行程序、工作标准与考核指标</th></tr>
<tr><td rowspan="5">形成报告并存档</td><td>工作标准</td></tr>
<tr><td>内容标准：预测纠正及改善报告的内容至少应涉及对预测的消费率、组合、再订购和安全库存水平的评估</td></tr>
<tr><td>考核指标</td></tr>
<tr><td>☆预测纠正及改善报告审批通过率：目标值为100%
☆预测纠正及改善报告审批通过率 = $\frac{\text{审批通过的报告数}}{\text{提交审批的报告数}} \times 100\%$</td></tr>
</table>

执行规范
“事件管理和警示通知规范”“企业供应链数据系统使用规范”“预测纠正及改善报告”

5.15 物料计划制订流程设计与工作执行

5.15.1 物料计划制订流程

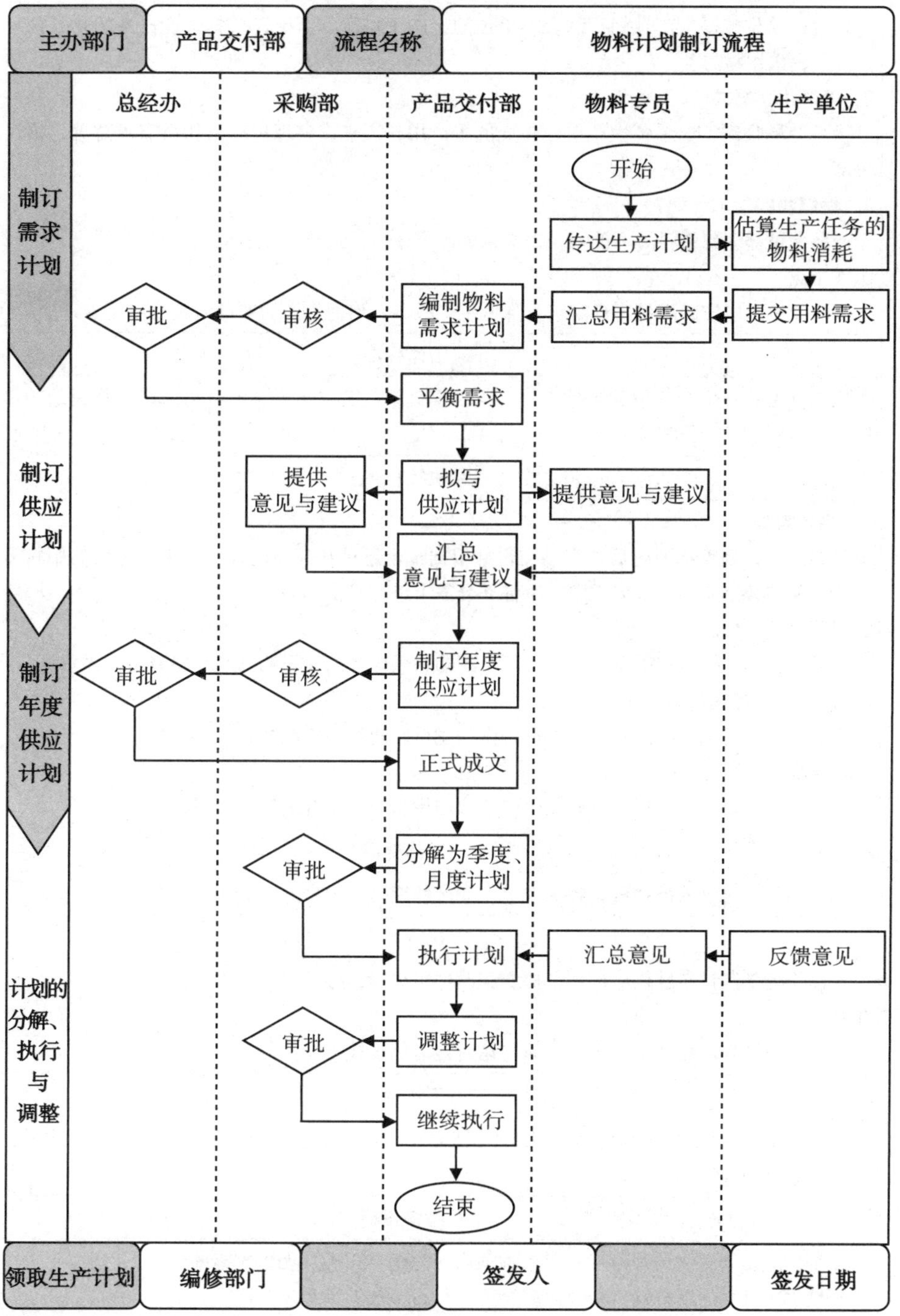

5.15.2 物料计划制订执行程序、工作标准、考核指标、执行规范

<table>
<tr><th>任务名称</th><th>执行程序、工作标准与考核指标</th></tr>
<tr><td rowspan="4">制订需求计划</td><td>执行程序</td></tr>
<tr><td>1. 提交用料需求
各生产单位根据生产计划，结合本单位的生产工作实际情况，估算生产任务的物料消耗，向物料专员提出用料需求
2. 汇总用料需求
物料专员收集、汇总各生产单位提交的生产用料需求，整理后提出物料需求意见，报送产品交付部
3. 编制物料需求计划
产品交付部编制物料需求计划，提交采购部审核后，报总经办审批
工作重点
产品交付部应按照满足客户需求、降低生产成本、均衡生产的原则编制物料需求计划</td></tr>
<tr><td>工作标准</td></tr>
<tr><td>依据标准：各生产单位和产品交付部应根据订单、需求预测和库存情况确定物料的用量，并按照一定的标准进行分类</td></tr>
<tr><td rowspan="4">制订供应计划</td><td>执行程序</td></tr>
<tr><td>1. 平衡需求
物料需求计划审批通过后，产品交付部根据批示意见和计划内容对各生产单位的用料需求进行分析，并结合企业物料供应规定，对各部分需求进行平衡
2. 拟写供应计划
产品交付部根据需求平衡情况，拟写生产物料供应计划，采购部和物料专员提供意见与建议
3. 汇总意见与建议
产品交付部汇总采购部和物料专员提供的意见与建议，修改物料供应计划
工作重点
产品交付部要认真分析、研究各生产单位的用料需求，并进行综合平衡</td></tr>
<tr><td>工作标准</td></tr>
<tr><td>考核标准：对于关键物料，各生产单位和产品交付部要做好充分的应急准备</td></tr>
<tr><td rowspan="6">制订年度供应计划</td><td>执行程序</td></tr>
<tr><td>产品交付部制订年度供应计划，提交采购部审核后，报总经办审批
工作重点
年度供应计划应能够实现企业战略与运营能力的连接</td></tr>
<tr><td>工作标准</td></tr>
<tr><td>内容标准：年度供应计划应包含物料需求量、初期库存量和末期库存量、物料采购量、供应计划的实施等内容</td></tr>
<tr><td>考核指标</td></tr>
<tr><td>☆年度供应计划编制的规范性：要求各项内容完整、正确、无重大错漏
☆年度供应计划的可行性：物料供应合理、可行，能够满足生产需求</td></tr>
</table>

（续）

<table>
<tr><th>任务名称</th><th>执行程序、工作标准与考核指标</th></tr>
<tr><td rowspan="4">计划的分解、执行与调整</td><td>执行程序</td></tr>
<tr><td>1. 分解为季度、月度计划
产品交付部拆解年度供应计划，将年度供应计划分解为季度、月度供应计划，并提交采购部审批
2. 执行计划
☆季度、月度供应计划审批通过后，由产品交付部负责协调执行
☆各生产单位根据生产工作的实际情况，针对季度和月度供应计划提出反馈意见，物料专员将意见汇总后报送产品交付部
3. 调整计划
产品交付部对反馈意见进行分析研究，据此调整优化供应计划，并提交采购部审批
工作重点
产品交付部在分解年度供应计划时，应有方法、有依据</td></tr>
<tr><td>工作标准</td></tr>
<tr><td>质量标准：年度供应计划分解合理且可行，季度、月度供应计划能够满足实际生产需求</td></tr>
<tr><td colspan="2">执行规范</td></tr>
<tr><td colspan="2">“物料需求计划”“企业供应链管理制度”</td></tr>
</table>

5.16 生产排程管理流程设计与工作执行

5.16.1 生产排程管理流程设计

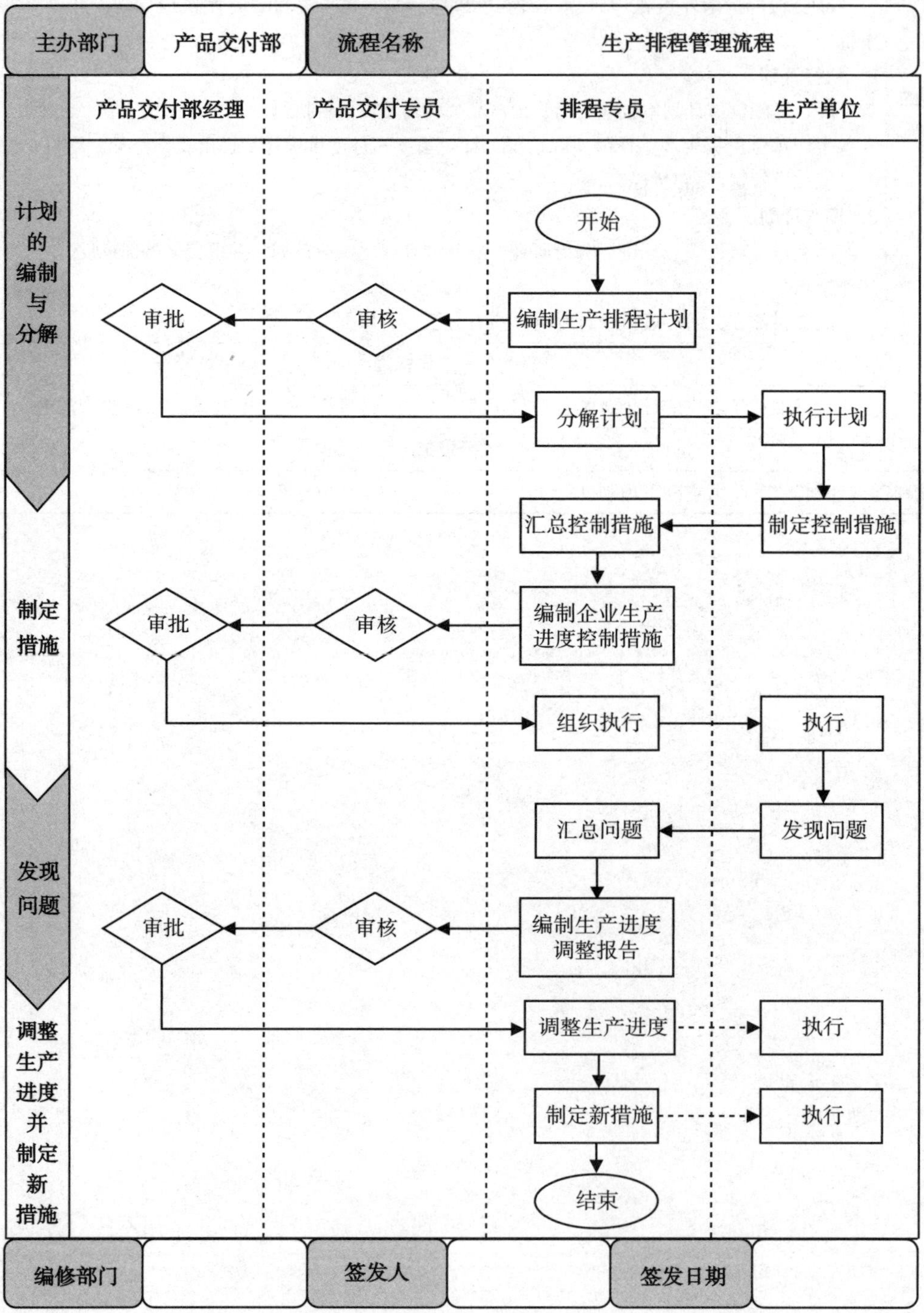

5.16.2 生产排程管理执行程序、工作标准、考核指标、执行规范

任务名称	执行程序、工作标准与考核指标
计划的编制与分解	**执行程序** **1. 编制生产排程计划** 排程专员以实际订单为主，辅之需求预测情况，编制生产排程计划，并将其提交产品交付专员审核、产品交付部经理审批 **2. 分解计划** 生产排程计划经审批通过后，排程专员根据审批意见将生产排程计划分解为各生产单位的季度、月度生产计划 **工作重点** 排程专员在分解生产排程计划时，需要考虑历年各部门的生产情况及生产能力等 **工作标准** 质量标准：生产排程计划规范、可行，能够确保产销平衡，符合企业的生产能力
制定措施	**执行程序** **1. 制定控制措施** 各生产单位根据分解的生产计划制定并提交生产进度控制措施 **2. 汇总控制措施** 排程专员收集、汇总各生产单位提交的生产进度控制措施，并对其进行整理分析 **3. 编制企业生产进度控制措施** 排程专员根据对各生产单位提交的生产进度控制措施的分析结果，编制企业生产进度控制措施，并将其提交产品交付专员审核、产品交付部经理审批 **4. 组织执行** 企业生产进度控制措施经审批通过后，由排程专员组织各生产单位执行 **工作重点** 排程专员在汇总与分析各生产单位提交的生产进度控制措施时，应注意措施的科学性与合理性 **工作标准** 考核标准：企业生产进度控制措施合理、可行
发现问题	**执行程序** **1. 汇总问题** 排程专员汇总各生产单位提交的影响生产进度的各类问题，并调查分析问题产生的原因 **2. 编制生产进度调整报告** 排程专员根据问题分析结果编制生产进度调整报告，并将其提交产品交付专员审核、产品交付部经理审批 **工作重点** 排程专员应在生产进度调整报告中提出是否应当调整生产进度

（续）

任务名称	执行程序、工作标准与考核指标
发现问题	**工作标准**
	考核标准：问题汇总全面，问题归类清晰，简洁易懂，无遗漏信息
	考核指标
	☆问题汇总准确率：该指标用于考核排程专员汇总与准确判断生产进度问题的能力 $问题汇总准确率=\frac{经查明确实存在问题的数量}{问题汇总数}\times 100\%$
调整生产进度并制定新措施	**执行程序**
	1. 调整生产进度 生产进度调整报告经审批通过后，排程专员根据实际情况调整生产计划，规划生产进度 **2. 制定新措施** 排程专员根据调整后的生产计划和生产进度规划情况，重新制定生产进度控制措施 **工作重点** ☆若需要调整生产进度，排程专员应及时调整相关生产计划，进一步合理规划生产进度 ☆若不需要调整生产进度，排程专员可根据需要修订原有的生产进度控制措施
	工作标准
	考核标准：生产计划调整后，排程专员应在____个工作日内重新制定生产进度控制措施
执行规范	
“企业生产进度控制措施”“企业供应链订单管理数据”“企业生产排程计划”	

5.17 库存管理流程设计与工作执行

5.17.1 库存管理流程设计

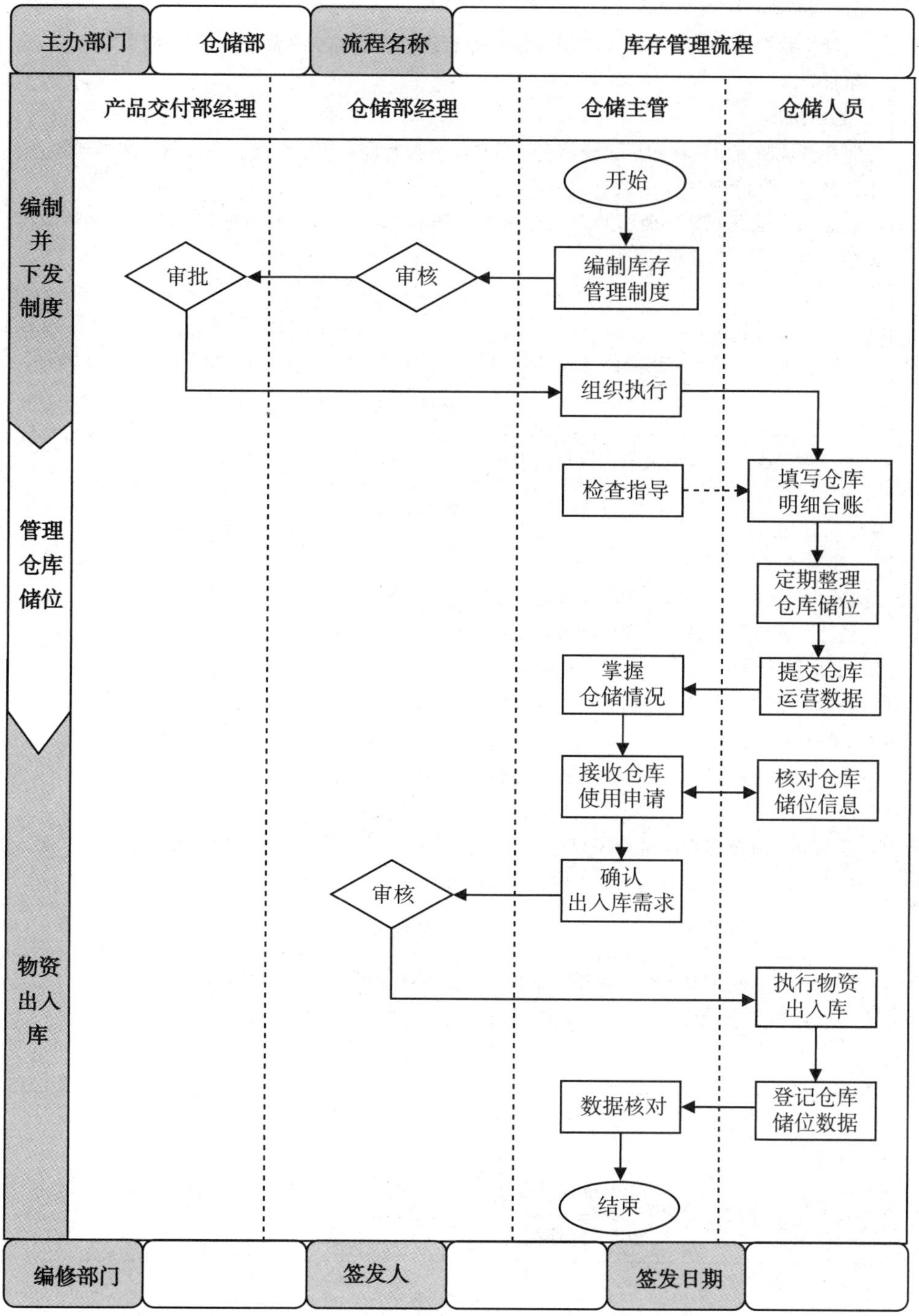

5.17.2 库存管理执行程序、工作标准、考核指标、执行规范

任务名称	执行程序、工作标准与考核指标
编制并下发制度	**执行程序**
	1. 编制库存管理制度 仓储主管根据物流业务经营要求编制库存管理制度，提交仓储部经理审核后，报产品交付部经理审批 **2. 组织执行** 库存管理制度审批通过后，仓储主管负责组织执行库存管理制度，下发制度文本到各仓库 **工作重点** 仓储部应根据产品生命周期、ABC 生产量和 SKU 可变性，每月或每周评估和调整库存目标及天数
	工作标准
	目的标准：仓储主管编制的库存管理制度应有利于提升储位利用效率及仓库运营效率
	考核指标
	库存管理制度下发覆盖率：目标值为 100%
管理仓库储位	**执行程序**
	1. 填写仓库明细台账 ☆仓储人员学习库存管理制度，按要求填写仓库明细台账 ☆仓储主管指导各仓库管理单位人员执行库存管理制度 **2. 定期整理仓库储位** 仓储人员按照物流业务运营规律和需求定期整理仓库储位 **3. 提交仓库运营数据** 仓储人员将记录的仓库运营情况和储位管理数据提交仓储主管 **工作重点** 仓储部应对全部库存进行库存分类，包括现有的、可用的、过量的、过期的库存产品，以便采取适当行动
	工作标准
	☆目的标准：仓储部应科学管理仓库储位，保障仓库运转效率，扩大仓库储能 ☆考核标准：仓库储位利用效率的提升不低于____%
	考核指标
	☆仓库储位管理失误率：该指标用于考核仓储人员对订单和库存周转工作的执行效力，目标值为 0 ☆$仓库储位管理失误率=\frac{储位错误数}{订单库存物流总数}\times 100\%$

（续）

<table>
<tr><th>任务名称</th><th>执行程序、工作标准与考核指标</th></tr>
<tr><td rowspan="6">物资出入库</td><td>执行程序</td></tr>
<tr><td>1. 接收仓库使用申请
☆仓储主管接收物流业务仓库使用申请，统一安排可用仓库
☆仓储人员根据仓库使用申请核对仓库储位情况
2. 确认出入库需求
仓库储位情况核对无误，仓储主管确认货物出入库需求，提交仓储部经理审核
3. 执行物资出入库
☆货物出入库需求审核通过后，仓储人员按使用申请执行物资出入库动作
☆物资出入库完成，仓储人员更新储位数据库，仓储主管核对数据
工作重点
引入处置和后市场技术，处理陈旧、过期和受损的库存货物</td></tr>
<tr><td>工作标准</td></tr>
<tr><td>☆内容标准：物资出入库数量、种类、质量等信息准确无误
☆考核标准：物资出入库、转移过程安全</td></tr>
<tr><td>考核指标</td></tr>
<tr><td>☆物资出入库失误率：该指标用于考核仓储人员关键工作的失误情况，目标值为0
☆$\text{物资出入库失误率}=\frac{\text{库存出入错误数}}{\text{库存出入操作总数}}\times 100\%$</td></tr>
<tr><td colspan="2">执行规范</td></tr>
<tr><td colspan="2">“库存管理制度”“仓库明细台账”“货物出入库管理制度”</td></tr>
</table>

5.18 运输管理流程设计与工作执行

5.18.1 运输管理流程设计

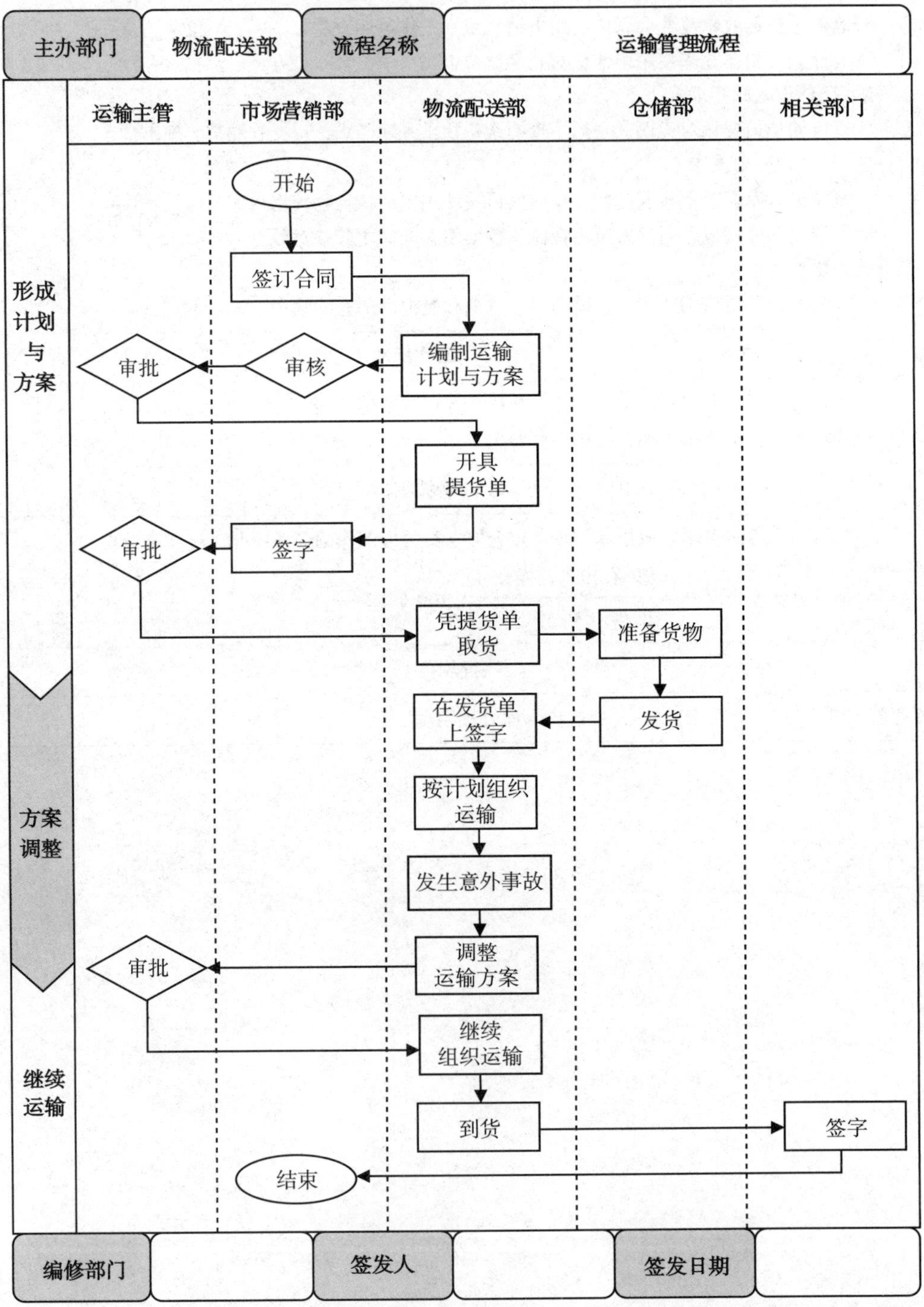

5.18.2 运输管理执行程序、工作标准、考核指标、执行规范

任务名称	执行程序、工作标准与考核指标
形成计划与方案	**执行程序**
	1. 签订合同 市场营销部与客户签订物流合同，为方便绩效评估和调整物流方案，注意尽可能议定弹性合同 **2. 编制运输计划与方案** ☆物流配送部根据合同的要求，编制运输计划与方案 ☆市场营销部对物流配送部编制的运输计划与方案进行审核，检查是否符合合同的相关要求 ☆运输主管对运输计划与方案进行审批 **3. 凭提货单取货** ☆物流配送部开具提货单到仓储部提货 ☆市场营销部根据合同规定，在提货单上签字确认，并提交运输主管审批 ☆物流配送部凭经过审批的提货单到仓储部提货 **4. 准备货物** ☆仓储部检查提货单无误后，准备发运货物并填写货物运单。货物运单的内容包括货物的数量、品种等 ☆物流配送部在装车前检查运输工具的安全情况，以保证运输的安全性 **工作重点** ☆物流配送部应注意时常评估线路和费率，利用自动化线路等技术确定内外运输的交通方式和承运商 ☆注意集中化处理所有运输活动，尽可能利用联运和往返双程等方法降低成本
	工作标准
	☆参照标准：企业过去类似合同的运输计划与方案 ☆完成标准：运输计划与方案经运输主管审批通过后，物流配送部取货并准备发运货物
	考核指标
	☆运输计划与方案的规范性：运输计划与方案要按照企业规定的内容框架、格式要求编写，重点突出，无重大纰漏 ☆准备货物的及时性：相关部门应于运输计划与方案审批通过后____个工作日内完成货物的发运准备工作

（续）

<table>
<tr><th>任务名称</th><th>执行程序、工作标准与考核指标</th></tr>
<tr><td rowspan="4">方案调整</td><td>执行程序</td></tr>
<tr><td>1. 发货
☆仓储部与物流配送部交接商品，并填写商品运输交接单
☆仓储部发放货物，物流配送部在发货单上签字
2. 按计划组织运输
物流配送部组织货物运输并通知收货客户，请客户做好接货准备
3. 调整运输方案
☆若运输途中发生意外事故，物流配送部须及时通知市场营销部及相关领导
☆市场营销部就意外事故通知客户，与客户商讨解决办法
☆物流配送部及时制定解决措施，运输主管对解决措施进行审批
工作重点
☆物流配送部应定期收集联运、第三方物流和服务提供商的数据，并将其应用于货运网络分析、规划和优化
☆货运须保持在线详细记录，以方便客户评估绩效</td></tr>
<tr><td>工作标准</td></tr>
<tr><td>质量标准：发货及组织运输须严格按照规范进行，发生意外后要及时调整运输方案</td></tr>
<tr><td rowspan="4">继续运输</td><td>执行程序</td></tr>
<tr><td>1. 继续组织运输
物流配送部负责落实经运输主管审批的解决措施，继续组织运输
2. 到货
物流配送部按要求将货物运抵目的地，货物接收单位在接收单上签字确认；物流配送部将接收单送交市场营销部；市场营销部凭接收单向客户收取相关款项
工作重点
物流配送部要注意运输流程优化的关键因素，并定期审视这些因素，包括成本、质量、承运商绩效、拥堵因素、体量、温室气体排放等</td></tr>
<tr><td>工作标准</td></tr>
<tr><td>质量标准：组织运输及时，准时到货</td></tr>
<tr><td colspan="2">执行规范</td></tr>
<tr><td colspan="2">“企业运输管理规划书”“运输计划与方案”“运输方案调整报告”</td></tr>
</table>

5.19 质量标准制定流程设计与工作执行

5.19.1 质量标准制定流程设计

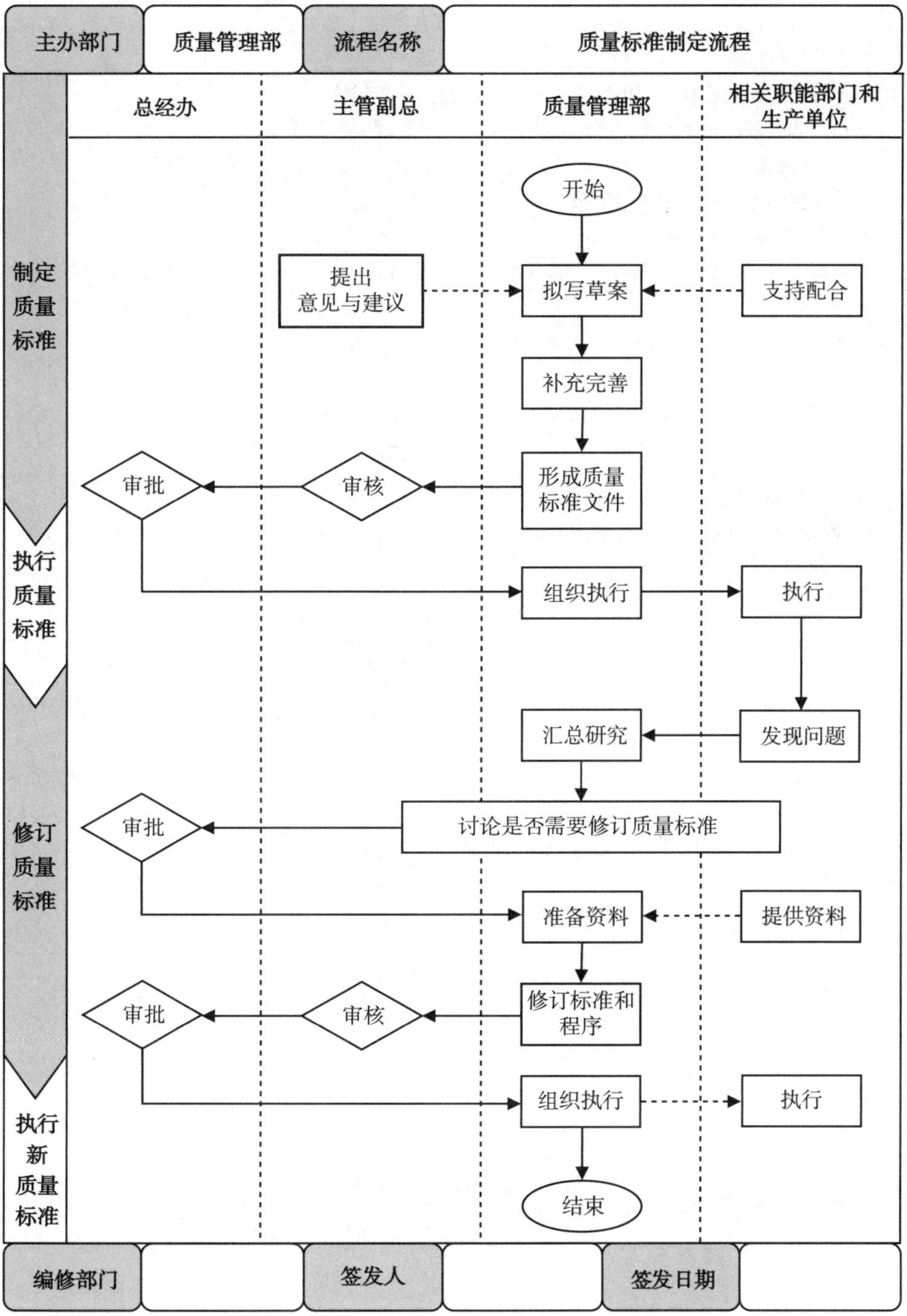

5.19.2 质量标准制定执行程序、工作标准、考核指标、执行规范

任务名称	执行程序、工作标准与考核指标
制定质量标准	**执行程序** 1. 拟写草案 ☆质量管理部根据国家、地方、行业有关标准和规定，拟写包括原材料、生产过程、产成品等在内的质量标准 ☆主管副总向质量管理部提出质量标准方面的意见与建议 ☆相关职能部门和生产单位提供资料，配合质量管理部拟写质量标准 2. 补充完善 质量管理部经理根据生产情况，对质量标准进行完善 3. 形成质量标准文件 ☆质量管理部形成正式的质量标准文件，包括原材料、产品、设备、生产工序、质检程序等方面的系列标准 ☆质量标准文件经主管副总审核通过后，报总经办审批 工作重点 质量标准文件通常有一定的编写规范，质量管理部要严格按照规范编写
	工作标准 ☆参照标准：同行业其他企业的质量标准文件 ☆完成标准：质量标准文件制定科学，顺利通过总经办的审批
	考核指标 ☆质量标准文件制定的质量：以修订的次数来衡量，力争控制在____次以内
执行质量标准	**执行程序** ☆质量管理部按照本企业质量管理制度，向相关职能部门和生产单位分发处于受控状态的质量标准文件 ☆相关职能部门和生产单位按照本企业质量管理制度和质量标准文件认真执行，确保无重大错漏 工作重点 质量标准执行过程中，质量管理部要做好监督工作，保证按程序操作，定期总结
	工作标准 完成标准：质量标准在执行中无重大错漏，并且能发挥较大作用
	考核指标 ☆产品质量合格率：目标值为____% ☆产品质量合格率 $=\frac{\text{合格的产品数量}}{\text{产品总数量}}\times 100\%$ ☆质量检验报告提交及时率：目标值为____% ☆质量检验报告提交及时率 $=\frac{\text{按时提交检验报告的份数}}{\text{需提交检验报告的总份数}}\times 100\%$

（续）

任务名称	执行程序、工作标准与考核指标
修订质量标准	**执行程序**
	1. 汇总研究 ☆相关职能部门和生产单位在生产过程中发现质量问题后，要及时向质量管理部汇报 ☆质量管理部应及时解决或汇总各部门提出的质量问题，并根据实际情况，结合质量标准进行分析，得出解决办法 **2. 讨论是否需要修订质量标准** 主管副总及质量管理部、相关职能部门、生产单位的负责人根据问题的分析结论，讨论是否需要修订质量标准，如需修订则报总经办审批 **3. 准备资料** 质量标准的修订申请经审批通过后，质量管理部负责准备资料，包括质量控制参数、问题处理过程资料等，其他相关职能部门和生产单位给予配合 **4. 修订标准** 质量管理部经理根据实际情况修订质量标准，并提交主管副总审核、总经办审批 **工作重点** 质量管理部要注意质量标准修订的及时性，从问题的提出到标准修订要有时间限制
	工作标准
	参考标准：其他同类企业质量标准的修订情况
	考核指标
	☆质量体系不合格项整改完成率：力争达到____%，通过质量标准的修订推进质量体系的完善 ☆质量体系不合格项整改完成率 $=\frac{\text{整改完成的不合格项数}}{\text{不合格项总数}}\times 100\%$
执行新质量标准	**执行程序**
	☆修订后的质量标准经总经办审批通过后，质量管理部及时组织相关职能部门和生产单位执行 ☆对于新的质量标准，如有必要，质量管理部负责组织相关职能部门和生产单位进行培训 **工作重点** 新质量标准重在落实，前提在于学习，质量管理部最好设立专门的机构来组织相应的学习与培训，以推进新质量标准的执行
	工作标准
	☆参照标准：行业内其他企业质量标准的教育培训情况 ☆完成标准：新质量标准在执行中无重大差错，并且能有效提升产品或服务的质量
执行规范	
"ISO9001 质量管理体系文件""质量管理制度""质量问题报告"	

5.20 采购计划制订流程设计与工作执行

5.20.1 采购计划制订流程设计

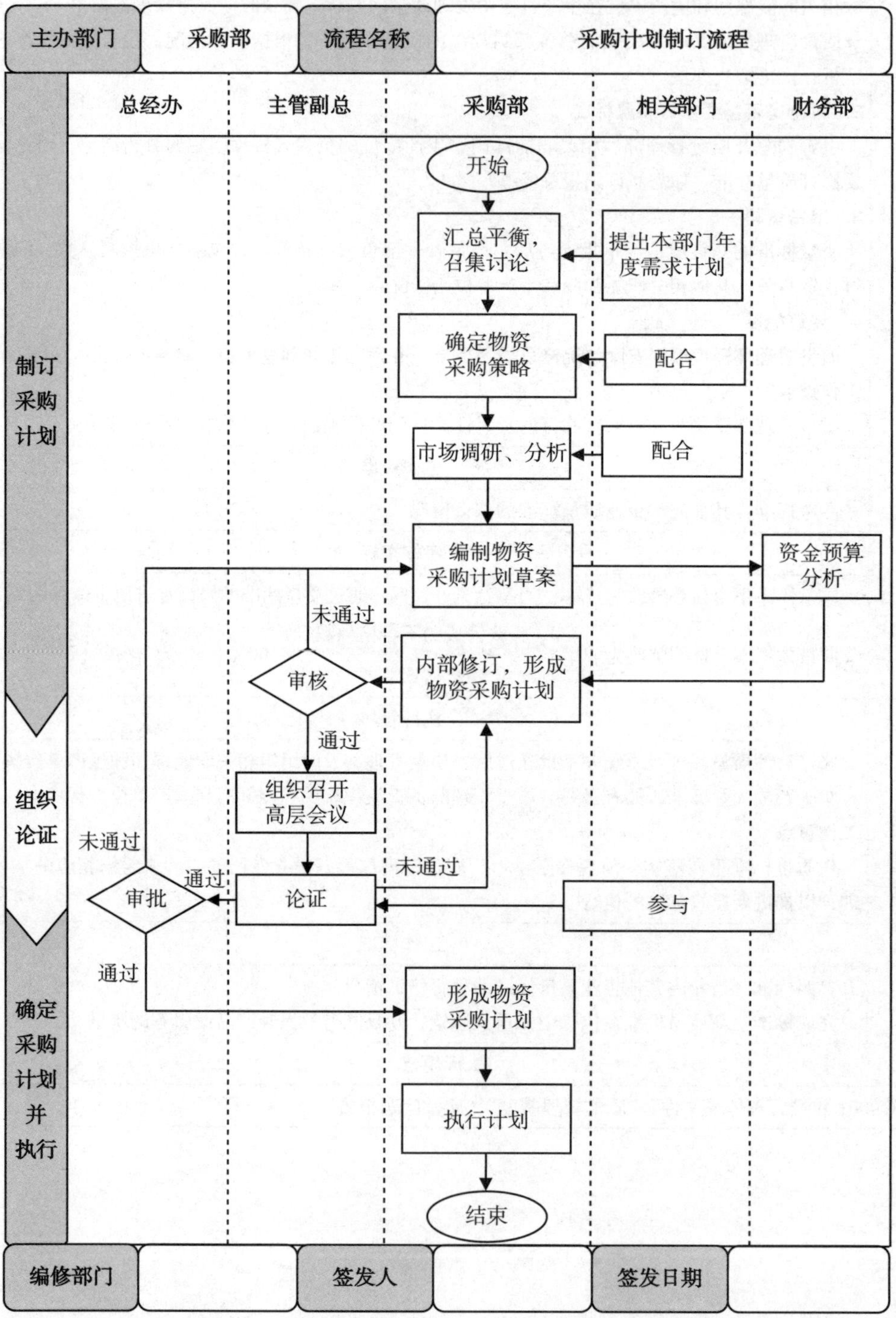

5.20.2 采购计划制订执行程序、工作标准、考核指标、执行规范

任务名称	执行程序、工作标准与考核指标
	执行程序
制订采购计划	**1. 汇总平衡，召集讨论** ☆企业各部门根据本部门开展业务经营的实际需要，每年定期向采购部提出年度物资需求计划 ☆采购部计划主管及时汇总各部门的物资需求计划，并进行初步平衡 ☆采购部计划主管会同采购部经理、各物料需求部门负责人，对年度物资需求计划进行研究与讨论 **2. 确定物资采购策略** 经过研究与讨论，采购部结合企业采购战略及产品目标市场定位、产品特点等，确定物资采购策略 **3. 市场调研、分析** 物资采购策略确定后，采购部组织开展市场调研工作，了解当前同类物资市场状况、竞争对手的物资采购情况等 **4. 编制物资采购计划草案** 采购部根据市场情况、调研结果，结合物资采购策略、产品特点、细分的目标市场需求等编制物资采购计划草案 **5. 资金预算分析** 财务部针对物资采购计划草案进行资金预算分析 **6. 内部修订，形成物资采购计划** 采购部根据资金预算分析结果，完善物资采购计划，并上报主管副总审核。若存在问题，采购部应根据主管副总的审核意见对物资采购计划进行修订 **工作重点** ☆采购部在进行市场调研、分析时，要特别留意同类物资的未来市场变动情况，并在后期制订物资采购计划时进行反映 ☆制订与修订物资采购计划要科学，多用数字说话
	工作标准
	☆参照标准：企业过去年度类似物资的采购计划资料 ☆考核标准：采购部应在____天内完成物资采购计划的制订和完善工作，并提交审批
	考核指标
	☆市场调研项目完备率：用以衡量采购部市场调研工作的质量水平 $市场调研项目完备率=\frac{调研完成的项目数}{市场调研总项目数}\times 100\%$ ☆物资采购计划首次审批通过率：用以衡量物资采购计划的编制水平 $物资采购计划首次审批通过率=\frac{首次审批通过的计划数}{提交审批的计划总数}\times 100\%$

（续）

<table>
<tr><th>任务名称</th><th>执行程序、工作标准与考核指标</th></tr>
<tr><td rowspan="6">组织论证</td><td>执行程序</td></tr>
<tr><td>1. 组织召开高层会议
主管副总审阅物资采购计划后，组织召开高层会议，从市场、财务、物流、风险、质检等多个角度讨论物资采购计划
2. 论证
☆高层会议主要论证物资采购计划的必要性、可行性、科学性等
☆若论证通过，则将物资采购计划上报总经办审批；若物资采购计划存在问题，未通过论证，则返回采购部进行修订
工作重点
高层会议对物资采购计划的必要性、可行性、科学性的论证要周密</td></tr>
<tr><td>工作标准</td></tr>
<tr><td>质量标准：物资采购计划遵循市场规律，所有重要决策事项都有论据支撑，能够确保计划切实可行</td></tr>
<tr><td>考核指标</td></tr>
<tr><td>物资采购计划修订的次数：不得超过____次</td></tr>
<tr><td rowspan="6">确定采购计划并执行</td><td>执行程序</td></tr>
<tr><td>物资采购计划经总经办审批通过后，采购部根据计划积极联系、筛选相关供应商（既包括线上，也包括线下），执行采购任务
工作重点
物资采购计划要具有可操作性，同时要保持一定的灵活性</td></tr>
<tr><td>工作标准</td></tr>
<tr><td>质量标准：物资采购计划的修订根据企业相关规定进行，符合市场规律</td></tr>
<tr><td>考核指标</td></tr>
<tr><td>☆物资采购计划首次审批通过率：用来衡量物资采购计划的编制质量
☆物资采购计划首次审批通过率 $=\frac{\text{首次审批通过的计划数}}{\text{提交审批的计划总数}}\times 100\%$</td></tr>
<tr><td colspan="2">执行规范</td></tr>
<tr><td colspan="2">“企业物资采购计划”“待购买物资调研报告”“物资采购计划审批修订案”</td></tr>
</table>

5.21 供应商选择流程设计与工作执行

5.21.1 供应商选择流程设计

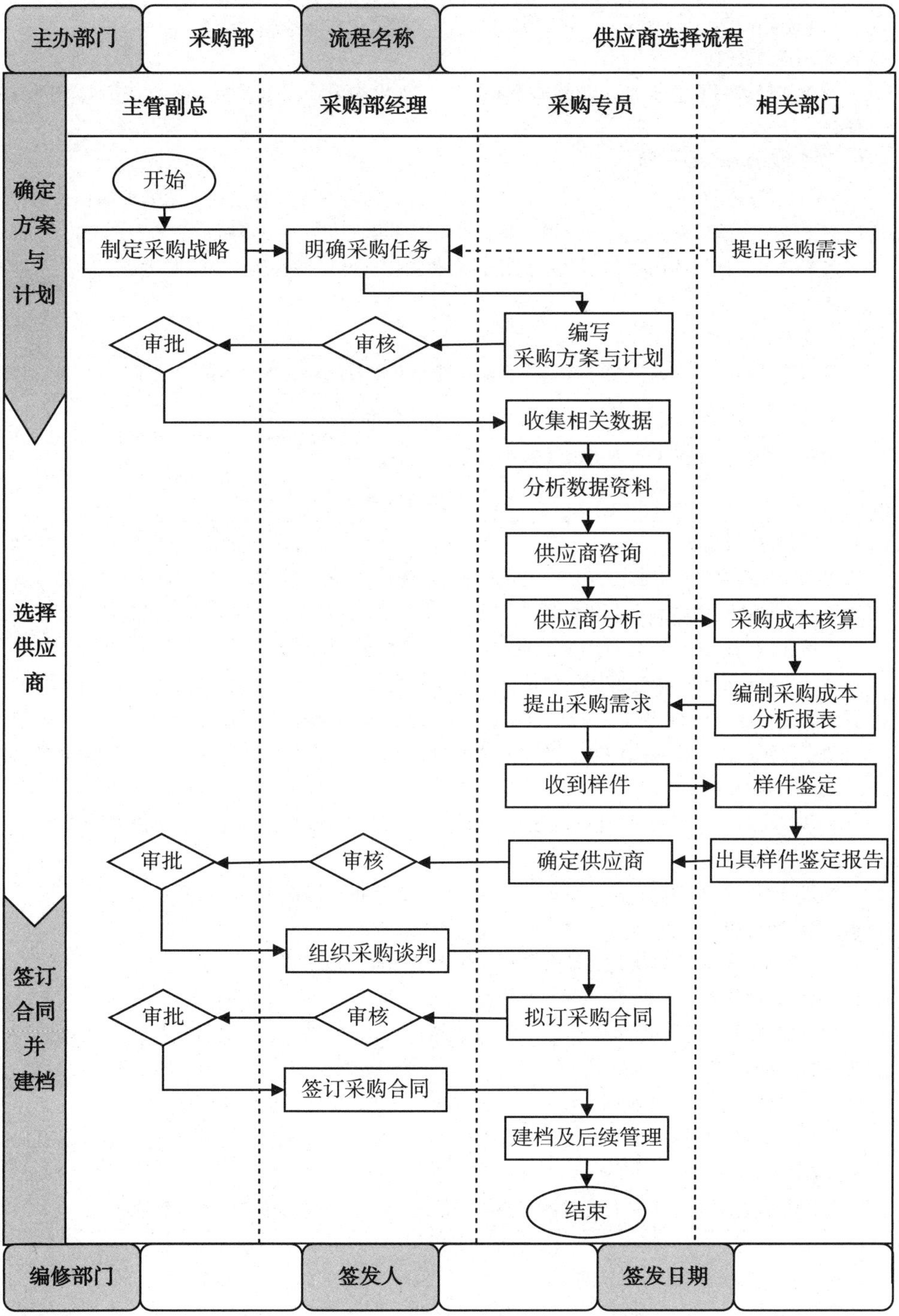

5.21.2 供应商选择执行程序、工作标准、考核指标、执行规范

任务名称	执行程序、工作标准与考核指标
确定方案与计划	**执行程序**
	1. 制定采购战略 主管副总根据企业的年度总体销售战略等因素制定企业的采购战略 **2. 明确采购任务** 采购部经理根据企业的采购战略及相关部门提出的采购需求，明确企业在一段时间内的采购任务 **3. 编写采购方案与计划** ☆采购专员根据企业的发展状况及往年采购情况，结合本年度企业的采购需求和相关物资市场的变化情况，编写采购方案与计划，并上报采购部经理审核、主管副总审批 ☆采购方案与计划的内容包括采购数量、采购货物价位、采购预算、采购途径、物流选择及风险防控等 **工作重点** 采购专员要注意采购方案与计划的可操作性，方案与计划要立足实际，便于后期实施和操作
	工作标准
	参照标准：企业过去年度类似采购项目的方案与计划
选择供应商	**执行程序**
	1. 收集相关数据 ☆采购专员根据采购方案与计划，制定供应商的相关标准，同时广泛收集相关供应商的资料信息 ☆采购专员收集的资料包括潜在供应商所在地区的相关政策，如果是海外供应商，还要注意供应商所在国的政治稳定性等因素；供应商的生产规模、技术水平、货品种类、生产能力、研发能力、质量标准等；供应商的负债情况、盈利情况等；供应商的质量认证及环境认证情况等 ☆采购专员收集资料的途径包括参加贸易展览会，查阅国内外的行业报刊，与政府、商会、贸易协会组织的内部代表团沟通，通过大使馆的商业部门（海外供应商）获取，收集网络资料等 **2. 分析数据资料** 采购专员对收集到的供应商资料信息进行分析，进一步筛选出符合要求的供应商 **3. 供应商咨询** 如果有不明白的问题，采购专员要及时向供应商咨询，以进一步了解其产品情况 **4. 供应商分析** 采购专员对供应商情况进行综合分析，挑选出待合作供应商 **5. 采购成本核算** 财务部根据供应商的初步报价以及采购方案与计划，对采购成本进行核算 **6. 提出采购需求** ☆采购专员根据企业的采购预算及采购成本核算情况，确定具体的采购需求 ☆采购专员向供应商通报企业的具体采购需求、产品标准等信息，并发出限期样件鉴定的通知 **7. 样件鉴定** 采购专员组织企业相关人员对供应商的样件进行鉴定，并出具样件鉴定报告

（续）

任务名称	执行程序、工作标准与考核指标
选择供应商	**8. 确定供应商** ☆采购专员根据筛选出的供应商信息及样件检测信息或现场评审结果，按照供应商评审标准进行综合评审，对各项指标进行评分，并加权汇总、排定位次 ☆采购专员编写供应商评审报告，并提交采购部经理审核、主管副总审批，以确定合作供应商 ☆确定合作供应商后，采购专员更新供应商档案信息 **工作重点** ☆供应商的筛选标准包括供应商的产品价格、能力、质量保证、技术、财务状况等 ☆在采购物资金额较大或数量较多的情况下，企业可组织采购调查小组对供应商进行实地考察。采购调查小组从供应商的管理体系及合约执行能力，设计开发与质量控制的稳定性、可靠性等方面对供应商进行现场评审和评分
	工作标准
	质量标准：供应商选择标准科学，过程公开、透明、公正，其产品能够满足企业的采购需求
	考核指标
	供应商评审的规范性：供应商评审要按照企业规定的程序、标准进行，无违规现象
签订合同并建档	**执行程序**
	1. 组织采购谈判 采购专员在企业确定供应商后，应不断与之联系、接洽、谈判，以确定双方交易的条件、交易货品的价格及各方面的合作细节，保证企业利益最大化，降低采购成本 **2. 拟订采购合同** ☆经过采购谈判后，采购专员应根据采购物资的情况和谈判结果拟订采购合同 ☆采购专员在拟订采购合同时，应确保合同条款明确具体，文字表达严谨 **3. 签订采购合同** ☆拟订的采购合同经采购部经理审核、主管副总审批通过后，由采购部经理代表企业与供应商签署正式的采购合同 ☆采购合同签订完成后，采购专员应与供应商不断沟通，保持良好的合作关系，这是维持本企业竞争优势的重要因素 **4. 建档及后续管理** 采购专员负责对合格供应商建档，并在企业后续的采购过程中与其持续保持接触、合作 **工作重点** 相关负责人要注意合同的合规性。通常，合同初稿拟订完成后，企业法务应对合同初稿所涉内容进行全面审查，针对合同价款的形成依据、款项收取或支付条件等条款提出意见，并对合同条款的合法性及相关风险做出评估
	工作标准
	完成标准：企业与供应商正式签订采购合同并持续保持沟通
	考核指标
	合同中不利于企业利益的条款数：目标值为 0
执行规范	
“采购供应商选择制度”“采购管理制度”“采购方案与计划”	

5.22 物料采购流程设计与工作执行

5.22.1 物料采购流程设计

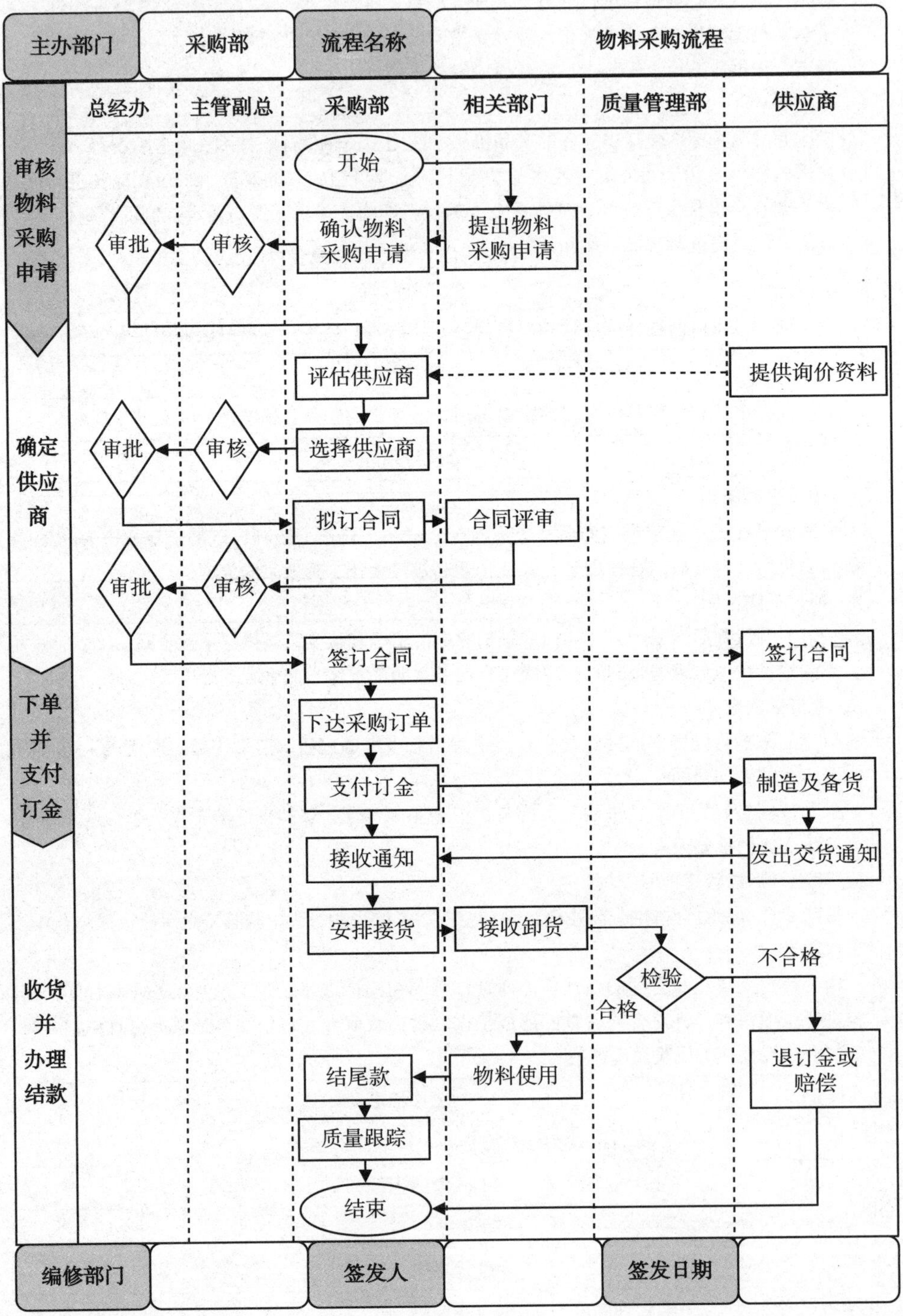

5.22.2 物料采购执行程序、工作标准、考核指标、执行规范

任务名称	执行程序、工作标准与考核指标
审核物料采购申请	**执行程序** 1. 提出物料采购申请 企业研发、生产等部门根据部门实际需要提出物料采购申请 2. 确认物料采购申请 ☆采购部统计所需物料的型号、规格、数量等，确认物料采购申请，形成物料采购申请表 ☆物料采购申请表由主管副总审核、总经办审批 ☆总经办审批权限外的物料申请，须报请董事会审批 **工作重点** 采购部在确认各部门的物料采购申请时，要注意到现场进行查看
	工作标准 ☆参照标准：企业过去年度类似的物料采购资料 ☆质量标准：物料采购需求切实，申请过程符合企业相关规定
确定供应商	**执行程序** 1. 评估供应商 ☆采购部在与原物料供应商保持合作的基础上，还可以通过媒体、展会、网络等途径不断开发新的供应商，最大限度地保证企业的利益 ☆对于新开发的物料供应商，采购部应收集齐全各供应商的信息资料，并进行充分的对比分析与考察，考察的重点在于物料的品牌、价格、品质是否能够达到本企业的要求，以及产品的标准、使用要求、使用寿命、交货能力、供应商的财务状况、采购交易条件等 ☆为获得更多的供应商资料，采购部还可以直接与供应商进行洽谈 2. 选择供应商 ☆在充分评估的基础上，采购部选择符合企业要求的供应商，报主管副总审核、总经办审批 ☆选定供应商后，采购部应不断与之联系、接洽、谈判，以确定双方交易的条件、交易货品的价格及各方面合作细节 3. 拟订合同 ☆采购部根据订购物料的要求、供应商情况，以及企业本身的管理要求、采购制度及方针等拟订采购合同 ☆采购部在拟订采购合同时，应确保合同条款明确具体，文字表达严谨 4. 签订合同 ☆采购合同经过评审后，提交主管副总审核、总经办审批 ☆采购合同经过审批，采购部与供应商代表共同确认无误后，交由相应权限人员签署 **工作重点** 采购部要注意采购合同的合规性，同时保证企业利益最大化，最大限度地降低采购成本
	工作标准 质量标准：采购部选择的供应商符合企业的相关标准，双方洽谈沟通顺畅且富有成效

（续）

任务名称	执行程序、工作标准与考核指标
确定供应商	**考核指标** ☆采购洽谈工作的完成时间：用来衡量采购部的工作效率，通常洽谈工作应在____个工作日内完成 ☆采购合同中不利于企业利益的条款数：目标值为0 ☆供应商评估结果准确率：用来衡量采购部供应商评估的准确程度 $供应商评估结果准确率=\frac{供应商评估结果准确的次数}{供应商评估总次数}\times 100\%$
下单并支付订金	**执行程序** **1. 下达采购订单** 采购部根据企业生产、经营的需要，按照采购合同的约定及时向供应商下达采购订单，清楚地说明采购数量、价格、交货日期、物料的运输注意事项等内容 **2. 支付订金** 为保证双方的利益，采购部可协同财务部，按照合同约定向供应商支付部分订金 **工作重点** 采购部要注意订金支付的及时性，以免影响正常采购计划的进行 **工作标准** 质量标准：下达采购订单流程规范，支付订金及时
收货并办理结款	**执行程序** **1. 接收通知** 采购部应要求供应商按照订单约定日期发货，并对本企业发出交货通知 **2. 安排接货** ☆采购部接到交货通知后，根据订单约定，若由本企业负责运输，则采购部及时安排自行运输；若由供应商负责运输，则采购部根据货物到达日期，安排企业物流部接货、提货 ☆本企业自行运输的，采购部应与物流部联络，就货物运输制定方案，包括运输方式与路线的选择等 **3. 接收卸货** ☆货物运达企业后，采购部、仓储部要及时核对，如果发现短缺，应当及时填制短缺报告单，并与供应商联系确认 ☆质量管理部要及时对货物进行检验，若发现物料不符合合同要求，企业有权拒收，并要求供应商退回订金甚至进行赔偿 **4. 结尾款** 物料经检验符合要求，性能无误，能保证正常生产后，采购部通知财务部办理尾款结算手续 **5. 质量跟踪** 采购部应对物料的使用进行持续跟踪，对其质量进行评估，若发现有质量问题，须及时与供应商联系并调换 **工作重点** 物料供应商多采用第三方物流公司运送货物，对此采购部要注意及时沟通

（续）

任务名称	执行程序、工作标准与考核指标
收货并办理结款	**工作标准**
	质量标准：物流沟通顺畅，运输方案合理，企业接货、尾款结算及时，物料符合生产要求
	考核指标
	☆物料采购计划完成率：用来衡量采购部的工作效率，目标值为____% $\text{物料采购计划完成率}=\dfrac{\text{实际完成的物料采购目标数}}{\text{计划建立的物料采购目标数}}\times 100\%$
执行规范	
“企业物料采购管理制度”“企业物料采购计划”	

5.23 供应商评估流程设计与工作执行

5.23.1 供应商评估流程设计

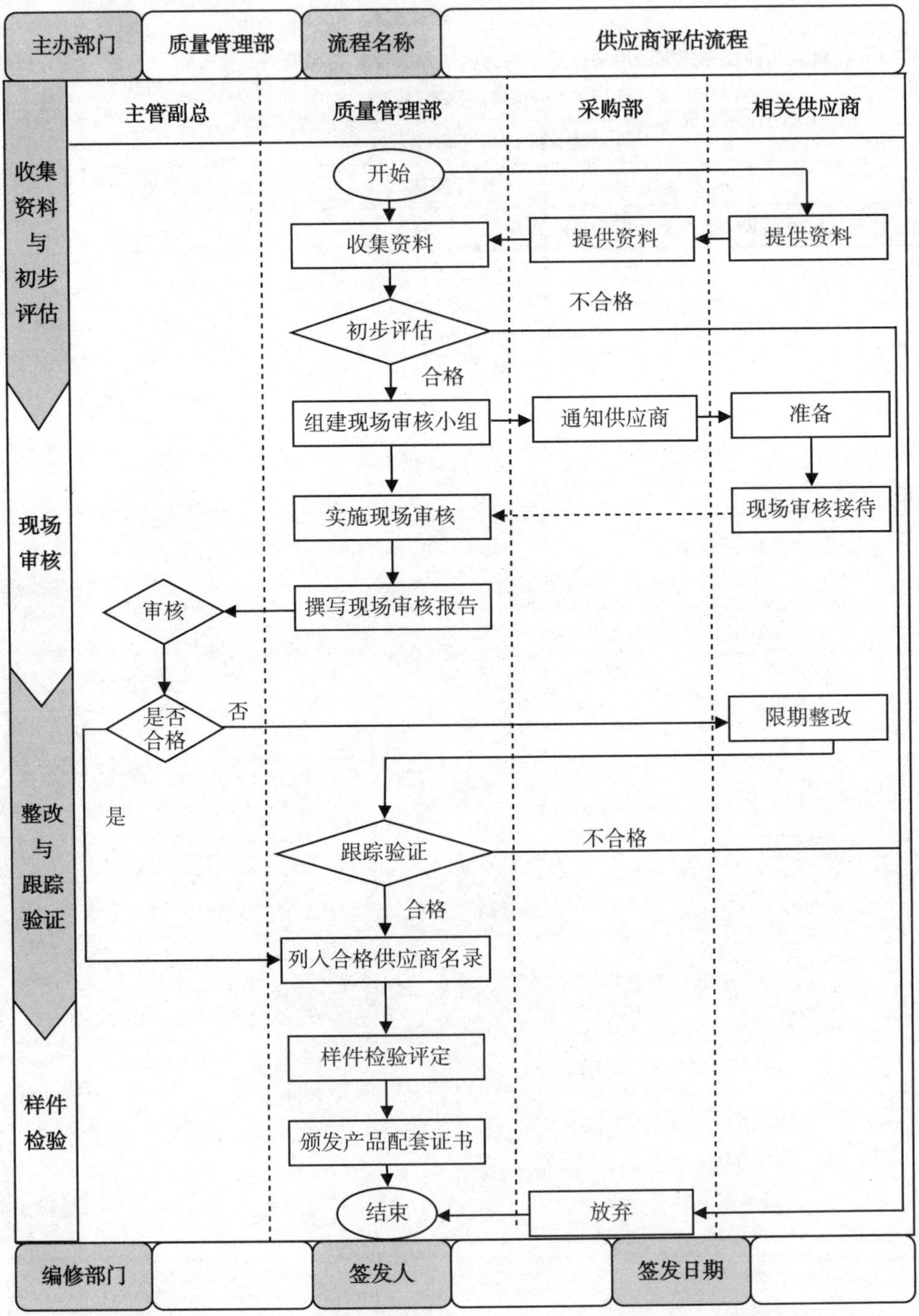

5.23.2 供应商评估执行程序、工作标准、考核指标、执行规范

任务名称	执行程序、工作标准与考核指标
收集资料与初步评估	**执行程序**
	1. 收集资料 ☆质量管理部搜集相关供应商资料，包括供应商、采购部提供的资料，也可以通过市场调查收集供应商资料 ☆质量管理部经理组织相关人员汇总收集到的资料，进行整理分析 **2. 初步评估** ☆质量管理部相关人员在部门经理的指导下，对供应商的质量体系、信誉、价格、服务等各方面做出初步评估 ☆对于初步评估不合格的供应商，直接放弃 **工作重点** 对于供应商资料，质量管理部经理应该有自己独特的信息收集渠道和判断标准
	工作标准
	☆参照标准：同行业其他企业的供应商信息 ☆完成标准：质量管理部收集部分供应商信息，并对其做出初步评估
	考核指标
	供应商资料的完备性：供应商资料收集全面，能够为供应商的初步选择提供支持
现场审核	**执行程序**
	1. 组建现场审核小组 ☆质量管理部组织产品研发部、工艺技术部等专业人员成立现场审核小组，并确定现场审核方案，内容包括审核项目、审核方式、审核流程及相关预算等 ☆现场审核小组应严格按照质量管理体系要求、评审方案等开展供应商的现场考察和审核工作 **2. 实施现场审核** ☆现场审核小组对初步评估合格的供应商进行现场审核，重点关注其生产技术水平、设施设备运行情况、经营管理水平及财务状况等 ☆采购部协助质量管理部通知供应商准备现场审核所需的文件，包括质量管理体系文件，如质量手册、程序文件、作业指导书，以及相关质量记录文件等 **3. 撰写现场审核报告** ☆现场审核工作完成后，现场审核小组应在规定时间内撰写现场审核报告 ☆现场审核报告须提交主管副总审核。主管副总重点审核现场评审方法是否科学，评审结论是否准确等 **工作重点** 现场审核小组成员不但要有足够的专业性，还要有广泛的代表性
	工作标准
	审核标准：现场审核小组须严格按照合格供应商的资质标准对供应商进行审核，应用科学的方式、方法进行评定

（续）

任务名称	执行程序、工作标准与考核指标
整改与跟踪验证	**执行程序** **1. 判断是否合格** ☆通过现场审核的供应商为合格供应商，可列入合格供应商名录 ☆未通过现场审核的供应商为不合格供应商，质量管理部或采购部通知其限期整改，并对整改内容提出详细的要求 **2. 跟踪验证** ☆质量管理部对限期整改的供应商进行跟踪验证，检查其是否按照要求进行整改，整改方法是否得当等 ☆经整改验证合格的供应商，可列入合格供应商名录 **工作重点** 质量管理部要做好供应商限期整改、跟踪验证的沟通工作 **工作标准** 完成标准：企业合格供应商名单不断扩大
样件检验	**执行程序** **1. 样件检验评定** 对合格供应商，质量管理部根据本企业的实际需要，组织实施样件检验工作，并出具样件检验报告 **2. 颁发产品配套证书** 对通过样件检验的供应商，企业为其颁发产品配套证书 **工作重点** 企业应与供应商共同成长，质量管理部可以采用各种措施鼓励供应商积极参与本企业产品的质量提升工作 **工作标准** 完成标准：样件检验工作按期完成，样件检验报告的内容详细全面、数据准确 **考核指标** ☆样件检验合格率：目标值为____% ☆$样件检验合格率=\frac{样件检验合格数}{样件总数}\times 100\%$
执行规范	
“供应商初步评估报告”“现场审核方案”“现场审核报告”“样件检验报告”	

5.24 供应商绩效评估流程设计与工作执行

5.24.1 供应商绩效评估流程设计

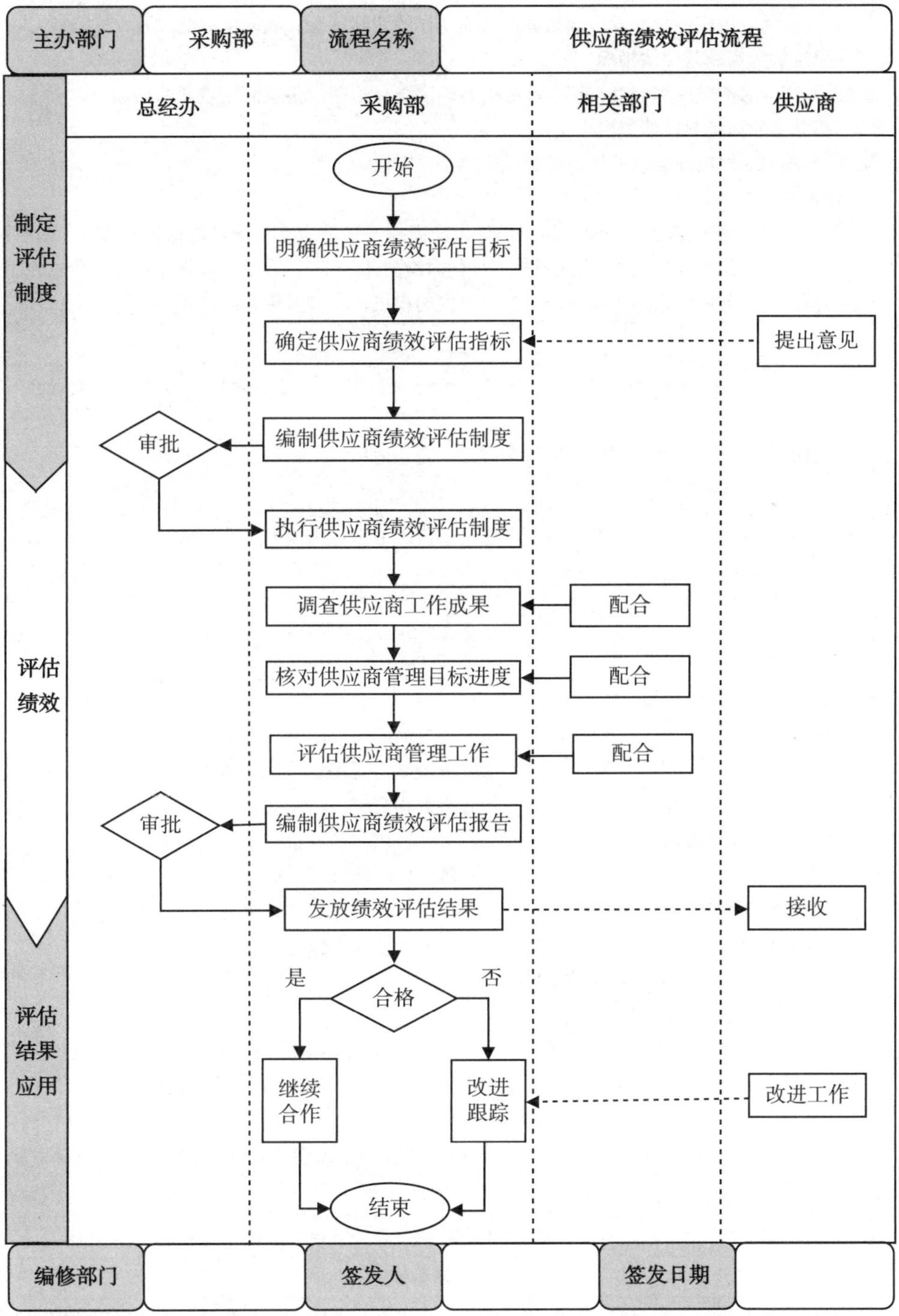

5.24.2 供应商绩效评估执行程序、工作标准、考核指标、执行规范

任务名称	执行程序、工作标准与考核指标
制定评估制度	**执行程序** 1. 明确供应商绩效评估目标 采购部结合供应链业务发展战略和供应商工作的实际情况，明确供应商绩效评估目标 2. 确定供应商绩效评估指标 采购部针对不同的供应商类别和产品内容确定统一适用的供应商绩效评估指标 3. 编制供应商绩效评估制度 采购部编制供应商绩效评估制度，提交总经办审批 工作重点 采购部要注意根据企业的实际情况设计供应商绩效评估指标，通常包括质量指标（如质量合格率、退货率、抽检缺陷率），供应指标（如按时交货率、交货周期），经济指标（如价格水平），以及协调、配合与服务指标（如供应商参与开发的积极性及售后服务满意度）
	工作标准 ☆依据标准：供应商绩效评估指标可参考企业上年度基础评估指标和市场中优秀同行的评估指标进行设计 ☆质量标准：供应商绩效评估制度科学严谨、合理适用
	考核指标 ☆样品抽检缺陷率：用来衡量供应商产品的质量水平，目标值为＜____% ☆$\text{样品抽检缺陷率}=\frac{\text{存在缺陷的样品数}}{\text{抽检样品总数}}\times 100\%$
评估绩效	**执行程序** 1. 调查供应商工作成果 ☆采购部调查供应商在供应合格产品、服务等方面的工作成果 ☆质量管理部、生产部、产品开发部、物流配送部、仓储部等相关部门配合并协助采购部做好调查工作，向采购部提供与供应商相关的各类数据资料 2. 核对供应商管理目标进度 采购部根据调查结果，核对各部门、各领域的供应商管理目标进度 3. 评估供应商绩效 ☆采购部对供应商工作进行整体评估，形成绩效评估定量数据 ☆相关部门配合采购部做好评估工作 4. 编制供应商绩效评估报告 供应商绩效评估完成，采购部根据各方面考核数据和结果编制供应商绩效评估报告，提交总经办审批，审批通过后采购部将相关绩效评估文件和数据进行归档保存，以备查考 工作重点 供应商绩效评估要突出重点，可设定关键指标并对其进行重点分析
	工作标准 目的标准：得出清晰、直观、明确的供应商绩效评估结果，以便下一步的工作改进
	考核指标 评估报告编制完成的时间：采购部应在____个工作日内完成供应商绩效评估报告的编制工作

（续）

任务名称	执行程序、工作标准与考核指标
评估结果应用	**执行程序** ☆采购部代表企业向供应商发布评估结果，并根据不同的结果制定不同的奖惩措施，以促使供应商在产品质量、交货时间、价格优势和服务水平等方面持续改进 ☆对于绩效评估合格的供应商，企业可以与其继续保持合作，特别优秀的还可以给予奖励 ☆对于绩效评估不合格的供应商，企业可以要求其改进产品或服务，并对其改进工作进行持续跟踪，跟踪评估后依然不合格的，企业可以减少采购量甚至中断合作 **工作重点** 供应商改进工作要及时，有结果、有反馈、有记录
	工作标准
	质量标准：绩效评估结果发放及时，奖惩公平、公正、合理，有利于形成良性的供应商竞争机制
执行规范	
“企业供应商发展战略”“供应商绩效评估制度”“供应商绩效评估报告”	

5.25 采购绩效评估流程设计与工作执行

5.25.1 采购绩效评估流程设计

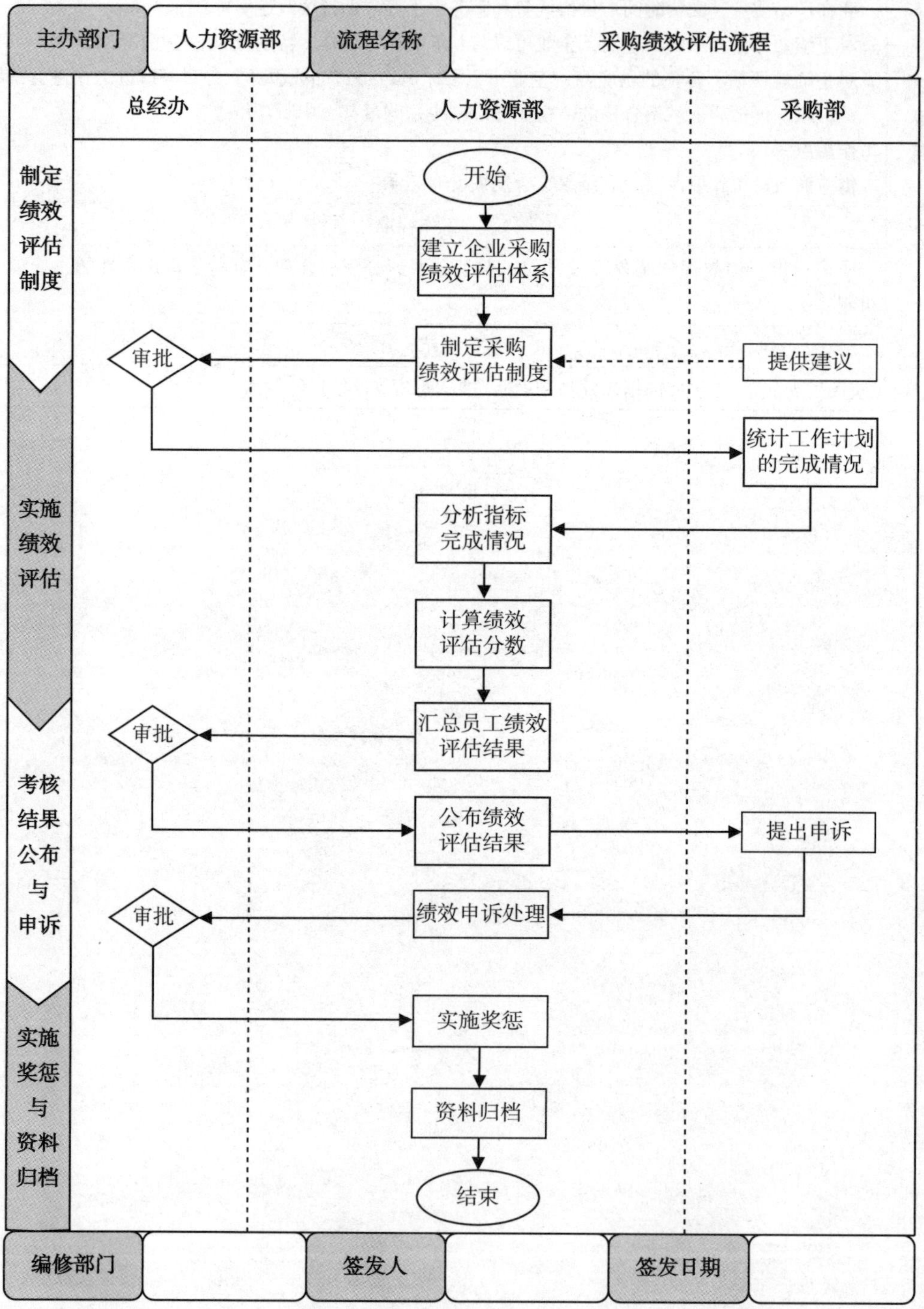

5.25.2 采购绩效评估执行程序、工作标准、考核指标、执行规范

任务名称	执行程序、工作标准与考核指标
制定绩效评估制度	**执行程序** **1. 建立企业采购绩效评估体系** 人力资源部负责建立企业采购绩效评估体系，包括体系文件、评估原则、人员配置及操作程序等内容 **2. 制定采购绩效评估制度** ☆人力资源部基于采购绩效评估体系，制定采购绩效评估制度，详细规定采购部部门及人员的绩效评估相关事宜 ☆采购部提供确定绩效评估指标的建议 ☆人力资源部将采购绩效评估制度报总经办审批，审批通过后下发执行 **工作重点** ☆采购部绩效评估要坚持四个原则：公平、公开原则，定期化与制度化原则，定量与定性相结合原则，沟通与反馈原则 ☆绩效评估指标要根据企业采购业务的实际设定，通常包括计划指标（如采购计划编制及时率、采购计划完成率）、业务指标（如库存商品周转天数、新商品引进率、商品退货率、新开发的供应商数量）、财务指标（如产品毛利率、产品有效销售发生率） **工作标准** ☆参照标准：采购绩效评估制度参照企业文书写作的标准格式编写 ☆质量标准：采购绩效评估制度内容完整，条例清晰，逻辑严密 **考核指标** 采购绩效评估制度编写完成的时间：应在____个工作日内编写完成
实施绩效评估	**执行程序** **1. 统计工作计划的完成情况** 采购部负责人根据采购绩效评估制度的有关规定，定期（周、月、季度）统计部门及员工的工作完成情况，主要包括工作完成量、工作质量、工作态度（考勤）等，并将统计结果提交人力资源部，作为绩效评估的依据 **2. 分析指标完成情况** 人力资源部根据采购部的统计数据，分析部门及员工的工作情况，对比采购绩效评估指标体系和考核量表，评估部门及员工的绩效水平 **3. 计算绩效评估分数** ☆绩效评估完成后，人力资源部根据实际情况计算分数，评定等级 ☆一般绩效分数可使用十分制或百分制，也可按等级分为 A、B、C、D、E 或一星、二星、三星、四星、五星等，绩效分数与等级主要用于奖惩实施 **工作重点** 采购绩效评估数据一般先由采购部负责人进行统计，然后交由人力资源部计算，其中可能会存在数据真实性的问题。对此，人力资源部要派人对采购部的绩效评估工作进行监督，并制定谎报、瞒报数据惩戒制度

（续）

任务名称	执行程序、工作标准与考核指标
实施绩效评估	**工作标准** 完成标准：采购部负责人完成绩效数据统计工作，人力资源部完成数据分析工作，并保证数据统计与分析准确 **考核指标** 采购部完成数据统计的时间：应在每月____日前完成
考核结果公布与申诉	**执行程序** **1. 汇总员工绩效评估结果** ☆人力资源部汇总采购部所有员工的绩效评估结果，形成采购绩效评估报告 ☆人力资源部将采购绩效评估报告提交总经办审批，审批通过后公布评估结果 **2. 公布绩效评估结果** ☆人力资源部将采购绩效评估结果发给采购部负责人，请其告知下属员工，并将评估结果向全公司公示 ☆评估结果公示期为____天，公示期间任何员工或部门相关业务主管对评估结果有异议的，均可向人力资源部提起申诉 **3. 绩效申诉处理** ☆若绩效评估结果确有问题，相关人员可填写“员工绩效申诉表”，将其反馈给人力资源部。人力资源部应妥善处理员工绩效申诉，积极与提出异议的人员沟通，寻找原因，给员工一个公正合理的解释 ☆申诉处理完毕后，人力资源部应在“员工绩效申诉表”上注明申诉结果，并签字盖章，报总经办审批。审批通过后，人力资源部要及时修改员工的绩效评估结果 **工作重点** 绩效评估结果必须在企业内部公示，以保证评估结果公平、公正、公开 **工作标准** 质量标准：绩效评估结果公布和申诉处理符合企业规定，无绩效纠纷 **考核指标** 绩效申诉的处理时间：人力资源部应在____个工作日内对员工的绩效申诉做出回应并进行处理
实施奖惩与资料归档	**执行程序** **1. 实施奖惩** 评估结果公示结束且绩效申诉处理完毕后，人力资源部根据采购绩效管理制度的有关内容，对绩效水平高的业务小组及员工予以奖励，对绩效水平不佳的业务小组及员工实行一定程度的惩罚，具体奖惩标准参照企业绩效评估体系文件执行 **2. 资料归档** 人力资源部应将采购绩效评估的相关资料进行归档，妥善保管，严禁泄露 **工作重点** 采购绩效评估的目的是提高采购效能，最常见的激励策略是实施奖惩，而奖惩各占的比重和内容则需要根据企业采购业务的实际情况而定

（续）

<table>
<tr><th>任务名称</th><th>执行程序、工作标准与考核指标</th></tr>
<tr><td rowspan="4">实施奖惩与资料归档</td><td>工作标准</td></tr>
<tr><td>质量标准：基于绩效评估结果的奖惩实施符合企业规定，操作正当合理，有利于激发采购人员的工作积极性</td></tr>
<tr><td>考核指标</td></tr>
<tr><td>奖惩执行的时间：应在____个工作日内执行到位</td></tr>
<tr><td colspan="2">执行规范</td></tr>
<tr><td colspan="2">“采购绩效评估制度”“采购绩效评估报告”“员工绩效申诉表”</td></tr>
</table>

5.26 交付产品质量监控流程设计与工作执行

5.26.1 交付产品质量监控流程设计

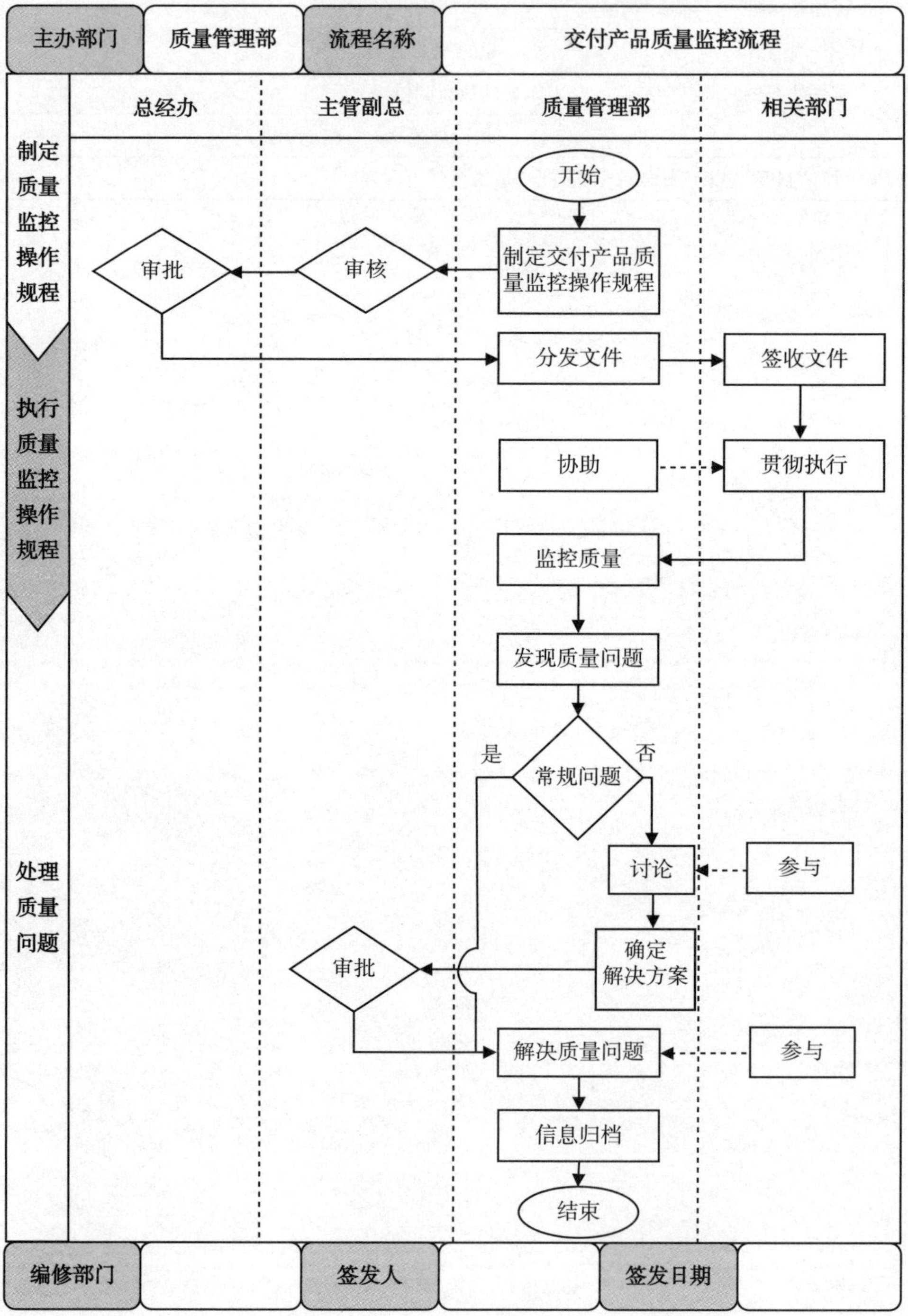

5.26.2 交付产品质量监控执行程序、工作标准、考核指标、执行规范

任务名称	执行程序、工作标准与考核指标
制定质量监控操作规程	**执行程序** ☆质量管理部参照国家、地方、行业有关标准及同类企业相关标准，制定本企业的交付产品质量监控操作规程 ☆交付产品质量监控操作规程须提交主管副总审核，审核通过后报总经办审批 **工作重点** 交付产品质量监控操作规程的内容包括交付产品质量监控目标、监控工作的重点（通常有交付产品生产过程监控、产品性能质量监控、产品出厂监控及日常质量检查）、监控责任划定、监控程序、质量监控员的任职资格、质量监控的考核标准、纠正和预防措施等 **工作标准** 完成标准：交付产品质量监控操作规程顺利通过主管副总审核、总经办审批 **考核指标** 交付产品质量监控操作规程内容的全面性：内容要全面、具体，无重大遗漏，具有较强的可操作性
执行质量监控操作规程	**执行程序** **1. 分发文件** ☆交付产品质量监控操作规程经总经办审批通过后，质量管理部根据各部门的工作内容及需求，确定文件下发的部门和下发数量 ☆相关部门收到交付产品质量监控操作规程文件后，要认真组织学习 **2. 贯彻执行** 相关部门按照交付产品质量监控操作规程的要求，做好产品交付各阶段的质量监控工作 **3. 监控质量** 质量管理部通过实验室产品性能测试、首件检验、工序检验、完工检验、出库检验、现场巡视等方式，监控交付产品的质量水平 **工作重点** 质量测试要严格按照操作规程中规定的测试时间、测试方法、检验标准等进行 **工作标准** 完成标准：通过全过程质量监控，保证交付产品的质量达到标准 **考核指标** ☆质量测试合格率：力争达到____% ☆质量测试合格率 $=\dfrac{\text{经测试合格的样品数}}{\text{样品总数}}\times 100\%$

（续）

<table>
<tr><th>任务名称</th><th>执行程序、工作标准与考核指标</th></tr>
<tr><td rowspan="5">处理质量问题</td><td>执行程序</td></tr>
<tr><td>1. 发现质量问题
☆质量管理部在质量监控过程中发现质量问题后（如生产过程中出现的异常现象、样品质量的异常现象、技术评审不过关等），要及时对问题的性质进行判断，看是否属于常规问题
☆若出现的质量问题属于常规问题，则按照以前的处理方案进行处理
☆若出现的质量问题不属于常规问题，质量管理部要组织相关部门和人员开会讨论问题解决方案。质量管理部可以根据问题的实际情况，确定参会部门及具体人员、会议时间、会议地点、议程安排、会议记录人员等
2. 确定解决方案
质量问题解决方案经过讨论最终确定后，须提交主管副总审批
3. 解决质量问题
质量问题解决方案通过审批后，由质量管理部负责组织相关部门执行，要求执行过程操作规范，能够切实解决质量问题
工作重点
主管副总在审批质量问题解决方案时，要审查其是否符合相关的管理规定、预算是否超标等</td></tr>
<tr><td>工作标准</td></tr>
<tr><td>完成标准：质量问题得到解决，信息及时归档</td></tr>
<tr><td></td></tr>
<tr><td colspan="2">执行规范</td></tr>
<tr><td colspan="2">“交付产品质量监控操作规程”“质量问题解决方案”</td></tr>
</table>

5.27 设备维护计划制订流程设计与工作执行

5.27.1 设备维护计划制订流程设计

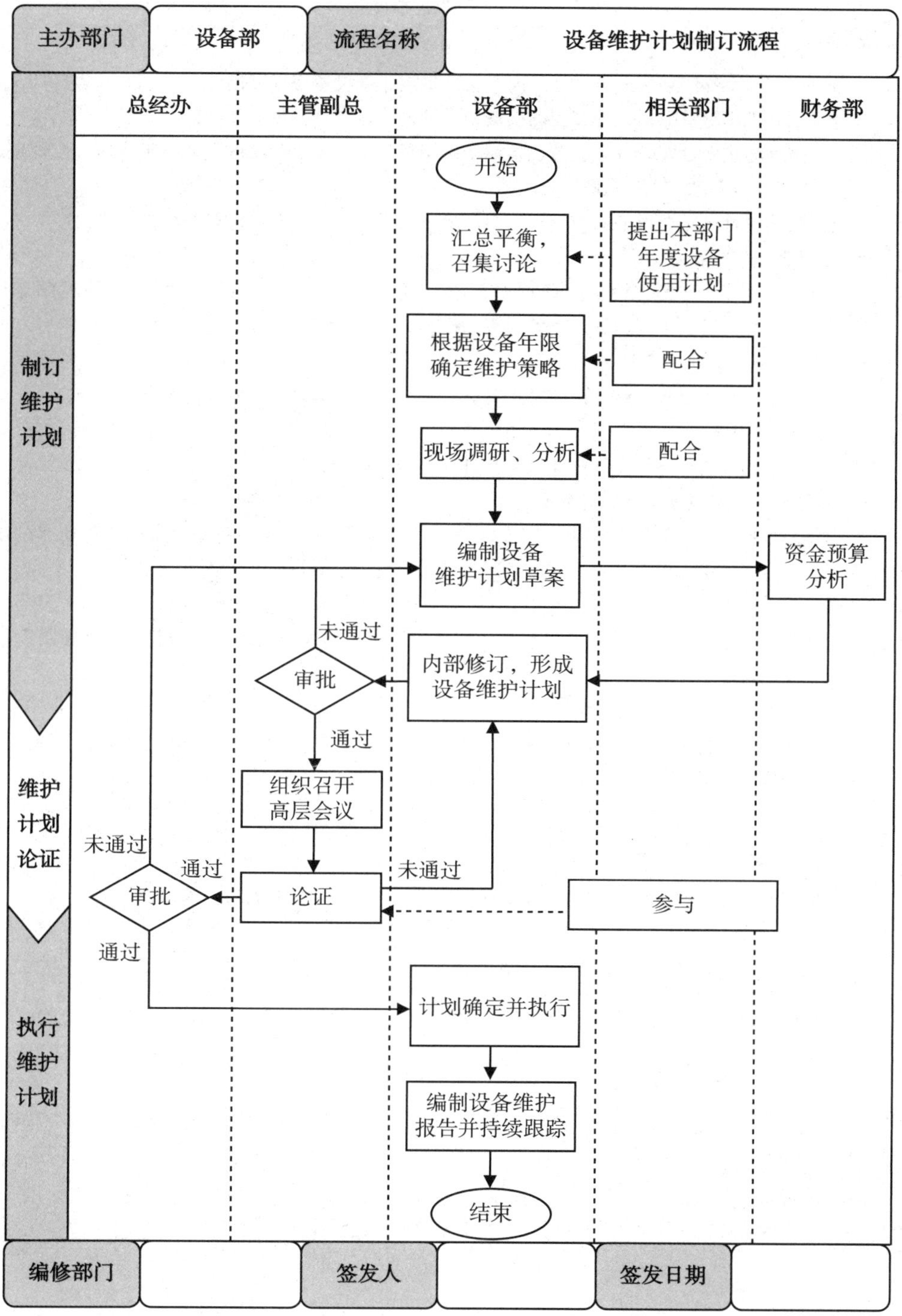

5.27.2 设备维护计划制订执行程序、工作标准、考核指标、执行规范

任务名称	执行程序、工作标准与考核指标
制订维护计划	**执行程序**
	1. 汇总平衡，召集讨论 ☆各部门根据本部门年度业务计划，向设备部提出年度设备使用计划 ☆设备部计划主管及时汇总各部门的设备使用计划，并进行初步平衡 ☆设备部计划主管会同设备部经理、各设备使用部门负责人，对年度设备使用计划进行研究讨论 **2. 根据设备年限确定维护策略** 通过集体讨论，结合设备的使用年限及产品市场定位等因素，确定设备维护策略 **3. 现场调研、分析** 设备维护策略确定后，设备部开展现场调研工作，了解设备当前的工作状态；同时开展市场调研，了解同类设备的市场状况、竞争对手的设备维护情况等 **4. 编制设备维护计划草案** 设备部根据调研结果，结合设备维护策略、产品特点等编制设备维护计划草案 **5. 资金预算分析** 财务部相关人员针对设备维护计划草案进行资金预算分析 **6. 内部修订，形成设备维护计划** 设备部根据资金预算分析结果，完善设备维护计划草案并上报主管副总审批，若其存在异议或提出意见，则设备部根据其意见对设备维护计划草案进行修订 **工作重点** ☆设备部在做市场调研和分析时，要特别留意同类设备的未来市场变动情况，并在编制设备维护计划草案时进行说明 ☆坚持预防性维护，以免影响正常生产 ☆注意使用计算机进行维护管理和记录，在平均故障间隔时间的基础上优化员工生产力，减少设备维护成本和停机时间
	工作标准
	☆参照标准：企业过去年度类似设备的维护计划资料 ☆内容标准：在设备维护计划中，设备维护策略的执行权和协助权要十分清晰
维护计划论证	**执行程序**
	1. 组织召开高层会议 主管副总组织召开高层会议，从市场、财务、新产品研发等多个角度讨论设备维护计划 **2. 论证** ☆高层会议论证设备维护计划的必要性、可行性、科学性等 ☆若论证通过，则将设备维护计划上报总经办审批；若计划存在问题，未通过论证，则返回设备部进行修订 **工作重点** 高层会议要注意应用已有的资产管理数据来分析、论证维护计划

（续）

任务名称	执行程序、工作标准与考核指标
维护计划论证	**工作标准**
	质量标准：计划中所有重要决策事项都有论据支撑，确保计划切实可行
	考核指标
	计划修订的次数：不超过____次
执行维护计划	**执行程序**
	1．计划确定并执行 经多方论证和总经办审批，形成最终的设备维护计划，设备部负责组织人员执行该计划 **2．编制设备维护报告并持续跟踪** 设备部根据计划执行情况编制设备维护报告，总结经验，并持续跟踪设备的运行情况 **工作重点** ☆注意推进 5S 管理，使其成为常规维护任务的一部分，并以标准化文件的形式呈现 ☆注意制订预防性维护计划，并由操作人员在每天 / 每周自主执行，形成习惯 ☆注意培养操作人员的主人翁意识，提升其日常维护的积极性；合理安排维护专家的工作，使其只参与复杂的或主要的维护工作 ☆总结设备维护中的常见问题，进行根本原因分析，防止问题再次发生
	工作标准
	质量标准：设备维护计划顺利执行，计划外的维护得到处理，按规范校准设备
执行规范	
“设备维护计划”“设备维护调研报告”“设备维护计划审批修订案”“设备维护报告”	

5.28 客户服务交付流程设计与工作执行

5.28.1 客户服务交付流程设计

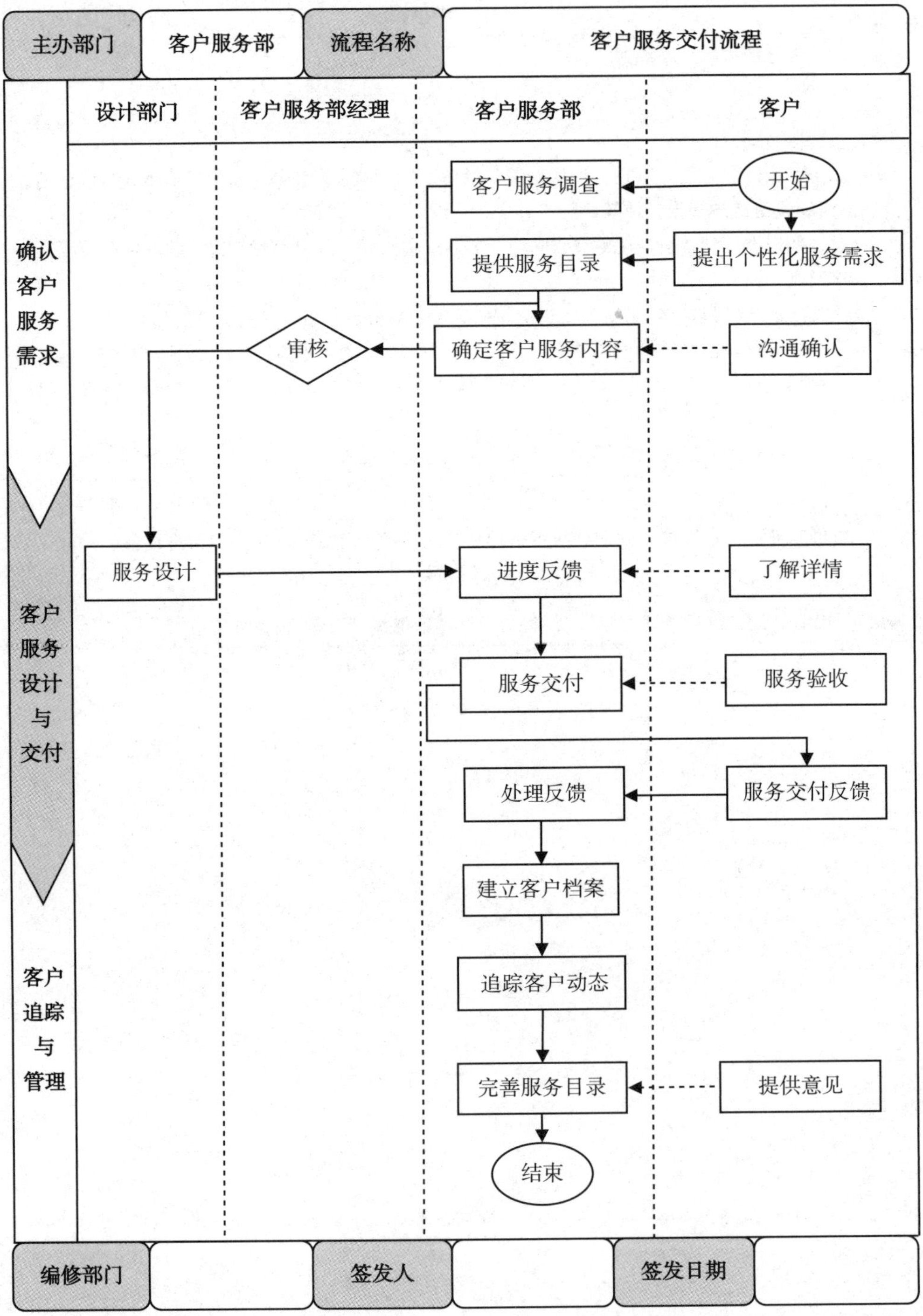

5.28.2 客户服务交付执行程序、工作标准、考核指标、执行规范

<table>
<tr><th>任务名称</th><th>执行程序、工作标准与考核指标</th></tr>
<tr><td rowspan="4">确认客户服务需求</td><td>执行程序</td></tr>
<tr><td>1. 提供服务目录
客户提出个性化服务需求，客户服务部引导客户浏览企业网站上的电子目录，协助客户快速找到需要的服务类型
2. 确定客户服务内容
☆客户确定服务类型后，与客户服务部针对服务的具体内容进行沟通
☆企业还可以通过主动调查，确定客户所需要的服务类型与内容
工作重点
☆企业要根据市场中各类服务产品的销售情况，及时了解客户需求变化，更新服务配置，尽可能贴近客户的需求目标
☆企业需要不断对服务目录进行更新</td></tr>
<tr><td>工作标准</td></tr>
<tr><td>☆质量标准：服务目录需要以动态网页和静态网页相结合的方式，向客户直观、全方位地展示服务的基本信息和特点
☆效率标准：客户服务部应在客户提出服务需求后的____小时内给予反馈</td></tr>
<tr><td rowspan="6">客户服务设计与交付</td><td>执行程序</td></tr>
<tr><td>1. 服务设计
☆客户服务订单确认后，客户服务部将相关信息输入企业内部的客户需求分析系统及服务设计系统
☆设计部门根据客户服务订单信息进行有针对性的服务设计
2. 进度反馈
☆客户服务部定时向客户说明服务设计的进度
☆客户服务部收集客户反馈信息，并将信息传递给设计部门
3. 服务交付
客户服务部按时向客户交付服务产品，并协助客户进行验收，接收客户对交付服务产品的评价与反馈
工作重点
☆企业可设置通用服务模块和特殊服务模块，将服务产品按照不同的元素划分成不同模块，再以此来配置客户所需的服务
☆客户服务部要做好大客户、关键客户的管理工作，定期与这些客户进行深度沟通，并按月更新这些客户的客户测度记分卡</td></tr>
<tr><td>工作标准</td></tr>
<tr><td>☆质量标准：在服务过程中，相关工作人员要时刻站在客户的位置上，针对不同客户的不同需要采取灵活的服务方式，同时企业需要在实现客户满意度和控制经营成本之间寻求平衡点
☆调查标准：每年至少进行四次客户调查</td></tr>
<tr><td>考核指标</td></tr>
<tr><td>☆交付完成率：衡量客户服务的质量
$$交付完成率=\frac{如期交付完成的服务产品数}{交付服务产品单数}\times 100\%$$</td></tr>
</table>

（续）

<table>
<tr><th>任务名称</th><th>执行程序、工作标准与考核指标</th></tr>
<tr><td rowspan="4">客户追踪与管理</td><td>执行程序</td></tr>
<tr><td>1. 建立客户档案
按照客户服务需求与客户在本企业网站的浏览数据等信息，建立客户档案
2. 追踪客户动态
客户服务部跟踪记录客户在本企业网站的浏览行为及消费历史，对客户实现动态管理
3. 完善服务目录
客户服务部根据客户动态管理结果，智能分析客户喜好，主动完善并向客户提供更有针对性的服务目录，以满足客户的个性化需求
工作重点
☆注意围绕客户的满意度 / 忠诚度进行服务管理，要使所有员工了解自己在提升客户满意度 / 忠诚度方面起到的作用，可由第三方利用高响应率手段监控客户满意度 / 忠诚度的变化
☆注意利用新技术改善服务细节，增强客户满意度 / 忠诚度</td></tr>
<tr><td>工作标准</td></tr>
<tr><td>质量标准：客户服务部及设计部门要及时了解客户需求，最大限度地满足客户需求，消除顾客顾虑，高效地解决售后问题</td></tr>
<tr><td colspan="2">执行规范</td></tr>
<tr><td colspan="2">“客户服务合同”“客户服务需求单”</td></tr>
</table>

5.29 物流战略制定流程设计与工作执行

5.29.1 物流战略制定流程设计

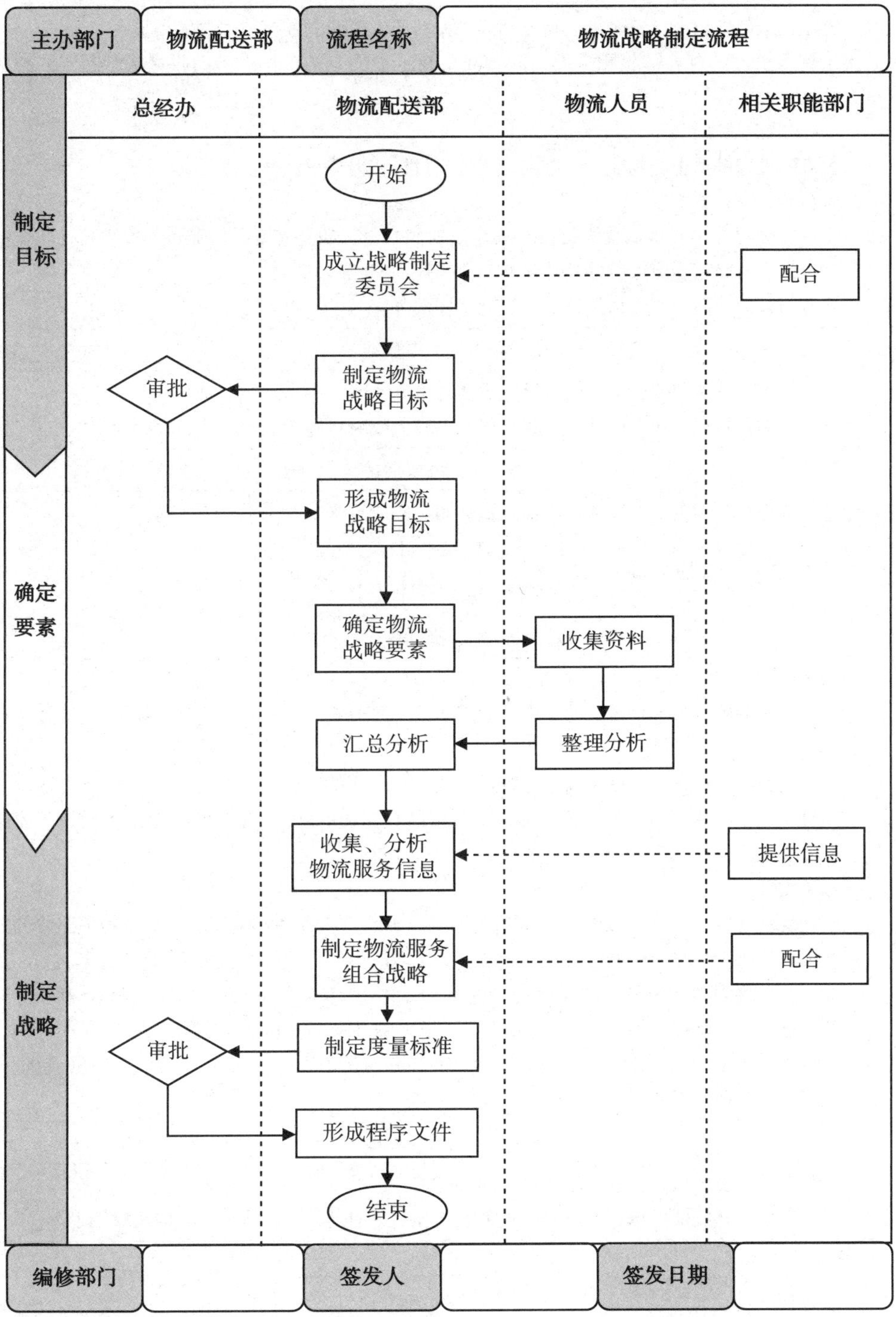

5.29.2 物流战略制定执行程序、工作标准、考核指标、执行规范

<table>
<tr><th>任务名称</th><th>执行程序、工作标准与考核指标</th></tr>
<tr><td rowspan="6">制定目标</td><td>执行程序</td></tr>
<tr><td>1. 成立战略制定委员会
☆物流配送部组织市场营销部、财务部等相关部门人员成立物流战略制定委员会
☆市场营销部、财务部等相关部门配合战略制定委员会的工作，协助收集战略制定的相关资料信息
2. 制定物流战略目标
物流配送部根据企业物流需求制定物流战略目标，提交总经办审批
工作重点
☆注意以客户为中心推动物流策略和战略规划的制定，如有必要，可通过与客户召开物流战略规划讨论会，确定物流服务的具体策略和战略规划
☆注意与其他部门的工作协调性，以提升工作效率</td></tr>
<tr><td>工作标准</td></tr>
<tr><td>☆质量标准：物流战略目标切合实际、可实现度高
☆考核标准：物流配送部应在____个工作日内完成战略目标的制定工作，并提交审批</td></tr>
<tr><td>考核指标</td></tr>
<tr><td>☆物流战略目标审批通过率：用来衡量目标制定的质量水平
☆物流战略目标审批通过率 = $\frac{审批通过的战略目标数}{提交审批的战略目标总数} \times 100\%$</td></tr>
<tr><td rowspan="4">确定要素</td><td>执行程序</td></tr>
<tr><td>1. 确定物流战略要素
物流配送部确定影响物流战略制定的关键要素（如包装、碳排放、仓库规模等）及相应的指标
2. 汇总分析
☆物流人员收集日常工作中的物流系统运营数据和内外部信息
☆物流配送部安排专人汇总分析物流人员收集的数据和信息，对影响物流战略的关键要素进行分析复查
工作重点
☆要特别注意社会责任要素对物流战略的影响，不断重新评估运输路线，减少相关路线的能源消耗，可积极参与智能电网、环保和碳贸易等领域的协作，发掘相关机会
☆注意包装要素对物流战略的影响，评估减少成本和包装空间的可能性，发掘循环利用包装材料的机会，与包装提供商建立合作伙伴关系，设计减少碳排放的包装方案
☆注意在政府部门的协助下制定应急响应预案，并与员工和必要的支持方持续沟通，这也是制定物流战略需要考虑的一个因素</td></tr>
<tr><td>工作标准</td></tr>
<tr><td>☆质量标准：物流战略要素清晰明确，准确可控
☆考核标准：物流配送部在汇总分析相关数据和信息的过程中，核算复查的次数不少于____次</td></tr>
</table>

（续）

任务名称	执行程序、工作标准与考核指标
制定战略	**执行程序**
	1. 收集、分析物流服务信息 ☆物流配送部向客户收集关于物流服务的信息，了解客户对物流服务的意见和建议 ☆物流服务信息分析包括企业物流服务内容的顾客需求分析、企业物流服务流程的顾客需求分析、企业物流服务超越顾客需求的分析 **2. 制定物流服务组合战略** 物流配送部根据不同的客户群体制定相应的物流服务组合战略，提交总经办审批 **3. 形成程序文件** 物流配送部把经过总经办审批的物流服务组合战略形成书面的程序文件 **工作重点** 注意定期对仓库空间、货场、集装箱 / 托盘的使用等进行重新设计与优化，以最大化能源效率，提升物流服务综合水平
	工作标准
	☆质量标准：客户服务信息客观、真实、全面、准确 ☆考核标准：物流配送部应在____个工作日内完成物流服务组合战略的制定工作，并提交审批
执行规范	
"物流战略规划管理制度""物流战略说明书""关于影响物流战略的要素分析报告"	

5.30 物流网络设计及优化流程与工作执行

5.30.1 物流网络设计及优化流程

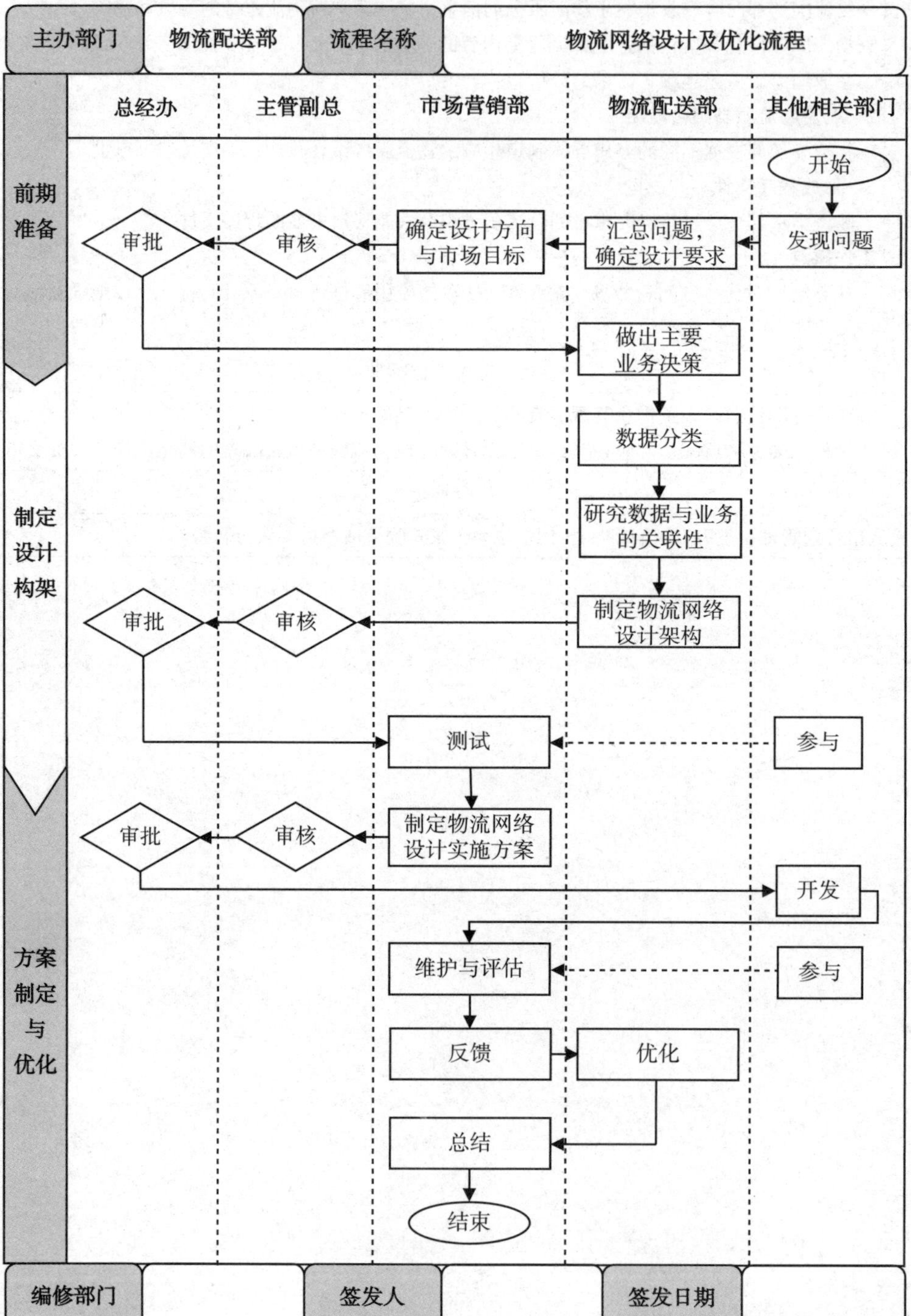

5.30.2 物流网络设计及优化执行程序、工作标准、考核指标、执行规范

任务名称	执行程序、工作标准与考核指标
前期准备	**执行程序**
	1. 汇总问题，确定设计要求 ☆物流业务相关部门根据各自工作中的问题，提出物流网络设计需求 ☆物流配送部汇总各部门的实际工作问题，确定物流网络设计要求 **2. 确定设计方向与市场目标** 市场营销部结合物流网络设计要求，确定物流网络的设计方向和市场目标，提交主管副总审核后，报总经办审批 **3. 做出主要业务决策** 物流网络设计方向和市场目标审批通过后，物流配送部根据物流业务运行情况做出主要业务决策 **工作重点** ☆物流配送部和市场营销部可以引导客户和第三方参与企业的物流网络设计（网络建模一般外包给第三方） ☆物流网络设计要与供应链业务相关的决策支持相关联
	工作标准
	☆质量标准：物流网络设计科学、有效、真实、可行 ☆目的标准：设计物流网络在于提升物流业务水平，提高业务效率
制定设计构架	**执行程序**
	1. 数据分类 物流配送部整理历史物流业务运营数据，按不同的归属进行分类，作为构建物流网络系统的数据基础 **2. 研究数据与业务的关联性** 物流配送部研究数据与业务的关联性，确定物流网络设计与数据的反应关系 **3. 制定物流网络设计架构** 物流配送部制定物流网络设计架构，提交主管副总审核后，报总经办审批 **工作重点** ☆注意将技术和自动化作为物流战略的一部分，利用本领域最佳的技术对企业整个供应链实施定期建模、分析和优化，这个战略应当是可持续的、长期的、系统的 ☆注意供应链建模、分析和优化的质量，全部的数据、变量和约束基线均要经过严格的测试，战略分析需要 2~5 年时间
	工作标准
	质量标准：物流网络设计架构符合实际，科学合理，能够促进物流业务运作效率的提升

（续）

任务名称	执行程序、工作标准与考核指标
方案制定与优化	**执行程序**
	1. 制定物流网络设计实施方案 市场营销部根据确定的网络设计架构，制定物流网络设计实施方案，提交主管副总审核后，报总经办审批。方案经审批通过后，技术部门或第三方公司负责具体开发工作，市场营销部进行使用测试 **2. 维护与评估** 市场营销部对物流网络设计实施方案的执行情况进行定期维护，根据市场反应评估物流网络设计方案的实施效果，如发现问题，要及时反馈给物流配送部 **3. 优化** 物流配送部针对市场营销部提交的问题，对物流网络设计方案进行优化，与技术部门或第三方公司协商解决实际存在的问题 **工作重点** 物流配对部要及时优化物流网络设计实施方案，彻底解决方案实施中存在的问题
	工作标准
	质量标准：问题解决措施制定及时，并且切实有效
	考核指标
	方案退改的次数：物流网络设计实施方案被退改的次数不得超过____次
执行规范	
“物流网络设计架构说明”“物流网络设计实施方案”“物流网络设计优化方案”	

5.31 内向物流系统规划流程设计与工作执行

5.31.1 内向物流系统规划流程设计

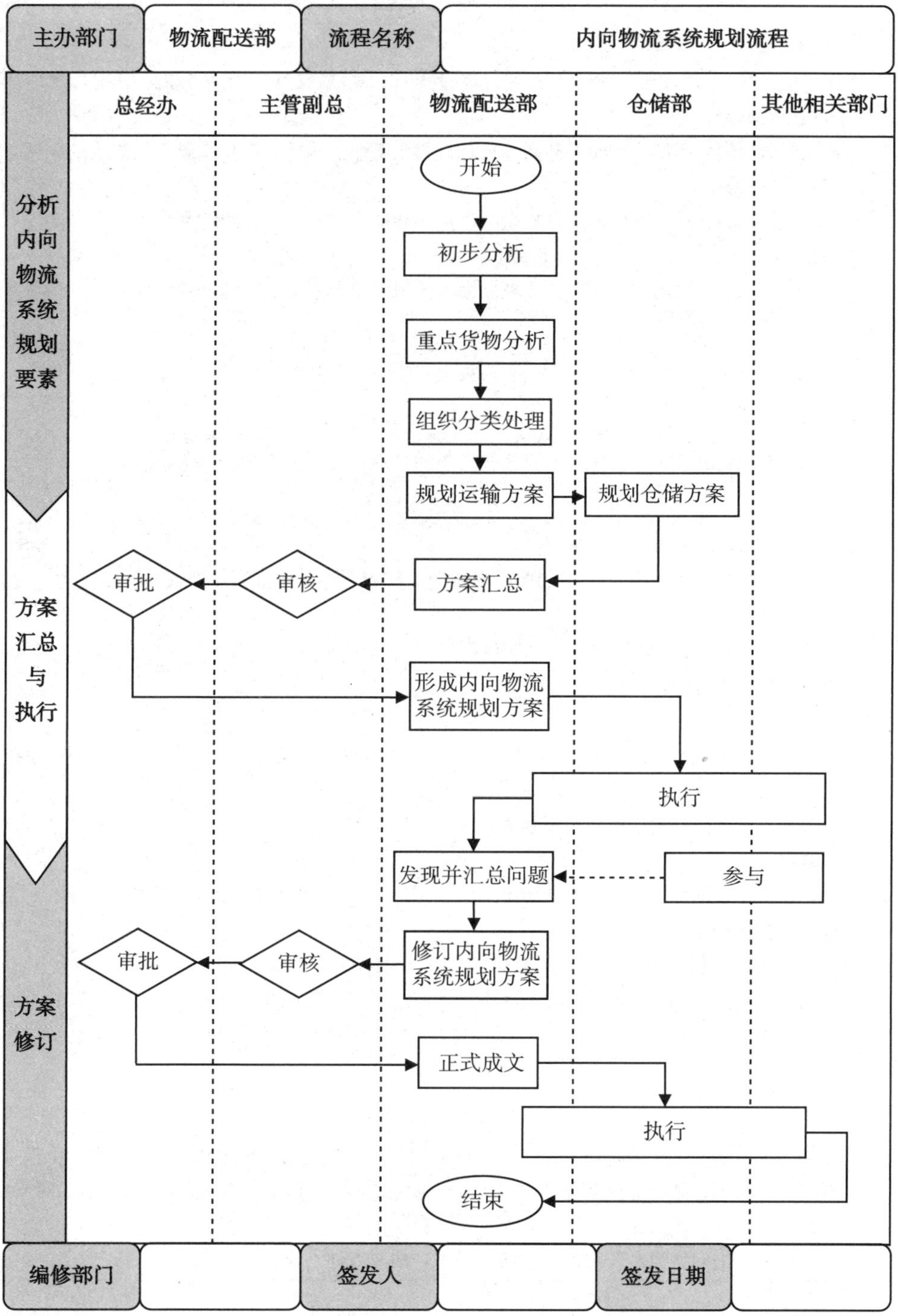

5.31.2 内向物流系统规划执行程序、工作标准、考核指标、执行规范

任务名称	执行程序、工作标准与考核指标
分析内向物流系统规划要素	**执行程序**
	1. 初步分析 物流配送部对内向物流系统整体环境、建设需求、规划目标进行初步分析，并提出规划意见 2. 重点货物分析 物流配送部同生产部、仓储部共同分析日常物流工作，确定企业物流业务中的重点货物 3. 组织分类处理 物流配送部根据对企业物流的分析情况，对不同的运输业务进行组织分类 工作重点 企业应注意对新技术的应用，建立功能强大的货场管理系统和交通管理系统
	工作标准
	质量标准：对重点货物的分析准确、合理，对物流业务的分类科学、全面
	考核指标
	☆物流业务分析和分类的合理性：以相关人员的合理性评价意见来综合衡量
方案汇总与执行	**执行程序**
	1. 方案汇总 ☆根据企业内向物流业务的分析结果，物流配送部和仓储部分别制定企业内向物流的运输方案与仓储方案 ☆物流配送部将运输方案与仓储方案进行汇总、分析，形成内向物流系统规划方案，提交主管副总审核后，报总经办审批 2. 执行 ☆内向物流系统规划方案审批通过后，物流配送部根据批示意见形成正式方案，组织仓储部、生产部、供应商等执行 ☆仓储部、生产部、供应商按照规划方案的要求执行工作 工作重点 ☆内向物流系统规划要坚持与生产相协调的原则，例如，可让供应商直接送货到使用点，从而尽量使库存最小化 ☆物流配送部在制定内向物流系统规划方案时，要注意以下几个关键点：应集成多个系统，进行运费投标，减少内向物流成本；尽量在地区内整合集装箱使用规划，减少拼箱载荷；制定拖车卸货管理细则，优化吞吐量并减少滞留费；妥当使用标准化包装和标准箱，通过标准化方案提升效率
	工作标准
	☆考核标准：物流配送部应在____个工作日内制定完成内向物流系统规划方案并提交审批 ☆效率标准：内向物流系统规划方案通过后，物流配送部应在____个工作日内完成任务分解并组织执行 ☆质量标准：内向物流系统规划方案落实到位，执行及时、全面

（续）

<table>
<tr><th>任务名称</th><th>执行程序、工作标准与考核指标</th></tr>
<tr><td rowspan="4">方案修订</td><td>执行程序</td></tr>
<tr><td>1. 发现并汇总问题
☆仓储部、生产部、供应商在执行内向物流系统规划方案的过程中，如发现问题，要及时向物流配送部反映
☆物流配送部要随时对规划方案执行过程中出现的各种问题进行汇总与整理
2. 修订内向物流系统规划方案
物流配送部根据汇总与整理的问题，制定相应的解决措施，并在此基础上对内向物流系统规划方案进行整体修订，提交主管副总审核后，报总经办审批
3. 正式成文
内向物流系统规划修订方案审批通过后，物流配送部根据批示意见将其形成正式文本，下发仓储部、生产部、供应商等部门和单位执行
工作重点
企业要高度重视仓库管理系统的智能化水平，注意与其他业务系统，如ERP系统、运输管理系统、自动化订单拣货和RFID（射频识别）跟踪系统等充分整合</td></tr>
<tr><td>工作标准</td></tr>
<tr><td>☆质量标准：内向物流系统规划方案修订及时、合理、可行
☆考核标准：物流配送部应在____个工作日内完成内向物流系统规划方案的修订工作</td></tr>
<tr><td colspan="2">执行规范</td></tr>
<tr><td colspan="2">“企业内向物流管理制度”“内向物流系统规划方案”</td></tr>
</table>

5.32 回收计划管理流程设计与工作执行

5.32.1 回收计划管理流程设计

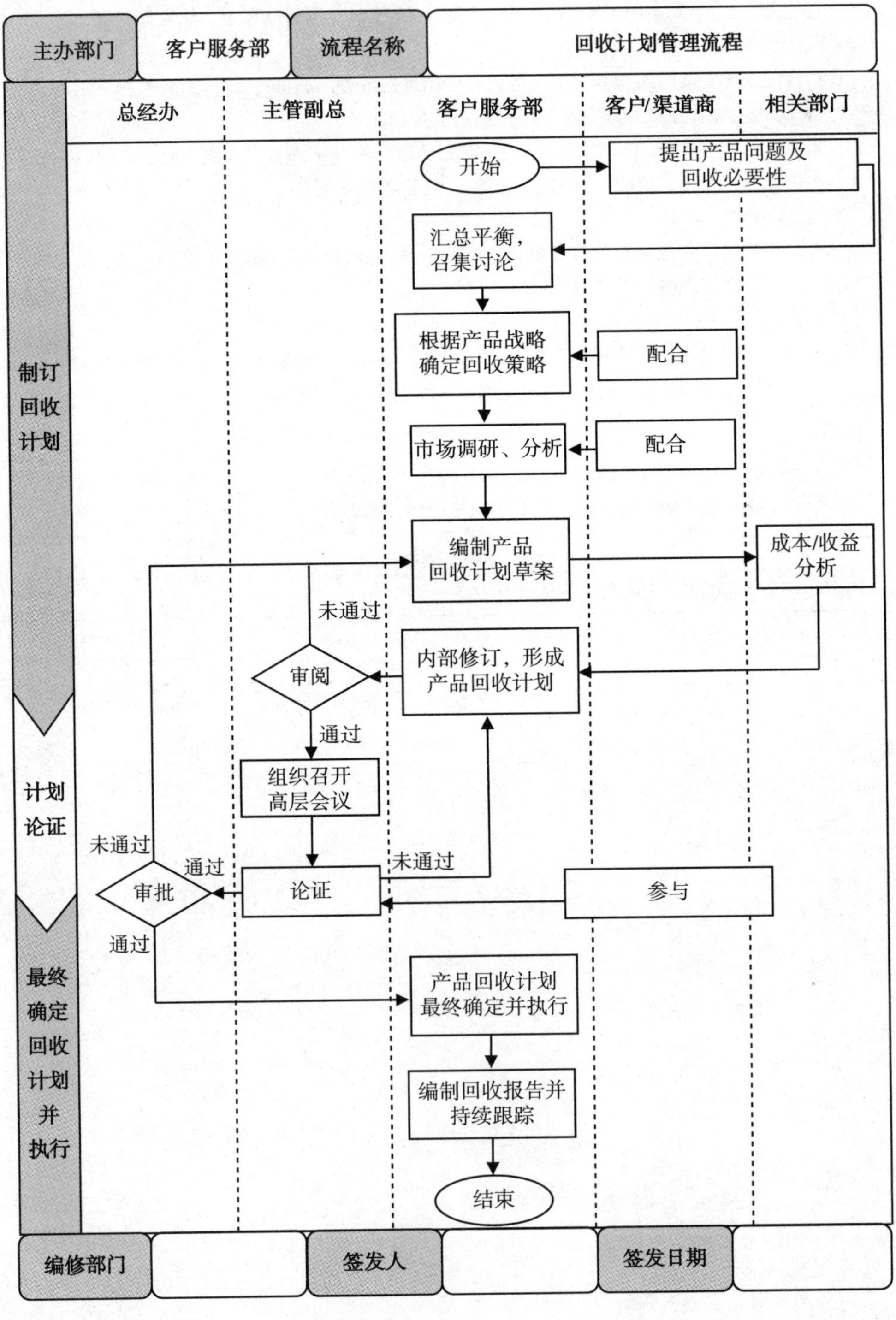

5.32.2 回收计划管理执行程序、工作标准、考核指标、执行规范

任务名称	执行程序、工作标准与考核指标
制订回收计划	**执行程序**
	1. 提出产品问题及回收必要性 ☆客户 / 渠道商针对产品在使用中的问题向企业提出回收意见 ☆企业维修部门、客户投诉处理部门根据产品维修、投诉数据总结并反映产品问题，提出回收意见 **2. 汇总平衡，召集讨论** ☆客户服务部及时汇总客户 / 渠道商及相关部门的回收意见，进行初步平衡 ☆客户服务部会同维修部门、客户投诉处理部门、研发部门及客户 / 渠道商代表，对产品回收意见进行研究与讨论 **3. 根据产品战略确定回收策略** 通过集体讨论，客户服务部结合产品的生命周期战略及产品市场定位等因素，确定回收策略 **4. 现场调研、分析** 回收策略确定后，客户服务部组织开展现场调研，了解产品当前的问题状态，以及同类产品的市场状况等 **5. 编制产品回收计划草案** 客户服务部根据调研结果，结合产品回收策略、产品特点等情况编制产品回收计划草案 **6. 成本 / 收益分析** 财务部相关人员针对产品回收计划草案进行成本 / 收益分析 **7. 内部修订，形成产品回收计划** 客户服务部根据成本 / 收益分析结果，完善产品回收计划并提交主管副总审阅，若其存在异议或提出意见，则客户服务部根据其意见对产品回收计划进行修订 **工作重点** 企业应注意提升产品回收的智能化、自动化水平，使客户可以通过支持中心或在线界面同时办理回收及收款等业务，并可以进行实时进程追踪
	工作标准
	参照标准：企业过去年度的产品回收计划资料
计划论证	**执行程序**
	1. 组织召开高层会议 主管副总组织召开高层会议，从品牌、物流、市场、财务、新产品研发等多个角度讨论产品回收计划 **2. 论证** ☆高层会议论证产品回收计划的必要性、可行性，尤其是评估回收计划对客户忠诚度的影响 ☆若产品回收计划通过论证，则上报总经办审批；若存在问题，则返回修订 **工作重点** 高层会议论证时，要注意听取重要渠道商的意见。关于回收处理，若原来的合同对回收事项有规定，则按照规定处理；若没有明确规定，则按照双方同意的回收处理原则进行处理
	工作标准
	产品回收计划中的所有重要决策事项都有论据支撑，确保计划切实可行
	考核指标
	产品回收计划修订的次数：不得超过____次

（续）

<table>
<tr><th>任务名称</th><th>执行程序、工作标准与考核指标</th></tr>
<tr><td rowspan="4">最终确定回收计划并执行</td><td>执行程序</td></tr>
<tr><td>1. 产品回收计划最终确定并执行
经过多方论证和总经办审批，最终形成产品回收计划，客户服务部组织人员执行该计划。收到回收产品后，相关负责人要将回收品的编号、数量及序列号与原始订单一一核对
2. 编制回收报告并持续跟踪
产品回收计划完成后，客户服务部编制产品回收报告，总结经验与教训
工作重点
☆企业应设置专门的回收处理区域，采用专门的设备，由经过专业训练的人员对回收产品进行损失评估、缺陷评估，并对回收原因进行分类与编码
☆客户服务部要加强与产品设计及技术部门的协作，及时将检验分析数据进行反馈，形成闭环管理</td></tr>
<tr><td>工作标准</td></tr>
<tr><td>质量标准：产品回收计划顺利执行，客户满意度和忠诚度没有大幅下降</td></tr>
<tr><td colspan="2">执行规范</td></tr>
<tr><td colspan="2">“企业产品回收计划”“产品回收调研报告”“产品回收计划审批修订案”“产品回收报告”</td></tr>
</table>

5.33 仓储运营管理流程设计与工作执行

5.33.1 仓储运营管理流程设计

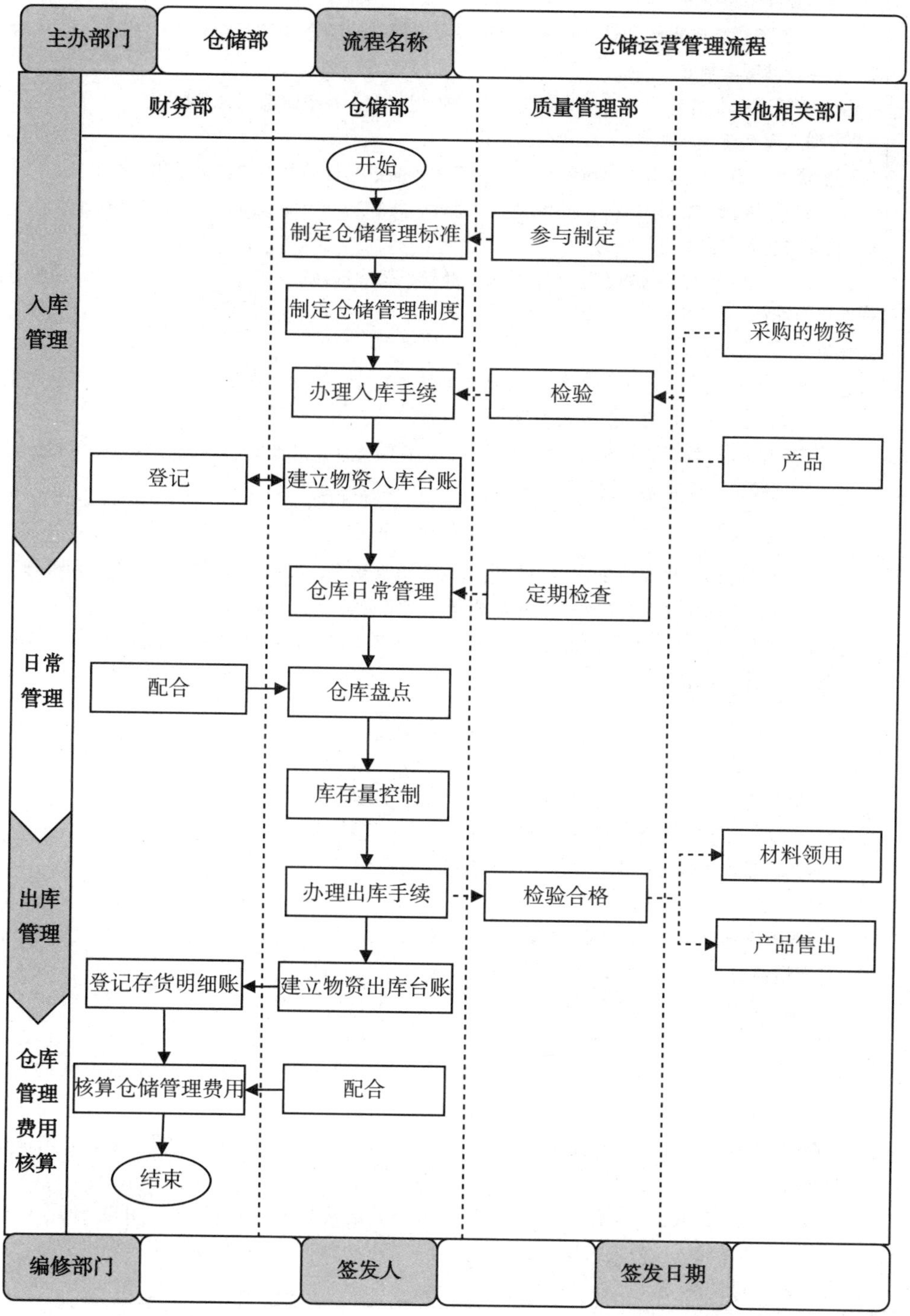

5.33.2 仓储运营管理执行程序、工作标准、考核指标、执行规范

任务名称	执行程序、工作标准与考核指标
入库管理	**执行程序**
	1. 制定仓储管理标准 在质量管理部及其他相关部门的参与协助下，仓储部制定仓储管理标准 **2. 制定仓储管理制度** 在仓储管理标准的基础上，仓储部制定仓储管理制度，并组织部门人员执行 **3. 办理入库手续** ☆质量管理部负责对采购的物料和各单位生产的产品进行检验，检验合格后出具检验单 ☆仓储部根据检验单办理物料和产品的入库手续，将物料和产品安排在合适的位置 **4. 建立物资入库台账** 仓储部先对所有入库的物资建立物资入库台账，然后将物资入库台账报给财务部，由财务部登记存货明细账 **工作重点** ☆仓储部要做好入库验收记录工作，该记录是货主退货、换货和索赔的重要依据，也是避免物资积压，减少经济损失的一个有效手段 ☆质量管理部在对物资进行检验时，除了核对必要的凭证，还要对实物进行数量和质量检验，一旦发现问题，要迅速锁定责任部门或人员，并进行追责与处理
	工作标准
	☆内容标准：仓储管理制度的内容主要包括物资验收管理、物资入库管理、物资储存管理、物资盘点管理、物资库存控制管理、物资出库管理和物资运输配送管理 ☆目标标准：入库管理的目标是入库操作符合物资管理制度，物资快速、准确入库，入库信息处理及时、正确、完整
日常管理	**执行程序**
	1. 仓库日常管理 ☆仓储部负责安排专人做好仓库的5S管理工作（整理、整顿、清扫、清洁、素养），实行定点、定位存放，各种存放物资有明显的标志 ☆质量管理部负责对仓库的日常管理状况进行定期检查 **2. 仓库盘点** 财务部配合仓储部定期对物资进行盘点，并对盘点结果进行分析与处理 **3. 库存量控制** 仓储部负责做好库存量控制工作 **工作重点** ☆仓库的日常管理须严格按照仓库管理的相关规定和要求执行，仓储部要做好仓库的防火、防水、防潮、防盗等工作，避免物资发生存储损失 ☆仓储部对物资进行盘点时，务必做到账、卡、物相符，若在盘点过程中发现问题，须及时采取补救措施 ☆仓储部在做库存量控制工作时，须时刻注意生产用物料的库存量，当生产用物料的库存量超过安全库存水平时，应向采购部发出预警；当生产用物料的库存量低于安全库存水平时，须及时通知采购部进行补充

（续）

任务名称	执行程序、工作标准与考核指标
日常管理	**工作标准**
	目标标准：使库存量保持在合理范围内，既能保障生产，又能最大限度地降低库存水平
	考核指标
	☆仓库盘点准确率：目标值为100% $\text{仓库盘点准确率}=\frac{\text{仓库盘点正确的次数}}{\text{仓库盘点总次数}}\times 100\%$ ☆仓库盘点及时性：仓储部须在规定的时间内完成仓库盘点工作
出库管理	**执行程序**
	1. 办理出库手续 ☆生产物料出库：先由各生产单位报相关管理人员签署领料单，然后将领料单交给仓储部，仓储部对照物料定额标准审核领料单，确认无误后办理发料、物料出库手续 ☆产品出库：先由销售部经理在产品出库单上签字，然后仓储部审核产品出库单，确认无误后迅速查找产品，并办理产品出库手续 **2. 建立物资出库台账** 仓储部先对所有出库的物资建立物资出库台账，然后将物资出库台账报给财务部，由财务部登记存货明细账 **工作重点** 仓储部须严格按照仓储管理制度执行出库手续，对在出库检验中出现问题的材料与产品，严格禁止出库
	工作标准
	依据标准：出库手续的办理以仓储管理制度为依据
仓库管理费用核算	**执行程序**
	财务部先在仓储部的配合下核算仓库管理费用，然后将核算结果反馈给仓储部 **工作重点** 财务部在核算仓储管理费用时须仔细，避免出现错误，影响仓储部仓储管理费用指标的完成
	工作标准
	目标标准：降低仓库的管理成本，提高仓库的利用率
执行规范	
“仓储管理制度”“企业库存盘点制度”“财务管理制度”“仓库操作规范与实施细则”“仓储储位规划”	

5.34 逆向物流管理流程设计与工作执行

5.34.1 逆向物流管理流程设计

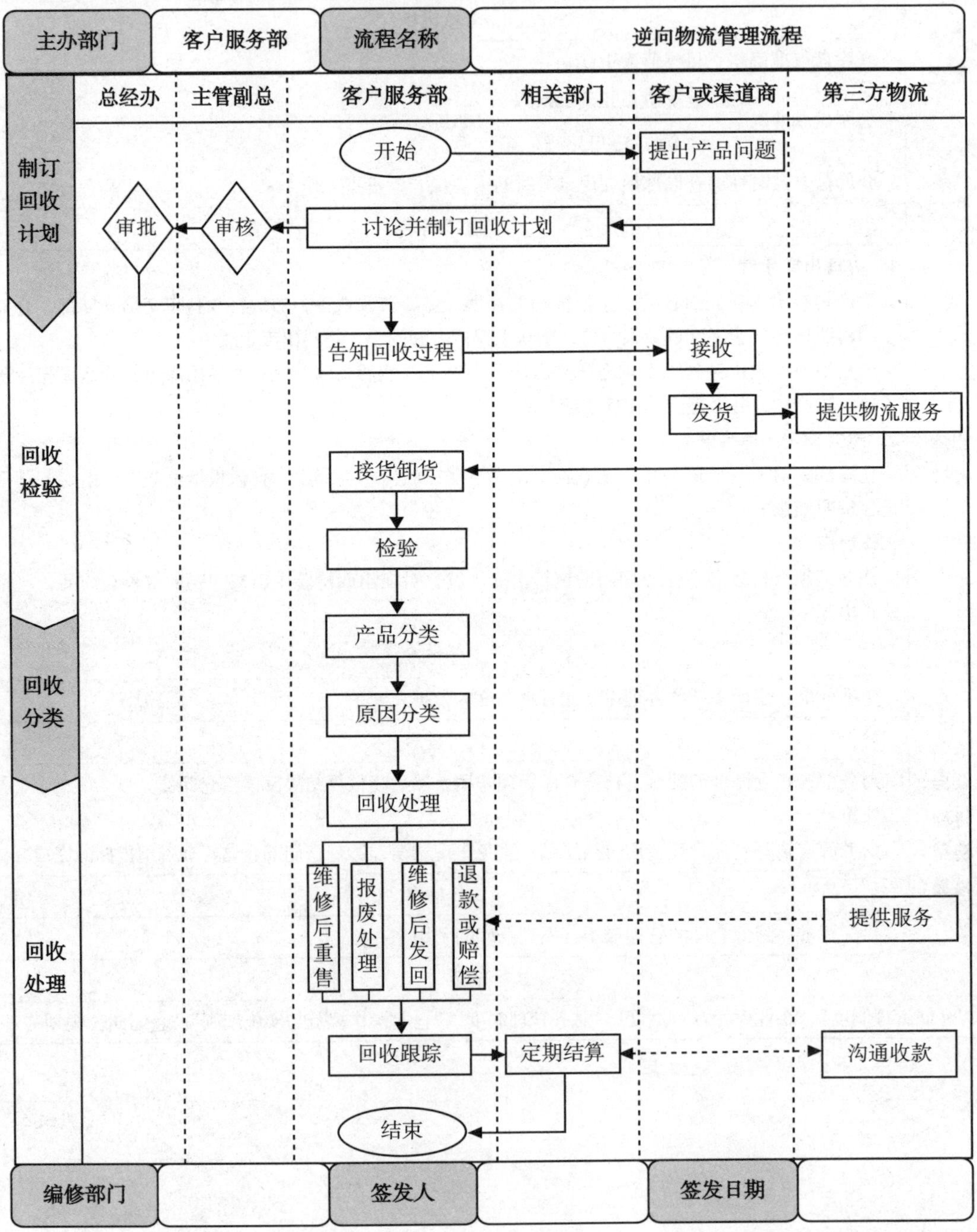

5.34.2 逆向物流管理执行程序、工作标准、考核指标、执行规范

任务名称	执行程序、工作标准与考核指标
制订回收计划	**执行程序**
	1. 提出产品问题 客户或渠道商针对产品在使用中的问题，向企业提出退货、换货、返修或其他赔偿要求 **2. 讨论并制订回收计划** ☆客户服务部牵头，组织市场营销部、财务部、仓储部、生产部等部门负责人与客户代表进行讨论，若确定回收产品，则制订产品回收计划 ☆产品回收计划须报经主管副总审核、总经办审批 **工作重点** 企业要建立退货授权系统，提升产品回收的智能化水平和工作效率，按照产品类型、价值、渠道等设计退货处理的标准作业程序，使用产品标签和条码标签来完成物品的标识，实现相关数据由人工录入订单系统后可自动运转
	工作标准
	参照标准：企业过去年度的产品回收计划资料
	考核指标
	产品回收的智能化水平：以客户在网页、手机等客户端的打分来衡量
回收检验	**执行程序**
	1.告知回收过程 ☆客户服务部将产品回收的关键信息告知客户，包括收货人、收货地址、第三方物流公司、包装要求等。客户服务部可以建立专门处理回收的呼叫中心，并提供一定的技术支持和培训支持 ☆客户收到通知后，按规定填写退货 / 换货 / 返修单 **2. 提供物流服务** 客户通过第三方物流将产品和相关单据发往指定的地点 **3. 检验** 企业设定专门的逆向产品处理区域，采用专门的检验设备，由经过专业训练的人员将逆向产品的编号、数量及序列号与原始订单逐一进行核对，做好检验和损失、缺陷评估工作，并对收回原因进行专门编码 **工作重点** ☆加强检验监督，企业须对回收品进行全面检验后方可出具贷项通知单 ☆加强产品回收管理与供应商保修的关联度，并就符合合同规定的任何与保修相关的维修事项向供应商收取费用，同时设法与供应商形成加强伙伴关系，一起进行缺陷零部件的分析
	工作标准
	完成标准：回收品检验完成，相关信息核对无误，编码清楚

（续）

任务名称	执行程序、工作标准与考核指标
回收分类	**执行程序**
	客户服务部对所有回收品按产品的品牌、型号和年份等信息进行分类，并在此基础上对回收品按照回收原因进行更深层次的分类 **工作重点** 客户服务部要注意跟踪、收集产品保修数据和客户的维修要求，用于产品开发周期管理
	工作标准
	☆参考标准：其他同类企业的回收品分类情况 ☆完成标准：回收品分类科学，能够大大提升物流的敏捷性和其他部门的协调性
回收处理	**执行程序**
	☆客户服务部要针对不同的产品，按照回收的原因进行分类处理：客户要求退货且经检验符合要求的，及时通知财务部退款；客户要求换货且符合规定的，及时调换货物并发货；客户要求返修的，产品维修后及时发货；产品返修成功但客户已要求退货的，可重新入库等待销售；无法维修的，应及时申请报废处理 ☆回收品维修之前，客户服务部应向客户告知产品修理事项；如果产品无法维修，应及时通知客户，并向其提供退货或换货服务 ☆对于那些从回收品上拆分下来的二手零部件，可采用目测、电子或液压等手段，在入库前对其进行严格检验，入库存储时要注意做好标识，并且与新零部件分开存放 ☆财务部定期与第三方物流公司结算逆向物流费用，客户服务部应提供协助 **工作重点** ☆通过贴条码或无线射频码等方式对维修部件和产品进行追踪 ☆企业要对回收品的再销售、再加工或销毁做好记录与追踪，并及时将其分类、入库，纳入正常管理流程 ☆修理完工的产品要经过与新产品相同的质检程序，以确保维修产品的质量
	工作标准
	参照标准：业内其他企业逆向产品的回收处理流程与标准
	考核指标
	☆维修产品质量合格率：目标值为____%，用来衡量维修产品的质量水平 ☆维修产品质量合格率 $= \frac{\text{合格的维修产品数}}{\text{维修产品总数}} \times 100\%$
执行规范	
“逆向产品处理政策”“逆向物流管理办法”“逆向产品处理报告”	

第6章 客户服务管理

6.1 客户服务管理工作流程

6.1.1 流程目的说明

企业对客户服务实施流程管理的目的如下：

（1）有效地收集和分析客户信息，把握客户需求特征和行为偏好，积累和共享客户知识，有针对性地为客户提供产品或服务；

（2）发展和管理与客户之间的关系，从而提升客户的长期忠诚度，以实现客户价值最大化和企业收益最大化之间的平衡；

（3）完善、补充企业供应链管理的链条，由于客户服务管理在供应链管理中具有重要的作用和地位，因此没有成功的客户服务管理，供应链管理就不能有效运作。

6.1.2 流程结构设计

客户服务管理流程设计将客户服务管理细分为 6 个事项，就每个事项分别设计流程，即客户细分管理流程、客户盈利性分析流程、客户服务运营管理流程、客户服务请求管理流程、客户投诉管理流程和客户服务运营评估流程，具体结构设计如图 6-1 所示。

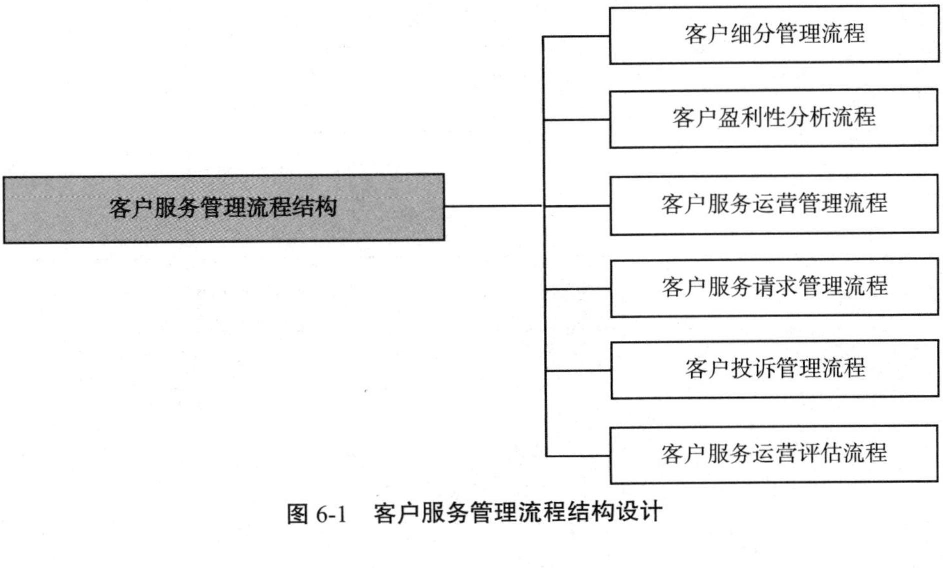

图 6-1 客户服务管理流程结构设计

6.2 客户细分管理流程设计与工作执行

6.2.1 客户细分管理流程设计

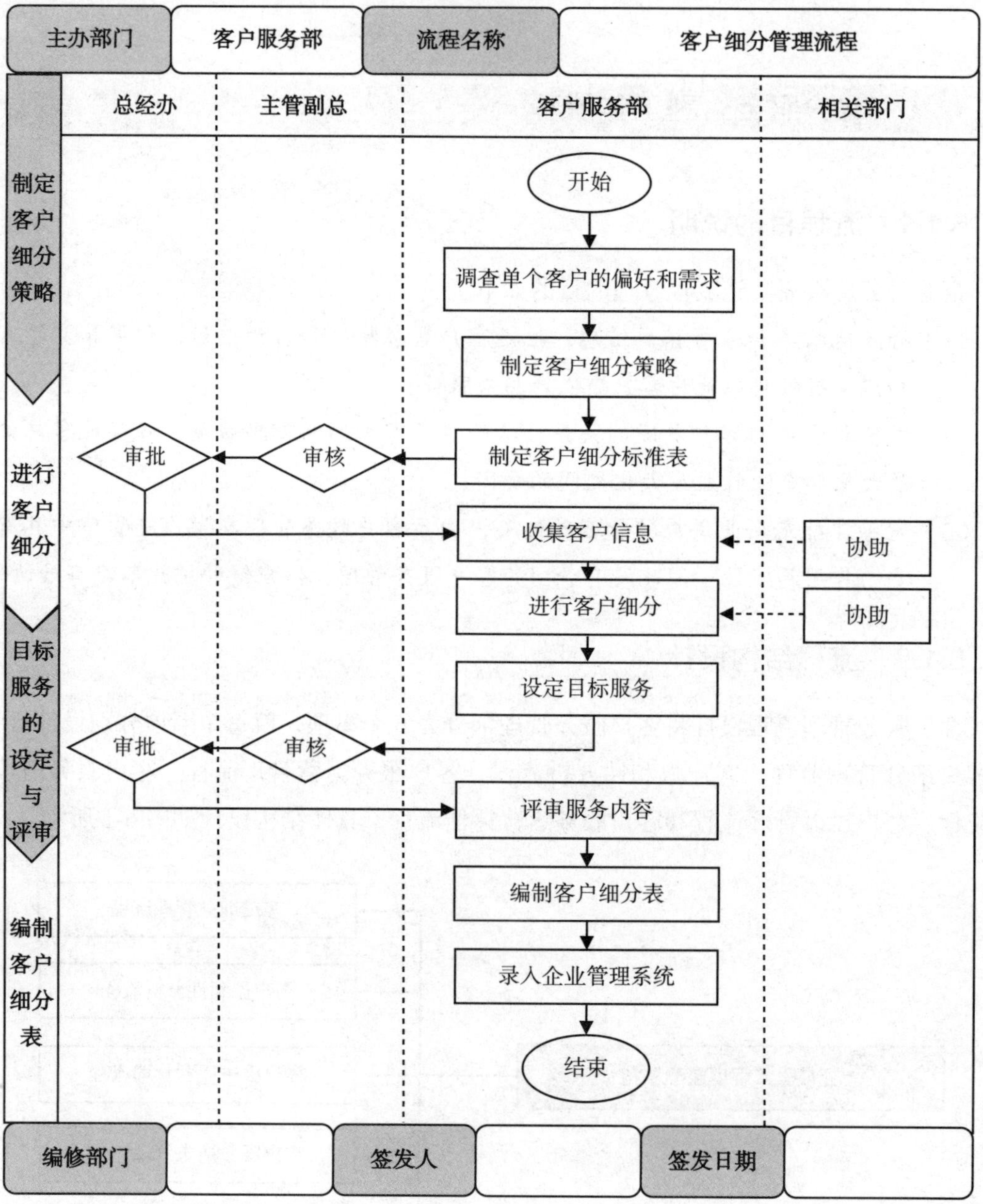

6.2.2 客户细分管理执行程序、工作标准、考核指标、执行规范

<table>
<tr><th>任务名称</th><th>执行程序、工作标准与考核指标</th></tr>
<tr><td rowspan="6">制定客户细分策略</td><td>执行程序</td></tr>
<tr><td>1. 调查单个客户的偏好和需求
☆客户服务部调查单个客户的偏好和需求，并以此为基础设定基础目标服务
☆确定调查的渠道，渠道划分以服务要求为基础，包括正式的、已定义的和市场化的渠道
2. 制定客户细分策略
客户服务部根据本企业产品 / 服务的属性与客户的实际需求制定合适的客户细分策略
工作重点
☆要注意调查渠道及客户细分策略的准确性
☆将客户细分与品牌化战略联系在一起，通过提供更好的客户体验来增加品牌美誉度</td></tr>
<tr><td>工作标准</td></tr>
<tr><td>客户偏好和需求调查结果准确，客户细分策略制定合理</td></tr>
<tr><td>考核指标</td></tr>
<tr><td>调查结果准确率：用以衡量单个客户的偏好和需求调查结果的准确性
$$调查结果准确率=\frac{准确的调查结果数}{提供的调查结果总数}\times 100\%$$</td></tr>
<tr><td rowspan="4">进行客户细分</td><td>执行程序</td></tr>
<tr><td>1. 制定客户细分标准表
☆客户服务部负责制定客户细分标准表，内容通常包括人口学数据、行为数据、忠诚度、价值和态度等
☆客户细分标准表须提交主管副总审核、总经办审批
2. 进行客户细分
从人口学数据、行为数据、忠诚度、价值和态度等方面对客户进行细分
工作重点
☆在客户细分之初，客户服务部应根据使用人员的业务属性，向其提供最佳名单，帮助其提高交易成功率
☆客户细分应纳入企业战略，由高级管理人员负责推动</td></tr>
<tr><td>工作标准</td></tr>
<tr><td>客户细分标准制定合理，客户细分工作完成及时，无纰漏</td></tr>
<tr><td rowspan="4">目标服务的设定与评审</td><td>执行程序</td></tr>
<tr><td>1. 设定目标服务
客户服务部根据客户细分名单设定目标服务，并提交主管副总审核、总经办审批
2. 评审服务内容
每年至少对所有客户的服务内容进行一次评审，并根据评审结果适当调整服务内容
工作重点
目标服务的设定要精准，针对性强</td></tr>
<tr><td>工作标准</td></tr>
<tr><td>目标服务设定合理，可以进一步提升企业的客户管理水平和客户忠诚度</td></tr>
</table>

（续）

任务名称	执行程序、工作标准与考核指标
编制客户细分表	**执行程序**
	客户服务部根据相关信息编制客户细分表，并录入企业管理系统 **工作重点** 客户细分表的编制要准确、及时
	工作标准
	客户细分表的内容全面，结构清晰，无重大纰漏
	考核指标
	☆客户细分表编制及时率：用以衡量客户细分表编制的效率 ☆$\text{客户细分表编制及时率}=\frac{\text{考核期内及时编制客户细分表的次数}}{\text{考核期内编制客户细分表的总次数}}\times 100\%$
执行规范	
“客户管理制度”“客户细分标准”“客户偏好与需求调查问卷”	

6.3 客户盈利性分析流程设计与工作执行

6.3.1 客户盈利性分析流程设计

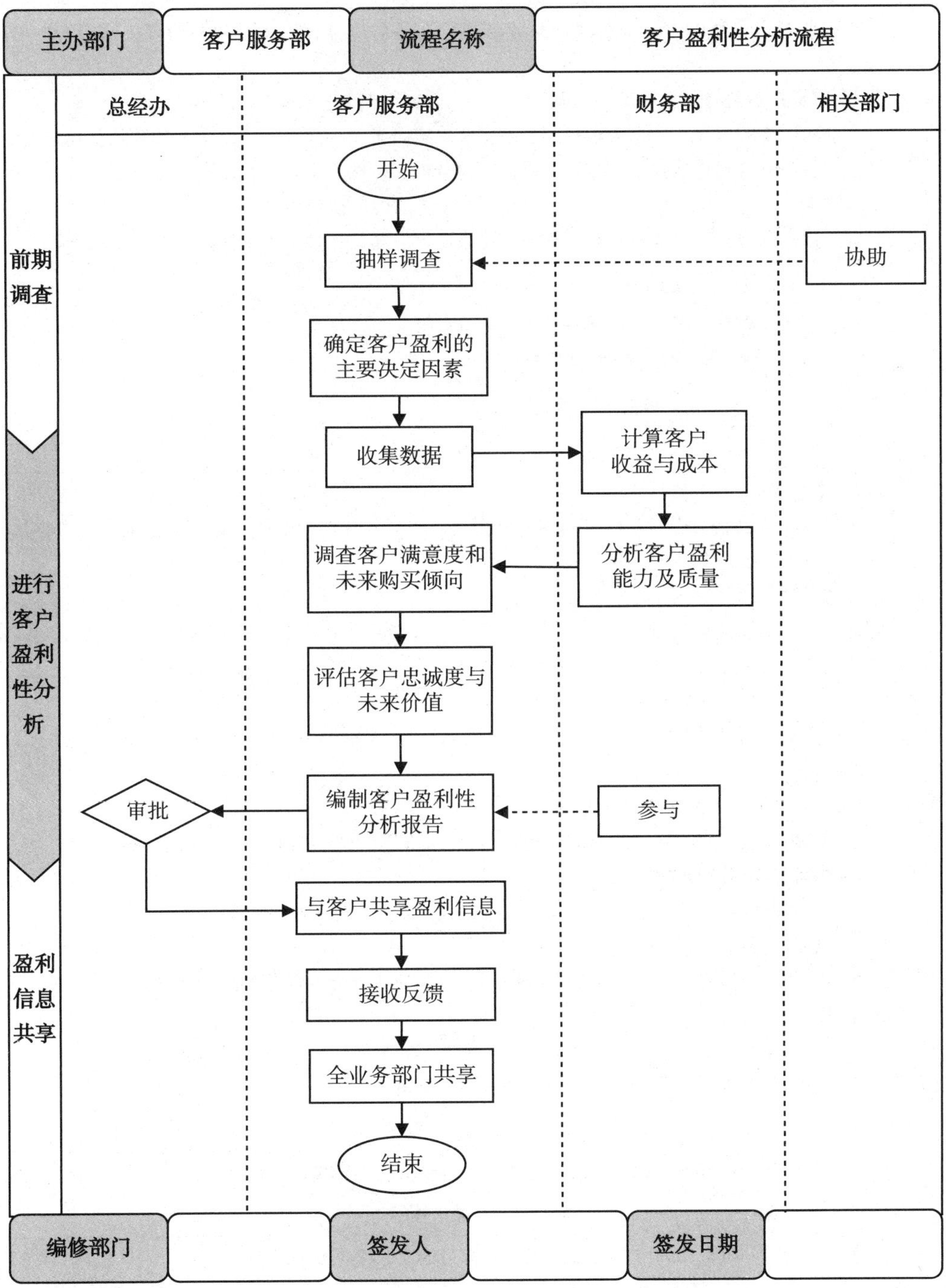

6.3.2 客户盈利性分析执行程序、工作标准、考核指标、执行规范

<table>
<tr><th>任务名称</th><th>执行程序、工作标准与考核指标</th></tr>
<tr><td rowspan="4">前期调查</td><td>执行程序</td></tr>
<tr><td>1. 抽样调查
在评估客户盈利能力之前，客户服务部组织人员对部分客户进行抽样调查，这些客户可随机选择
2. 确定客户盈利的主要决定因素
☆在抽样调查的基础上，总结客户盈利的主要决定因素，寻找客户获得最大收益的便利途径
☆单个客户的盈利是从收入中减去直接人工，分摊支持性人工和原料成本的结果
工作重点
除了抽样调查资料，客户服务部相关工作人员还应通过各种渠道掌握更多的客户信息</td></tr>
<tr><td>考核指标</td></tr>
<tr><td>调查结果准确率：用以衡量调查工作的质量水平
$调查结果准确率=\frac{准确的调查结果数}{调查结果总数}\times 100\%$</td></tr>
<tr><td rowspan="6">进行客户盈利性分析</td><td>执行程序</td></tr>
<tr><td>1. 收集数据
客户服务部组成正式的客户盈利性分析小组，收集各种客户数据，包括但不限于客户收益与成本、客户负债水平与结构、客户利润额等
2. 分析客户盈利能力及质量
☆财务部在前期收集数据的基础上，计算客户的净资产收益率、营业利润率、成本费用利润率等盈利能力指标，并由此分析客户的盈利能力、净资产利用效率与市场竞争力，从总体上把握客户的盈利能力
☆财务部根据财务数据计算现金毛利率、净利润现金比率、销售净现率等盈利质量指标，分析客户的盈利质量
3. 调查客户满意度和未来购买倾向
分析小组调查客户的满意度和未来购买倾向，以利于企业更好地发展，增强竞争力
4. 评估客户忠诚度与未来价值
分析小组评估客户的忠诚度与未来价值，以利于企业规避风险，了解发展趋势
5. 编制客户盈利性分析报告
在前面各种分析的基础上，分析小组编制客户盈利性分析报告，并提交总经办审批
工作重点
☆分析小组要注意评估、核准各种数据的准确性，如有必要，可到现场调研
☆客户忠诚度调查可采用问卷的方式，注意避免出错</td></tr>
<tr><td>工作标准</td></tr>
<tr><td>客户盈利性分析报告的编制要规范，做到内容全面，结构清晰，无重大纰漏</td></tr>
<tr><td>考核指标</td></tr>
<tr><td>客户盈利性分析报告内容的质量：以报告修订的次数来衡量，力争控制在____次以内</td></tr>
</table>

（续）

<table>
<tr><th>任务名称</th><th>执行程序、工作标准与考核指标</th></tr>
<tr><td rowspan="2">盈利信息共享</td><td>执行程序</td></tr>
<tr><td>1. 与客户共享盈利信息
以正式报告和定期发布的方式与客户共享客户盈利性信息
2. 接收反馈
接收客户反馈，并及时做出响应，制定相关改进措施
3. 全业务部门共享
企业所有业务部门共享客户盈利性分析报告，该报告可用于制定决策
工作重点
注意信息共享的及时性、全面性，应每季度生成报告</td></tr>
<tr><td colspan="2">执行规范</td></tr>
<tr><td colspan="2">“客户满意度调查问卷”“客户忠诚度调查问卷”</td></tr>
</table>

6.4　客户服务运营管理流程设计与工作执行

6.4.1　客户服务运营管理流程设计

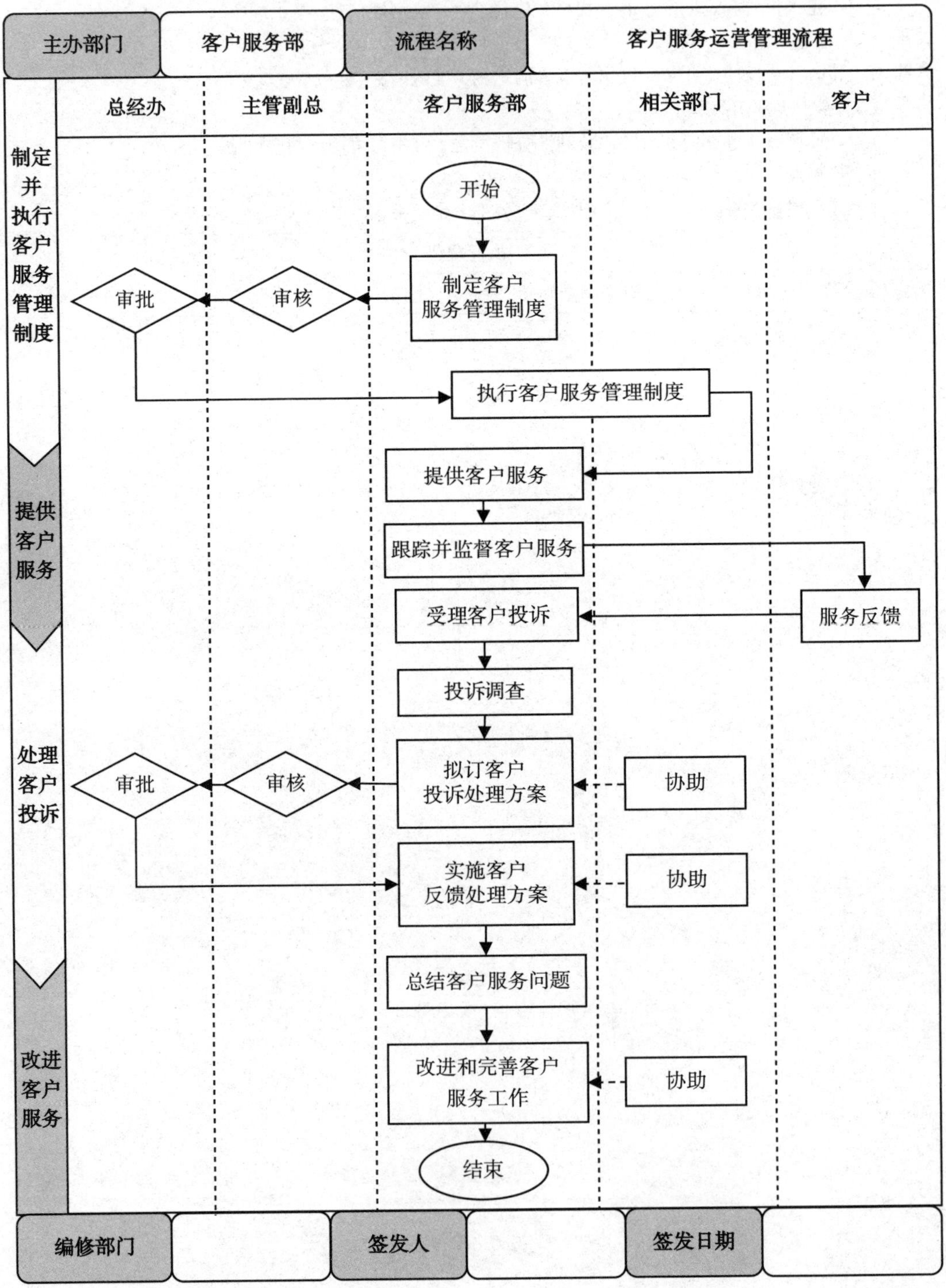

6.4.2 客户服务运营管理执行程序、工作标准、考核指标、执行规范

<table>
<tr><th>任务名称</th><th>执行程序、工作标准与考核指标</th></tr>
<tr><td rowspan="4">制定并执行客户服务管理制度</td><td>执行程序</td></tr>
<tr><td>1. 制定客户服务管理制度
☆客户服务部根据企业客户服务的特点，制定相应的客户服务管理制度
☆客户服务部将制定的客户服务管理制度提交主管副总审核、总经办审批
2. 执行客户服务管理制度
客户服务管理制度经审批通过后，客户服务部负责组织相关部门执行，并将具体的标准和任务分配落实到岗位和个人
工作重点
客户服务管理制度要涵盖与客户服务相关的各类事项，不单单是客户服务部的工作事项</td></tr>
<tr><td>工作标准</td></tr>
<tr><td>客户服务管理制度内容全面，语言表达规范，通俗易懂</td></tr>
<tr><td rowspan="6">提供客户服务</td><td>执行程序</td></tr>
<tr><td>1. 提供客户服务
客户服务部开展日常工作，根据客户的问题和难处提供标准服务，给出相应的解决办法
2. 跟踪并监督客户服务
客户服务部根据企业的业务和销售情况，跟踪并监督客户服务工作情况，定期或不定期对客户进行回访
工作重点
对客户进行回访时，客户服务部要提前确定回访对象和时间，制定客户回访计划表</td></tr>
<tr><td>工作标准</td></tr>
<tr><td>客户服务需要达到服务标准，以提高客户满意度，从而树立企业的良好形象</td></tr>
<tr><td>考核指标</td></tr>
<tr><td>☆客户回访计划完成率：用来衡量客户服务跟踪工作的完成情况，要求达到 100%
☆客户回访计划完成率 = $\frac{\text{完成回访的客户数}}{\text{计划回访客户总数}} \times 100\%$</td></tr>
<tr><td rowspan="2">处理客户投诉</td><td>执行程序</td></tr>
<tr><td>1. 受理客户投诉
☆客户在享受服务的过程中反馈意见，包括服务投诉、改进建议等
☆客户服务部接收客户投诉，并向客户确认企业已经受理
2. 投诉调查
客户服务部整理客户投诉，根据投诉的不同情况展开对应调查，查明客户投诉的真实性及造成客户投诉的具体原因，并明确对应的责任人</td></tr>
</table>

（续）

任务名称	执行程序、工作标准与考核指标
处理客户投诉	**3. 拟订客户投诉处理方案** ☆客户服务部根据客户投诉调查结果提出处理意见，拟订客户投诉处理方案，提交主管副总审核后，报总经办审批 ☆客户投诉处理方案经审批通过后，客户服务部根据批示意见执行投诉处理任务 **工作重点** 一旦出现客户投诉，客户服务部要及时受理，并记录好客户投诉信息
	工作标准
	客户投诉原因分析要全面、详细，归属合理；客户投诉处理方案制定合理、可行
	考核指标
	受理客户投诉及拟订客户投诉处理方案应该在接到客户投诉的____个工作日内完成
改进客户服务	**执行程序**
	1. 总结客户服务问题 客户服务部对客户服务问题进行整理和分类，分析、研究问题产生的原因，同时定期总结日常客户服务工作和处理客户投诉过程中的不足之处 **2. 改进和完善客户服务工作** 结合不同的客户服务问题，客户服务部制定相应的改进措施并组织实施，以不断改进和完善客户服务工作 **工作重点** 客户服务部应对投诉问题进行分类，并将不同类型的客户服务问题填写到客户服务问题分类表中，方便后续的改进工作
	工作标准
	及时、高效地改进客户服务工作中存在的问题
	考核指标
	☆客户服务改进措施执行率：用来衡量客户服务部的工作成果，目标值为100% $\text{客户服务改进措施执行率}=\frac{\text{实施的改进措施数}}{\text{制定的改进措施总数}}\times 100\%$ ☆客户服务改进效果达成率：用来衡量改进工作的效果，目标值为____% $\text{客户服务改进效果达成率}=\frac{\text{改进效果达标数}}{\text{客户服务改进项目数}}\times 100\%$
执行规范	
“客户服务管理制度”“客户回访计划表”“客户回访记录”“客户投诉登记表”“客户投诉处理方案”“客户服务问题分类表”“客户服务改进工作总结”	

6.5 客户服务请求管理流程设计与工作执行

6.5.1 客户服务请求管理流程设计

主办部门	客户服务部	流程名称	客户服务请求管理流程

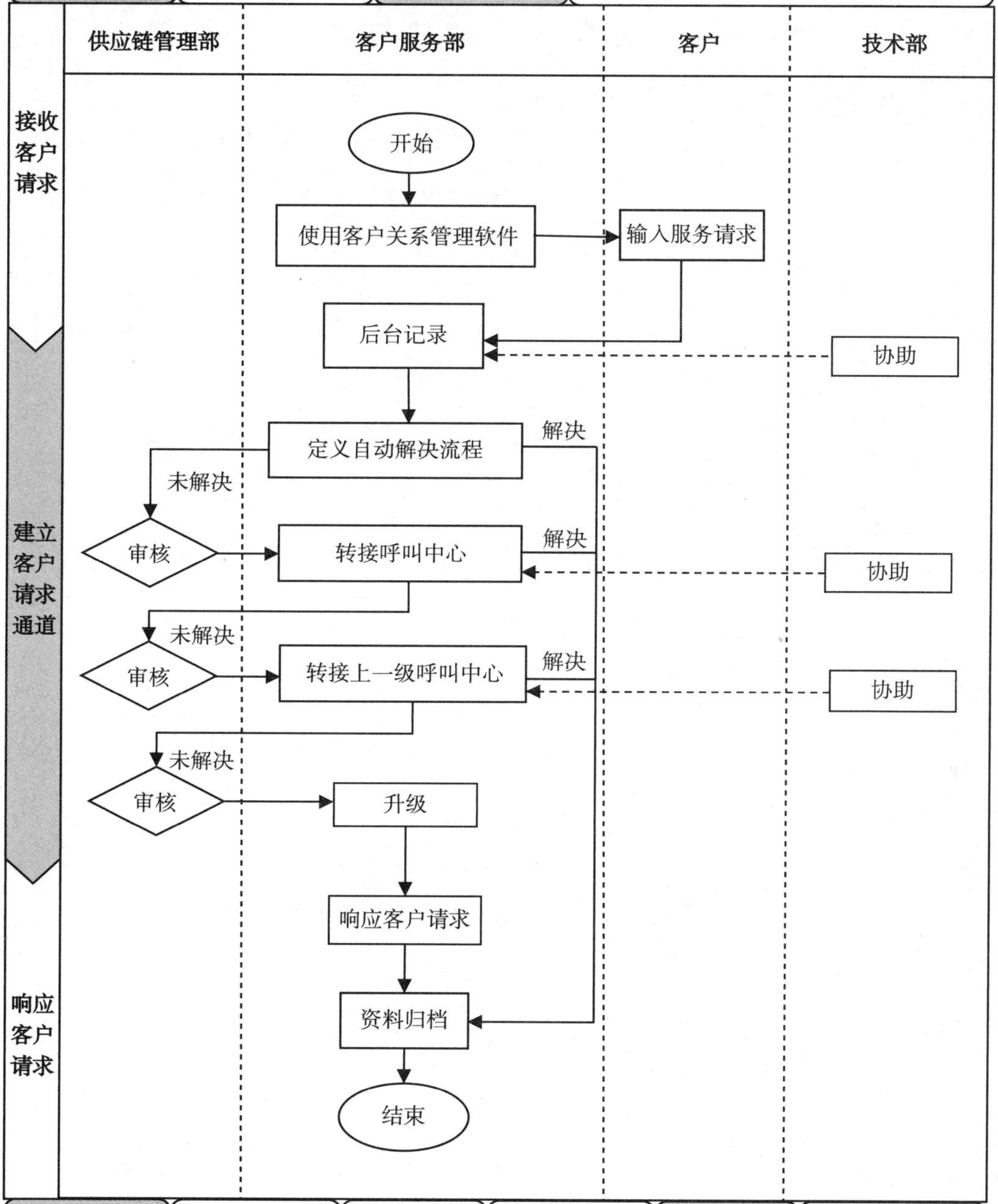

编修部门		签发人		签发日期	

6.5.2 客户服务请求管理执行程序、工作标准、考核指标、执行规范

<table>
<tr><th>任务名称</th><th>执行程序、工作标准与考核指标</th></tr>
<tr><td rowspan="4">接收客户请求</td><td>执行程序</td></tr>
<tr><td>1. 使用客户关系管理软件
客户服务部使用客户关系管理软件实现对客户信息的输入和维护，并接收客户请求
2. 后台记录
客户可以通过呼叫中心或互联网得到有关订单状态的支持
工作重点
☆客户服务代表要熟练使用客户关系管理软件
☆客户服务部要定期对后台记录数据进行审查，删掉无价值的数据，如有必要，可对软件系统进行升级</td></tr>
<tr><td>工作标准</td></tr>
<tr><td>客户关系管理软件运行顺畅，客户服务代表对软件操作熟练</td></tr>
<tr><td rowspan="6">建立客户请求通道</td><td>执行程序</td></tr>
<tr><td>1. 定义自动解决流程
对于常规化的客户请求，客户服务系统可定义自动解决流程
2. 转接呼叫中心
☆系统不能自动解决的客户请求，可以转接呼叫中心解决
☆客户服务代表有权解决普通问询
3. 转接上一级呼叫中心
客户服务代表授权处理大多数问询，无法解决的，可转接上一级呼叫中心处理
工作重点
☆企业应有稳定可靠的技术能力，以协助客户服务部进行客户行为跟踪，更有效地响应客户
☆根据客户概况或协议，为不同的客户提供不同水平的服务支持</td></tr>
<tr><td>工作标准</td></tr>
<tr><td>☆目标标准：技术投资带来客户服务效率和效果提升，客户可以在线获取FAQ（常见问题解答）知识库
☆完成标准：所有技术问题在一个电话呼叫中解决，最多转移一次</td></tr>
<tr><td>考核指标</td></tr>
<tr><td>☆接听电话及时率：用来衡量客户服务代表的工作态度，目标值为____%
$$接听电话及时率=\frac{及时接听的客户电话数}{客户打入的电话总数}\times 100\%$$
☆客户请求解决率：用来衡量客户请求的解决效率，目标值为____%
$$客户请求解决率=\frac{客户请求解决数}{客户请求总数}\times 100\%$$</td></tr>
</table>

（续）

<table>
<tr><th>任务名称</th><th>执行程序、工作标准与考核指标</th></tr>
<tr><td rowspan="6">响应客户请求</td><td>执行程序</td></tr>
<tr><td>在问题升级后，客户服务部要及时派出专业人员给予请求响应
工作重点
客户服务代表拥有客户账号信息的可见权，并可充分获取订单信息、产品信息和协同条款，以便支持客户问询</td></tr>
<tr><td>工作标准</td></tr>
<tr><td>升级后的客户请求可以得到及时解决</td></tr>
<tr><td>考核指标</td></tr>
<tr><td>客户请求解决的质量水平：以客户满意度评分的平均值来衡量</td></tr>
<tr><td colspan="2">执行规范</td></tr>
<tr><td colspan="2">“客户服务部管理制度”“呼叫中心管理制度”</td></tr>
</table>

6.6 客户投诉管理流程设计与工作执行

6.6.1 客户投诉管理流程设计

主办部门	客户服务部	流程名称	客户投诉管理流程

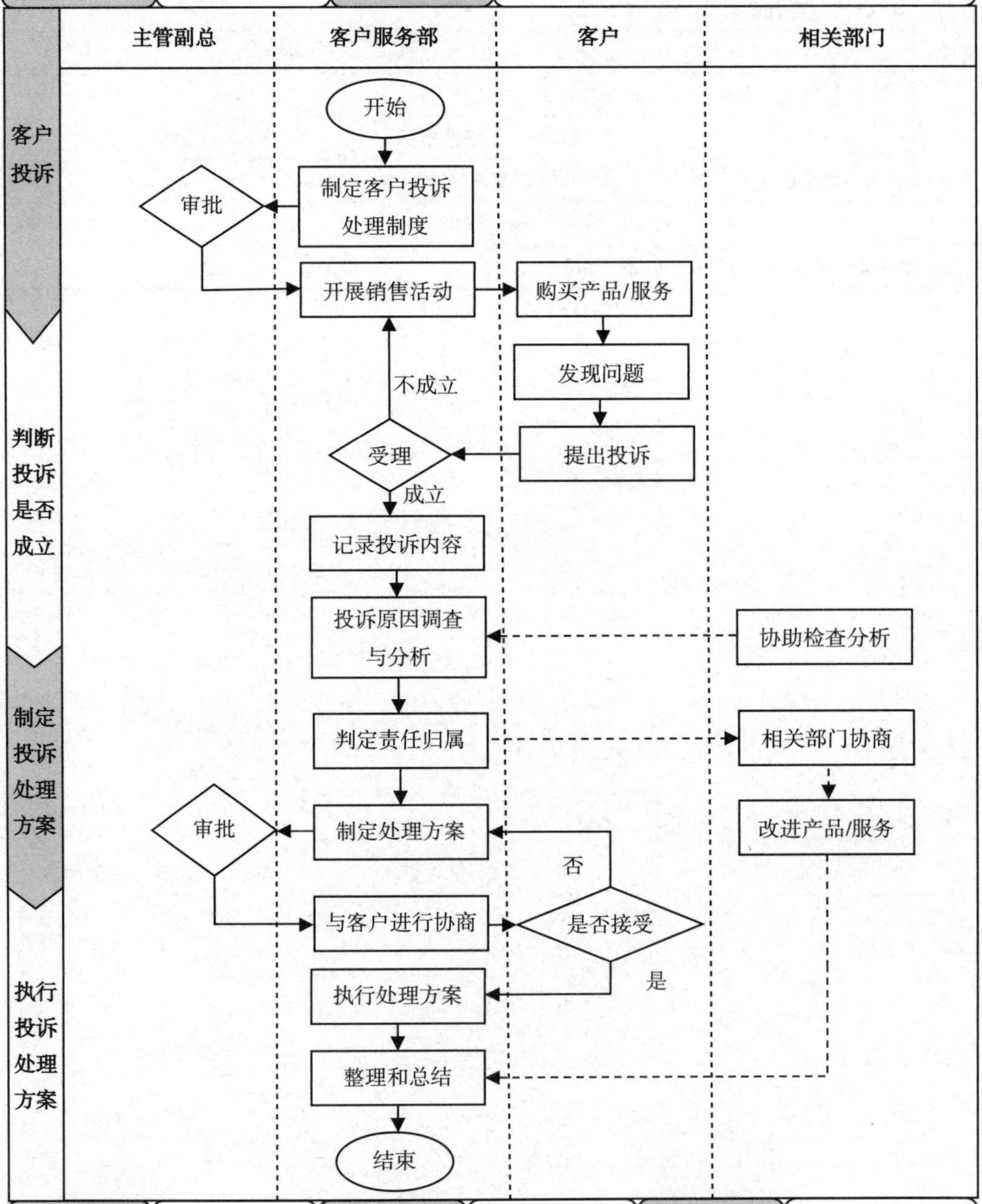

编修部门		签发人		签发日期	

6.6.2 客户投诉管理执行程序、工作标准、考核指标、执行规范

任务名称	执行程序、工作标准与考核指标
客户投诉	**执行程序**
	1. 制定客户投诉处理制度 客户服务部制定客户投诉处理制度，报主管副总审批 **2. 开展销售活动** 企业开展销售活动，客户购买产品或服务 **3. 发现问题** 客户在购买产品、使用产品的过程中发现问题，提出投诉 **工作重点** 企业在销售产品时不得采用虚假宣传手段，不向客户承诺一些产品无法实现的功能，避免客户购买后发现实际情况与宣传或承诺不符，提出投诉
	工作标准
	销售人员或客户服务人员应向客户说明企业的售后服务政策及投诉渠道
判断投诉是否成立	**执行程序**
	☆客户服务部接收、记录客户投诉，填写客户投诉登记表，对客户投诉进行调查分析，判定投诉是否成立 ☆如客户投诉不成立，确定为非企业责任，须及时向客户说明原因 ☆如客户投诉成立，确定为企业或产品问题，须及时答复客户并表示会尽快做出处理 **工作重点** 受理投诉事件须及时，相关人员在受理电话、来访、来信投诉时，要做到“三清”，即清楚投诉人的姓名与工作单位、清楚事情的经过、清楚联系地址及电话
	工作标准
	☆处理标准：对于能够立刻解决的投诉，客户服务部应立刻解决，给客户满意的答复；对于不能立刻解决的投诉，客户服务部应认真分析症结所在，并和客户协商确定处理投诉的最后期限 ☆内容标准：投诉登记表应包括客户姓名、联系方式、客户投诉事项、客户期望的投诉处理结果等内容
制定投诉处理方案	**执行程序**
	1. 判定责任归属 客户投诉成立，客户服务部根据客户投诉的具体情况查明原因和责任人 **2. 制定处理方案** ☆查明原因和责任人后，相关责任部门组织召开会议，商讨解决方案，以改进企业产品或服务 ☆客户服务部按照企业政策制定投诉处理方案，并提交主管副总审批 **工作重点** ☆相关责任部门要及时商讨问题解决方案，以免引起更多客户投诉 ☆投诉处理应客观公正，给相关责任部门和员工申诉的机会，以免造成冤假错案
	工作标准
	☆质量标准：根据实际情况，尽量以最低的成本和最少的人员解决客户投诉问题 ☆依据标准：投诉处理方案应依据企业的相关制度制定，如“客户投诉管理办法”“售后服务管理制度”等

（续）

任务名称	执行程序、工作标准与考核指标
执行投诉处理方案	**执行程序**
	1. 与客户进行协商 投诉处理方案审批通过后，客户服务部根据方案与客户进行沟通、协商，争取达成一致意见 **2. 客户是否接受** ☆若客户接受处理方案，客户服务部按照方案执行，对客户进行相应补偿，做好售后服务工作 ☆若客户不接受方案，客户服务部可与客户反复协商，必要时可做出一定程度且合理的退让 **3. 整理和总结** 客户服务部对客户投诉处理的过程及措施进行整理和总结，将相关的记录和重要的协商证明材料进行归档，以备使用查考 **工作重点** 客户服务人员与客户沟通时要注意方式方法，自始至终保持气氛和谐，不要将矛盾激化
	工作标准
	客户服务部对已经处理结案的投诉，应及时进行回访，以检查客户投诉处理效果
	考核指标
	客户满意度评分：用来衡量客户对投诉处理的满意程度，目标值为____分
执行规范	
“产品销售记录”“客户服务准则”“客户档案资料”“客户投诉处理方案”“客户投诉记录表”“客户投诉管理办法”“售后服务管理制度”	

6.7 客户服务运营评估流程与工作执行

6.7.1 客户服务运营评估流程设计

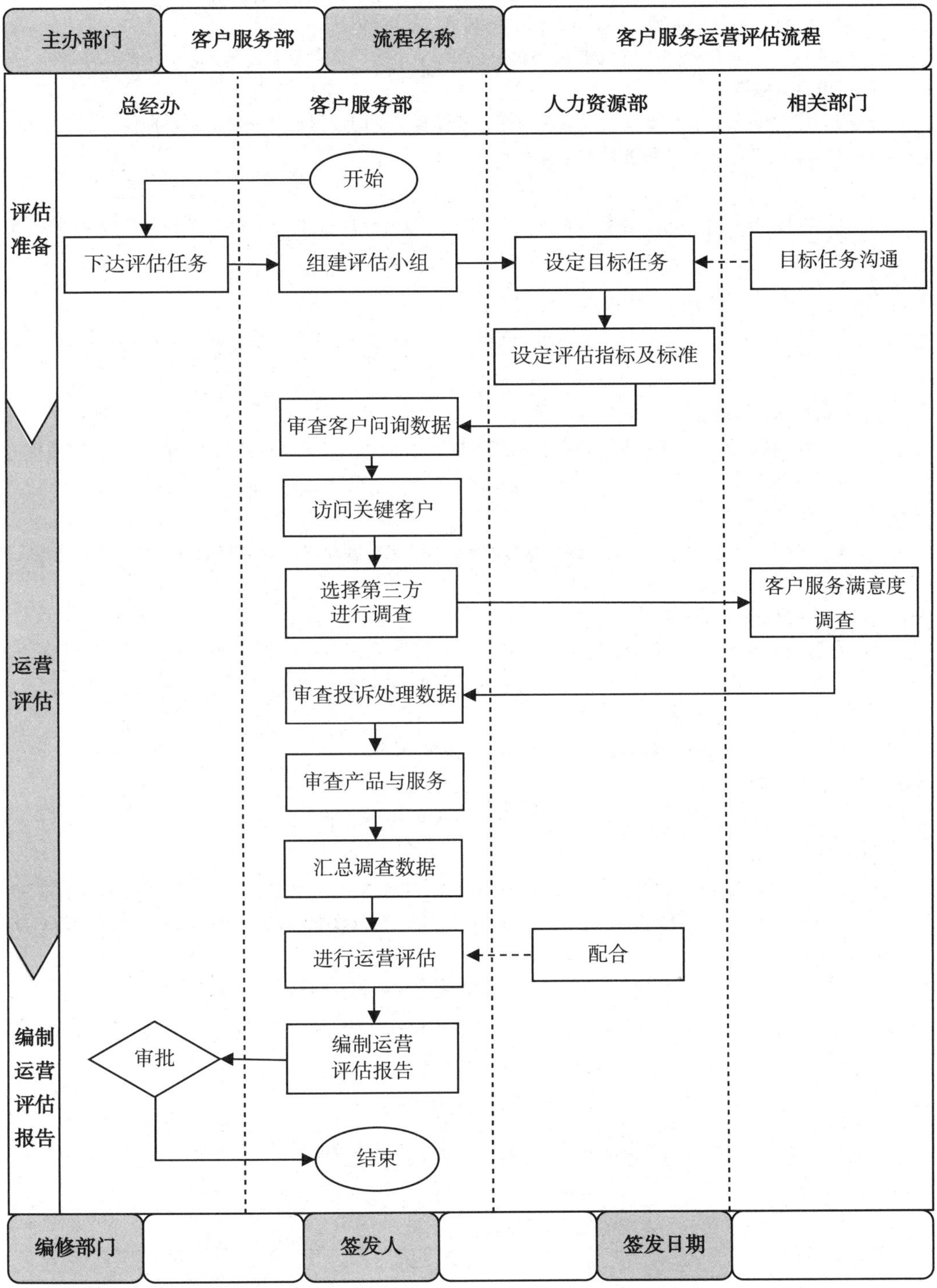

6.7.2 客户服务运营评估执行程序、工作标准、考核指标、执行规范

任务名称	执行程序、工作标准与考核指标
评估准备	**执行程序**
	1. 组建评估小组 ☆总经办根据企业客户服务运营的现状下达客户运营评估任务 ☆客户服务部抽调相关人员组建客户服务运营评估小组，负责企业客户服务运营的具体评估工作 **2. 设定目标任务** ☆人力资源部根据企业实际情况为客户服务工作相关部门、岗位及人员设定目标任务 ☆人力资源部设定客户服务评估指标及相应标准 **工作重点** 设定目标任务时，人力资源部应注意与相关部门进行沟通，保证目标任务的合理性与可操作性
	工作标准
	☆质量标准：目标任务设定准确、合理 ☆效率标准：评估准备工作在总经办下达评估任务后____个工作日内完成
运营评估	**执行程序**
	1. 审查客户问询数据 评估小组审查与客户请求、问询相关的各种数据，包括每周、每月、每季度与客户问询相关的绩效考核数据 **2. 访问关键客户** 评估小组与关键客户会面，通过深度访谈，了解关键客户对企业客户服务工作的各种意见，并做好客户访谈记录 **3. 选择第三方进行调查** ☆评估小组根据企业通用标准选择合适的第三方公司对企业的客户服务满意度情况进行调查 ☆由第三方公司执行持续的、统计意义上的、可靠的客户满意度调查 **4. 审查投诉处理数据** 评估小组审查每月、每季度企业投诉处理的各种数据 **5. 审查产品与服务** 评估小组对企业的产品和服务进行审查，重点关注产品和服务的改善过程 **6. 进行运营评估** ☆评估小组汇总审查过程中所收集的信息数据，分析、研究、总结其中的各种客户服务问题 ☆评估小组对照客户服务相关部门的目标任务、评估指标及标准，对客户服务运营工作进行综合评估 **工作重点** 评估小组应及时将评估过程中总结出来的各类产品和服务问题上报关键决策者
	工作标准
	通过评估全面了解、掌握企业客户服务中的问题，为服务提升打下基础
	考核指标
	☆客户建议采纳率：用来衡量通过深度访谈，客户所提建议的质量，目标值为____% ☆客户建议采纳率 $=\frac{\text{客户提出建议被采纳的次数}}{\text{客户提出建议的总次数}}\times 100\%$

（续）

任务名称	执行程序、工作标准与考核指标
编制运营评估报告	**执行程序**
	评估小组编制客户服务运营评估报告，并提交总经办审批 **工作重点** 评估小组可将第三方公司编制的“客户服务满意度调查报告”作为运营评估报告的附件，一同报审
	工作标准
	运营评估报告编制规范，内容全面，结构清晰，无重大纰漏
执行规范	
“客户服务运营评估报告”“客户服务满意度调查报告”	

第7章 人力资本开发与管理

7.1 人力资本开发与管理工作流程

7.1.1 流程目的说明

企业对人力资本开发与管理工作开展流程管理的目的如下：

（1）规范企业人力资本的开发与管理工作，激发员工工作积极性，提升企业绩效与生产效率；

（2）加强对员工的沟通与培训，提升其工作能力，增加企业人力资本的综合实力；

（3）在企业中培育精益文化，减少供应链全环节的浪费和消耗，增强企业综合竞争力。

7.1.2 流程结构设计

人力资本开发与管理流程设计将人力资本开发与管理细分为 8 个事项，就每个事项分别设计流程，即员工绩效管理流程、员工发展管理流程、培训计划制订流程、培训项目管理流程、员工沟通管理流程、精益培训管理流程、奖励及认可管理流程和员工测评管理流程，具体结构设计如图 7-1 所示。

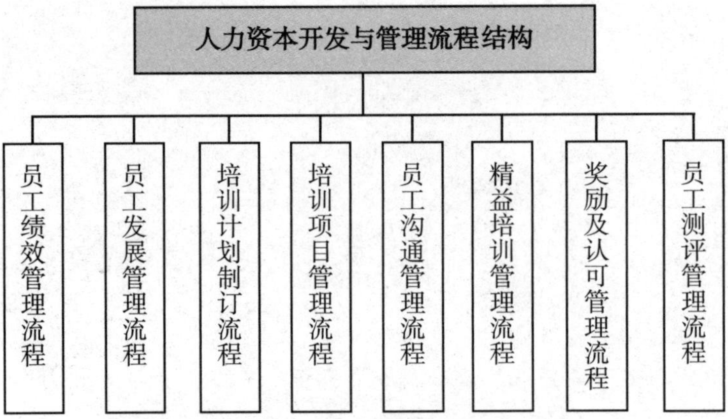

图 7-1 人力资本开发与管理流程结构设计

7.2 员工绩效管理流程设计与工作执行

7.2.1 员工绩效管理流程设计

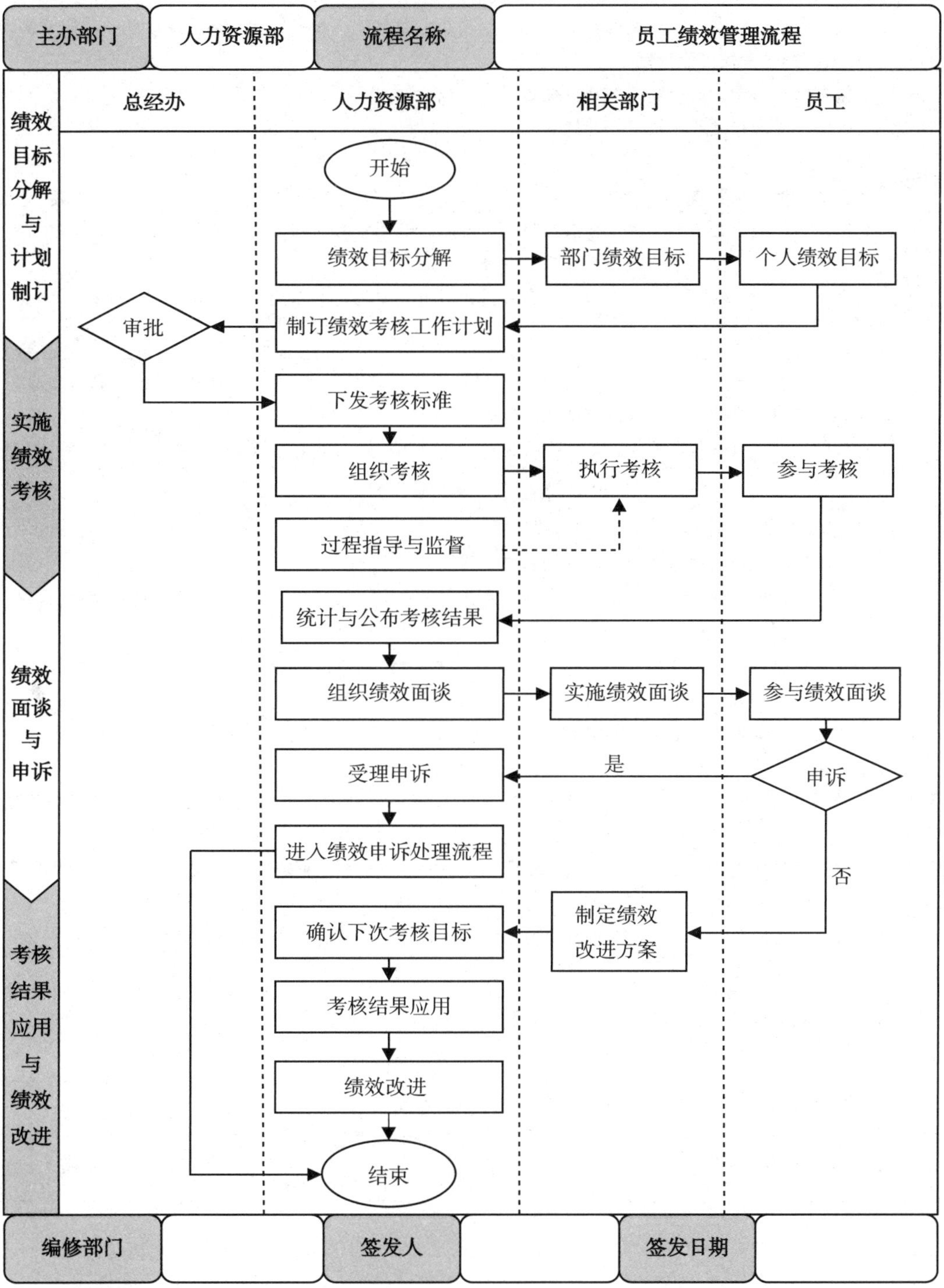

7.2.2 员工绩效管理执行程序、工作标准、考核指标、执行规范

任务名称	执行程序、工作标准与考核指标
绩效目标分解与计划制订	**执行程序**
	1. 绩效目标分解 人力资源部根据企业发展战略及年度计划制定绩效目标，并将目标分解至各个业务及职能部门 2. 制订绩效考核工作计划 ☆根据绩效目标，人力资源部制订绩效考核工作计划 ☆人力资源部将绩效考核工作计划提交总经办审批 工作重点 ☆绩效目标分解要清晰、完整、科学 ☆绩效目标的个数不宜过多，在进行目标分解时，既不要有遗漏，也不要有重复 ☆绩效考核工作计划应依据各个部门的业务特点制订 ☆在制订绩效考核模型与计划时，所有利益相关方均要参与，以便达成共识
	工作标准
	☆目标标准：制订绩效考核工作计划是一个双向沟通的过程，人力资源部应与员工进行沟通，明确绩效目标和衡量标准，并就此达成一致意见 ☆内容标准：绩效考核工作计划的内容包括考核的目的、对象、标准、方法和量表等
实施绩效考核	**执行程序**
	1. 组织考核 ☆人力资源部组织做好各部门的绩效考核工作 ☆各部门依据编制的考核工作计划，实施本部门的绩效考核工作 2. 过程指导与监督 ☆人力资源部对绩效考核工作计划、绩效目标的实现过程进行指导，保证绩效考核工作计划及绩效目标的顺利实现 ☆人力资源部负责绩效考核的监督工作，保证绩效考核公平、公正、公开地进行 工作重点 ☆及时发现绩效管理中存在的各类问题，并对问题进行分析和研究，制定出切实、有效的解决方案，指导被考核部门或考核者高效执行 ☆注意使绩效考核体系融入企业日常运营中，并且要通过培训使员工了解绩效成果指标和自身日常工作之间的关联 ☆注意运用平衡计分卡来衡量战略进程，改进工作方法，促进战略目标的实现
	工作标准
	按计划完成绩效考核工作
	考核指标
	☆员工绩效考核工作计划按时完成率：用于衡量人力资源部绩效考核工作的成果和效率 ☆员工绩效考核工作计划按时完成率 $=\frac{\text{及时完成的绩效考核工作计划数}}{\text{应完成的绩效考核工作计划数}}\times 100\%$

（续）

任务名称	执行程序、工作标准与考核指标
绩效面谈与申诉	**执行程序** **1. 组织绩效面谈** 人力资源部帮助考核对象分析绩效差距，并协助制定相应的绩效改进措施，合理规划绩效改进目标，并与员工进行沟通协商，确定下一个绩效考评周期的工作任务与目标 **2. 绩效考核申诉** 如果考核对象对考核结果有异议，人力资源部需要做好绩效考核结果的申诉处理工作，并及时将申诉结果通知申诉人 **工作重点** ☆针对不同部门、不同员工，应采用符合其工作特点的考核方式 ☆实施绩效考核，要全面、准确地收集考核对象的实际工作信息，并与绩效考核标准进行比对，分析差异程度 ☆科学分析绩效考核数据，客观评价绩效考核结果，以便得出正确的考评结论 **工作标准** 及时、妥善地对员工的考核申诉进行处理
考核结果应用与绩效改进	**执行程序** **1. 考核结果应用** ☆人力资源部需要协助相关部门做好绩效考核结果的应用工作，确保企业的薪酬与绩效完美结合，充分发挥绩效考核对各部门及员工的激励作用 ☆根据绩效考核结果，人力资源部协助企业相关部门做好相应的工作安排和部署，包括薪酬调整、岗位调整及培训管理等 **2. 绩效改进** ☆人力资源部根据企业的实际经营管理状况及绩效完成情况，制订绩效改进计划并组织实施，完善企业的绩效管理系统 ☆人力资源部组织制定下一步的工作规划和工作目标，以提升企业的绩效管理水平 **工作重点** ☆人力资源部通过分析考核结果，找出员工工作中需要改进的地方，并实施绩效改进计划 ☆注意运用技术手段，使员工可以根据自己的权限通过互联网访问考核系统 **工作标准** 绩效考核结果可应用于员工工作的改进、岗位变动、晋升、薪酬变动、培训需求确定等方面 **考核指标** 绩效改进计划制订完成的时间：____个工作日内完成绩效改进计划的制订工作
执行规范	
“绩效考核工作计划”“绩效考核方案”“绩效管理制度”“绩效考核表”“绩效面谈记录表”“绩效考核申诉表”“绩效改进表”	

7.3 员工发展管理流程设计与工作执行

7.3.1 员工发展管理流程设计

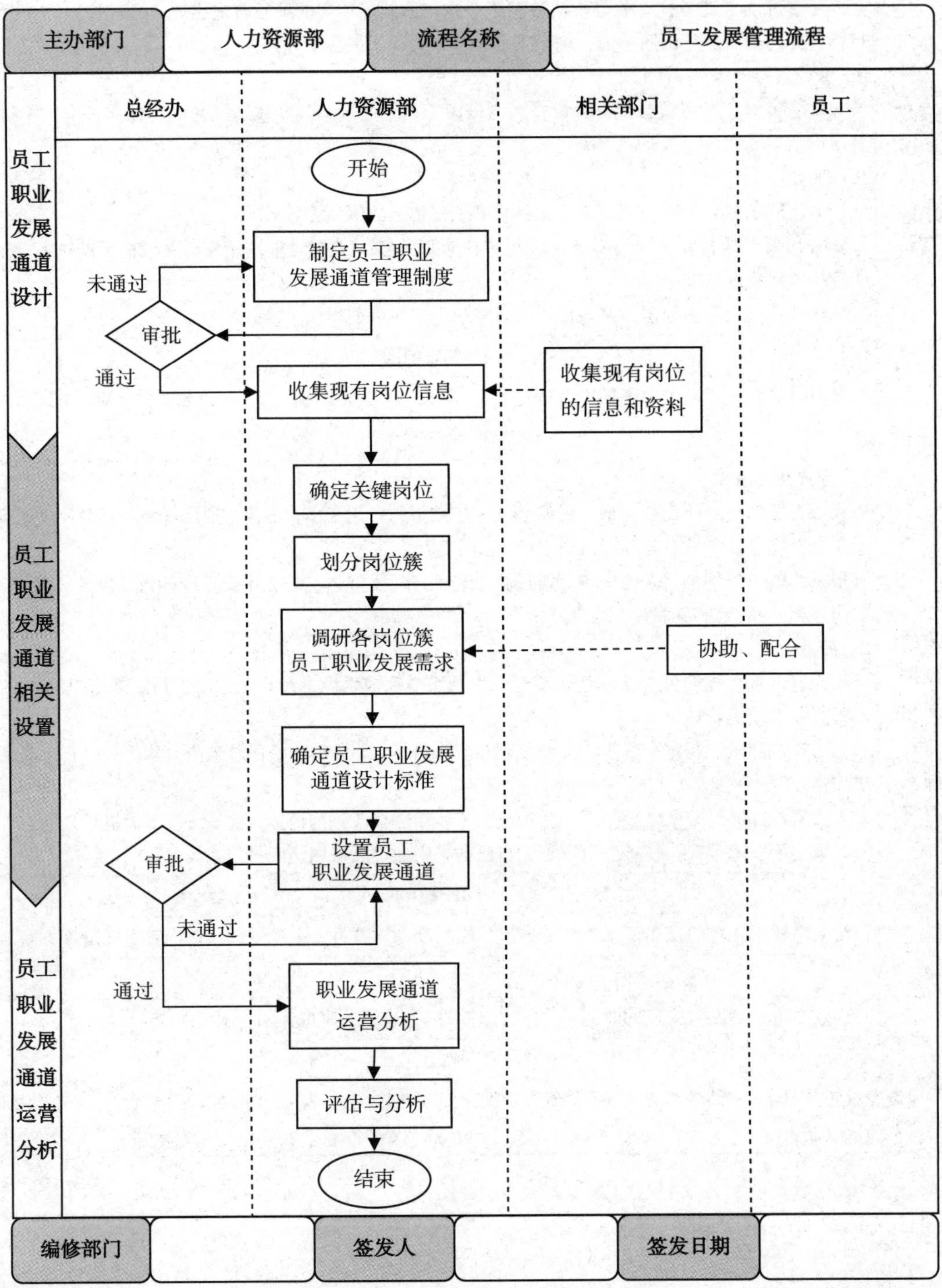

7.3.2 员工发展管理执行程序、工作标准、考核指标、执行规范

任务名称	执行程序、工作标准与考核指标
员工职业发展通道设计	**执行程序**
	1. 制定员工职业发展通道管理制度 ☆人力资源部制定员工职业发展通道管理制度 ☆员工职业发展通道是指企业为员工设计的个人成长和晋升的管理方案，是员工在企业中所经历的一系列结构化的职位变换 **2. 确定关键岗位** 人力资源部根据不同岗位对企业经营和发展的不同影响程度，确定关键岗位和价值相对较高的岗位。确定关键岗位是进行员工职业发展通道设计的重要前提 **3. 划分岗位簇** 人力资源部按照岗位性质的相近性将各个岗位划分为不同的岗位簇，划分岗位簇可以有效控制岗位转换的成本，并节约培训成本 **4. 调研各岗位簇员工职业发展需求** ☆人力资源部调研各岗位簇员工职业发展需求，为制定符合企业实际和能适应当前企业发展要求的员工职业发展通道管理制度提供支持 ☆调研方法包括访谈法、问卷调查法等 **工作重点** 员工职业发展通道管理制度是员工职业发展的重要支撑，需要合理化设计，最好由高层领导牵头推动
	工作标准
	岗位划分正确，员工职业发展需求调研全面
	考核指标
	员工职业发展通道管理制度应在____工作日内制定完成
员工职业发展通道相关设置	**执行程序**
	1. 确定员工职业发展通道设计标准 人力资源部确定员工职业发展通道设计标准，该标准应符合企业和员工的实际情况 **2. 设置员工职业发展通道** ☆人力资源部设置纵向员工职业发展通道和横向员工职业发展通道 ☆纵向员工职业发展通道主要表现为职务的晋升，以及相应薪酬福利水平和地位的提高。人力资源部在设置纵向员工职业发展通道时，要考虑员工的平均任职年限、成长时间及企业可以承受的费用支出等 ☆横向员工职业发展通道是为员工进行横向发展或满足员工兴趣、特长而设计的，基于员工目标岗位对员工能力、知识、经验和技能的要求而定 **工作重点** 员工职业发展通道设计标准应明确，可量化，可观察

（续）

任务名称	执行程序、工作标准与考核指标
员工职业发展通道运营分析	**执行程序**
	员工职业发展通道进入运营后，要适时进行评估与分析，确保与员工个人情况相匹配 **工作重点** 在员工职业发展通道组织实施过程中，人力资源部应随时记录通道设置存在的问题，并进行分析、研讨，完善原有通道
	工作标准
	质量标准：对通道存在的问题分析准确且全面
执行规范	
“员工行为规范”“人力资源部管理制度”“竞聘上岗管理制度”“员工关系管理制度”“员工职业发展通道管理制度”	

7.4 培训计划制订流程与工作标准

7.4.1 培训计划制订流程设计

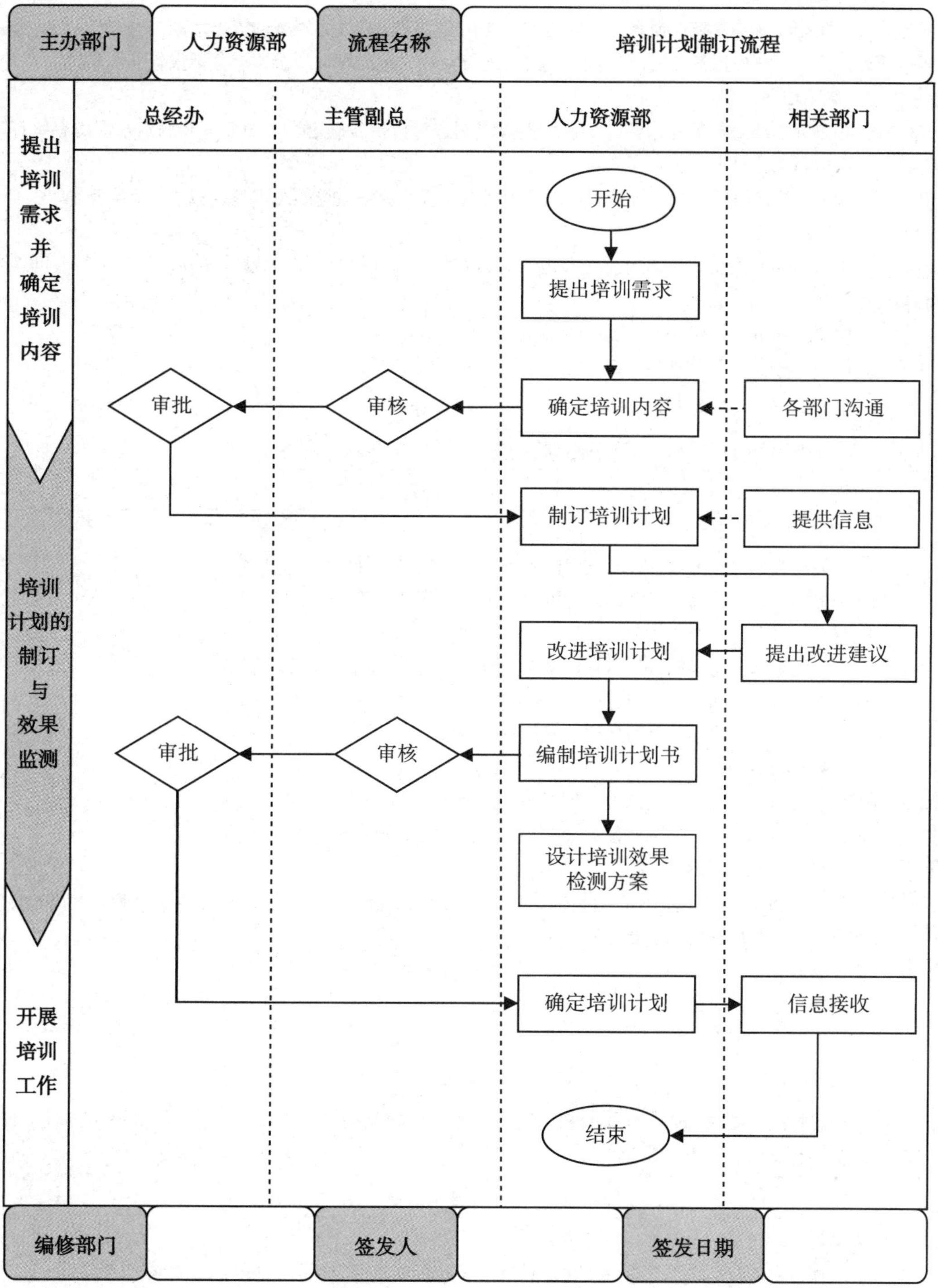

7.4.2 培训计划制订执行程序、工作标准、考核指标、执行规范

<table>
<tr><th>任务名称</th><th>执行程序、工作标准与考核指标</th></tr>
<tr><td rowspan="4">提出培训需求并确定培训内容</td><td>执行程序</td></tr>
<tr><td>1. 提出培训需求
☆各职能及业务部门根据企业发展与市场变化的情况，向人力资源部提出培训需求
☆人力资源部根据各部门提出的培训需求进行调查，出具培训需求调查分析报告
2. 确定培训内容
☆人力资源部与各部门沟通，结合培训需求调查分析报告确定培训内容，并制定培训内容统计表或培训项目报告
☆人力资源部将培训内容统计表或培训项目报告提交企业主管副总审核，报总经办审批
工作重点
☆培训内容要能反映各部门的实际需求，最好将需求问题化，以问题带培训，让员工带着问题参加培训
☆注意定期审查并周期性更换培训课程
☆培训课程要与企业战略目标相关联，使其成为企业战略目标实现活动的一个积极因素</td></tr>
<tr><td>工作标准</td></tr>
<tr><td>培训内容符合部门（员工）的培训需求，紧扣工作痛点和难点</td></tr>
<tr><td rowspan="6">培训计划的制订与效果监测</td><td>执行程序</td></tr>
<tr><td>1. 制订培训计划
☆人力资源部根据审批通过的培训内容制订初步的培训计划
☆各部门为培训计划的编制向人力资源部提供必要的信息
2. 改进培训计划
☆人力资源部将初步制订的培训计划发放到各部门
☆各部门根据培训计划提出建议，反馈给人力资源部
☆人力资源部根据各部门的建议对培训计划进行改进
3. 编制培训计划书
☆人力资源部根据改进的培训计划编制培训计划书
☆人力资源部将培训计划书提交企业主管副总审核，报总经办审批
4. 设计培训效果检测方案
人力资源部根据培训计划书的内容设计相应的培训效果检测方案。培训效果检测方案应与员工绩效评估和发展计划相关联
工作重点
培训计划的制订要及时，内容要完善</td></tr>
<tr><td>工作标准</td></tr>
<tr><td>☆效率标准：培训计划应在____个工作日内制订完成
☆内容标准：培训项目、培训对象、培训时间、培训地点、培训方式、培训讲师等在培训计划书里要有明确的说明</td></tr>
<tr><td>考核指标</td></tr>
<tr><td>☆培训计划制订的及时性：要在规定的时限内完成
☆培训计划的科学性与合理性：培训计划要紧扣企业战略目标和现实展开，带着问题培训</td></tr>
</table>

（续）

<table>
<tr><th>任务名称</th><th>执行程序、工作标准与考核指标</th></tr>
<tr><td rowspan="4">开展培训工作</td><td>执行程序</td></tr>
<tr><td>人力资源部将经过审批的培训计划书发放至各部门，各部门依据培训计划书开展培训工作
工作重点
培训以企业内训为优先教育模式</td></tr>
<tr><td>工作标准</td></tr>
<tr><td>各部门应严格按照培训计划书中的时间安排组织开展培训工作，不得拖延</td></tr>
<tr><td colspan="2">执行规范</td></tr>
<tr><td colspan="2">“培训需求调查分析报告”“培训计划书”</td></tr>
</table>

7.5 培训项目管理流程设计与工作执行

7.5.1 培训项目管理流程设计

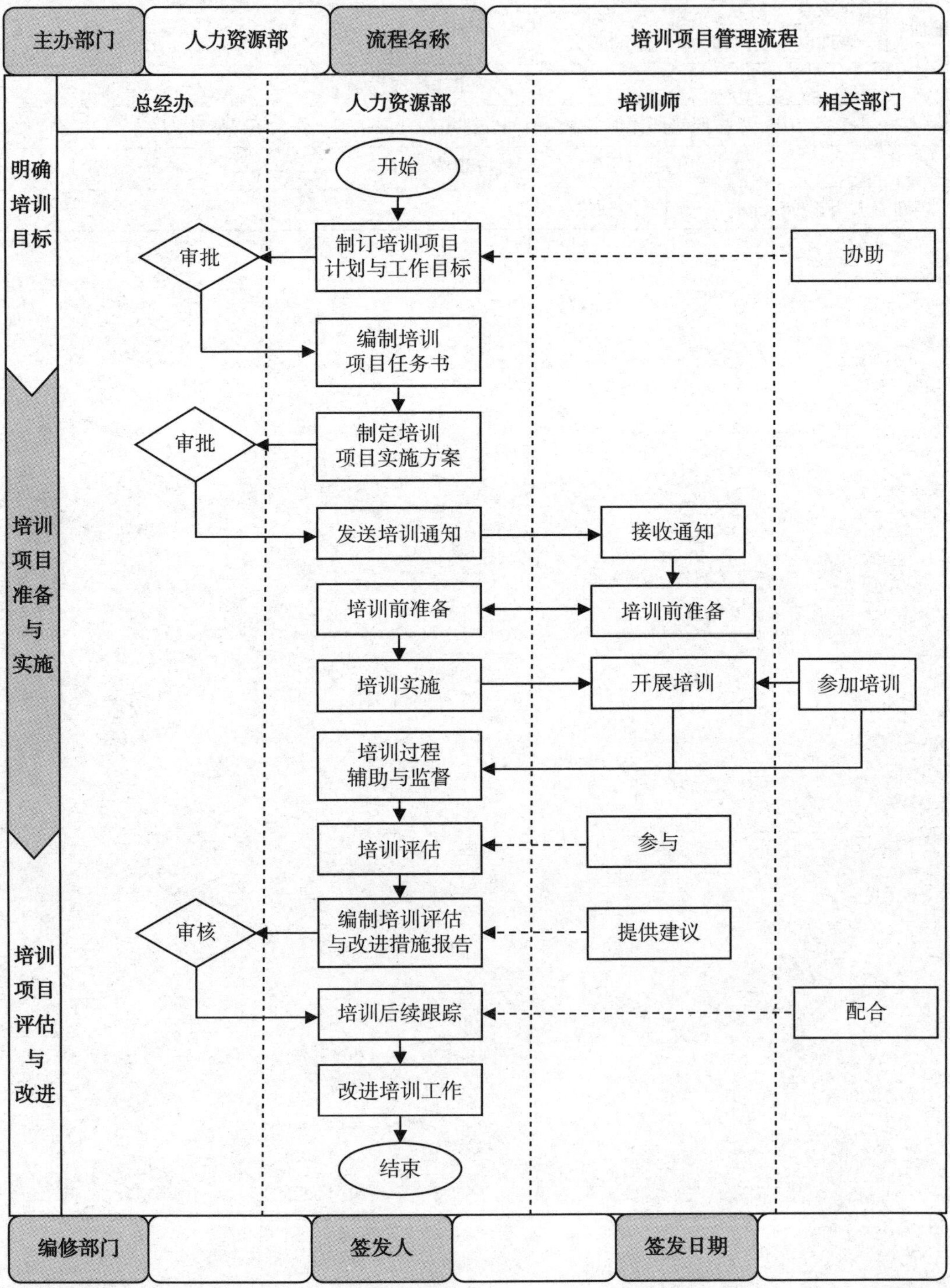

7.5.2 培训项目管理执行程序、工作标准、考核指标、执行规范

任务名称	执行程序、工作标准与考核指标
明确培训目标	**执行程序**
	1. 制订培训项目计划与工作目标 ☆人力资源部根据企业实际情况制订培训项目计划与工作目标，并提交总经办审批 ☆相关部门为培训计划的编制与目标的确定向人力资源部提供必要的信息 **2. 编制培训项目任务书** 人力资源部根据审批通过的培训项目计划与工作目标编制培训项目任务书 **工作重点** 人力资源部要注意培训项目是否符合企业的实际需求，工作目标是否明确
	工作标准
	☆目标标准：培训项目计划与工作目标明确，符合企业实际需求 ☆内容标准：培训项目任务书编制格式规范，内容完整
培训项目准备与实施	**执行程序**
	1. 制定培训项目实施方案 人力资源部制定培训项目实施方案，并提交总经办审批 **2. 发送培训通知** 人力资源部将经过审批的培训项目实施方案发送给培训师及相关部门 **3. 培训前准备** 人力资源部工作人员和培训师根据培训通知，做好培训前的准备工作，包括场地安排、会议设备调试及签到台布置等 **4. 培训过程辅助与监督** 人力资源部在培训项目实施过程中要做好辅助与监督工作，保证培训工作的顺利进行 **工作重点** ☆人力资源部要注意培训方案的制定是否及时、完整，培训通知的发放是否及时 ☆在新员工培训中，要特别注意安全防护方面的培训，企业应组建安全小组，负责安全防护培训工作
	工作标准
	质量标准：培训项目实施方案完整，培训通知发放及时
	考核指标
	☆培训项目实施方案的制定在____个工作日内完成 ☆培训通知的发放在____个工作日内完成

（续）

<table>
<tr><th>任务名称</th><th>执行程序、工作标准与考核指标</th></tr>
<tr><td rowspan="6">培训项目评估与改进</td><td>执行程序</td></tr>
<tr><td>1. 培训评估
人力资源部通过考试、工作绩效考核等方式对培训效果进行评估，了解学员对培训项目的满意程度，评估学员在工作中的行为方式有多大程度的改变，以及由培训项目引起的业务结果的变化情况
2. 编制培训评估与改进措施报告
人力资源部编制培训评估与改进措施报告，并提交总经办审核
3. 改进培训工作
人力资源部根据培训项目实施与评估后发现的问题，改进培训工作
工作重点
☆为了培养多技能人才，人力资源部在策划培训项目时应注意多选取一些交叉培训项目
☆不管什么项目的培训，都要注意对团队精神的培养，要将团队文化视为组织内部运营哲学的一部分</td></tr>
<tr><td>工作标准</td></tr>
<tr><td>内容标准：培训评估与改进措施报告的编制要规范，做到内容全面，结构清晰，无重大纰漏</td></tr>
<tr><td>考核指标</td></tr>
<tr><td>培训评估与改进措施报告的编制在____个工作日内完成</td></tr>
<tr><td colspan="2">执行规范</td></tr>
<tr><td colspan="2">“培训评估报告”“培训项目实施方案”“培训通知单”“培训管理制度”</td></tr>
</table>

7.6 员工沟通管理流程设计与工作执行

7.6.1 员工沟通管理流程设计

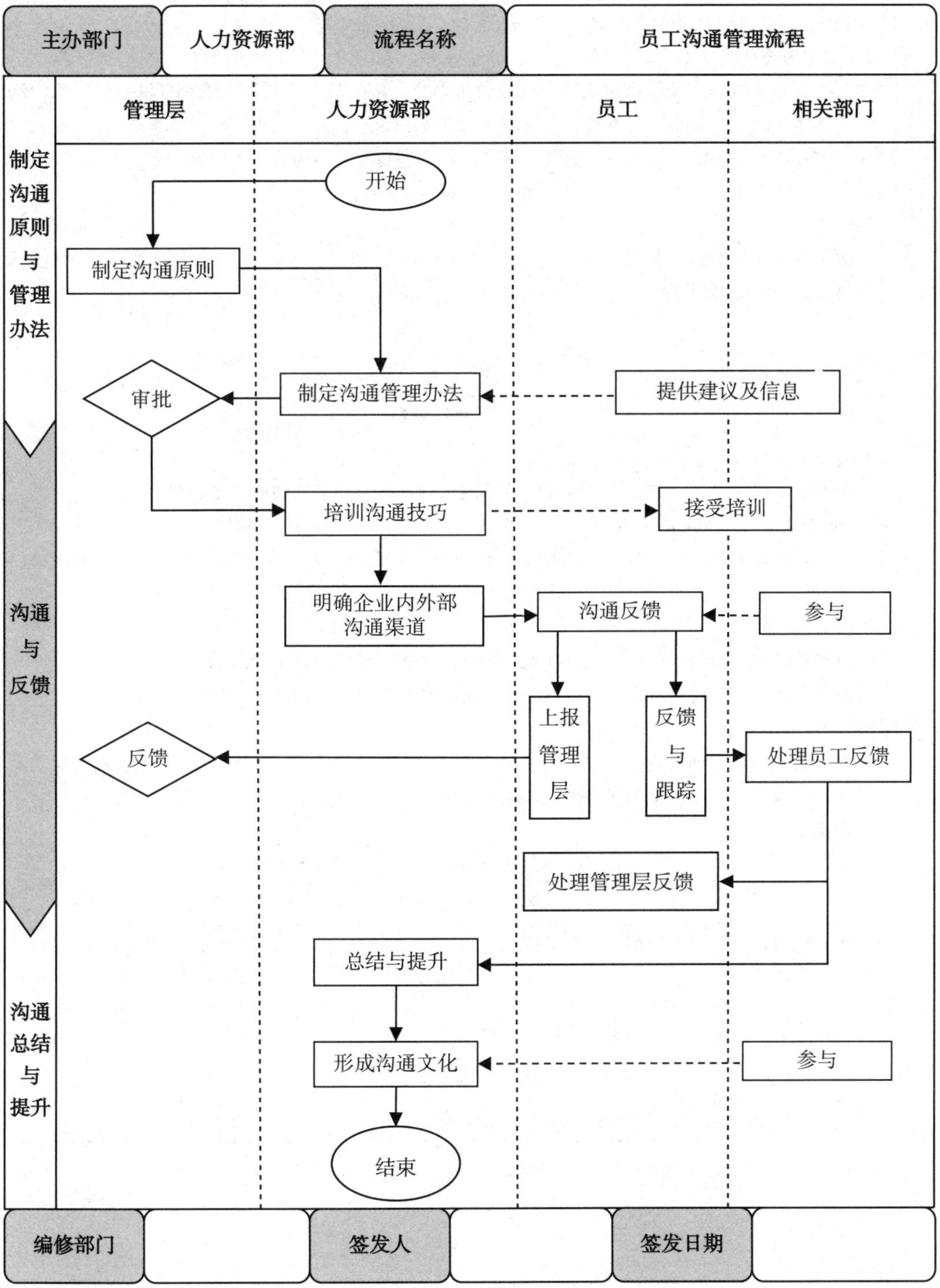

7.6.2 员工沟通管理执行程序、工作标准、考核指标、执行规范

任务名称	执行程序、工作标准与考核指标
制定沟通原则与管理办法	**执行程序**
	1. 制定沟通原则 管理层根据企业的内外部沟通情况及企业文化制定沟通原则 **2. 制定沟通管理办法** ☆人力资源部根据沟通原则制定各类沟通管理办法，包括员工成长沟通管理办法、员工反馈沟通管理办法、文件沟通管理办法、会议沟通管理办法等 ☆沟通管理办法可以与其他管理制度相融合，以管理制度、细则等“面目”出现 ☆员工、供应商代表及相关部门提供建议及信息 **工作重点** 人力资源部在制定沟通管理办法时要注意有效沟通的四项原则，即准确性原则、完整性原则、及时性原则和策略性原则
	工作标准
	质量标准：沟通管理办法全面、合理，能保障内外部沟通顺畅
沟通与反馈	**执行程序**
	1. 培训沟通技巧 人力资源部组织对全体员工进行沟通技巧的培训，以提升员工沟通效率和能力 **2. 明确企业内外部沟通渠道** 人力资源部明确企业内外部沟通渠道，包括员工与管理层的沟通渠道、员工与相关职能部门的沟通渠道、员工与供应商等外部机构的沟通渠道等 **3. 沟通反馈** ☆员工对信息进行分析、研究，并在规定的时间内做出相应的反馈与跟踪 ☆员工对问题的影响与重要程度进行评估，确定是否需要向上沟通 **4. 处理员工反馈** 如果员工将信息向管理层报送，那么管理层需要对此做出反馈，员工要及时处理管理层的反馈意见。在这个过程中，相关部门要做好配合工作 **工作重点** 沟通渠道要具体到个人，要详细备案其联系方式、紧急联系人等信息
	工作标准
	质量标准：内外部沟通顺利，各类信息可以顺畅地上通下达，各类问题可以快速得到反馈
	考核指标
	☆内部沟通渠道覆盖率：通常该指标要达到100% $内部沟通渠道覆盖率=\frac{已经建立的内部沟通渠道数}{计划建立的内部沟通渠道数}\times 100\%$

（续）

<table>
<tr><th>任务名称</th><th>执行程序、工作标准与考核指标</th></tr>
<tr><td rowspan="4">沟通总结与提升</td><td>执行程序</td></tr>
<tr><td>1. 总结与提升
人力资源部定期或不定期地对沟通过程的效果、效率等进行评估，总结经验，改进不足，全面提升企业综合沟通水平
2. 形成沟通文化
☆在各种活动中，人力资源部要有意识地塑造企业积极、顺畅、不推诿扯皮、敢于负责的良好沟通文化
☆塑造良好的沟通文化，需要企业管理层带头垂范
工作重点
☆要注意沟通信息共享，企业管理层与所有成员能够充分分享重要业务运营方面的数据
☆要注意建立更加开放的沟通体系，将员工、供应商、客户等所有利益相关者纳入该体系，为企业战略目标的实现做出贡献</td></tr>
<tr><td>工作标准</td></tr>
<tr><td>目标标准：通过及时沟通，总结沟通效果，利用沟通信息，进一步提升企业的管理水平和相关人员的工作积极性</td></tr>
<tr><td colspan="2">执行规范</td></tr>
<tr><td colspan="2">“员工沟通管理办法”“员工管理手册”“人力资源部规章制度”</td></tr>
</table>

7.7 精益培训管理流程设计与工作执行

7.7.1 精益培训管理流程设计

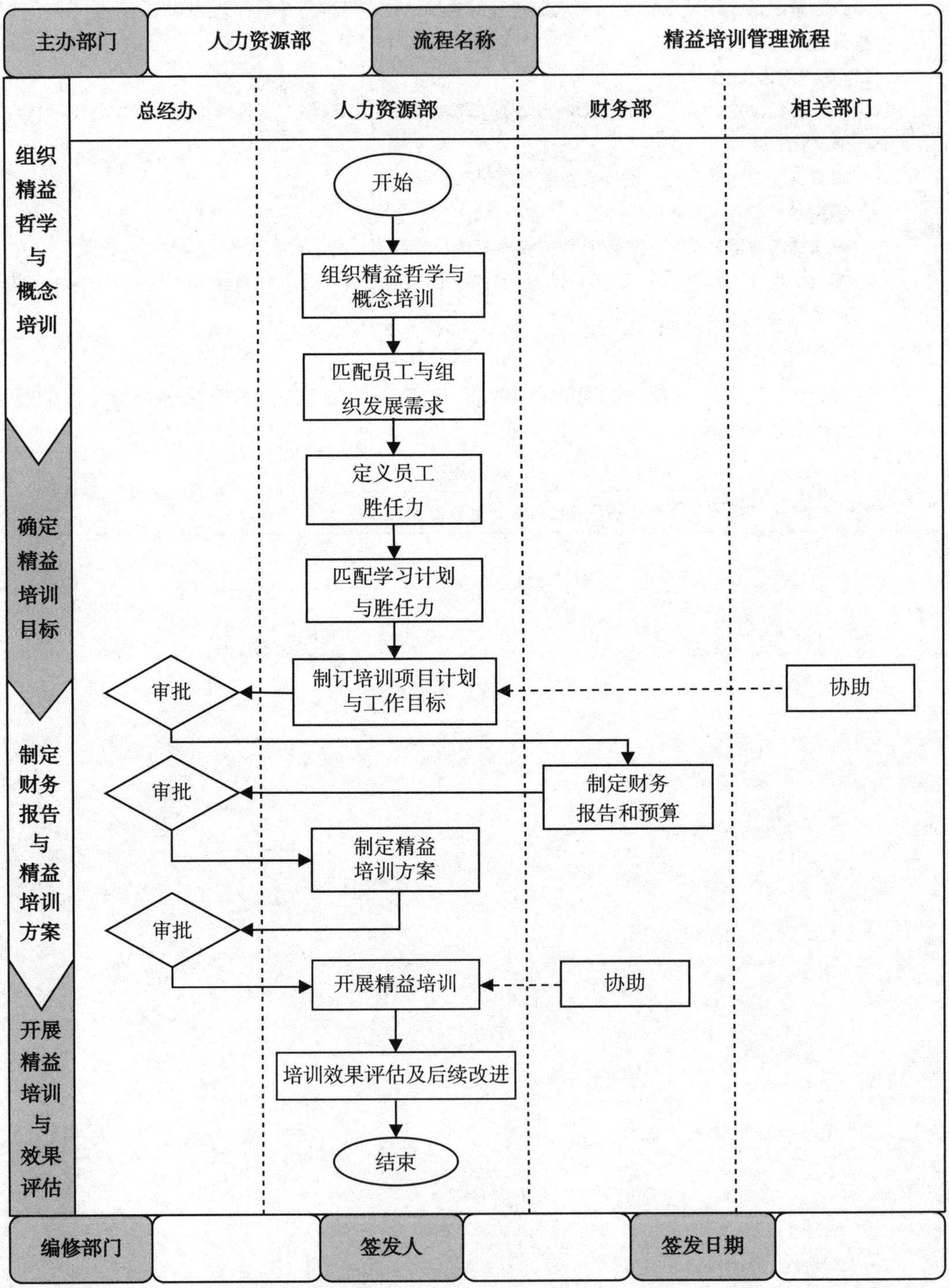

7.7.2 精益培训管理执行程序、工作标准、考核指标、执行规范

任务名称	执行程序、工作标准与考核指标
组织精益哲学与概念培训	**执行程序** 人力资源部组织开展精益哲学与概念培训，使企业所有成员得到精益概念和与其工作相关的特殊工具方面的培训 **工作重点** ☆人力资源部要保证所有业务领导和关键人员已经在精益哲学和概念方面得到培训 ☆注意合理设定培训频次，对新员工通常每两周或每月进行一次培训 **工作标准** 效率标准：精益哲学与概念培训课程应在____个工作日内准备好
确定精益培训目标	**执行程序** **1. 匹配员工与组织发展需求** 员工的工作需求要与企业的战略发展目标保持高度一致 **2. 匹配学习计划与胜任力** 精益培训内容要与员工的学习计划与胜任力相匹配，通过培训，精益理念和方法应真正成为员工工作能力的一部分 **3. 制订培训项目计划与工作目标** ☆人力资源部根据企业实际情况制订培训项目计划与工作目标 ☆人力资源部将培训项目计划与工作目标提交总经办审批 ☆相关部门为培训项目计划与工作目标的制订向人力资源部提供必要的信息 **工作重点** 所有运营部门都要将培训目标作为年度业务目标的一部分 **工作标准** 目标标准：员工与组织发展需求匹配准确，学习计划与胜任力匹配准确
制定财务报告与精益培训方案	**执行程序** **1. 制定财务报告和预算** 财务部根据培训项目计划与工作目标制定财务报告和预算，并提交总经办审批，以支持精益培训的开展 **2. 制定精益培训方案** 人力资源部根据审批通过的财务报告和预算制定精益培训方案 **工作重点** ☆财务数据的使用要准确 ☆精益培训方案的制定要符合企业实际需求 **工作标准** ☆内容标准：精益培训方案编制规范，内容全面，结构清晰 ☆效率标准：精益培训方案应在____个工作日内制定完成，财务报告和预算的修改应在____个工作日内完成

（续）

任务名称	执行程序、工作标准与考核指标
开展精益培训与效果评估	**执行程序**
	1. 开展精益培训 精益培训方案经审批通过后，人力资源部按照方案开展精益培训 **2. 培训效果评估及后续改进** 培训结束后，人力资源部组织人员对培训效果进行综合评估，以查漏补缺，总结经验，不断改进后续的精益培训工作 **工作重点** ☆建立合理的激励措施，有效地鼓励员工支持精益培训和精益实践 ☆注意团队化开展精益实践，各项运营均要求开展团队式精益项目
	工作标准
	目标标准：精益培训效果显著，精益生产、杜绝浪费等理念深入人心，费用和成本明显得到了控制
	考核指标
	☆培训目标完成率：用以衡量精益培训的目标达成情况 $培训目标完成率=\frac{实际达成的培训目标数}{计划完成的培训目标总数}\times 100\%$
执行规范	
“精益培训实施方案”“培训通知单”“培训管理制度”“财务预算报告”	

7.8 奖励及认可管理流程设计与工作执行

7.8.1 奖励及认可管理流程设计

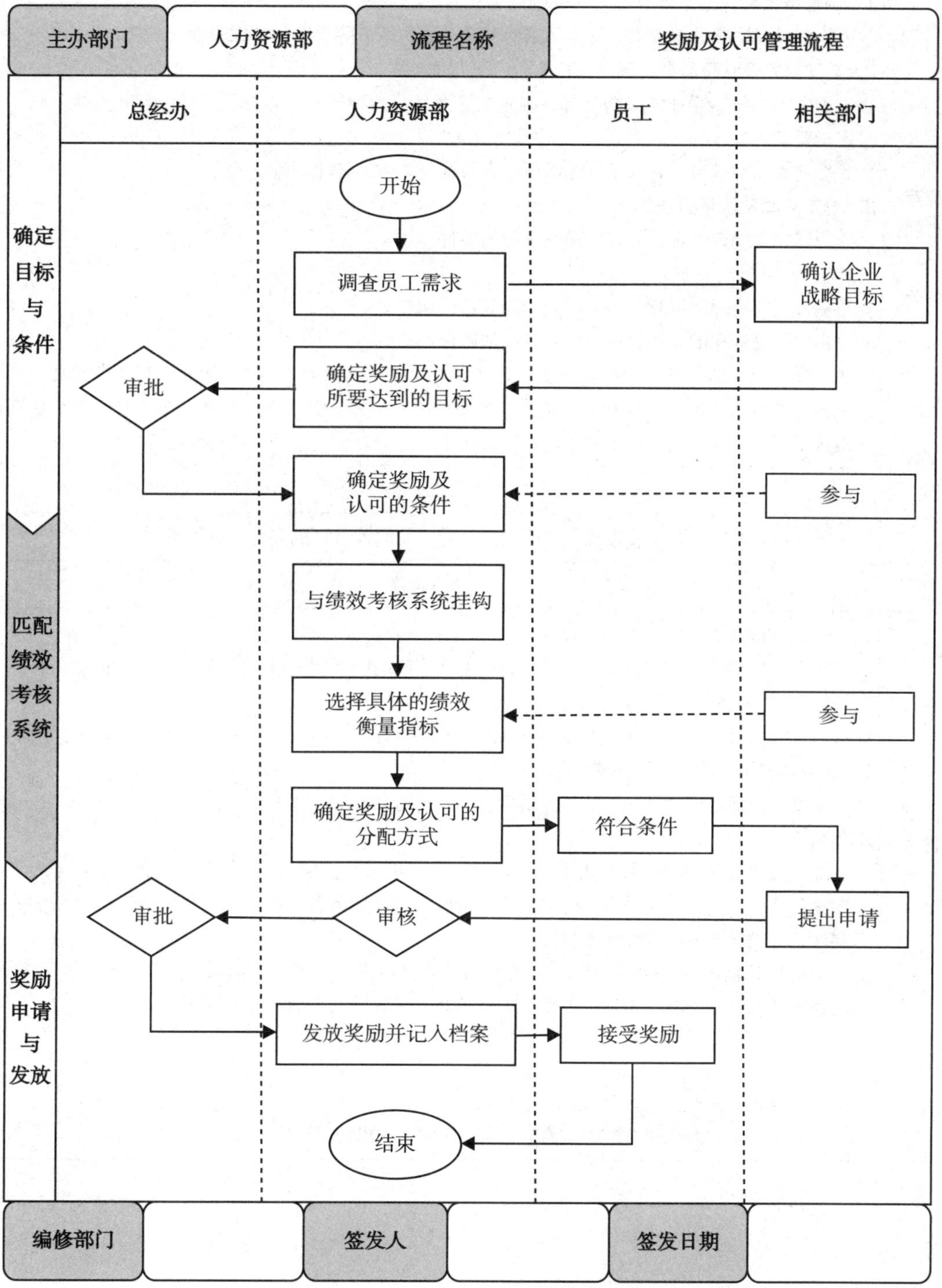

7.8.2 奖励及认可管理执行程序、工作标准、考核指标、执行规范

<table>
<tr><th>任务名称</th><th>执行程序、工作标准与考核指标</th></tr>
<tr><td rowspan="4">确定目标与条件</td><td>执行程序</td></tr>
<tr><td>1. 调查员工需求
人力资源部调查员工需求，确定员工对奖金及职位晋升等奖励的需求程度
2. 确定奖励及认可所要达到的目标
☆人力资源部根据企业的战略目标，确定奖励及认可所要达到的目标，目标内容要具体明确，有定量要求
☆目标的难度要适当，并且尽可能保证个人目标与集体目标相一致
3. 确定奖励及认可的条件
人力资源部确定本企业员工奖励及认可的条件
工作重点
☆目标设置要合理、可行，与个体的切身利益密切相关
☆目标应既有远期的总体目标，又有近期的阶段性目标
☆为了激发员工的智慧和工作积极性，企业要特别注意设置提案奖励。企业对员工所提建议或研究报告予以采用的，可以视其贡献大小发放奖金，以鼓励员工多提议案。员工提案范围包括制造技术、设备的改进，品质的改进，节省成本费用的方法，管理方法的改进等方面</td></tr>
<tr><td>工作标准</td></tr>
<tr><td>质量标准：员工需求调查准确，目标设置合理，奖励及认可的条件具有可操作性</td></tr>
<tr><td rowspan="4">匹配绩效考核系统</td><td>执行程序</td></tr>
<tr><td>1. 与绩效考核系统挂钩
根据企业的绩效考核制度，员工奖励、认可和明确的问责制可以与绩效考核系统挂钩
2. 选择具体的绩效衡量指标
人力资源部根据业务实际，选择具体的绩效衡量指标
3. 确定奖励及认可的分配方式
人力资源部确定奖励及认可的具体结构，以及进行分配的具体方式等
工作重点
☆企业对员工实施奖励，既是为了激励被奖励员工更加勤恳地工作，争取更好的业绩，也是为了激励其他员工提高工作效率，进而提升企业整体的经营效益。因此，企业在实施奖励的过程中，要注意奖励发放的公开性和宣传性
☆企业可以根据不同的情况采取不同的奖励措施，在表扬、表彰、记功、物质奖励、颁发奖状、晋级加薪、晋升职务、培训、考察、深造等奖励措施之间灵活地进行配比</td></tr>
<tr><td>工作标准</td></tr>
<tr><td>☆质量标准：绩效衡量指标合理，切实可行
☆目标标准：奖励及认可分配方式合理，可以有效地激励员工</td></tr>
</table>

（续）

<table>
<tr><th>任务名称</th><th>执行程序、工作标准与考核指标</th></tr>
<tr><td rowspan="6">奖励申请与发放</td><td>执行程序</td></tr>
<tr><td>1. 提出申请
☆员工达到奖励的条件，由所在部门向人力资源部提出奖励申请
☆人力资源部对奖励申请进行审核，报总经办审批
2. 发放奖励并记入档案
奖励申请审批通过后，人力资源部代企业及时落实奖励，并将相关材料记入档案
工作重点
人力资源部可以根据实际情况将员工奖励及认可信息进行共享，以激励全体员工</td></tr>
<tr><td>工作标准</td></tr>
<tr><td>☆效率标准：员工的奖励应在____个工作日内落实到位
☆目标标准：通过及时评估、总结执行效果，奖励有关人员，进一步提升企业的管理水平和相关人员的工作积极性</td></tr>
<tr><td>考核指标</td></tr>
<tr><td>员工对奖励及认可的满意度评分：以随机抽样员工的平均打分为准，目标值为____分</td></tr>
<tr><td colspan="2">执行规范</td></tr>
<tr><td colspan="2">“员工激励制度”“员工绩效考核制度”</td></tr>
</table>

7.9 员工测评管理流程设计与工作执行

7.9.1 员工测评管理流程设计

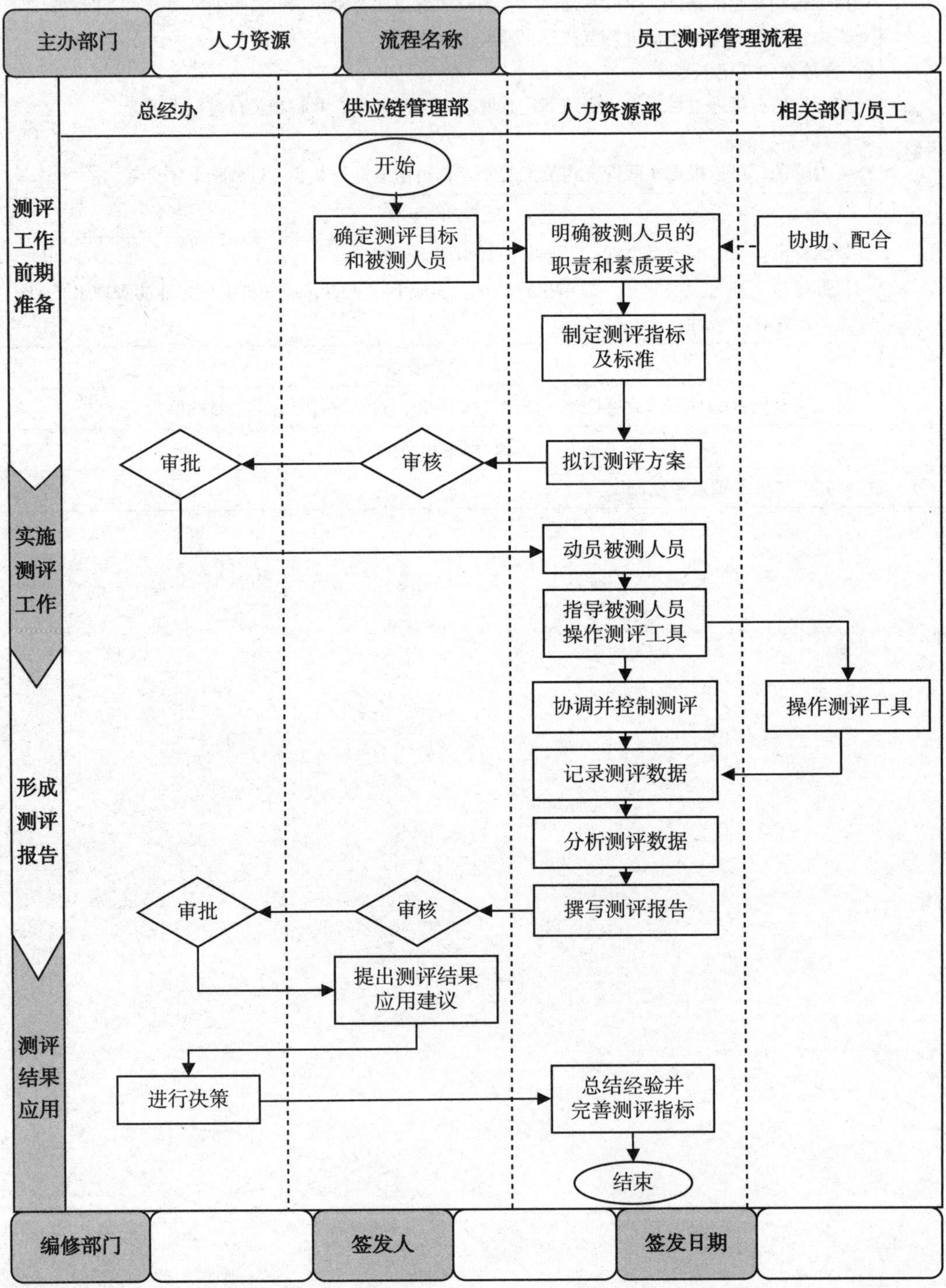

7.9.2 员工测评管理执行程序、工作标准、考核指标、执行规范

任务名称	执行程序、工作标准与考核指标
测评工作前期准备	**执行程序**
	1. 确定测评目标和被测人员 供应链管理部根据企业实际管理状况确定员工测评的目标和被测人员 **2. 明确被测人员的职责和素质要求** 人力资源部在测评目标的基础上，根据不同岗位要求，明确被测人员的岗位职责及素质要求 **3. 制定测评指标及标准** ☆人力资源部针对相关岗位建立测评指标。测评指标是指能够反映被测人员特定属性的一系列考查要素或维度，它是人才测评目标操作化的表现形式，是测评体系的基本单位 ☆针对测评指标，人力资源部制定并管理相应的员工测评标准，用于员工综合素质的测评 **4. 拟订测评方案** ☆人力资源部拟订测评方案，提交供应链管理部审核，总经办审批 ☆测评方案包括企业测评需求分析、测评方法和工具的选择、测评时间和地点的确定、测评项目的顺序、具体实施的准备事项及测评费用预算等内容 **工作重点** ☆测评指标应根据岗位实际情况制定 ☆人力资源部在拟订测评方案时，应注意结构正确，内容全面
	工作标准
	内容标准：测评方案按规定的内容框架、格式编写，重点突出
实施测评工作	**执行程序**
	1. 动员被测人员 人力资源部调动被测人员的积极性，促使其以积极、主动的心态参与测评过程，保证测评工作的顺利开展 **2. 指导被测人员操作测评工具** ☆人力资源部宣读或引导阅读测评指导语，时间一般控制在五分钟以内 ☆测评人员向被测人员详细地介绍测评工具的具体操作方法，确保其正确使用测评工具 ☆在测评过程中，人力资源部要随时协助被测人员解决遇到的问题，纠正错误的操作方法 **3. 协调并控制测评** ☆人力资源部除了协调好各种条件，还需要避免心理因素的干扰 ☆需要避免的心理因素包括首因效应、近因效应、定势效应、光环效应等，以减少测评误差 **工作重点** ☆企业应根据员工的不同特点选择测评工具 ☆人力资源部工作人员要做好测评活动的协调与控制工作，保证测评结果真实有效
	工作标准
	目标标准：员工积极参与测评工作，并且可以自行操作测评工具

（续）

任务名称	执行程序、工作标准与考核指标
形成测评报告	**执行程序** **1. 记录测评数据** ☆人力资源部要实时、准确地记录测评数据，遵循真实性、代表性、准确性、及时性等原则 ☆人力资源部可以采取定性、定量及二者相结合的方式，或采用录音、摄像等现代技术记录测评数据 **2. 撰写测评报告** ☆人力资源部撰写测评报告，测评报告是员工测评项目准备与设计，实施过程记录，数据处理、分析等各个环节成果的最终反映 ☆表达测评结果的方法包括文字表述法、统计图表法、综合表述法等 ☆表达测评结果的方式有个人报告、团体报告等 **工作重点** ☆员工测评报告要能够系统地检验被测人员的能力和素质，具体可从员工个性、能力和技能三个方面进行阐述 ☆员工测评报告要能够反映被测人员的不足之处，并在此基础上向被测人员提出意见和建议
	工作标准 内容标准：员工测评报告编制规范，内容全面，结构清晰，无重大纰漏
	考核指标 ☆测评报告编写合格率：用来衡量测评报告的质量水平，目标值为____% ☆$测评报告编写合格率=\frac{编写合格的测评报告数}{提交的测评报告数}\times 100\%$
测评结果应用	**执行程序** **1. 提出测评结果应用建议** ☆人力资源部根据测评结果，结合企业人力资源规划实际工作需要，对测评结果的应用提出合理化建议 ☆测评结果主要应用于人员选拔、配置、开发、诊断和考核等方面 **2. 总结经验并完善测评指标** 人力资源部通过记录测评过程，对测评方案、心理因素控制办法等资料进行分析，总结经验和教训 **工作重点** 对于测评工作中发现的不足，人力资源部要及时完善，以利于下次测评工作的实施
	工作标准 目标标准：测评结果在不同方面得到充分运用，能够体现出价值
执行规范	
“员工测评方案”“员工测评报告”	

第8章 信息技术管理

8.1 信息技术管理工作流程

8.1.1 流程目的说明

企业对信息技术工作实施流程管理的目的如下：

（1）保证为供应链管理构建合理的信息系统结构，并将其实现；

（2）保证新系统开发方式可以满足企业长期维护的目标，并为供应链长期稳定发展提供帮助；

（3）保证企业内部和外部服务与解决方案可以顺利执行。

8.1.2 流程结构设计

信息技术管理流程设计将信息技术管理细分为 5 个事项，就每个事项分别设计流程，即 IT 客户关系管理流程、企业信息战略管理流程、业务弹性管理流程、数据安全保护管理流程、企业信息管理流程，具体结构设计如图 8-1 所示。

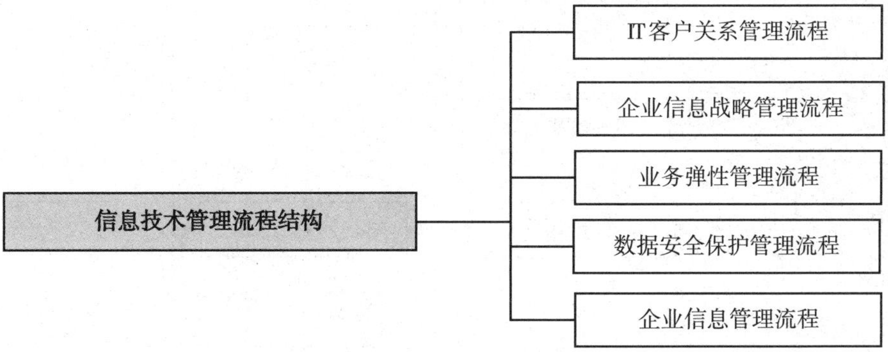

图 8-1　信息技术管理流程结构设计

8.2 IT客户关系管理流程设计与工作执行

8.2.1 IT客户关系管理流程设计

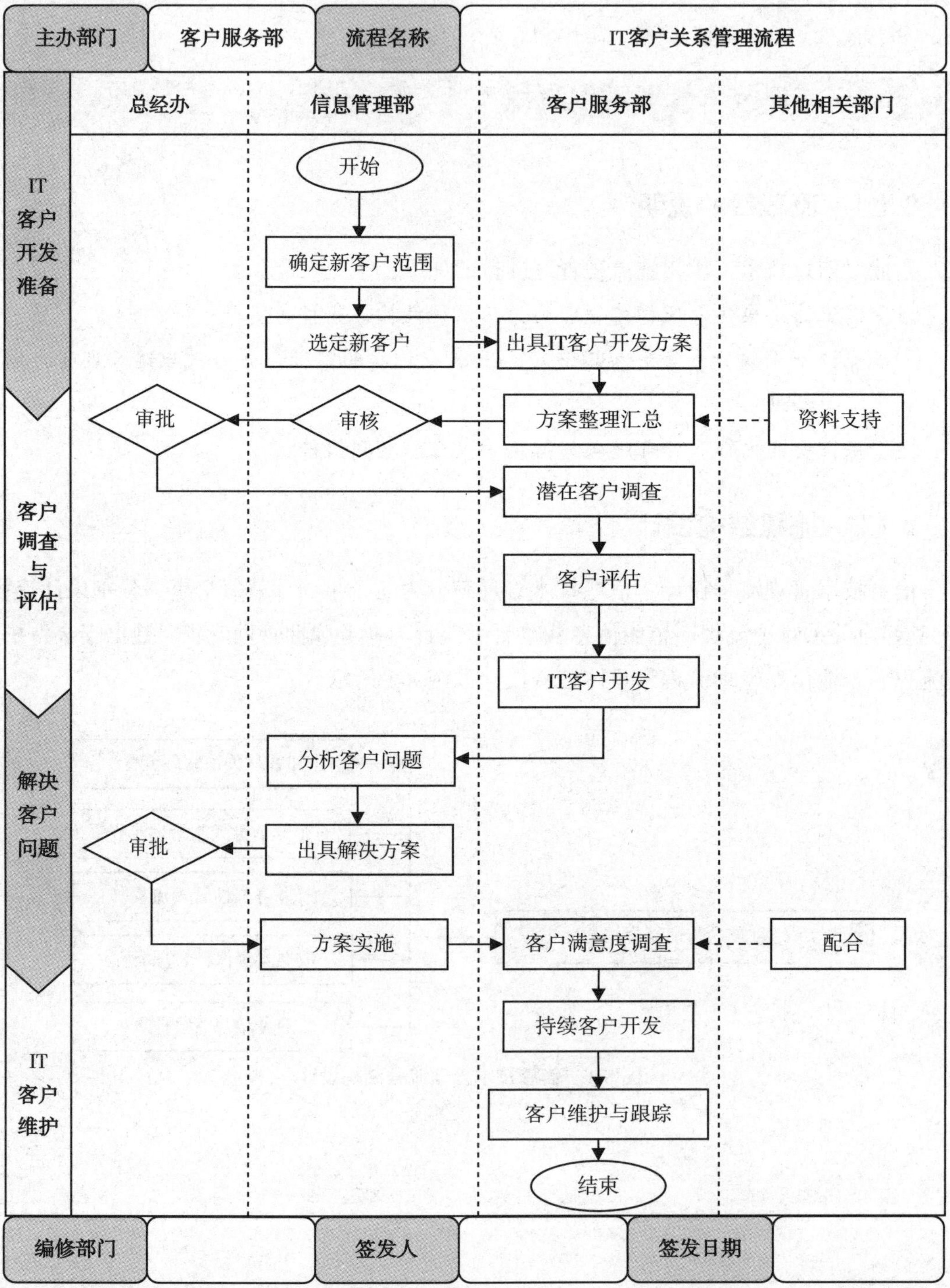

8.2.2 IT 客户关系管理执行程序、工作标准、考核指标、执行规范

任务名称	执行程序、工作标准与考核指标
IT客户开发准备	**执行程序** **1. 确定新客户范围** ☆信息管理部根据部门内部发展需要，结合其他相关部门提供的资料，根据 IT 产品和服务的特性确定新客户的目标范围 ☆客户范围可以根据部门相关项目的客户确定 **2. 选定新客户** 信息管理部在已定的新客户范围内，按照一定的标准和要求确定具体的新客户 **3. 出具 IT 客户开发方案** ☆客户服务部结合信息管理部的相关特性，根据客户开发经验，经过会议讨论，出具 IT 客户开发方案 ☆ IT 客户开发方案应做到市场明确，客户明确，可实施性强 **工作重点** 信息管理部选定的 IT 新客户范围适宜，符合企业实际需要 **工作标准** ☆效率标准：IT 客户开发方案应在____个工作日内撰写完成 ☆内容标准：信息管理部选定具体的 IT 客户，主要工作包括搜集资料，制作潜在客户名录，分析潜在客户的情况，为新客户开发活动提供背景资料；将上述资料分发给客户服务部各岗位工作人员
客户调查与评估	**执行程序** **1. 潜在客户调查** 客户服务部对选定的 IT 客户进行调查，了解客户的潜在价值及开发的可能性、成本与难度 **2. 客户评估** ☆客户服务部依据调查结果对 IT 客户进行评估，进一步筛选出合格的客户 ☆对于不合格的客户，客户服务部再次进行调查 **3. IT 客户开发** 对于筛选出的合格客户，客户服务部按照 IT 客户开发方案实施客户开发 **工作重点** ☆客户服务部根据潜在客户名录，选择开发 IT 客户，并进行分工调查，同时寻求最佳的开发方法和渠道，确保 IT 客户开发工作顺利进行 ☆客户服务部的调查结果如有不详之处，信息管理部应组织有关人员再次进行专项调查，以弥补前次调查的不足 **工作标准** ☆内容标准：客户服务部在与 IT 客户接触的过程中，一方面要对其进行信用及经营、销售能力等方面的调查，另一方面要力争与其建立业务关系 ☆质量标准：制订的 IT 客户开发计划切实可行 **考核指标** ☆ IT 客户开发计划完成率：用来考核客户服务部的 IT 客户开发能力，目标值为 100% ☆ $\text{IT 客户开发计划完成率}=\dfrac{\text{达成合作的 IT 客户数}}{\text{计划开发的 IT 客户数}}\times 100\%$

（续）

<table>
<tr><th>任务名称</th><th>执行程序、工作标准与考核指标</th></tr>
<tr><td rowspan="4">解决客户问题</td><td>执行程序</td></tr>
<tr><td>1. 分析客户问题
客户服务部将IT客户提出的问题反馈给信息管理部，信息管理部对问题进行分析与整理
2. 出具解决方案
☆信息管理部结合产品特点，为客户出具解决方案，明确执行人员、执行方式及执行工具等
☆解决方案经总经办审批通过后实施
工作重点
信息管理部要及时针对客户提出的问题给出解决方案，以顺利达成合作</td></tr>
<tr><td>工作标准</td></tr>
<tr><td>完成标准：客户服务部与信息管理部成功为客户解决问题，消除客户疑虑</td></tr>
<tr><td rowspan="6">IT客户维护</td><td>执行程序</td></tr>
<tr><td>1. 客户满意度调查
客户服务部开展IT客户满意度调查，在调查过程中对客户提出的问题进行解答，同时分析合作成功与失败的原因
2. 客户维护与跟踪
☆对达成合作的客户，客户服务部进行后期维护
☆对未达成合作的客户，客户服务部将其作为目标客户进行跟踪，持续开发
工作重点
顺利开展客户服务满意度调查，了解客户预期值</td></tr>
<tr><td>工作标准</td></tr>
<tr><td>参照标准：客户满意度调查参照其他项目的满意度调查实施方案执行</td></tr>
<tr><td>考核指标</td></tr>
<tr><td>客户满意度评分：以随机抽样客户的满意度评分为依据，应达到____分</td></tr>
<tr><td colspan="2">执行规范</td></tr>
<tr><td colspan="2">“客户开发管理制度”“潜在客户名录”“IT客户开发方案”“IT客户开发工作报告”“客户满意度调查表”</td></tr>
</table>

8.3 企业信息战略管理流程设计与工作执行

8.3.1 企业信息战略管理流程设计

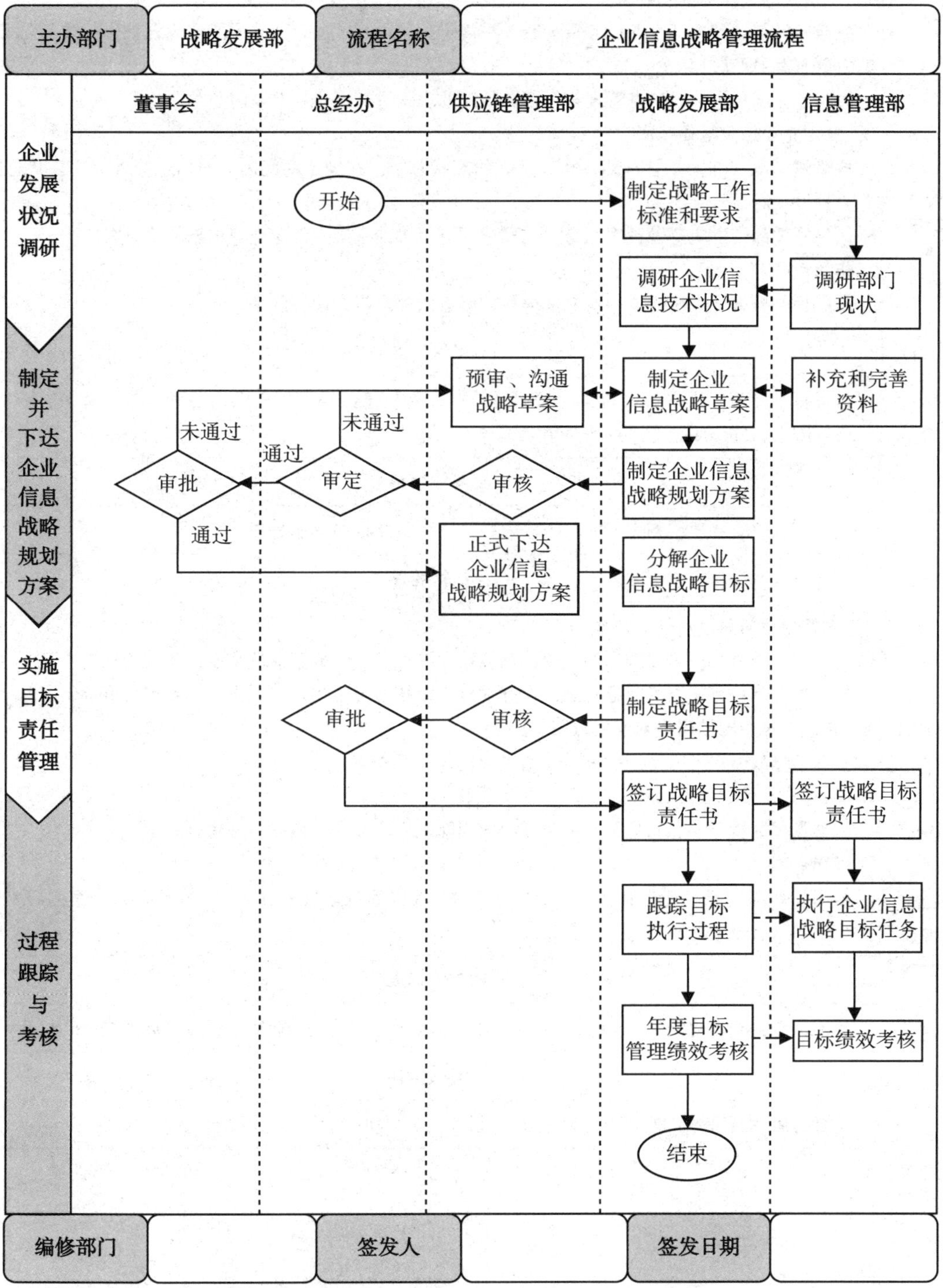

8.3.2 企业信息战略管理执行程序、工作标准、考核指标、执行规范

<table>
<tr><th>任务名称</th><th>执行程序、工作标准与考核指标</th></tr>
<tr><td rowspan="6">企业发展状况调研</td><td>执行程序</td></tr>
<tr><td>1. 制定战略工作标准和要求
战略发展部接到总经办的任务指示后，在规定时间内制定出企业发展战略规划工作标准和要求
2. 调研部门现状
战略发展部牵头，对信息管理部及相关部门的现状进行调研，并及时总结
3. 制定企业信息战略草案
☆战略发展部根据信息管理部及相关部门的现状总结，在规定时间内完成信息管理部的现状总结与发展预测报告
☆信息管理部与供应链管理部配合，在发展预测报告的基础上制定企业信息战略草案
工作重点
发展预测报告可以按固定的模板来编写，以有效提升报告编写效率</td></tr>
<tr><td>工作标准</td></tr>
<tr><td>目标标准：战略发展部经过详尽调研，总结出与信息战略发展相关的各种优势、劣势、威胁、机遇等因素，并形成企业信息战略草案</td></tr>
<tr><td>考核指标</td></tr>
<tr><td>企业信息战略草案编制完成的时间：应在____个工作日内编制完成</td></tr>
<tr><td rowspan="6">制定并下达企业信息战略规划方案</td><td>执行程序</td></tr>
<tr><td>1. 制定企业信息战略规划方案
☆战略发展部将经过多次沟通的企业信息战略发展草案汇编成正式的企业信息战略规划方案
☆战略发展部将方案报供应链管理部详细审核，审核通过后报总经办审定、董事会审批
2. 正式下达企业信息战略规划方案
企业信息战略规划方案经批准后，由供应链管理部正式开会下达
3. 分解企业信息战略目标
战略发展部依照信息管理部及相关部门的职能，对企业信息战略目标进行分解
工作重点
战略发展部在制定企业信息战略规划方案时，要注意战略规划方案的可操作性，方案内容要做到切实可行，不要好高骛远</td></tr>
<tr><td>工作标准</td></tr>
<tr><td>参照标准：企业之前年份的信息战略规划方案及同行业其他企业的信息战略规划文书</td></tr>
<tr><td>考核指标</td></tr>
<tr><td>目标分解的合理性：争议不得超过____起</td></tr>
</table>

（续）

<table>
<tr><th>任务名称</th><th>执行程序、工作标准与考核指标</th></tr>
<tr><td rowspan="4">实施目标责任管理</td><td>执行程序</td></tr>
<tr><td>1. 制定战略目标责任书
战略发展部依照信息管理部及相关部门的职能，制定战略目标责任书，将战略目标责任书按管理权限分别报供应链管理部审核、总经办审批
2. 签订战略目标责任书
☆总经办负责与企业各部门和下属单位负责人签订战略目标责任书
☆战略目标责任书由战略发展部统一归档保管，作为考核时的依据
工作重点
战略目标责任书要结合各部门和下属单位的具体工作内容、工作环境及未来发展变动来制定，涉及特殊场景的，要将这些场景事项描述清楚</td></tr>
<tr><td>工作标准</td></tr>
<tr><td>完成标准：总经办代表企业与各部门和下属单位负责人顺利签订战略目标责任书</td></tr>
<tr><td rowspan="6">过程跟踪与考核</td><td>执行程序</td></tr>
<tr><td>1. 执行企业信息战略目标任务
☆信息管理部与各相关单位按照信息战略规划方案与战略目标责任书执行工作任务
☆战略发展部按月或季度对目标执行情况进行跟踪检查，填写目标管理追踪单
2. 目标绩效考核
战略发展部协同相关部门，按照战略目标责任书规定的内容对相关部门进行考核
工作重点
绩效考核除了按照战略目标责任书对部门工作成果进行考核，还要对部门主要责任人的工作能力及工作态度进行考核，若绩效不达标，要进行原因分析</td></tr>
<tr><td>工作标准</td></tr>
<tr><td>参照标准：企业过去年度的部门目标绩效考核情况</td></tr>
<tr><td>考核指标</td></tr>
<tr><td>☆考核结果出错率：不得超过____%
☆考核结果出错率 = $\frac{\text{考核期内考核结果出错的次数}}{\text{考核期内考核的总次数}} \times 100\%$</td></tr>
<tr><td colspan="2">执行规范</td></tr>
<tr><td colspan="2">“企业信息战略草案”“企业信息战略规划方案”“企业战略目标责任书”“企业信息战略绩效考核方案”</td></tr>
</table>

8.4 业务弹性管理流程设计与工作执行

8.4.1 业务弹性管理流程设计

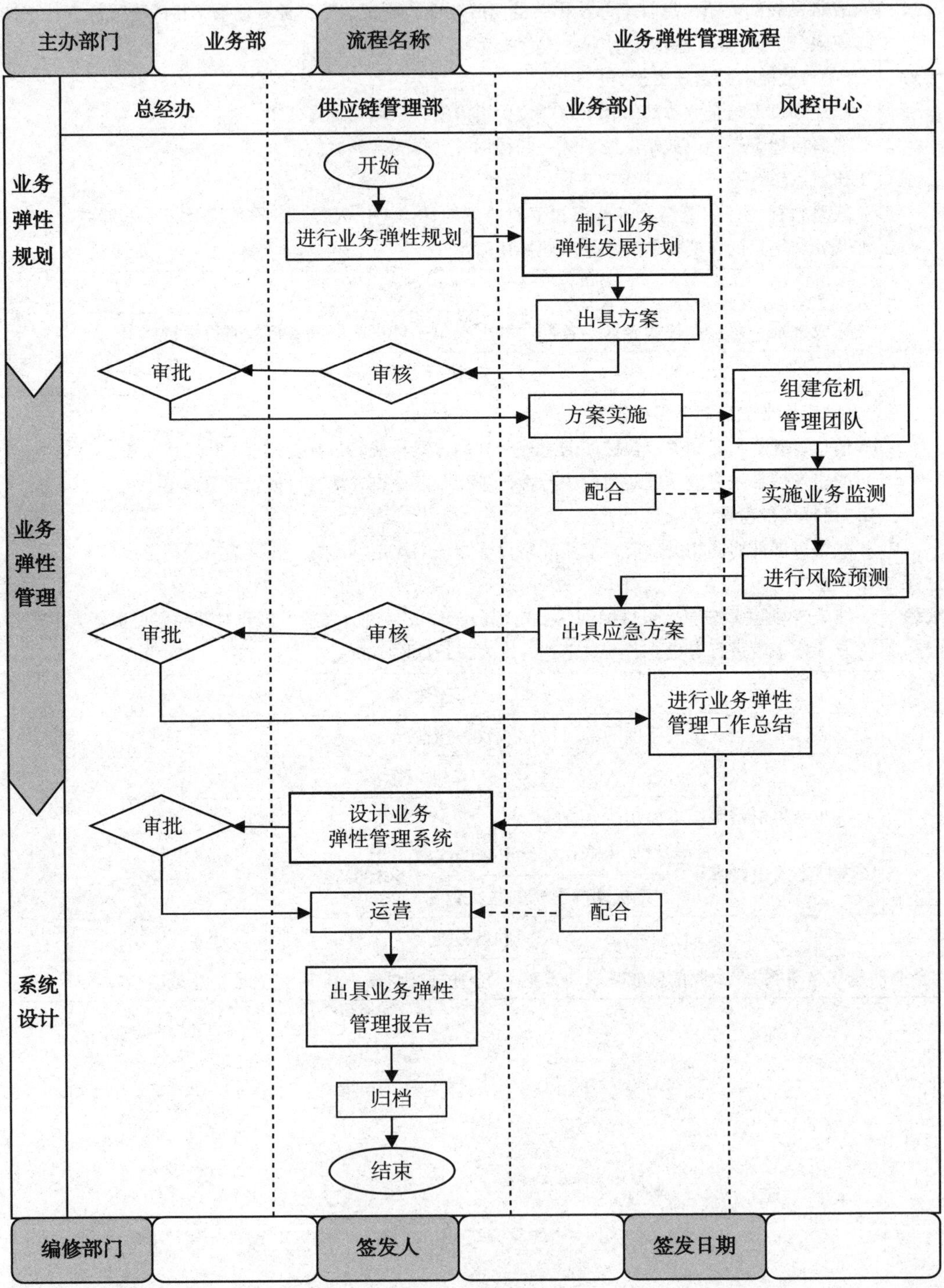

8.4.2 业务弹性管理执行程序、工作标准、考核指标、执行规范

任务名称	执行程序、工作标准与考核指标
业务弹性规划	**执行程序** **1. 进行业务弹性规划** 供应链管理部调查企业业务发展情况，制定业务危机备选方案，进行业务弹性规划 **2. 出具方案** 业务部门针对业务弹性规划进行分析讨论，制订业务弹性发展计划，并撰写业务弹性发展方案，报供应链管理部审核、总经办审批 **3. 方案实施** 业务部门实施经过审批的业务弹性发展方案，确保工作正常进行 **工作重点** ☆业务弹性发展方案的撰写要考虑可实施性 ☆企业要有应付危机的方法纲要，针对各种危机情景制订相应计划，以应对不同的危机形势
	工作标准 ☆参照标准：企业历年业务弹性发展方案 ☆质量标准：业务弹性发展方案内容完整，格式规范，指导性强
业务弹性管理	**执行程序** **1. 组建危机管理团队** 风控中心组建危机管理团队，确定责任人，对业务发展状况进行监督 **2. 实施业务监测** ☆危机管理团队在业务运营过程中实施监测，同时对外部信息进行调研，监控各种突发问题 ☆在监测过程中，危机管理团队要注意内外部任何可能发生的问题，进行风险预测，为业务部门提供解决策略 ☆业务部门针对出现的问题出具应急方案，经过审批后执行 **工作重点** ☆业务监测过程要全面考虑各业务部门与外部单位之间的联系性 ☆一旦出现业务风险，相关人员应及时汇报
	工作标准 质量标准：业务监测的全面性与准确性
	考核指标 ☆风险预测准确率：用以衡量风控中心的工作能力，目标值为____% ☆$风险预测准确率 = \frac{风险预测准确的次数}{风险预测总次数} \times 100\%$

（续）

<table>
<tr><th>任务名称</th><th>执行程序、工作标准与考核指标</th></tr>
<tr><td rowspan="5">系统设计</td><td>执行程序</td></tr>
<tr><td>1. 设计业务弹性管理系统
☆业务部门与危机管理团队进行业务弹性管理工作总结
☆供应链管理部结合业务部门及危机管理团队的业务弹性管理工作总结，对可能出现的风险问题进行整理
☆供应链管理部设计业务弹性管理系统，业务部门进行运营配合
2. 出具业务弹性管理报告
☆供应链管理部针对整个工作过程中出现的问题及解决方案出具业务弹性管理报告
☆报告整理归档
工作重点
☆企业应有文档化的系统灾难恢复计划，并保证传达到位，同时定期测试情景计划，以书面形式记录测试结果
☆如有必要，企业可以建立系统运营的备用场所，数据文件每天备份且不在现场存储
☆注意设置危机行动时间底线，以应对概率性事件</td></tr>
<tr><td>工作标准</td></tr>
<tr><td>质量标准：业务弹性管理系统完善，运行流畅，实操性强</td></tr>
<tr><td></td></tr>
<tr><td colspan="2">执行规范</td></tr>
<tr><td colspan="2">“供应链弹性管理制度”“业务弹性管理报告”</td></tr>
</table>

8.5 数据安全保护管理流程设计与工作执行

8.5.1 数据安全保护管理流程设计

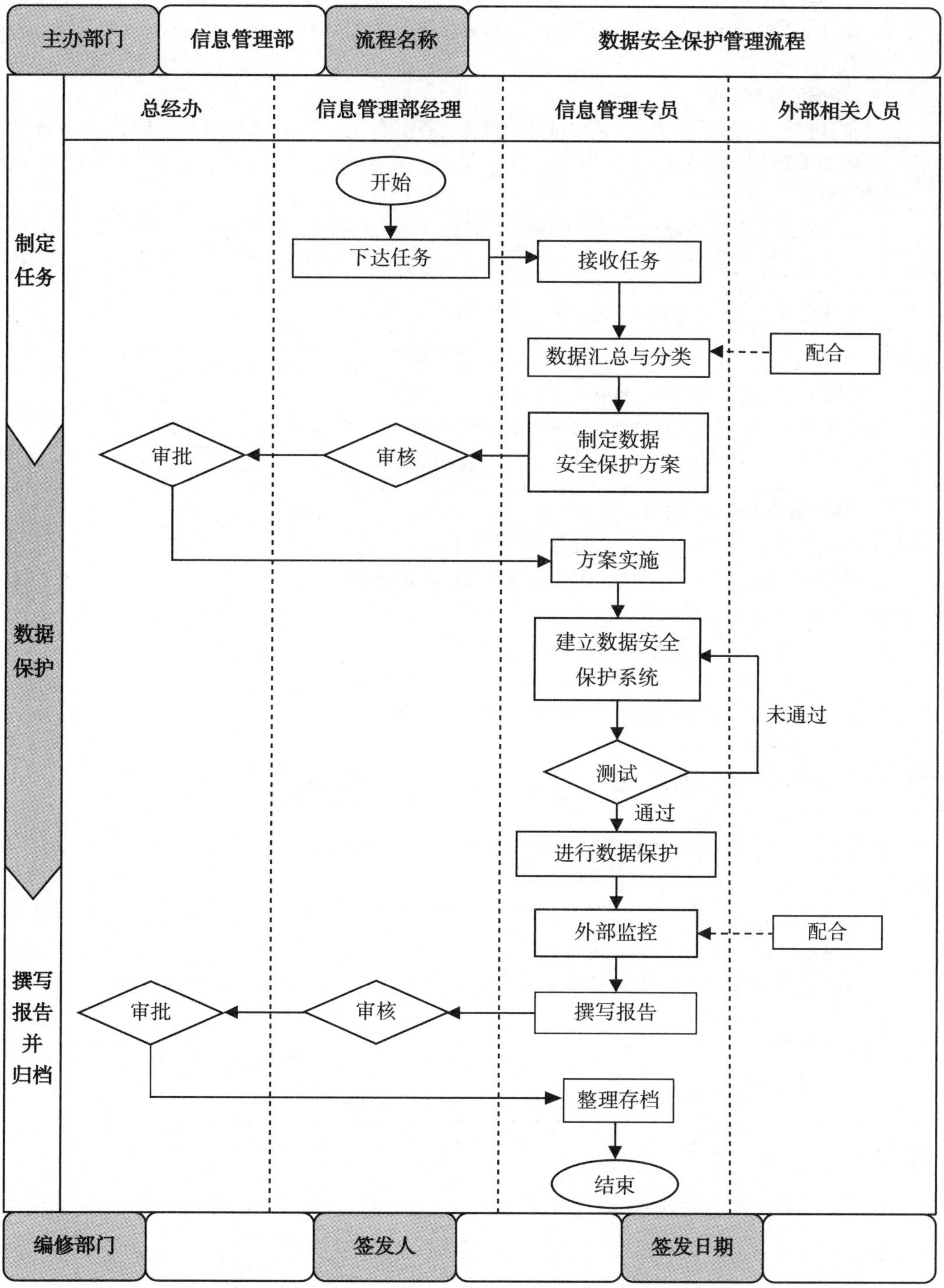

8.5.2　数据安全保护管理执行程序、工作标准、考核指标、执行规范

任务名称	执行程序、工作标准与考核指标
制定任务	**执行程序**
	1. 下达任务 信息管理部经理根据企业数据现状，对数据保护系统进行分析，做出数据安全保护规划，并下达任务 **2. 数据汇总与分类** 信息管理专员接受任务后，对企业现有数据进行汇总与分类，相关部门提供支持，汇报各部门数据的相关性及重要性 **工作重点** 信息管理专员应准确处理数据，无纰漏，对数据按标准进行分类
	工作标准
	完成标准：企业现有数据汇总全面、分类准确
	考核指标
	☆数据汇总与分类的时间：应在____个工作日内完成 ☆数据安全保护规划的合理性：数据安全保护规划合理，符合企业信息管理的相关规定
数据保护	**执行程序**
	1. 制定数据安全保护方案 ☆信息管理专员参照相关标准制定数据安全保护方案 ☆方案报信息管理部经理审核、总经办审批通过后方可实施 **2. 建立数据安全保护系统** ☆信息管理专员联系技术人员建立数据安全保护系统 ☆数据安全保护系统的稳定性、快速性和准确性均要达标 ☆系统需要经过多次测试，测试合格后方可投入使用 **3. 进行数据保护** 系统投入使用后，信息管理人员将企业数据上传，进行数据保护 **工作重点** ☆技术人员要及时进行数据安全保护系统设计，确保系统运行流畅 ☆所有系统的进入应由客户名和密码控制 ☆企业应对员工、客户和供应商分配不同的权限，各自不能进入权限以外的数据库，并且企业内部系统不能从互联网上直接进入 ☆对于敏感和隐私信息，信息管理专员应列出清晰的管理责任，并得到管理层的认可
	工作标准
	☆依据标准：数据安全保护系统应严格按照企业数据保密制度和信息管理相关规定进行设计 ☆完成标准：完成数据安全保护系统设计，为企业数据保护提供支持

（续）

<table>
<tr><th>任务名称</th><th>执行程序、工作标准与考核指标</th></tr>
<tr><td rowspan="4">撰写报告并归档</td><td>执行程序</td></tr>
<tr><td>1. 外部监控
信息管理专员在技术人员的配合下，实施外部监控，保障数据安全
2. 撰写报告
信息管理专员整理工作过程，并结合问题编写工作报告，提交信息管理部经理审核后，报总经办审批
3. 整理存档
信息管理专员将经过审批的工作报告整理存档
工作重点
信息管理专员要将数据安全保护系统的设计资料与工作报告及时存档，并妥善保管</td></tr>
<tr><td>工作标准</td></tr>
<tr><td>质量标准：数据安全保护工作报告要严格按标准编写，做到内容全面，结构清晰，无重大纰漏</td></tr>
<tr><td colspan="2">执行规范</td></tr>
<tr><td colspan="2">“数据安全保护方案”“企业信息管理制度”“企业数据资料保密制度”</td></tr>
</table>

8.6 企业信息管理流程设计与工作执行

8.6.1 企业信息管理流程设计

主办部门	信息管理部	流程名称	企业信息管理流程

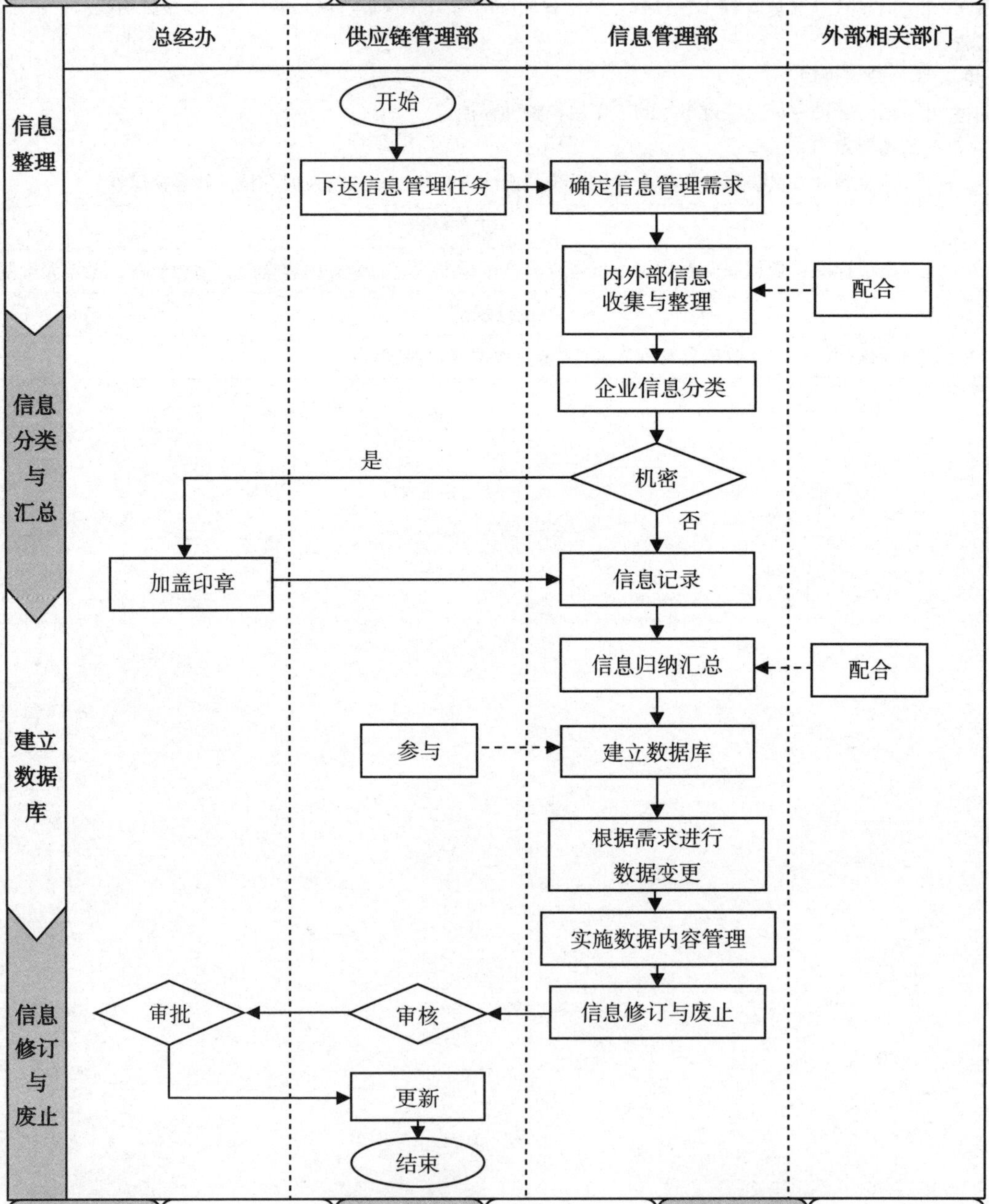

编修部门		签发人		签发日期	

8.6.2 企业信息管理执行程序、工作标准、考核指标、执行规范

任务名称	执行程序、工作标准与考核指标
信息整理	**执行程序**
	1. 下达信息管理任务 供应链管理部根据相关情况下达企业信息管理任务 **2. 内外部信息收集与整理** ☆信息管理部对已有信息进行整理，包括内部信息和外部信息 ☆内部信息主要包括企业行政信息、人力资源信息、财务信息及运营信息；外部信息主要包括国家与地方性法律法规、政策文件，国家与地方科技发展动态等 **工作重点** 信息管理部对企业内外部信息的收集与整理要及时，并定期更新
	工作标准
	质量标准：内外部信息整理详尽，参考性强
信息分类与汇总	**执行程序**
	1. 企业信息分类 信息管理部对企业信息根据其重要性、保密级别等进行分类，重要文件需要特别提出，机密文件需要总经办加盖印章 **2. 信息归纳汇总** ☆信息管理部将分好类的信息进行识别记录，排序存放 ☆信息管理部将所有文件进行归纳汇总，以便查找处理，此过程需要外部相关部门提供支持，说明其数据重要性及信息意义 ☆企业信息管理应坚持准确性、全面性、有效性、及时性、共享性及高质量原则 **工作重点** 信息分类汇总应保证信息质量，做到去粗取精
	工作标准
	完成标准：企业内外部信息完成分类汇总，排序存放
建立数据库	**执行程序**
	☆信息管理部安排技术人员建立数据库，将经过分类汇总的信息存入数据库 ☆企业信息通过数据库进行传递，实现信息共享，在此过程中，技术人员应防止无效信息和冗余信息占用企业数据库资源 **工作重点** 企业数据库的建立要遵循相关规范，如有必要，可请第三方机构协助
	工作标准
	完成标准：企业数据库建立完成，能够实现信息共享
	考核指标
	☆数据库建立费用控制率：用来衡量信息管理部建立数据库的费用控制能力 ☆$\text{数据库建立费用控制率}=\frac{\text{数据库建立费用支出额}}{\text{数据库建立费用预算额}}\times 100\%$

（续）

<table>
<tr><th>任务名称</th><th>执行程序、工作标准与考核指标</th></tr>
<tr><td rowspan="5">信息修订与废止</td><td>执行程序</td></tr>
<tr><td>☆信息管理部要遵循数据管理及时性原则，根据部门要求、运营状况、人员流动等情况进行数据变更
☆信息管理部根据企业政策要求与时间限制对数据库的信息进行修订，或将信息废止
☆信息修订与废止要报供应链管理部审核、总经办审批，审批通过后，由信息管理部负责对数据库进行更新
工作重点
信息修订与废止要及时，以保证相关数据信息的准确性</td></tr>
<tr><td>工作标准</td></tr>
<tr><td>参照标准：企业运营状况与管理制度</td></tr>
<tr><td colspan="2">执行规范</td></tr>
<tr><td colspan="2">“企业信息管理制度”“企业运营管理制度”</td></tr>
</table>

第9章 财务资源管理

9.1 财务资源管理工作流程

9.1.1 流程目的说明

企业对财务资源实施流程管理的目的如下：

（1）以财务管理为中心，对供应链经营的各环节进行有效控制，降低成本和费用，提高企业运营效益；

（2）规范企业投资管理工作程序，增强投资活动的计划性、有序性、战略性；

（3）切实降低财务资源管理过程中存在的风险，提高供应链资财风险管理水平和效率。

9.1.2 流程结构设计

财务资源管理流程设计将财务资源管理细分为 6 个事项，就每个事项分别设计流程，即客户信用处理流程、付款处理流程、应付账款处理流程、费用报销管理流程、投资管理流程和采购资财风险管理流程，具体结构设计如图 9-1 所示。

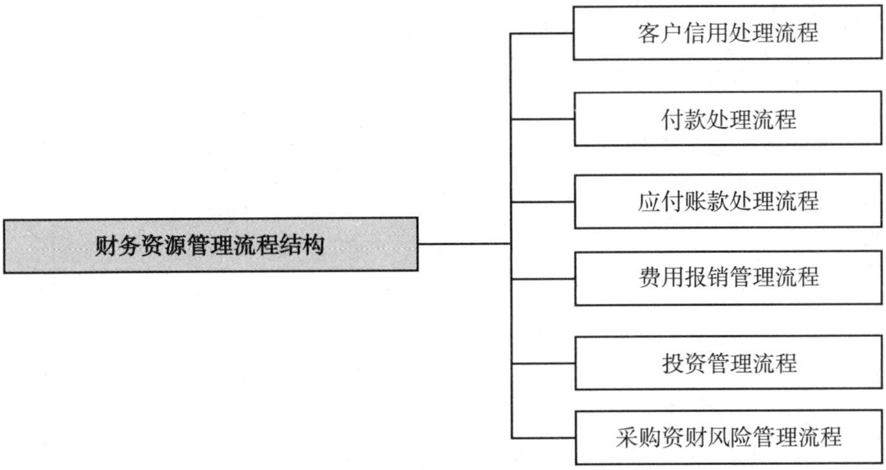

图 9-1　财务资源管理流程结构设计

9.2 客户信用处理流程设计与工作执行

9.2.1 客户信用处理流程设计

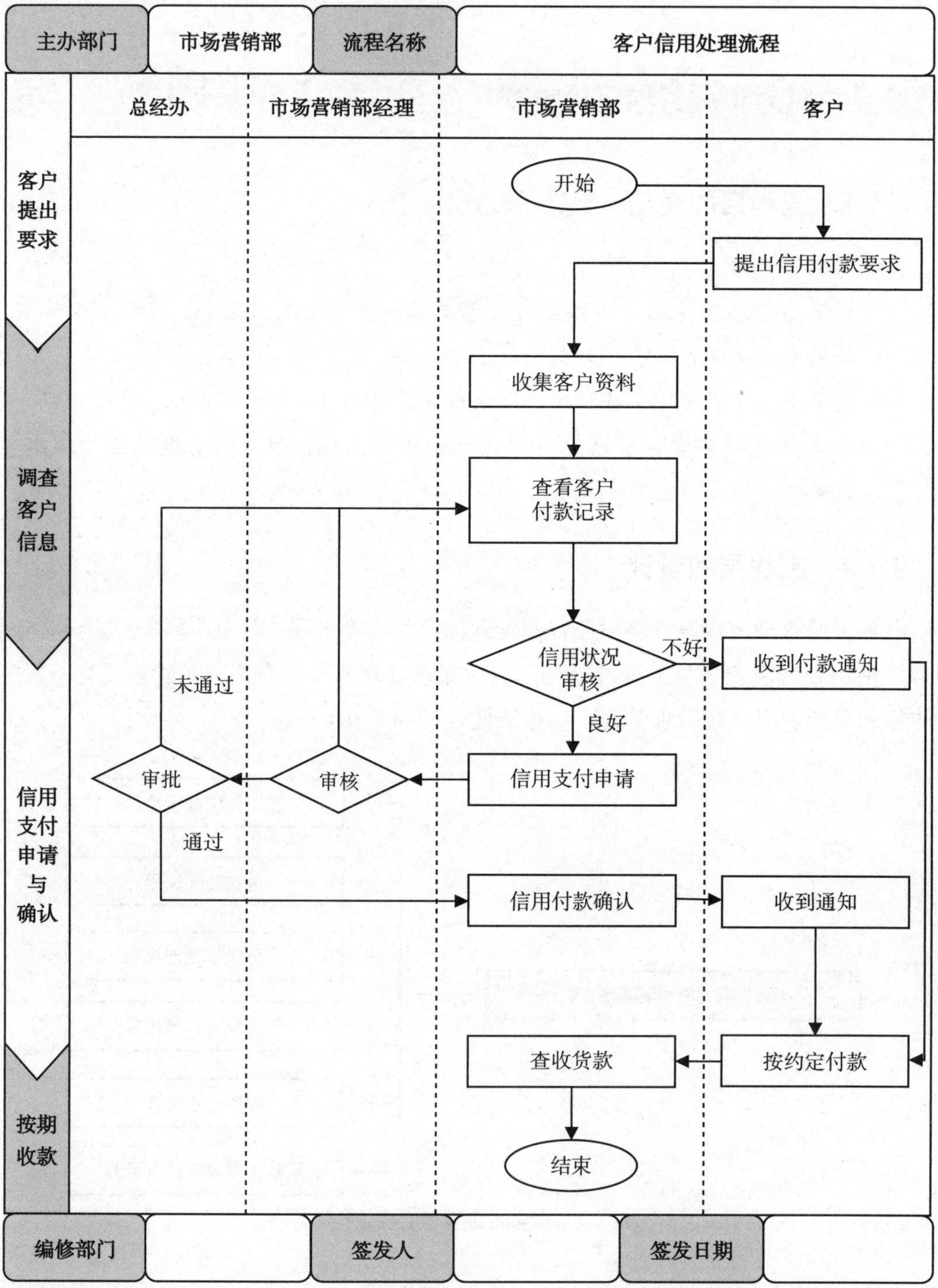

9.2.2 客户信用处理执行程序、工作标准、考核指标、执行规范

任务名称	执行程序、工作标准与考核指标
客户提出要求	**执行程序**
	客户向市场营销部提出延期付款等信用付款要求，并填写信用付款申请单，在申请单上写明信用付款的具体原因、金额及相关期限 **工作重点** 客户申请信用付款之前，市场营销部要向客户说明本企业的信用付款政策
	工作标准
	参照标准：同行业其他企业的信用付款政策
调查客户信息	**执行程序**
	1. 收集客户资料 市场营销部收到客户的信用付款申请后，要及时收集客户资料，了解其生产经营及财务状况，以及所在行业的信息等，以初步判断其是否符合信用付款条件 **2. 查看客户付款记录** 市场营销部查看客户之前与本企业的付款记录，同时调查了解其与其他企业合作时的付款情况，主要看其付款是否及时、足额，是否出现过违约情况等 **3. 信用状况审核** 市场营销部对客户的信用状况进行审核，根据客户的信用状况判断其是否满足信用付款条件。若客户存在经常拖延货款，并在以往合作中出现过违约、不守信用等情况，则不能同意客户的信用付款申请，应请客户选择直接付款或者放弃合作 **工作重点** ☆市场营销部在分析客户的信用状况后，要对客户进行分类，针对不同类别的客户采取不同的信用付款政策 ☆客户信用分析要注意利用信用管理软件，以缩短客户信用审核的时间和费用
	工作标准
	参照标准：其他同行业企业的客户分类方法
	考核指标
	☆客户资料完整度：客户资料收集全面且完整，包含了有关客户经营、生产、财务和信用等方面的资料 ☆资料的有效性：收集的资料应能够反映客户的信用状况和货款支付能力
信用支付申请与确认	**执行程序**
	1. 信用支付申请 若客户的信用状况良好，市场营销部应在客户的信用支付申请单中注明客户信用审查结果，并将其信用支付申请单报市场营销部经理审核，审核通过后报总经办审批 **2. 信用付款确认** 信用支付申请单审批通过后，市场营销部通知客户办理信用付款手续 **工作重点** ☆市场营销部要妥善保管信用支付申请单，以备查验 ☆市场营销部应实现对客户信用数据的精细化管理，加强和销售、财务等部门的相互协作
	工作标准
	目标标准：总经办批准信用申请，销售合同顺利执行

（续）

<table>
<tr><th>任务名称</th><th>执行程序、工作标准与考核指标</th></tr>
<tr><td rowspan="4">按期收款</td><td>执行程序</td></tr>
<tr><td>市场营销部通知信用付款客户在规定的时间内完成付款，并通过财务部查看客户货款的支付情况
工作重点
市场营销部要及时催收货款，以免给企业造成经济损失</td></tr>
<tr><td>工作标准</td></tr>
<tr><td>目标标准：客户按期付款，款项顺利入账，合同圆满履行</td></tr>
<tr><td colspan="2">执行规范</td></tr>
<tr><td colspan="2">“信用付款申请单”“客户信用付款管理细则”</td></tr>
</table>

9.3 付款处理流程设计与工作执行

9.3.1 付款处理流程设计

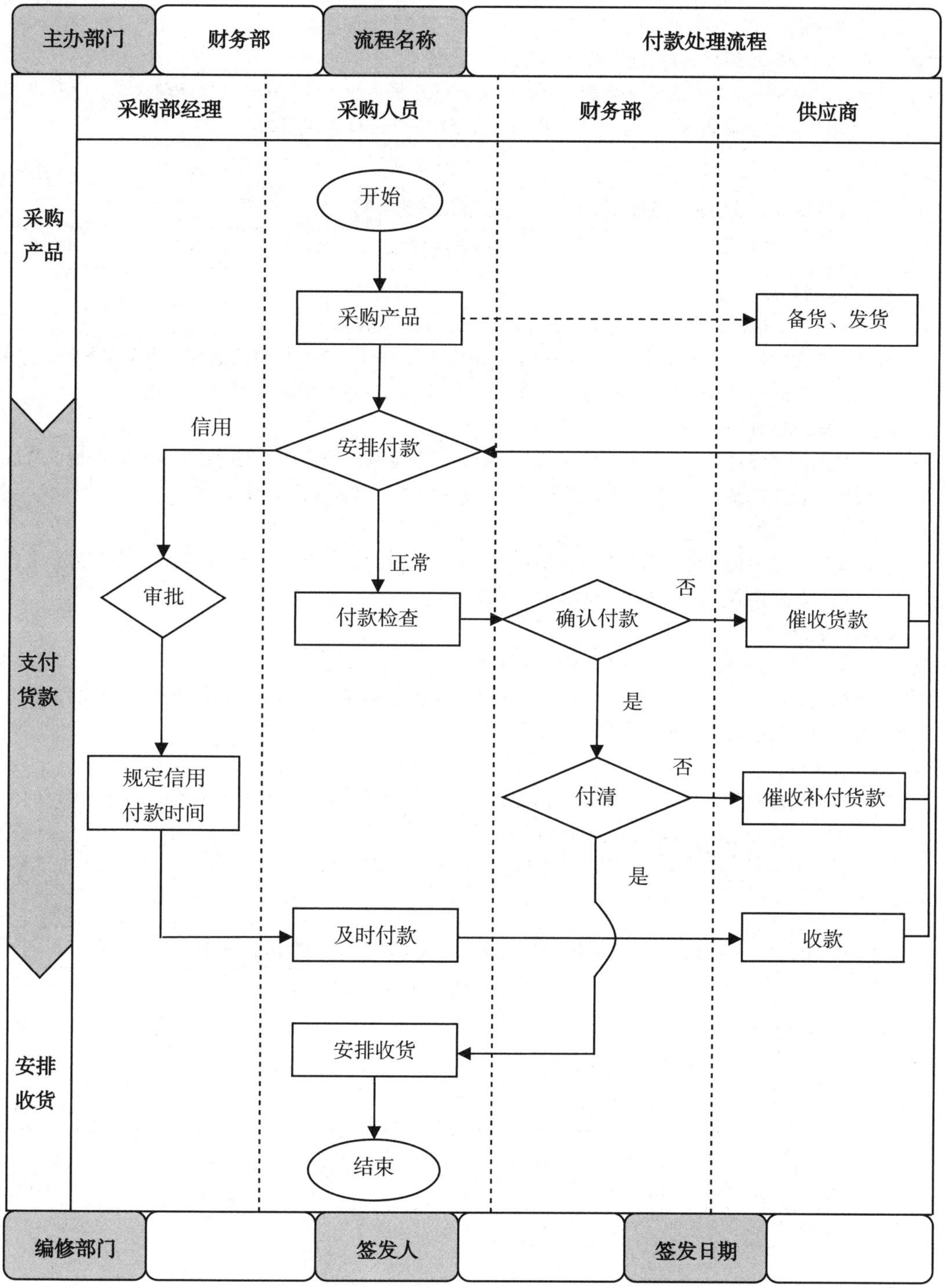

9.3.2 付款处理执行程序、工作标准、考核指标、执行规范

任务名称	执行程序、工作标准与考核指标
采购产品	**执行程序**
	采购人员按照企业采购流程向供应商采购产品或服务，并与供应商签订采购合同 **工作重点** ☆采购合同的签订要按照规定的流程进行 ☆为保障采购（尤其是国际采购）顺畅，企业应开通多种支付方式，及时处理支票、电汇或 EFT（电子支付）形式的支付业务，并且保证支付在一个工作日内完成
	工作标准
	完成标准：采购人员按照企业规定签订并确认采购合同
支付货款	**执行程序**
	1. 安排付款 ☆采购人员根据合同中与供应商的付款约定安排后续的付款事项 ☆合同中约定货款为发货前正常支付的，采购人员向财务部发出付款通知；出于某种特殊原因，与供应商约定延期支付货款的，采购人员须将延期支付的原因向采购部经理报告 **2. 规定信用付款时间** 采购部经理对延期付款的时间进行审批，若时间范围比较合理，则同意信用付款申请；若认为时间太长，则提出一个较为合理的时间，告知采购人员与供应商协商 **3. 及时付款** 采购人员根据与供应商确定的信用付款时间安排付款，在支付货款最后期限的前三天，采购人员与财务部沟通，提醒财务部按时支付货款 **4. 付款检查** ☆采购人员与财务部进行沟通，确认付款情况 ☆若货款全部付清，采购人员要求供应商发货，并着手安排收货事宜；若货款未付清，采购人员应及时与供应商沟通，并安排补付货款 **工作重点** ☆采购与支付货款是一个持续沟通的过程，所以沟通能力非常重要，采购部最好设立专门的付款专员，并且定期对其进行沟通技巧方面的培训 ☆采购部与财务部要保证所有的支付和交易信息安全且隐秘，同时减少支付过程中的异常情况
	工作标准
	时间标准：采购人员在货款到期前____天与供应商沟通，提醒供应商及时发货
	考核指标
	☆付款错误率：目标值为 0 ☆$付款错误率=\frac{付款出现错误的次数}{付款总次数}\times 100\%$

（续）

任务名称	执行程序、工作标准与考核指标
安排收货	**执行程序**
	采购人员确认付清供应商所有款项后，通知供应商按照企业要求及时发货，并做好收货安排 **工作重点** 收货人员要对货物的数量与质量进行严格检查，以防出现不必要的损失
	工作标准
	☆目标标准：货物及时、准确地入库 ☆质量标准：特殊货物（如易碎物、液体等）的收货检查要严格按照特殊管理规定执行
执行规范	
“企业采购管理办法”“货款支付管理办法”	

9.4 应付账款处理流程设计与工作执行

9.4.1 应付账款处理流程设计

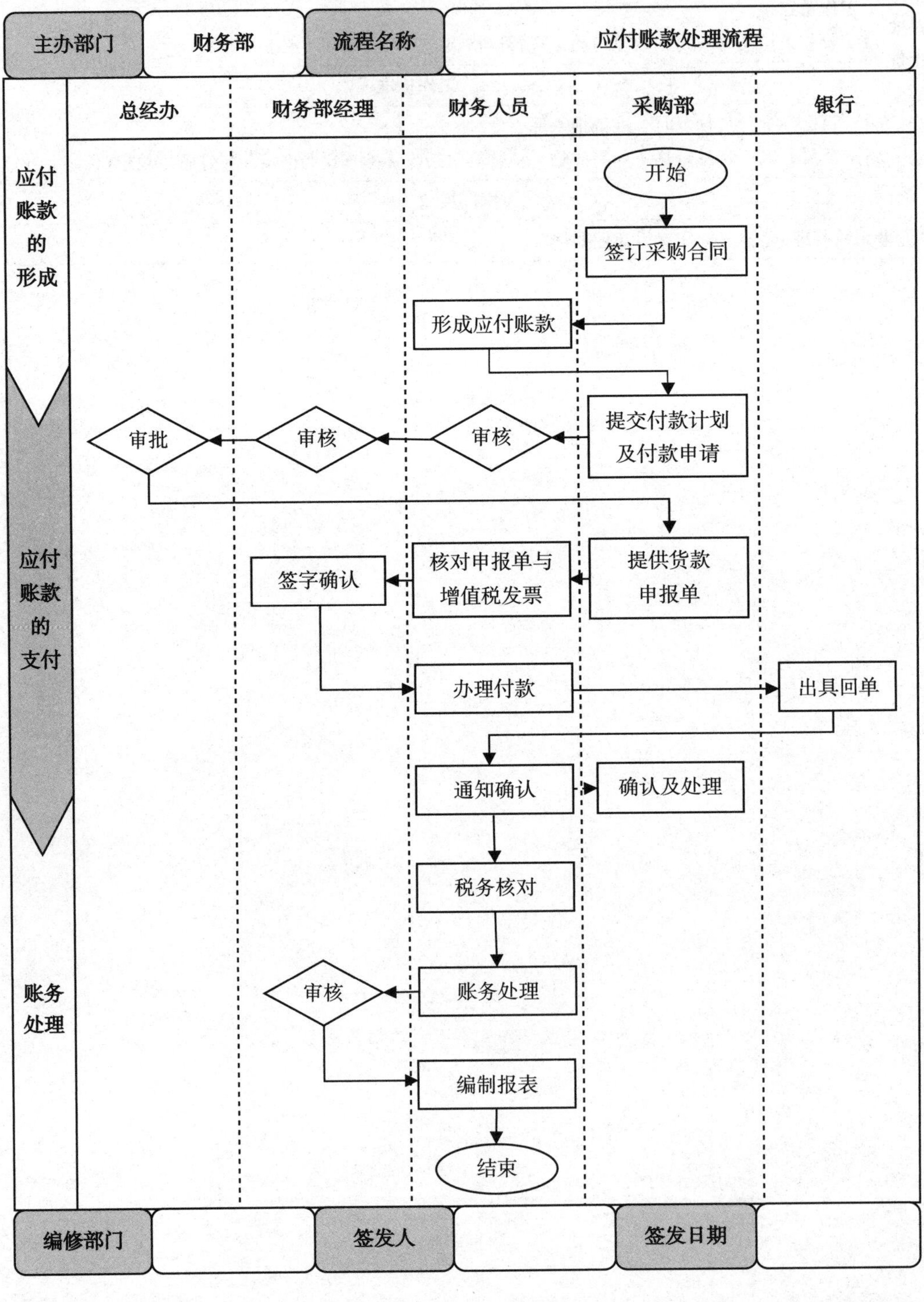

9.4.2 应付账款处理执行程序、工作标准、考核指标、执行规范

任务名称	执行程序、工作标准与考核指标
应付账款的形成	**执行程序** **1. 签订采购合同** ☆采购部经理代表企业与供应商签署正式的采购合同 ☆采购专员与供应商不断沟通，保持良好的合作关系 **2. 形成应付账款** 采购的物资等已经验收入库但货款尚未支付，或接受供应单位服务发生应付未付款项的，根据有关凭证形成企业的应付账款 **工作重点** 企业应建立与制定标准化采购系统和政策，并统一面向供应商、客户等利益相关者 **工作标准** 认定标准：严格按照会计法规认定企业的应付账款
应付账款的支付	**执行程序** **1. 提交付款计划及付款申请** ☆采购部根据采购合同的约定，向财务部提交应付账款的付款计划和付款申请 ☆财务人员对付款计划和付款申请进行审核，经财务部经理签字后提交总经办审批 ☆审批通过后，采购部向财务部提供货款申报单 **2. 核对申报单与增值税发票** ☆财务人员核对货款申报单与增值税发票，以防出现不经审批就支付款项的现象 ☆货款申报单与增值税发票核对无误后，财务部安排付款 **3. 办理付款** 采用支票、电汇或汇票方式付款的，财务人员需按规范填写银行单据；采用网银付款的，则需做好系统录入与审核工作 **4. 通知确认** 财务人员收到银行转来的付款回单后，通知采购部据此与供应商联系确认 **工作重点** 为提升应付账款支付效率，采购部可根据总括订单，集中提交付款申请，企业相关负责人在每月固定日期集中会签 **工作标准** 审核标准：财务部须审核付款计划及付款申请是否依照规定的程序报批，相关负责人是否签字确认，付款金额与发票是否相符。如在审核过程中发现未依照程序签批或存在不合规的单据，财务部有权拒绝办理付款手续

（续）

任务名称	执行程序、工作标准与考核指标
账务处理	**执行程序**
	1. 税务核对 出纳人员将银行付款回单贴在增值税发票后交税务会计核对，税务会计核对后如无问题，将所有单据转交应付账款会计 **2. 账务处理** ☆应付账款会计根据单据，按照顺序编制记账凭证，进行账务处理 ☆记账凭证经财务部经理审核后，由会计人员依据会计核算制度汇总、记账并编制财务报表 **工作重点** 会计人员记账时须做到字迹工整，数字清晰
	工作标准
	时间标准：记账凭证的编制要及时，每月____日前须将编制完成的记账凭证提交财务部经理审核
	考核指标
	☆记账凭证编制及时率：目标值为100% ☆记账凭证编制及时率 $= \frac{按时完成编制的次数}{编制总次数} \times 100\%$
执行规范	
“会计管理制度”“出纳管理制度”“应付账款管理制度”“月付款计划”	

9.5 费用报销管理流程设计与工作执行

9.5.1 费用报销管理流程设计

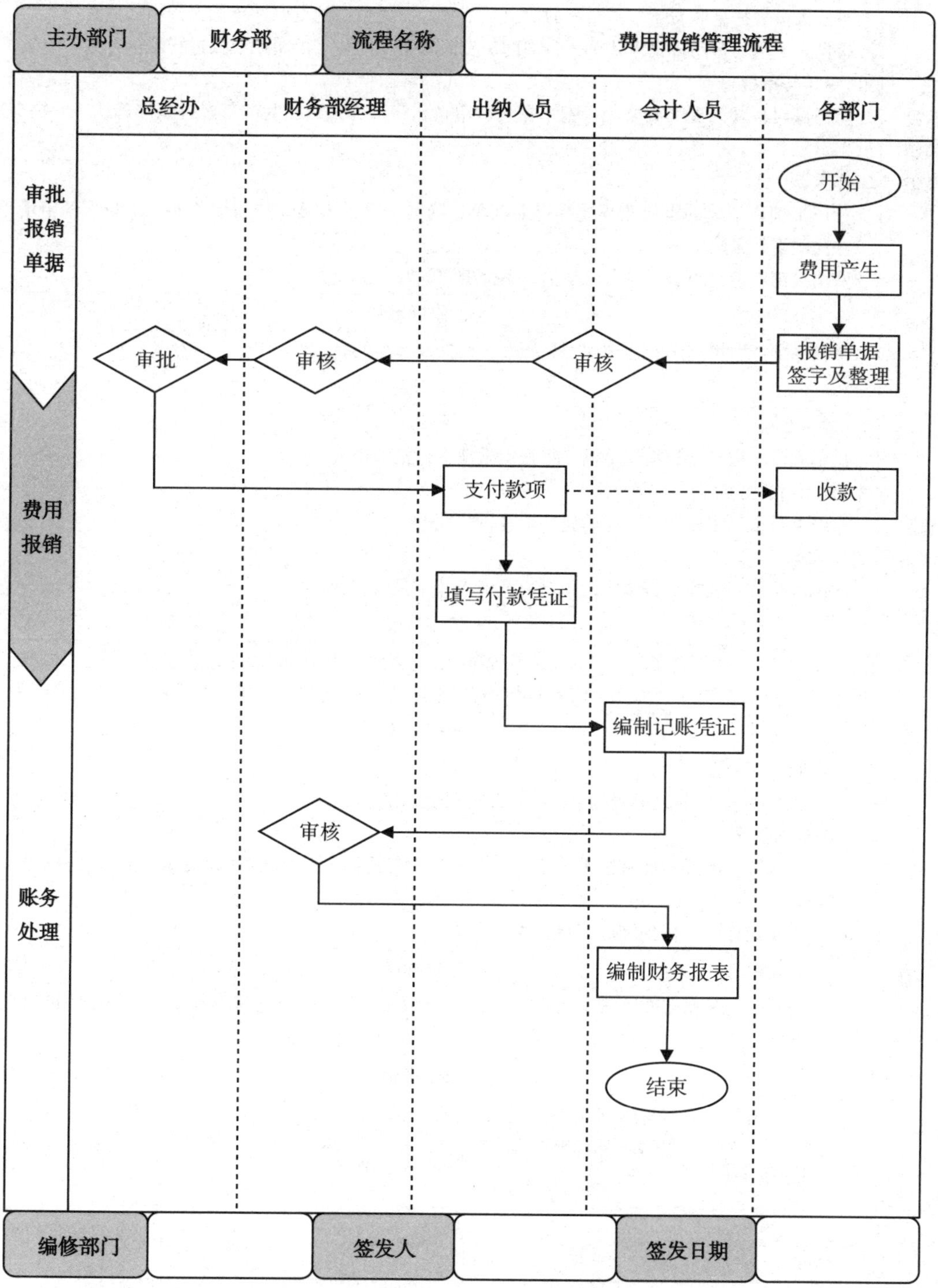

9.5.2 费用报销管理执行程序、工作标准、考核指标、执行规范

任务名称	执行程序、工作标准与考核指标
审批报销单据	**执行程序**
	1. **报销单据签字及整理** ☆报销人员根据企业费用报销制度的要求，整理好需要报销的发票及单据，并粘贴整齐 ☆报销人员填写费用报销申请单，各部门负责人对本部门员工的费用单据进行审核并签字确认 2. **审核与审批** 财务部对各部门提交的费用报销单据进行审核，审核无误后由财务部经理签字确认，并提交总经办审批 **工作重点** ☆费用报销申请单的审核流程要尽可能简单、简易，报销人员须严格依照要求填写报销申请单，并注明附件张数 ☆费用报销申请单的填写应力求整洁，不得随意涂改
	工作标准
	审核标准：费用支出的合理性、必要性，票据及单据的真实性
费用报销	**执行程序**
	1. **支付款项** 出纳人员根据审批的报销单据，将报销款项支付给报销人员 2. **填写付款凭证** 出纳人员根据审核无误的原始凭证填写付款凭证 **工作重点** 出纳人员要注意检查报销申请单上的负责人签字是否齐全
	工作标准
	审核标准：报销申请单是否依照规定的程序报批，各负责人是否已签字，金额与单据是否相符。若财务部在审核过程中发现报销申请等未依照程序审批或存在不合规的单据，则有权拒绝办理报销手续
账务处理	**执行程序**
	1. **编制记账凭证** 会计人员根据费用报销单据，按照顺序编制记账凭证 2. **编制财务报表** 记账凭证经财务部经理审核无误后，由会计人员依据会计核算制度汇总并编制财务报表 **工作重点** 会计人员记账时须做到字迹工整、数字清晰
	工作标准
	时间标准：记账凭证的编制要及时，会计人员须在每月____日前将编制完成的记账凭证提交财务部经理审核
	考核指标
	☆财务报表差错率：目标值为0 ☆财务报表差错率 $=\frac{\text{出现差错的财务报表项目数}}{\text{财务报表项目数}}\times 100\%$
执行规范	
“会计管理制度”“出纳管理制度”“费用报销管理制度”	

9.6 投资管理流程设计与工作执行

9.6.1 投资管理流程设计

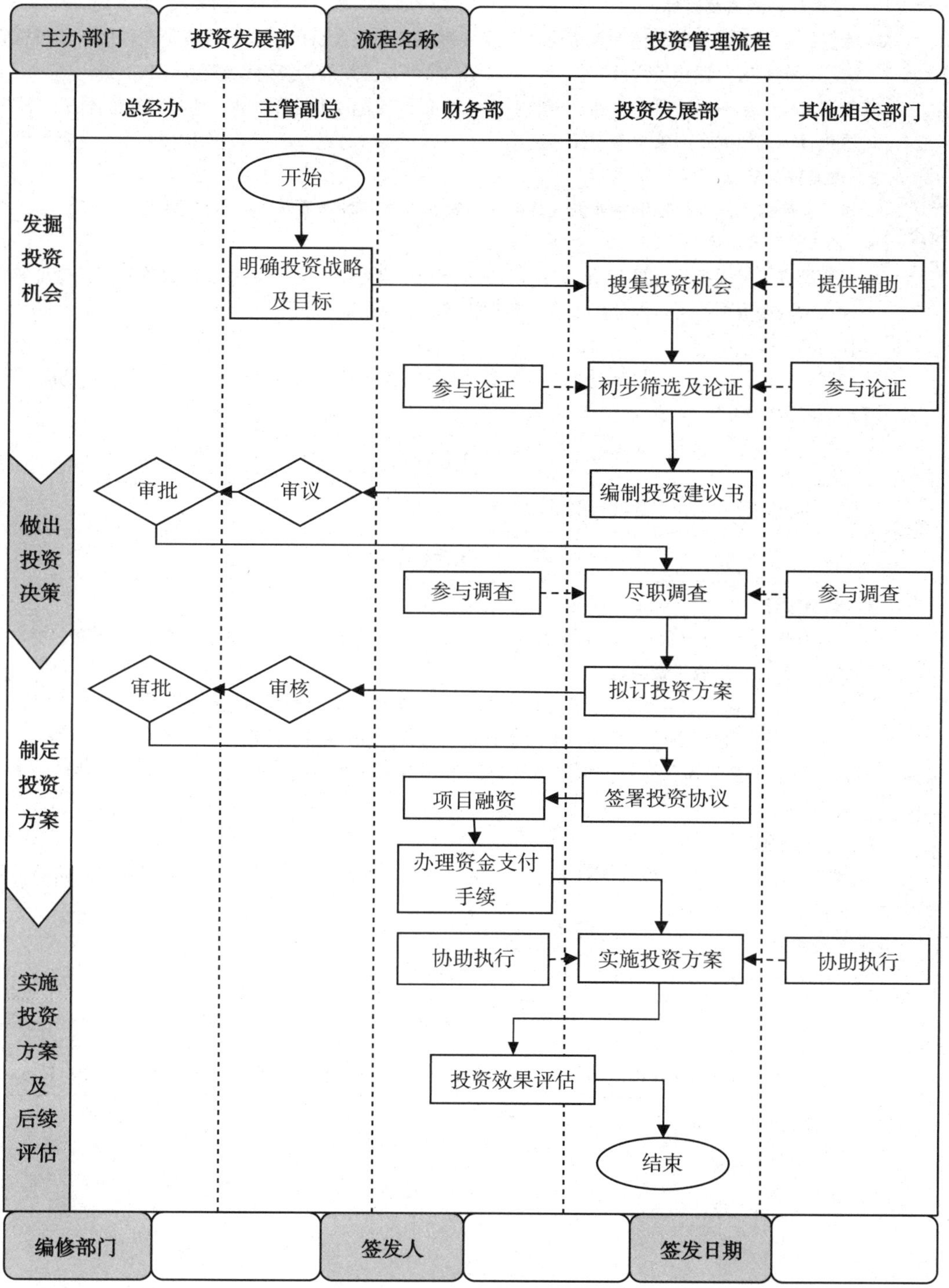

9.6.2 投资管理执行程序、工作标准、考核指标、执行规范

任务名称	执行程序、工作标准与考核指标
发掘投资机会	**执行程序**
	1. 明确投资战略及目标 ☆主管副总根据企业的总体发展战略，明确年度投资战略及目标。投资战略是在现代市场投资观念下，企业为实现其经营目标，对一定时期内市场投资发展的总体设想和规划 ☆投资目标应包括量化目标，如投资收益率，产品和服务的计划营收额、利润额及市场占有率等；质化目标，如树立形象与提高知名度等 **2. 搜集投资机会** 投资发展部工作人员根据企业发展战略和目标，通过各种渠道搜集投资机会信息并汇总 **3. 初步筛选及论证** 投资管理人员对搜集到的投资机会信息进行辨别、分析，初步选定重点待投资项目并论证其可行性，编制投资项目可行性分析报告，各相关部门参与论证 **工作重点** 在明确年度投资战略及目标时，主管副总及相关负责人要牢牢围绕企业的经营理念、经营方针、年度战略等因素进行分析
	工作标准
	参照标准：行业优秀企业的投资活动资料
做出投资决策	**执行程序**
	1. 编制投资建议书 ☆投资管理人员根据可行性论证的结果，对各重点投资项目的投资价值进行分析与研究，提出投资决策建议，形成投资建议书 ☆投资建议书经部门内部审核无误后，报主管副总审议，主管副总可根据实际需要组织人员进行讨论，对投资建议书做出全面、客观的评估，并报总经办审批 ☆总经办组织召开办公会议，审定投资建议书并做出投资决策，重大的投资项目还要经董事会表决 **2. 尽职调查** ☆做出投资决策、选定投资项目之后，投资管理人员组织内外机构和人员对投资项目进行尽职调查 **工作重点** 尽职调查可委托第三方机构进行，要求有针对性，重点突出
	工作标准
	目标标准：通过高质量的决策选定合适的投资项目，通过尽职调查规避项目运行中的各类风险

（续）

<table>
<tr><th>任务名称</th><th>执行程序、工作标准与考核指标</th></tr>
<tr><td rowspan="6">制定投资方案</td><td>执行程序</td></tr>
<tr><td>1. 拟订投资方案
☆投资管理人员在各部门的配合下初步拟订投资方案，内容包括投资项目负责团队、投资方式、投资时间、项目融资渠道等相关信息
☆主管副总对初步拟订的投资方案进行审核，审核通过后报总经办审批。投资管理人员根据主管副总和总经办的意见，对投资方案进行修改与完善，确定最终的投资方案
2. 签署投资协议
投资管理人员根据投资方案安排与利益相关方签订投资协议，规范双方的权责义务
工作重点
投资管理人员要注意投资方案的可操作性，方案内容须切实可行</td></tr>
<tr><td>工作标准</td></tr>
<tr><td>质量标准：投资方案内容完整，具有较强的可操作性，能够反映出企业的战略诉求，同时规避各类风险</td></tr>
<tr><td>考核指标</td></tr>
<tr><td>☆投资方案的匹配性：投资方案应与投资战略和目标相匹配
☆拟订方案的时间：投资方案应在尽职调查完成后____个工作日内拟订完成</td></tr>
<tr><td rowspan="4">实施投资方案及后续评估</td><td>执行程序</td></tr>
<tr><td>投资管理人员根据投资方案确定投资项目的具体执行人员，推进各阶段的任务执行，并协助财务部做好后续的投资效果评估工作
工作重点
财务部在核算投资收益时，要注意对比预期投资收益和过去同期投资收益</td></tr>
<tr><td>工作标准</td></tr>
<tr><td>目标标准：通过投资方案的实施和后续评估，有效推动企业实际价值和投资能力提升</td></tr>
<tr><td colspan="2">执行规范</td></tr>
<tr><td colspan="2">“投资可行性分析报告”“投资建议书”“投资项目尽职调查报告”“投资效果评估报告”</td></tr>
</table>

9.7 采购资财风险管理流程设计与工作执行

9.7.1 采购资财风险管理流程设计

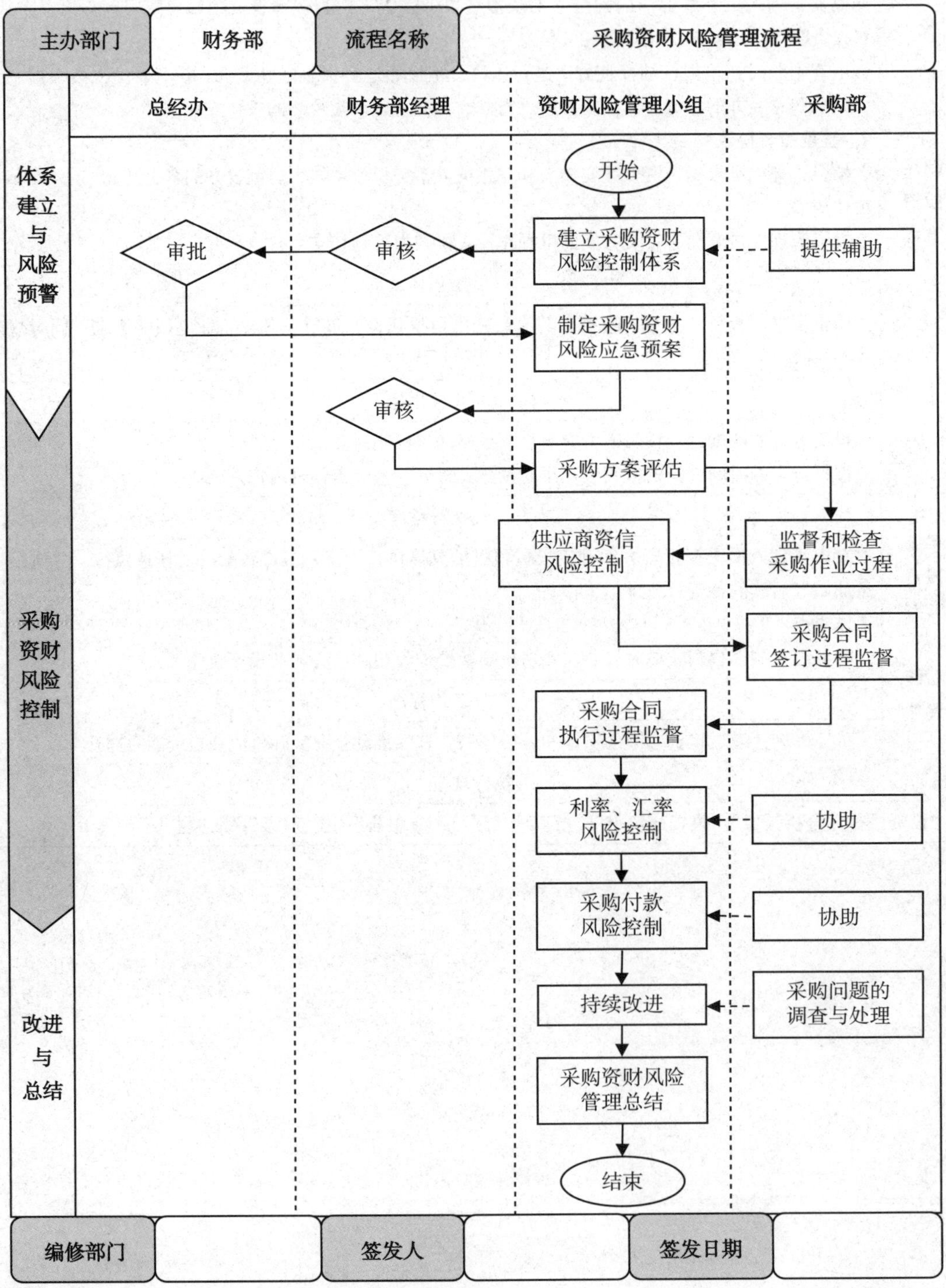

9.7.2 采购资财风险管理执行程序、工作标准、考核指标、执行规范

任务名称	执行程序、工作标准与考核指标
体系建立与风险预警	**执行程序** 1. 建立采购资财风险控制体系 ☆财务部资财风险管理小组在采购部等部门的协助下，建立并完善采购资财风险控制体系，制定采购资财风险管理制度与流程，经财务部经理审核、总经办审批通过后严格执行 ☆财务部要建立良好的内部信息沟通机制，保证信息能被快速地上传下达，确保沟通顺畅 ☆企业内部应建立健全岗位责任制度，明确规定供应链业务人员的权利和责任范围，增强员工的风险意识和质量意识，同时制定采购资财风险控制制度 2. 制定采购资财风险应急预案 ☆资财风险管理小组应对采购资财风险的类别、名称、定义进行总结，对采购资财风险发生的概率及损失进行估算和排序，并制定相应的应急预案 ☆资财风险管理小组根据供应链业务各阶段应达成的目标，设置资财风险预警点，当预测到风险事件可能对企业的资财产生损害时，须及时采取相关补救措施 **工作重点** 企业要建立资财信息汇报制度，保证信息能够被快速地收集、整理、传递
	工作标准 参照标准：同行业其他优秀企业的资财风险控制体系
采购资财风险控制	**执行程序** 1. 采购方案评估 ☆资财风险管理小组应对采购方案的设计、采购效率、采购稳定性等进行评估，并对相关的实施程序和控制手段进行分析，以确保资财风险得到有效控制 ☆资财风险管理小组根据分析结果填制资财风险评估单 2. 供应商资信风险控制 ☆资财风险管理小组应定期检查采购人员是否对供应商资信进行了调查，对选定的供应商是否进行了复核 ☆企业与选定的供应商签订采购合同，合同中应列明供应商的违约责任及相关免责解约条款 3. 采购合同执行过程监督 ☆采购部对采购物资的交期进行跟催，对到货物资的数量、规格、质量进行监督检查，以确保合同得到严格执行 ☆资财风险管理小组对采购的全过程进行监督检查，以防范资财风险。检查内容主要包括采购申请、审批、询价、谈判、供应商选择等 4. 利率、汇率风险控制 资财风险管理小组需关注与采购合同相关的利率、汇率风险，提前对利率、汇率的变化做出研判，并采取相关措施降低采购资财风险 5. 采购付款风险控制 资财风险管理小组对采购付款中的其他各项风险进行核查，包括付款单据是否完整等 **工作重点** 国际采购企业要特别留意汇率的变动，在签订采购合同时，可以通过合理选择结算货币，或者在采购合同中加列保值条款或币值调整条款来降低货币风险；还可以通过外汇期货合约和远期外汇合约的约定来锁定未来汇率，避免遭受风险事件的损害

（续）

任务名称	执行程序、工作标准与考核指标
采购资财风险控制	**工作标准**
	目标标准：企业各项采购资财类风险点都能得到相应的处理，整体风险较低
	考核指标
	采购资财风险评估的规范性：采购资财风险评估要按照规定的步骤、标准进行，无违规事项
改进与总结	**执行程序**
	1. 持续改进 资财风险管理小组应定期改进采购资财风险的管理策略与方法，创新风险评估工具，提升风险管理能力 **2. 采购资财风险管理总结** 资财风险管理小组定期总结采购资财风险管理工作，完成采购资财风险管理报告 **工作重点** 资财风险管理小组要及时将相关方法、经验记录存档，作为以后工作的参考
	工作标准
	目标标准：通过持续改进，提升采购资财风险管理工作的效能，进而提升企业整体价值
执行规范	
“采购资财风险控制制度”“采购资财风险控制方案”“采购资财风险应急预案”“采购资财风险管理报告”	

第10章 资产获取、建设与管理

10.1 企业资产获取、建设与管理工作流程

10.1.1 流程目的说明

企业对资产获取、建设与管理进行流程设计的目的如下：

（1）规范企业资产获取工作程序，构建从需求到资产的供应链闭环，增强资产购置活动的计划性、有序性、协调性；

（2）保障企业正常运转的基本条件，更好地开展生产性资产的设计、建设、维护等工作，为产品的升级换代提供保障，促进企业战略目标的实现。

10.1.2 流程结构设计

企业资产获取、建设与管理流程设计将资产获取、建设与管理细分为 3 个事项，就每个事项分别设计流程，即资产获取流程、生产性资产设计及建设流程、生产性资产维护及报废流程，具体结构设计如图 10-1 所示。

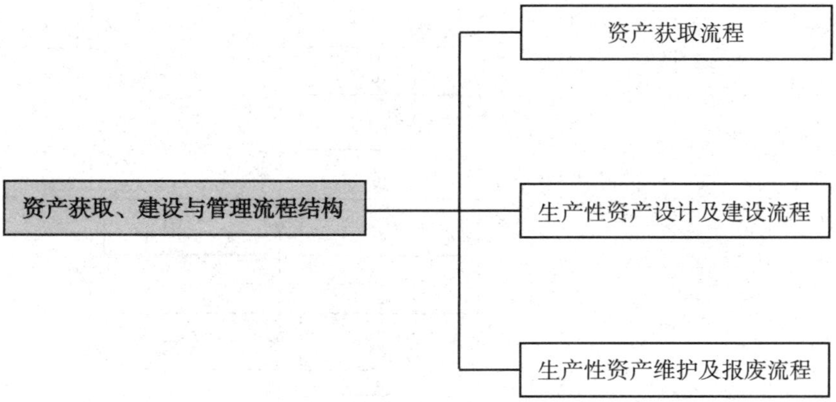

图 10-1　资产获取、建设与管理流程结构设计

10.2 资产获取流程设计与工作执行

10.2.1 资产获取流程设计

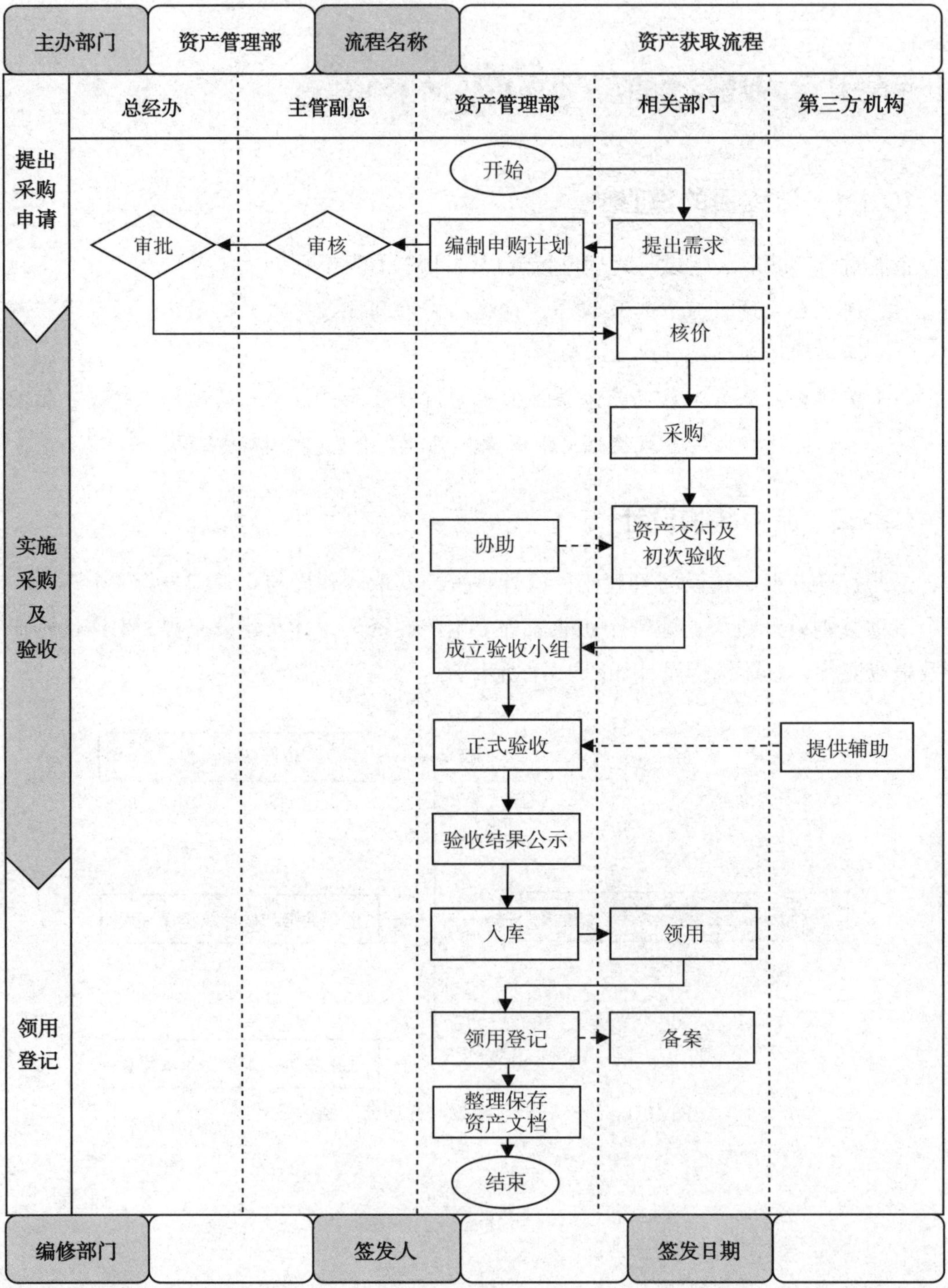

10.2.2 资产获取执行程序、工作标准、考核指标、执行规范

任务名称	执行程序、工作标准与考核指标
提出采购申请	**执行程序**
	1. 提出需求 企业相关部门根据工作需要，向资产管理部提出资产采购需求 2. 编制申购计划 ☆资产管理部根据相关部门的实际需求，编制资产申购计划并报主管副总审核。在申购计划中，要注明申购资产的理由、生产厂家及规格型号等内容 ☆主管副总根据企业资产管理要求审核申购计划，审核未通过的，返回相关人员重新修改；审核通过的，报总经办审批 ☆总经办从企业整体管理的角度审批资产申购计划，审批未通过的，返回资产管理部重新修改；审批通过的，由资产管理部组织开展下一步工作 工作重点 资产申购计划要重点说明资产申购的必要性和迫切性
	工作标准
	参照标准：企业以前的资产申购计划资料
实施采购及验收	**执行程序**
	1. 核价 财务部从财务控制的角度对申购计划中的资产项目进行核价，计算所需的费用 2. 采购 采购部根据申购计划中所列的具体采购要求实施采购，采购成本应控制在预算范围内 3. 资产交付及初次验收 ☆资产运达企业后，资产使用部门和采购部检查资产交付手续是否齐备 ☆资产使用部门按照申购计划、采购合同和招标文件的主要内容对所购资产进行初次验收，包括外观检查（外观是否有浸湿、碰撞的情况及包装是否有破损）、数量验收（逐件清查数量，检查资产的名称、型号、规格、生产厂家等是否与合同和装箱单上记录的一致）等 ☆初次验收发现有问题的，使用部门应拍照留证，做好记录，通知采购部及时与供应商协商解决办法；初次验收合格的，由使用部门填写初次验收合格单，并进入正式验收环节 4. 正式验收 ☆资产管理部收到资产使用部门初次验收报告材料后，组织内外部人员成立正式验收小组 ☆验收小组对所购资产进行正式验收，重点是产品质量检验，如有必要（如资产金额超过规定、特殊资产），可请第三方机构进行检验，现场提取样品，出具质量检验报告，检验费用由供应商支付，但须在招标文件及采购合同中明确标明 ☆需要安装调试的资产，先由供应商技术人员和使用单位技术负责人按照说明书进行安装，再由使用单位技术负责人按照操作规程试机，调试参数，检验资产的技术指标是否达到合同的要求，并做好相关记录 ☆资产验收合格的，验收小组出具验收结论，资产管理部及采购部共同办理入库手续；资产验收不合格的，验收小组应书面通知采购部，由采购部联系供应商，视情况决定后续事宜（退货、换货或要求供应商派人检修） 工作重点 在验收过程中，资产管理部要注意与财务部、采购部等部门及时沟通

（续）

任务名称	执行程序、工作标准与考核指标
实施采购及验收	**工作标准**
	完成标准：资产正式验收符合要求，成功办理入库手续
	考核指标
	☆预算费用控制率：目标值为____%，资产申购项目的总价应尽量控制在预算范围内 ☆预算费用控制率 $=\dfrac{\text{资产申购项目实际花费额}}{\text{资产申购项目预算额}}\times 100\%$
领用登记	**执行程序**
	资产使用部门在领用资产时，要填写资产领用申请，资产管理部相关人员进行登记，仓储部、财务部进行备案 **工作重点** 资产领用登记的内容包括资产的购置时间、质量检验人、质量检验方法及工具等
	工作标准
	完成标准：资产领用的相关资料和信息要及时整理、归档
执行规范	
“资产申购计划”“资产采购管理办法”“资产验收规范”	

10.3 生产性资产设计及建设的流程设计与工作执行

10.3.1 生产性资产设计及建设的流程设计

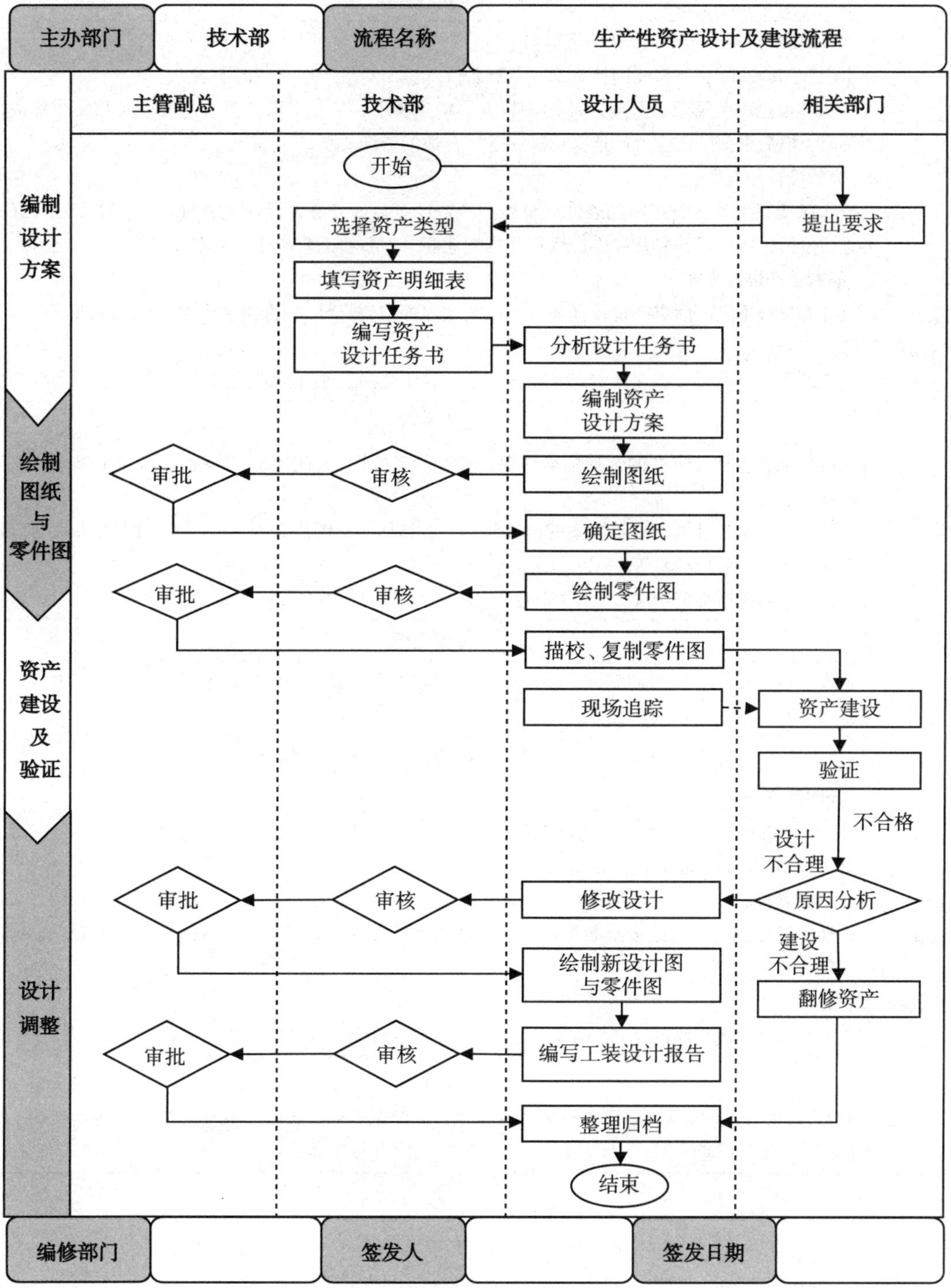

10.3.2 生产性资产设计及建设执行程序、工作标准、考核指标、执行规范

<table>
<tr><th>任务名称</th><th>执行程序、工作标准与考核指标</th></tr>
<tr><td rowspan="6">编制设计方案</td><td>执行程序</td></tr>
<tr><td>1. 选择资产类型
☆生产部门因实际业务需要向技术部、资产管理部提出对生产性资产的需求
☆技术部根据相关需求，针对产品结构特点、精度要求、工艺工序分类等情况，对相关市场进行调研，然后根据生产性资产选择标准，确定合适的资产类型
2. 分析设计任务书
技术部填写生产性资产明细表，编写生产性资产设计任务书，设计人员对生产性资产设计任务书进行分析，明确任务目标和生产性资产的性能要求、各项工艺指标、成本预算等
3. 编制资产设计方案
设计人员根据生产性资产设计任务书、工艺规程等相关资料，编制生产性资产设计方案
工作重点
生产性资产的类型务必在规定的时间内确定，以免耽误设计方案的编制</td></tr>
<tr><td>工作标准</td></tr>
<tr><td>☆选择标准：生产性资产的选择标准是保证资产的高效性、通用性、典型性，并尽量缩短投资回收期
☆内容标准：生产性资产设计方案的内容包括资产结构示意图，选择主要原件，进行刚度、强度、精度及受力的分析计算等
☆依据标准：生产性资产设计方案的编制以生产性资产设计执行规范为依据</td></tr>
<tr><td>考核指标</td></tr>
<tr><td>生产性资产设计方案编制完成的时间：须在接到生产性资产设计任务书后的____个工作日内完成正式方案的编制工作</td></tr>
<tr><td rowspan="4">绘制图纸与零件图</td><td>执行程序</td></tr>
<tr><td>1. 绘制图纸
设计人员根据设计方案绘制图纸，然后由技术部对设计方案及设计图纸进行审核，审核通过后上交主管副总审批，正式确定设计图纸
2. 绘制零件图
设计人员根据零件明细表绘制零件图，并注明各部分的主要尺寸、公差配合、技术要求、运动位置等
工作重点
生产性资产的图纸绘制务必要保证精确度，确保图纸所示产品的尺寸、结构、比例准确</td></tr>
<tr><td>工作标准</td></tr>
<tr><td>质量标准：图纸的绘制须符合机械图的规定，即绘制正确、统一、完整、清晰，达到结构工艺性的要求及预定功能</td></tr>
</table>

（续）

任务名称	执行程序、工作标准与考核指标
资产建设及验证	**执行程序**
	1. 描校、复制零件图 设计人员先对资产设计图纸与零件图进行描绘、校对，然后根据图纸使用需求量进行复制，最后将资产设计图纸与零件图发放给相应的生产部门 **2. 资产建设** 生产部门根据资产设计图纸与零件图开展生产制造、安装等资产建设性活动 **3. 验证** ☆资产建设活动完成后，生产人员严格按照工艺文件、工艺规程的要求进行试生产，验证生产性资产的各种性能 ☆生产性资产验证合格的，由验证人员填写验证书，转入企业正式资产的一部分，并在设计图纸上加盖验证合格标记；生产性资产验证不合格的，验证人员也需要填写验证书，在参与验证的人员会签后安排资产进行返修，并注明返修后验证或返修后不验证的字样 **工作重点** 设计人员必须到生产性资产的建设、验证现场进行追踪，及时解决发现的问题，并对其进行详细记录
	工作标准
	验证标准：生产性资产一般在工艺工序中验证 1~3 次，产品零部件一般验证 1~5 件，以判断是否合格
设计调整	**执行程序**
	1. 原因分析 ☆生产性资产使用单位对不合格原因进行判定，判定其属于设计不合理还是建设不合理 ☆若属于设计不合理，设计人员按照验证书中的修改意见进行修改设计，并上报技术部审核，主管副总审批 ☆若属于建设不合理，生产部门根据验证书中的意见对生产性资产进行翻修 **2. 绘制新设计图与零件图** 设计人员按领导审批意见，根据修改方案进行生产性资产底图的修改绘制，并再次安排验证 **3. 编写工装设计报告** ☆设计人员根据设计实际过程编写工装设计报告，上报技术部审核、主管副总审批 ☆生产性资产设计文件、工装设计报告等须编号、归档管理 **工作重点** 相关部门对生产性资产不合格原因的判定须准确，避免因判定失误导致资产设计调整方向出错
	工作标准
	内容标准：工装设计报告的内容具体包括设计方案、实际执行过程、设计方案的修改部分、投入成本的分析计算及工作人员的考核办法等
执行规范	
“生产性资产设计任务书”“产品工艺规程”“生产性资产设计方案”“生产性资产结构示意图”“零件明细表”“工艺零件图”“生产性资产验证书”“工装设计报告”	

10.4 生产性资产维护及报废流程设计与工作执行

10.4.1 生产性资产维护及报废流程设计

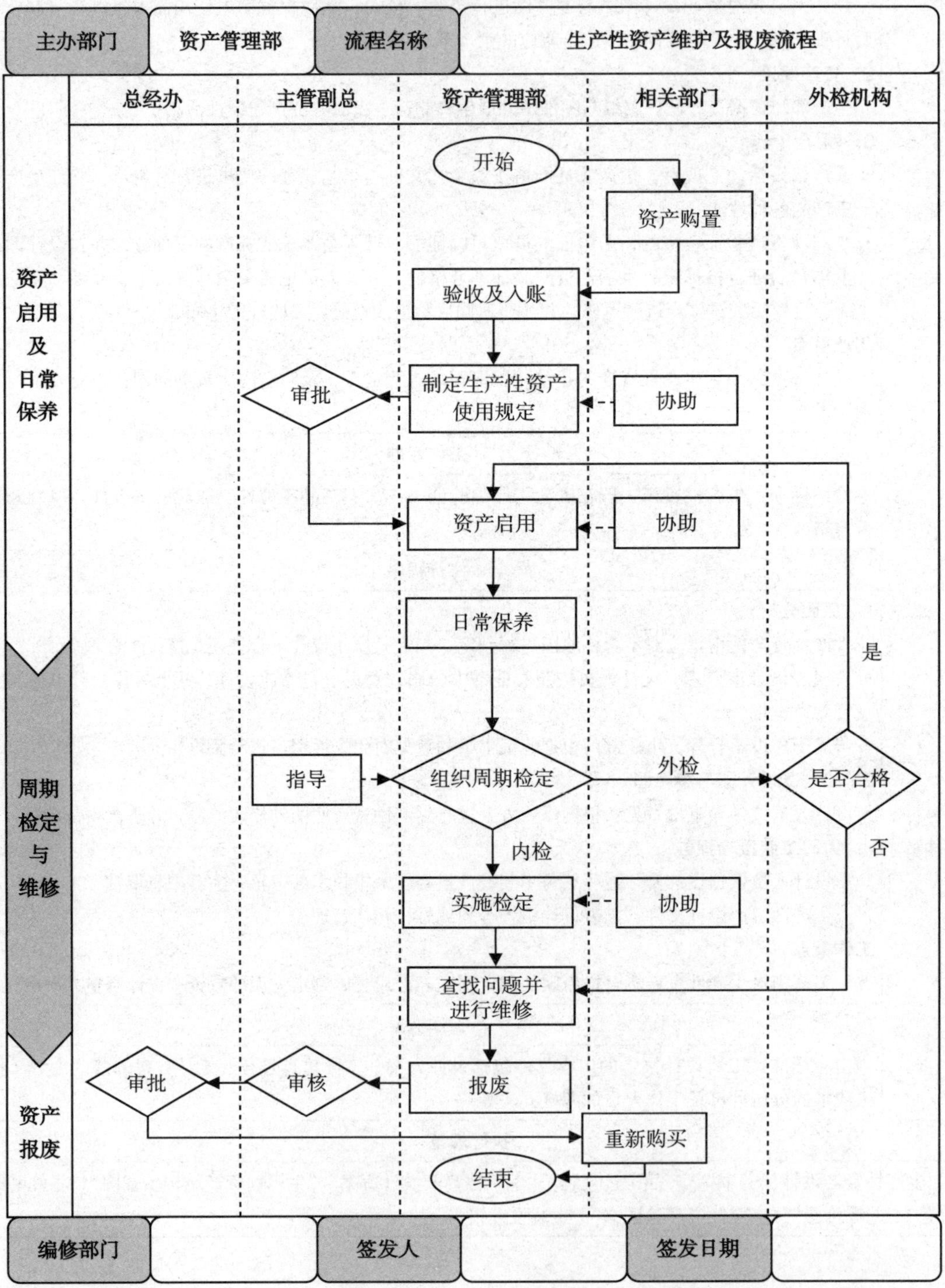

10.4.2 生产性资产维护及报废执行程序、工作标准、考核指标、执行规范

任务名称	执行程序、工作标准与考核指标
资产启用及日常保养	**执行程序**
	1. 验收及入账 ☆采购部根据年度采购计划和生产需要，按照财务控制的要求购置生产性资产 ☆验收小组对资产进行验收，验收工作要严格按照国家相关规定和企业的内部标准进行 ☆资产管理部相关人员对验收合格的生产性资产进行登记入账，登记内容包括资产名称、型号、使用部门等 **2. 制定生产性资产使用规定** ☆资产管理部根据资产使用要求，制定生产性资产使用规定，报主管副总审批 ☆主管副总组织人员从质量管理、财务管理、安全管理等角度对生产性资产使用规定进行分析，若合格则下发执行，若不合格则退回修改 **3. 资产启用** 生产性资产使用部门在资产管理部、采购部、质量管理部等相关部门的协助下适时启用资产，资产启用要符合操作要求 **4. 日常保养** 生产性资产在启用后要注意日常保养，保养范围包括清洁、磨损修复、停用时及时封存等 **工作重点** ☆生产性资产验收要严格按照相关检验流程进行，不能跳序、漏序 ☆生产性资产使用规定要科学，符合企业质量管理标准、产品定位及资源配备的要求
	工作标准
	☆验收标准：国家、地方与行业关于生产性资产检定、校准等方面的相关规定 ☆目标标准：生产性资产日常保养得法，故障率低
周期检定与维修	**执行程序**
	1. 组织周期检定 在主管副总的指导下，资产管理部相关人员根据周期检定计划做好周期检定准备，并根据国家相关规定将检测试资产分为外检资产和内检资产 **2. 外检** 在同外检机构协调好的基础上，资产管理部将需要外检的资产送至外检机构进行检定。若外检合格，资产管理部将外检机构出具的合格证明交给资产使用部门，资产使用部门继续使用该资产；若外检不合格，资产管理部要查找原因 **3. 内检** 资产管理部根据企业内检标准，组织具有资格证书的人员开展资产内检工作 **工作重点** 生产性资产要达到有效利用的标准，一旦有效利用不足，企业就要随时进行检定而不必等周期检定

（续）

任务名称	执行程序、工作标准与考核指标
周期检定与维修	**工作标准**
	参照标准：关于生产性资产检定周期或频率的国家相关规定等
	考核指标
	☆生产性资产故障停机率：力争控制在____%以内，用以判断生产性资产的维护及保养水平 ☆生产性资产故障停机率 $=\frac{\text{生产性资产故障停机台时}}{\text{生产性资产开动总台时}}\times 100\%$
资产报废	**执行程序**
	1. 报废 对于未通过外检或内检的生产性资产，经维修仍无法恢复其工作性能，不能达到检定标准的，可申请报废。生产性资产报废须由资产管理部填制报废申请书，并报主管副总审核、总经办审批通过后方可执行 **2. 重新购买** 生产性资产报废后，资产管理部可根据生产情况申请重新购置 **工作重点** 报废申请书要详细说明生产性资产的报废理由
	工作标准
	目标标准：生产性资产的报废和重新购置要按规定执行，不可违规操作
执行规范	
“生产性资产使用规定”“生产性资产检定标准”“生产性资产报废申请书”	

第11章 风险、合规、改进和持续性管理

11.1 风险、合规、改进和持续性管理工作流程

11.1.1 流程目的说明

企业对风险、合规、改进和持续性管理工作进行流程设计的目的如下：

（1）使企业供应链在每个细节和环节上始终合规运营，保证企业供应链管理的可持续性；

（2）建立健全供应链管理风险、合规控制体系，及时发现并制止风险产生，降低乃至消除由此造成的损失；

（3）增强企业全体员工在工作过程中的风险、合规、改进和持续性管理意识，落实关键环节的管控措施，降低风险，减少各种隐患的发生。

11.1.2 流程结构设计

风险、合规、改进和持续性管理流程设计将风险、合规、改进和持续性管理细分为5个事项，就每个事项分别设计流程，即风险监控流程、供应链风险评估管理流程、合规管理流程、整治管理流程、业务运营可持续性管理流程，具体结构设计如图11-1所示。

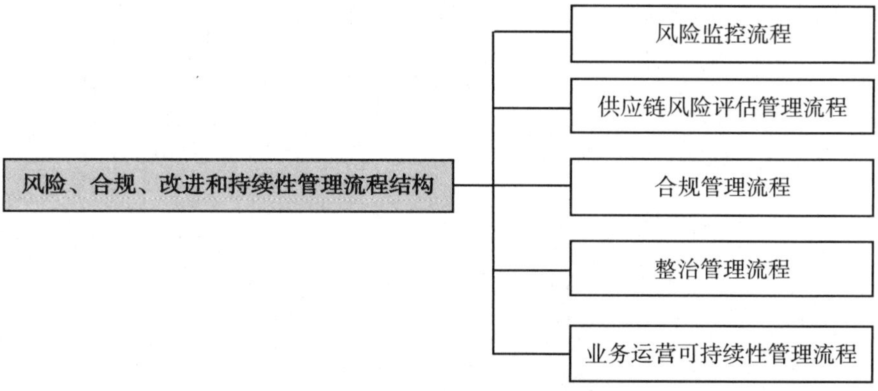

图11-1 风险、合规、改进和持续性管理流程结构设计

11.2 风险监控流程设计与工作执行

11.2.1 风险监控流程设计

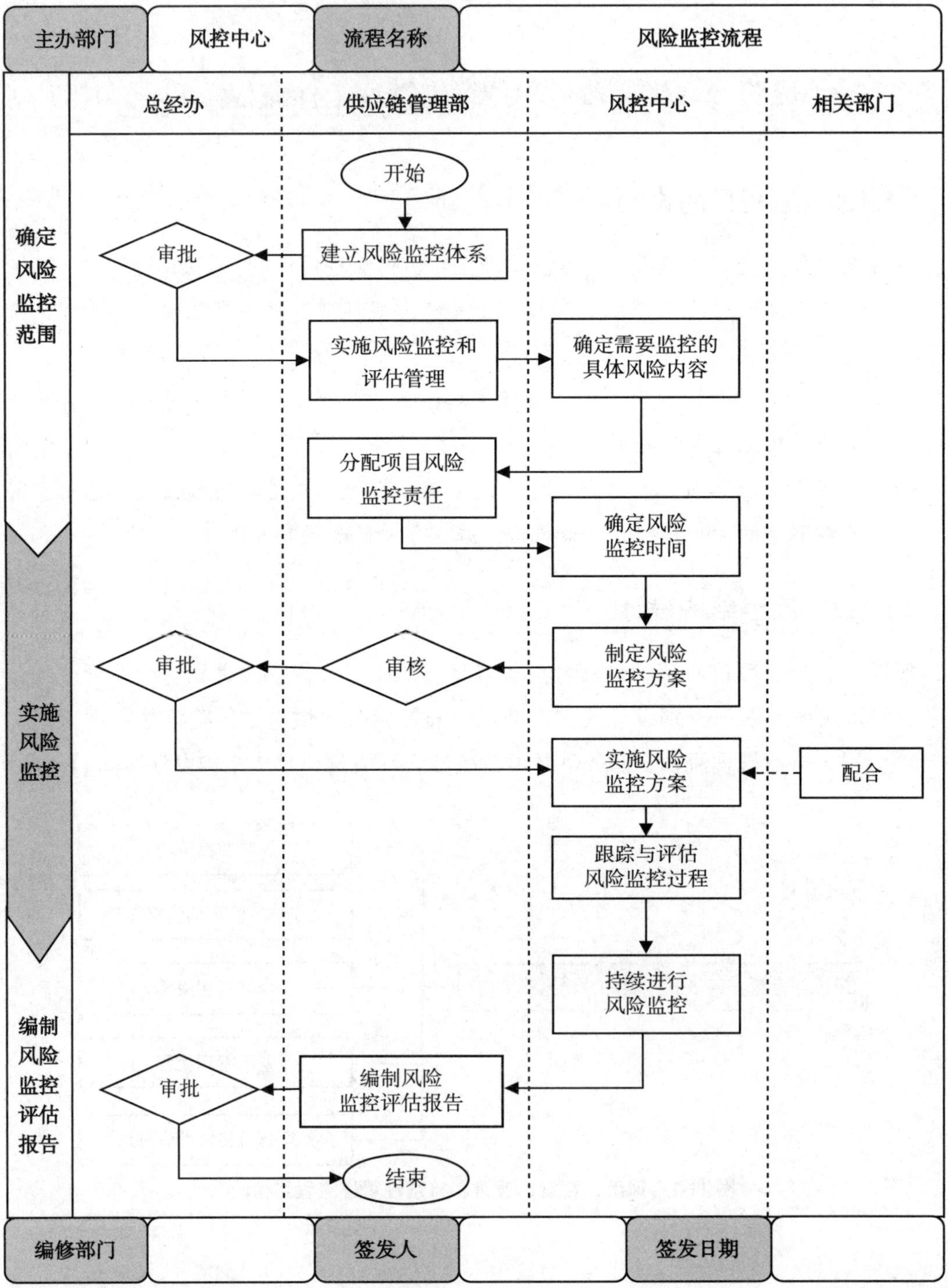

11.2.2 风险监控执行程序、工作标准、考核指标、执行规范

<table>
<tr><th>任务名称</th><th>执行程序、工作标准与考核指标</th></tr>
<tr><td rowspan="4">确定风险监控范围</td><td>执行程序</td></tr>
<tr><td>1. 建立风险监控体系
供应链管理部负责制定风险监控体系，并向上级主管部门报批
2. 实施风险监控和评估管理
供应链管理部根据风险监控体系的审批情况，实施风险监控和评估管理，并对风控中心下达具体的风险监控任务
3. 确定需要监控的具体风险内容
风控中心通过前期信息收集，确定企业目前需要监控的具体风险内容
4. 分配项目风险监控责任
供应链管理部根据风控中心提供的风险监控的具体内容，向各职能部门分配项目风险监控责任
5. 确定风险监控时间
风控中心根据具体的风险监控内容确定风险监控时间，并组织执行
工作重点
☆风险监控要明确具体内容和时间，并对各职能部门进行风险监控责任分配，确定需要监控的具体风险内容
☆若企业有正在运行的重大项目，则要明确项目风险的监控责任：所有需要监控的项目风险都必须落实直接负责人及具体工作；一个项目风险的监控工作必须由专人负责，不能分组</td></tr>
<tr><td>工作标准</td></tr>
<tr><td>监控范围：供应链风险监控范围包括环境风险、市场风险、技术风险、生产风险、财务风险及人事风险等</td></tr>
<tr><td rowspan="4">实施风险监控</td><td>执行程序</td></tr>
<tr><td>1. 制定风险监控方案
风控中心根据风险监控范围、风险监控责任和风险监控的具体时间制定风险监控实施方案，提交供应链管理部审核、总经办审批
2. 实施风险监控方案
各职能部门依照各自的职责分工，实施风控监控方案
3. 跟踪与评估风险监控过程
风控中心对风险监控过程进行跟踪与评估，并出具评估结果
4. 持续进行风险监控
风控中心根据风险监控过程评估结果调整风险监控策略，并持续进行风险监控
工作重点
☆风控中心要确保各项风险监控措施执行到位
☆在具体项目风险得到解除后，风控中心仍应持续对风险进行监控
☆风控中心应采用多样化的监控工具和技术进行风险监控，以达到及时发现风险、及时控制风险的目的
☆对于一些特殊风险，风控中心需要针对风险事件的不同阶段，制定相对应的风险事件控制方案</td></tr>
<tr><td>工作标准</td></tr>
<tr><td>反馈标准：企业各部门要确保信息沟通及时、准确、完整，为风险监控的持续跟踪与改进提供有效的依据</td></tr>
</table>

（续）

<table>
<tr><th>任务名称</th><th>执行程序、工作标准与考核指标</th></tr>
<tr><td rowspan="6">编制风险监控评估报告</td><td>执行程序</td></tr>
<tr><td>风控中心对风险监控方案的实施过程、采取的措施及收益性情况等进行分析与评估，并形成书面报告，提交总经办审批
工作重点
风控中心要严格按照相关文书写作要求编制风险监控评估报告</td></tr>
<tr><td>工作标准</td></tr>
<tr><td>内容标准：风险监控评估报告的编制格式规范，内容全面，结构清晰，无重大纰漏</td></tr>
<tr><td>考核指标</td></tr>
<tr><td>风险监控评估报告提交的及时性：须在风险监控评估工作完成后____个工作日内提交</td></tr>
<tr><td colspan="2">执行规范</td></tr>
<tr><td colspan="2">“风险辨识与监控管理制度”“风险因素分析表”“风险监控评估报告”</td></tr>
</table>

11.3 供应链风险评估管理流程设计与工作执行

11.3.1 供应链风险评估管理流程设计

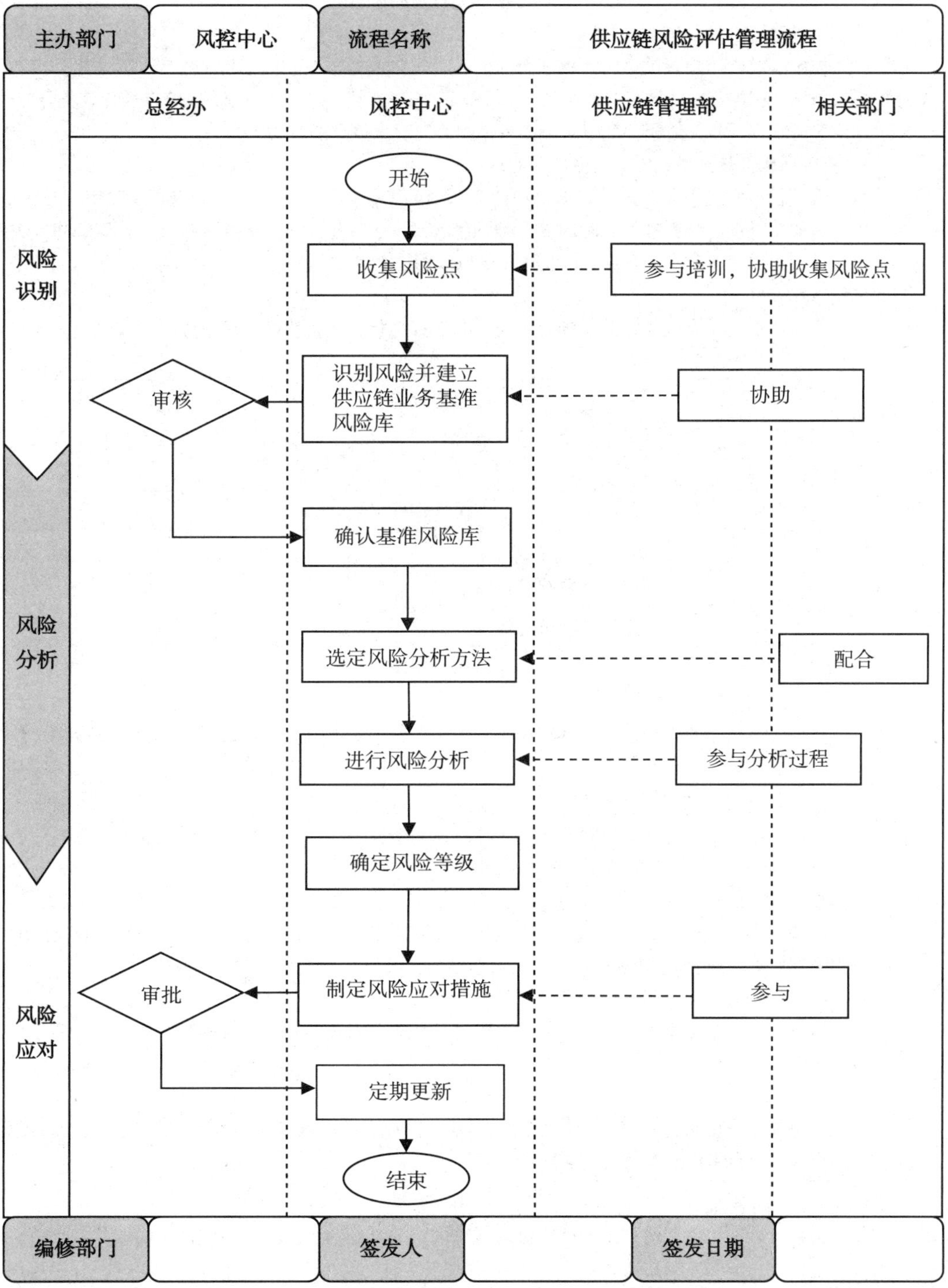

11.3.2 供应链风险评估管理执行程序、工作标准、考核指标、执行规范

任务名称	执行程序、工作标准与考核指标
风险识别	**执行程序**
	1. 收集风险点 ☆风控中心成立风险评估小组，梳理企业的各项具体业务，根据行业和业务特点，采用分析和分解原则，把综合性的风险问题分解为多层次的风险因素，进而对潜在的风险点进行收集与归纳 ☆供应链管理部和其他相关部门须协助风控中心完成风险点的收集工作 **2. 识别风险并建立供应链业务基准风险库** 风险评估小组组织业务人员根据每项业务所处的工作环境、流程节点等进行风险识别与评价，找出可能影响供应链管理的风险因素，确认风险源，掌握每个风险事件的特征、原因、相互关系及其潜在的后果，最终建立供应链业务基准风险库 **工作重点** 风险评估小组在梳理供应链业务时，需要对业务进行分类，明确一级业务与二级业务，要具体到每个部门和相关工作岗位
	工作标准
	目标标准：风险评估小组应运用恰当的风险管理工具，准确识别供应链风险点，并建立供应链业务基准风险库
	考核指标
	☆风险识别准确率：目标值为____% ☆风险识别准确率 = $\frac{\text{风险识别准确的项目数}}{\text{风险识别项目总数}} \times 100\%$
风险分析	**执行程序**
	1. 确认基准风险库 风控中心将建立的供应链业务基准风险库上报总经办审核，总经办审核通过后，确认最终的基准风险库 **2. 选定风险分析方法** 风险评估小组针对每一个风险点选定合适的风险分析方法，包括定性分析法和定量分析法，具体要根据风险点的描述进行选择 **3. 进行风险分析** 风险评估小组应从认识风险特征入手去识别风险因素，然后选择适当的方法分析风险发生的可能性及其影响，最后对风险进行归纳，提出风险分析结论 **4. 确定风险等级** 在风险分析结论的基础上，风险评估小组通过相应的指标体系和评价标准，对风险程度进行划分，确定风险等级 **工作重点** 风险分析工作的重点在于认识风险潜在因素，估计这些因素存在的可能性及由此造成的影响，为制定风险对策提供准确的数据支撑
	工作标准
	完成标准：运用定量分析法对特定风险发生的可能性和损失范围及程度进行衡量，最终确定风险等级

（续）

<table>
<tr><th>任务名称</th><th>执行程序、工作标准与考核指标</th></tr>
<tr><td rowspan="4">风险应对</td><td>执行程序</td></tr>
<tr><td>1. 制定风险应对措施
风控中心针对存在的风险，梳理现有的制度、流程、办法、方案，依据相应的法律法规制定风险应对措施，并评估措施的有效性
2. 定期更新
风控中心应定期对基准风险库和风险评估的方法进行更新，确保各项风险都在可控范围内
工作重点
☆风控中心制定的风险应对措施应具备可行性和有效性
☆基准风险库和风险评估的方法应定期更新</td></tr>
<tr><td>工作标准</td></tr>
<tr><td>目标标准：风险应对措施制定科学，可操作性强，能够有效控制各项风险</td></tr>
<tr><td colspan="2">执行规范</td></tr>
<tr><td colspan="2">“供应链风险评估制度”“供应链风险评估执行手册”</td></tr>
</table>

11.4 合规管理流程设计与工作执行

11.4.1 合规管理流程设计

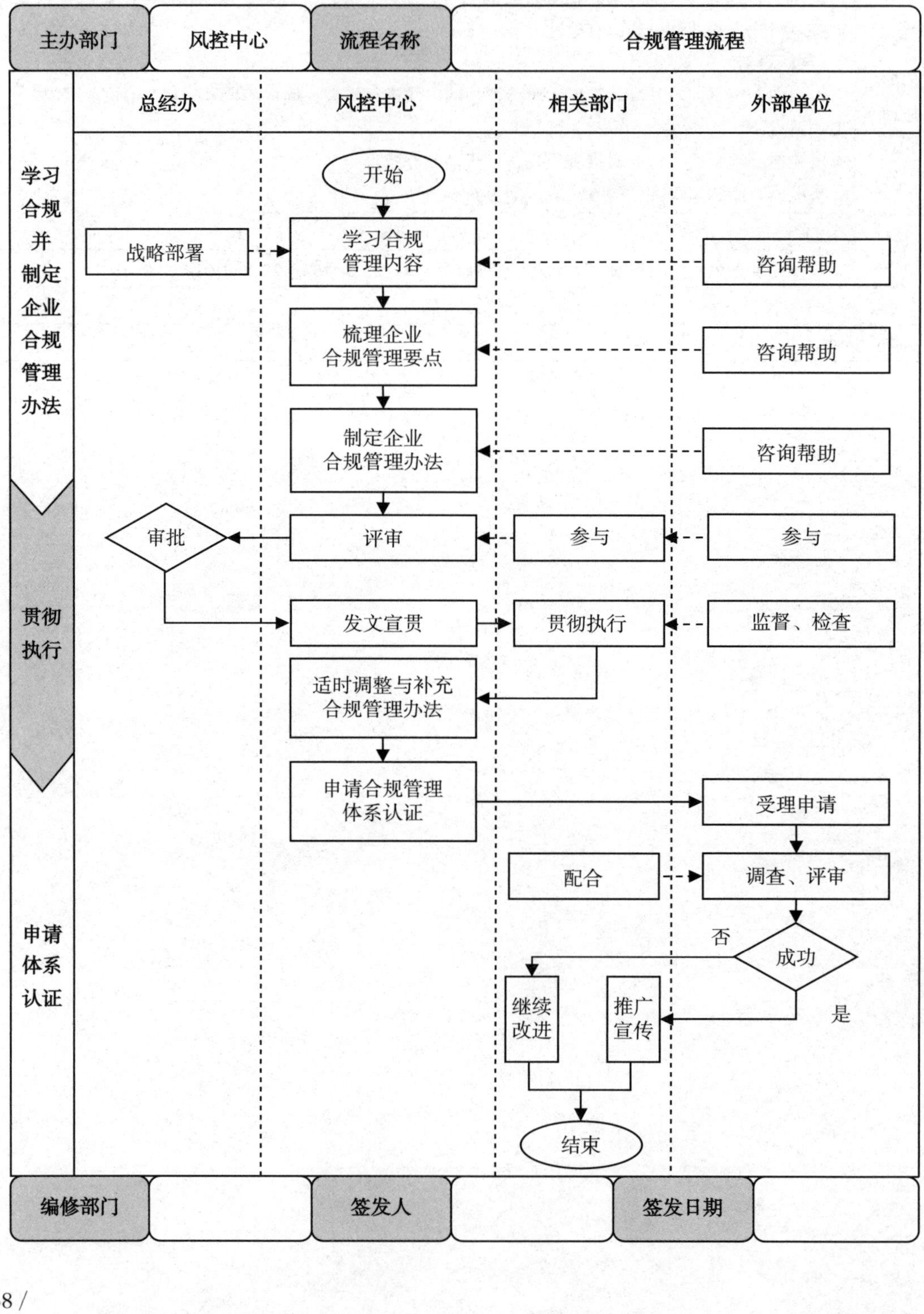

11.4.2 合规管理执行程序、工作标准、考核指标、执行规范

<table>
<tr><th>任务名称</th><th>执行程序、工作标准与考核指标</th></tr>
<tr><td rowspan="4">学习合规并制定企业合规管理办法</td><td>执行程序</td></tr>
<tr><td>1. 学习合规管理内容
☆风控中心在总经办的要求下，学习合规管理内容
☆风控中心可以自行学习合规管理内容，也可以向外部咨询机构寻求帮助
2. 梳理企业合规管理要点
风控中心学习合规管理内容后，依据企业现状，梳理企业合规管理要点
3. 制定企业合规管理办法
风控中心根据梳理的企业合规管理要点，制定企业合规管理办法
4. 评审
☆风控中心要组织相关部门专业人员对合规管理办法进行评审，检验其可行性
☆风控中心可邀请外部专家参与评审
☆评审完成后，风控中心根据评审结果对企业合规管理办法进行修改与完善，并报总经办审批，审批通过后方可执行
工作重点
企业合规管理的要点很多，包括财务合规、人员管理合规、安全合规、环保合规、程序合规、职责合规、运营合规等内容</td></tr>
<tr><td>工作标准</td></tr>
<tr><td>参照标准：企业合规管理办法须参照国家有关要求制定</td></tr>
<tr><td rowspan="4">贯彻执行</td><td>执行程序</td></tr>
<tr><td>☆企业合规管理办法审批通过后，风控中心负责该办法的企业内部宣贯工作，指导各部门学习
☆风控中心与企业其他部门都要按照企业合规管理办法检查自身业务，贯彻执行合规管理办法的有关内容
☆企业要接受来自国家机关的各类关于合规经营的监督、检查，发现问题后立即整改
工作重点
企业合规管理出现问题后，要及时整改，必要时对合规管理办法进行调整与补充</td></tr>
<tr><td>工作标准</td></tr>
<tr><td>目标标准：通过执行企业合规管理办法，企业经营管理模式趋于标准化、规范化，经营风险大大降低</td></tr>
</table>

（续）

任务名称	执行程序、工作标准与考核指标
申请体系认证	**执行程序** **1. 申请合规管理体系认证** ☆企业合规管理运营到一定程度后，可申请合规管理体系认证 ☆风控中心在评估企业合规管理水平后（可邀请外部专家进行指导），准备相应材料，向有关部门提交认证申请 **2. 调查、评审** 认证机构收到认证申请后，会对企业合规管理进行调查和评审，企业有关部门要配合调查，出现问题及时整改 **3. 继续改进，推广宣传** ☆若认证成功，在继续保持合规管理水平的同时，企业可将合规管理认证作为宣传点对外宣传，提高企业形象与竞争力 ☆若认证失败，则继续完善企业合规管理办法，不断提高企业合规管理水平 **工作重点** 企业建立有效的合规管理体系，虽然不能杜绝违规行为的发生，但是能够降低违规风险，还能在一些国际和国内招标采购中获得加分，因此，企业有必要进行合规管理体系认证 **工作标准** ☆目标标准：企业通过合规管理体系认证，取得相应证书 ☆参照标准：合规管理体系认证参照认证机构的规定流程执行 **考核指标** ☆合规管理体系认证一次性通过的情况：申请合规管理体系认证的前期准备工作充分，能够一次性通过认证
执行规范	
“企业合规管理办法”“企业合规管理体系认证申请表”“企业合规评审报告”	

11.5 整治管理流程设计与工作执行

11.5.1 整治管理流程设计

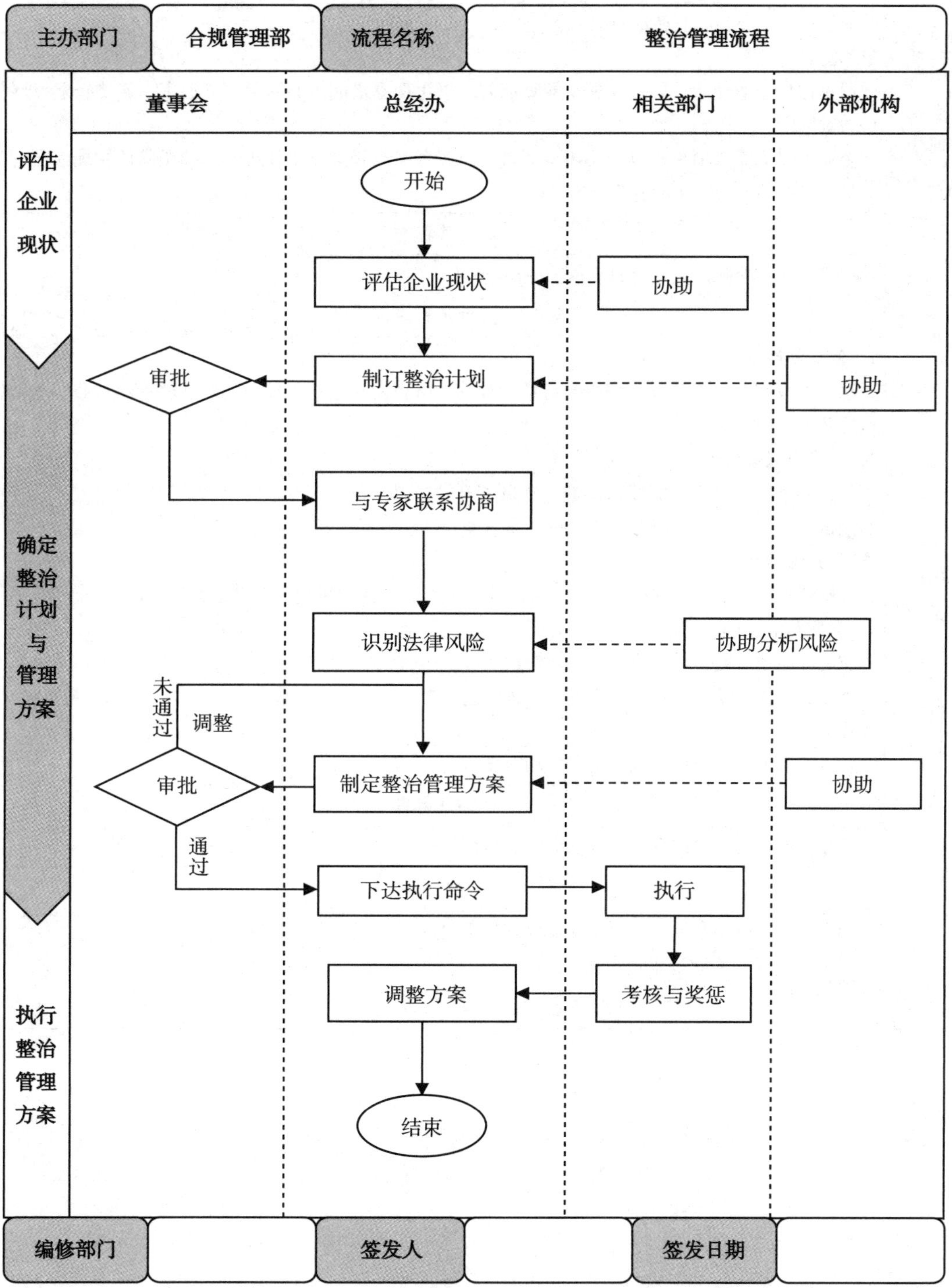

11.5.2 整治管理执行程序、工作标准、考核指标、执行规范

任务名称	执行程序、工作标准与考核指标
评估企业现状	**执行程序**
	总经办在相关部门的协助下，评判企业整治的内外部环境，评估内外形势、机遇和问题，确定企业整治的核心问题及整治对象 **工作重点** ☆通过评估企业现状，确定需要企业最高管理层出面整治的核心问题，其通常是影响企业发展的关键问题 ☆企业可以成立专项整治领导小组，通常由总经理或主管副总出任组长，抽调其他管理人员为组员，以推动整治工作的有序开展
	工作标准
	完成标准：准确评估企业的整治管理环境
确定整治计划与管理方案	**执行程序**
	1. 制订整治计划 总经办根据企业现状评估情况制订整治计划，内容包括整治的核心问题、整治的对象、整治的风险及整治的方法等 **2. 与专家联系协商** 总经办可以与外部专家联系协商，听取专家的建议，在外部专家的协助下制定整治方案，并不断测试、检查、调整、修正，使之更具有可操作性，效果更好 **3. 识别法律风险** 在制订整治计划的过程中，总经办要识别企业存在的法律风险，并保证整治过程合法合规 **4. 制定整治管理方案** ☆总经办应本着诚实、可信、开放及对组织有承诺的原则，制定整治管理方案 ☆整治管理方案须上报董事会审批，审批通过后方可下达执行；审批不通过的，驳回重新制定 **工作重点** 整治管理方案要合理合规，要对整治对象负责
	工作标准
	质量标准：整治管理方案要目标清晰、执行性强
	考核指标
	☆建议采纳率：用来衡量专家所提建议的质量，目标值为____% ☆$\text{建议采纳率}=\frac{\text{专家提出建议被采纳的次数}}{\text{专家提出建议总次数}}\times 100\%$

（续）

<table>
<tr><th>任务名称</th><th>执行程序、工作标准与考核指标</th></tr>
<tr><td rowspan="4">执行整治管理方案</td><td>执行程序</td></tr>
<tr><td>1. 下达执行命令
☆整治管理方案审批通过后，总经办应根据方案和执行计划向相关部门下达执行命令
☆企业应定期考核整治管理方案的执行结果，并根据考核情况实施奖惩
2. 调整方案
总经办应根据整治管理方案的实施情况总结经验与教训，必要时对方案进行调整
工作重点
相关部门在执行整治管理方案的过程中，应及时反馈信息，以便对方案进行调整与完善</td></tr>
<tr><td>工作标准</td></tr>
<tr><td>目标标准：相关人员严格执行整治管理方案，困扰企业发展的难题得到解决</td></tr>
<tr><td colspan="2">执行规范</td></tr>
<tr><td colspan="2">“企业整治管理执行手册”“企业整治管理方案”</td></tr>
</table>

11.6 业务运营可持续性管理流程设计与工作执行

11.6.1 业务运营可持续性管理流程设计

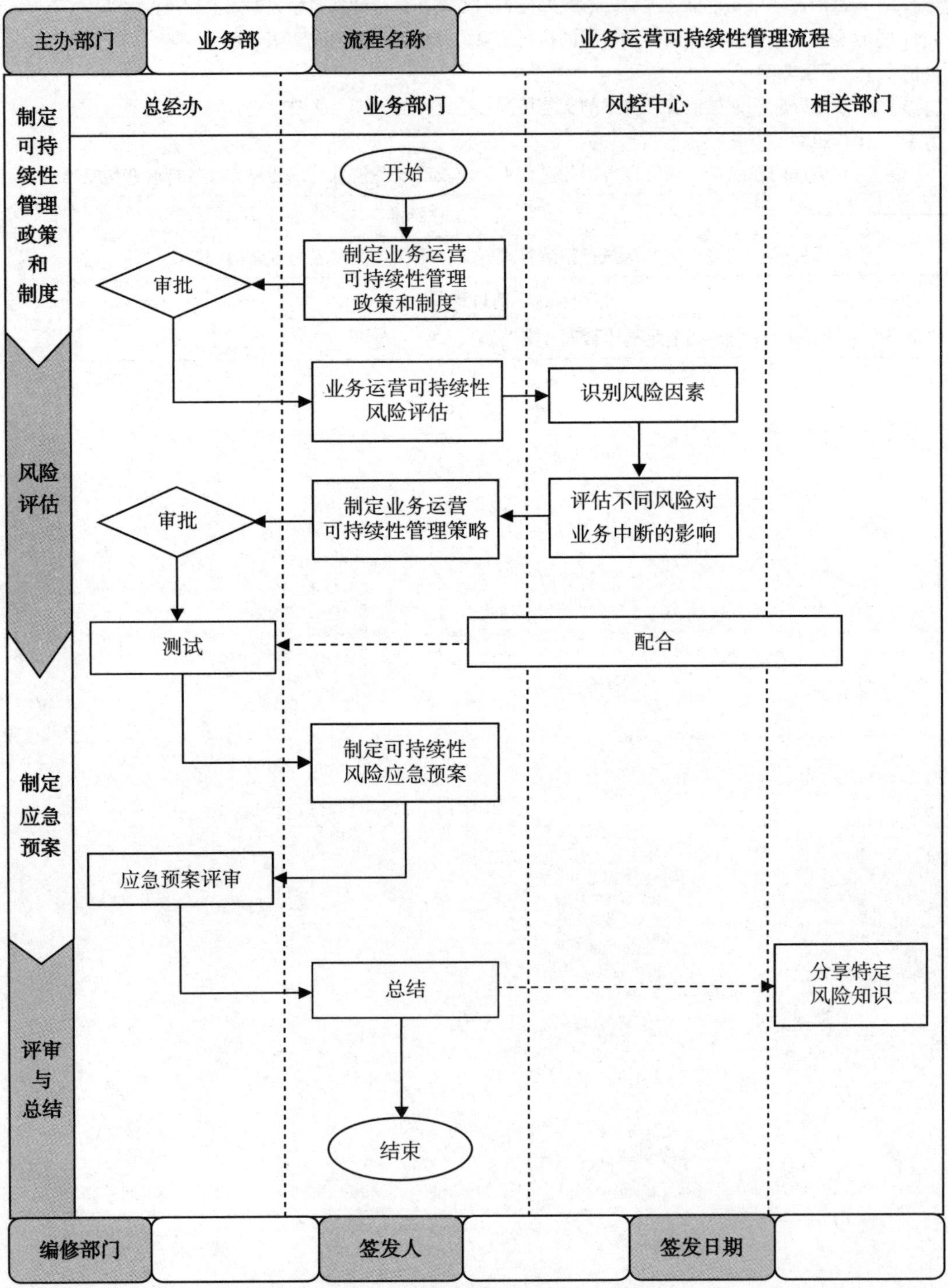

11.6.2 业务运营可持续性管理执行程序、工作标准、考核指标、执行规范

任务名称	执行程序、工作标准与考核指标
制定可持续性管理政策和制度	**执行程序** 业务部门评估业务运营环境，制定业务运营可持续性管理政策和制度，包括制订危机响应、业务延续和连续性的恢复计划 **工作重点** 业务部门制订的连续性的恢复计划要具备有效性和可执行性 **工作标准** 目标标准：业务运营可持续性管理政策和制度能够有效地应对非计划的业务破坏，并最大程度地降低不良影响
风险评估	**执行程序** **1. 业务运营可持续性风险评估** 不同的行业和企业，所面临的业务中断风险是不同的，有些风险来自业务端，有些风险则来自供给端，因此企业要准确评估风险因素 **2. 制定业务运营可持续性管理策略** 根据业务可持续性风险评估，企业要提前规划和制定完善的业务运营可持续性管理策略，并让全体员工了解和掌握在不同风险情景下各自的职责，以及应对和处理流程等 **3. 测试** 总经办定期组织相关部门对业务运营可持续性管理策略进行测试，以判断其可行性和有效性，并对发现的问题进行纠正 **工作重点** 风控中心要协助业务部门完成风险因素的识别和评估工作，分析不同风险对业务中断的影响 **工作标准** 完成标准：业务运营可持续性管理策略制定完成，职责清晰，分工明确
制定应急预案	**执行程序** ☆业务部门制定业务运营可持续性风险应急预案，包括灾难或事故发生时的应急响应程序、恢复程序和改进措施 ☆总经办组织专家对应急预案进行评审 **工作重点** 应急预案中应当注明应急组织机构和人员的联系方式，应急物资储备清单等附件应当经常更新，确保信息准确有效 **工作标准** 目标标准：启动应急预案后，能够尽快恢复业务功能，将损失降到最低

（续）

任务名称	执行程序、工作标准与考核指标
评审与总结	**执行程序**
	根据业务运营可持续性管理测试或发生真实灾难时业务运营可持续性应急预案的执行情况，总经办组织相关人员对业务运营可持续性管理策略进行评审与总结 **工作重点** 日常经营中，企业可根据特殊情况对业务运营可持续性管理策略进行变更，如购置了新的关键设备或者系统升级，环境、重要设备或资源发生了重大变化，业务运营可持续性管理流程发生了变化，关键供应商进行了调整，等等
	工作标准
	完成标准：业务运营可持续性管理策略的评审工作严格按照规定执行
	考核标准
	评审工作的完成及评审报告的提交时间：业务运营可持续性管理的评审工作应在每年12月____日前完成，并于次年1月____日前提交评审报告
执行规范	
“业务运营可持续性管理政策和制度”“业务运营可持续性管理实施计划”“业务运营可持续性管理测试方案”	

第12章 外部关系管理

12.1 外部关系管理工作流程

12.1.1 流程目的说明

企业对外部关系进行流程管理的目的如下：

（1）改善与利益相关者的关系，促进公众对组织的认识、理解与支持，树立良好的组织形象；

（2）规范企业外部关系管理，处理好与外部利益相关者的纠纷，从而维护企业的合法权益，保证整个供应链的安全性。

12.1.2 流程结构设计

外部关系管理流程设计将外部关系管理细分为 7 个事项，就每个事项分别设计流程，即政府关系管理流程、投资者关系管理流程、外部顾问管理流程、纠纷处理流程、诉讼管理流程、知识产权保护流程及公共关系管理流程，具体结构设计如图 12-1 所示。

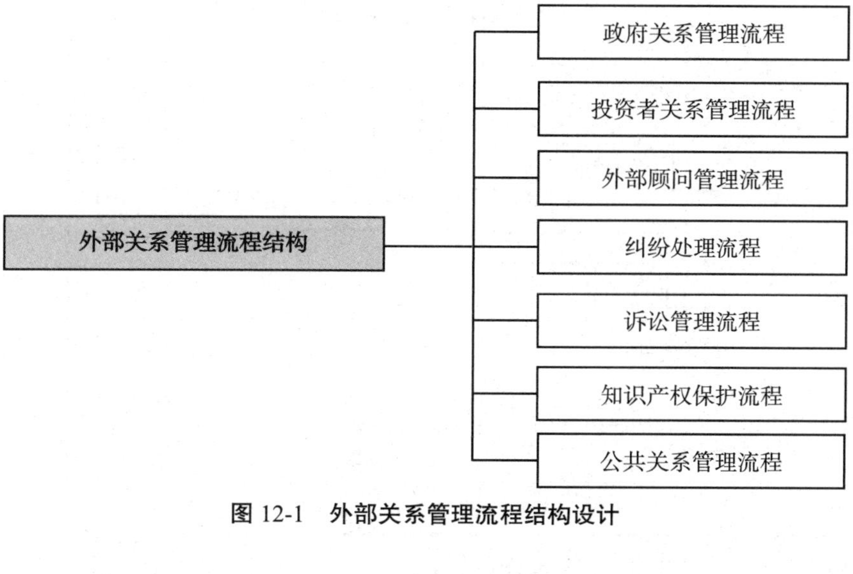

图 12-1 外部关系管理流程结构设计

12.2 政府关系管理流程设计与工作执行

12.2.1 政府关系管理流程设计

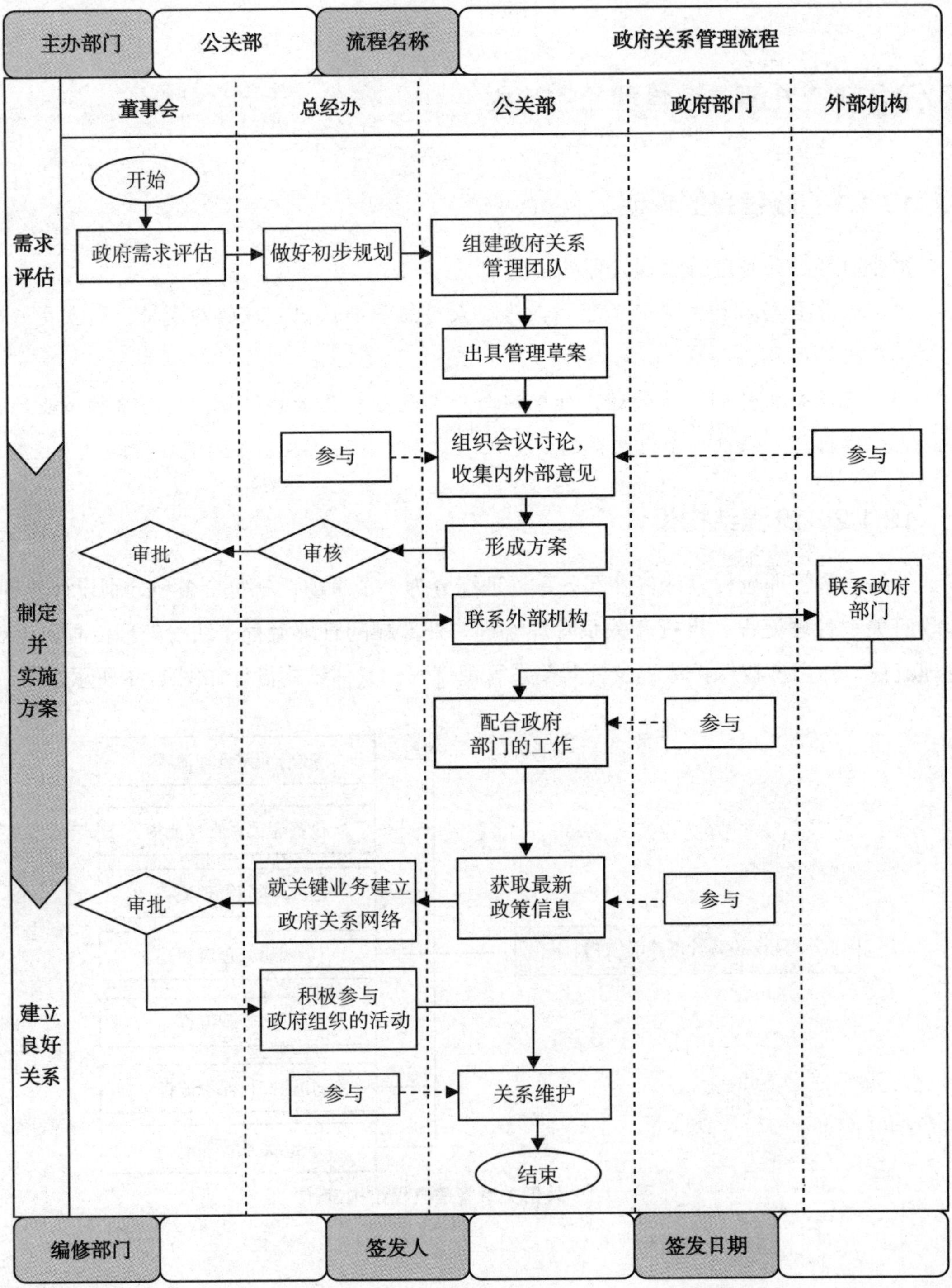

12.2.2 政府关系管理执行程序、工作标准、考核指标、执行规范

任务名称	执行程序、工作标准与考核指标
需求评估	**执行程序**
	1. 政府需求评估 ☆董事会根据企业的经营环境预测企业未来的发展趋势，分析政府关系对企业发展的影响，评估政府需求 ☆总经办为政府需求评估流程提供必要的信息支持，并做好初步规划，向公关部下达任务 **2. 组建政府关系管理团队** 公关部接收任务后，组建政府关系管理团队，确定责任人 **工作重点** 公关部要慎重选择政府关系管理团队责任人，责任人通常要有较强的策划、组织和社交能力
	工作标准
	☆内容标准：政府需求评估应从企业经营的内部环境与外部环境两个方面进行 ☆效率标准：公关部接收任务后，应在____个工作日内完成政府关系管理团队的组建工作
制定并实施方案	**执行程序**
	1. 出具管理草案 ☆公关部根据企业经营方向及企业历年的政府关系管理情况出具管理草案 ☆公关部组织召开讨论会，收集内部相关部门负责人与外部顾问对政府关系管理草案的意见，论证其可行性 **2. 形成方案** ☆政府关系管理草案经过会议讨论后，形成正式方案 ☆政府关系管理方案须经总经办详细审核、董事会审批后，方可实施 **3. 联系外部机构** 公关部确定方案后，联系成熟的外部机构，在其帮助下与政府部门建立联系 **4. 配合政府部门的工作** 公关部在与政府部门取得联系后，应积极配合政府部门的工作，与政府部门建立良好的合作关系 **工作重点** 企业应通过各种活动建立并维护积极的社会形象，以促进与政府部门的合作
	工作标准
	内容标准：政府关系管理方案的编写要规范，做到内容全面，结构清晰，无重大纰漏
	考核指标
	☆有效沟通率：用于考核公关部与政府部门沟通的质量和水平 ☆有效沟通率 $=\dfrac{\text{有效沟通的次数}}{\text{与政府部门沟通的次数}}\times 100\%$

（续）

<table>
<tr><th>任务名称</th><th>执行程序、工作标准与考核指标</th></tr>
<tr><td rowspan="4">建立良好关系</td><td>执行程序</td></tr>
<tr><td>1. 获取最新政策信息
☆公关部在政府部门的帮助下获取最新政策信息
☆公关部将最新政策信息上报总经办，总经办将其与企业发展、经营战略相结合，出具合作方案
2. 就关键业务建立政府关系网络
在相关政策法规的指引下，总经办与政府部门协调，就关键业务与政府部门建立关系网络，达成相关合作
3. 关系维护
在总经办的协调下，企业负责人积极参与政府部门组织的相关活动，营造良好的合作环境，维护好政府关系
工作重点
企业要根据自身的发展战略，掌握最新的国家及地方政策信息，找到与政府部门合作的方向</td></tr>
<tr><td>工作标准</td></tr>
<tr><td>完成标准：把握机会，成功与政府部门达成合作</td></tr>
<tr><td colspan="2">执行规范</td></tr>
<tr><td colspan="2">“企业发展战略管理制度”“政府关系管理方案”</td></tr>
</table>

12.3 投资者关系管理流程设计与工作执行

12.3.1 投资者关系管理流程设计

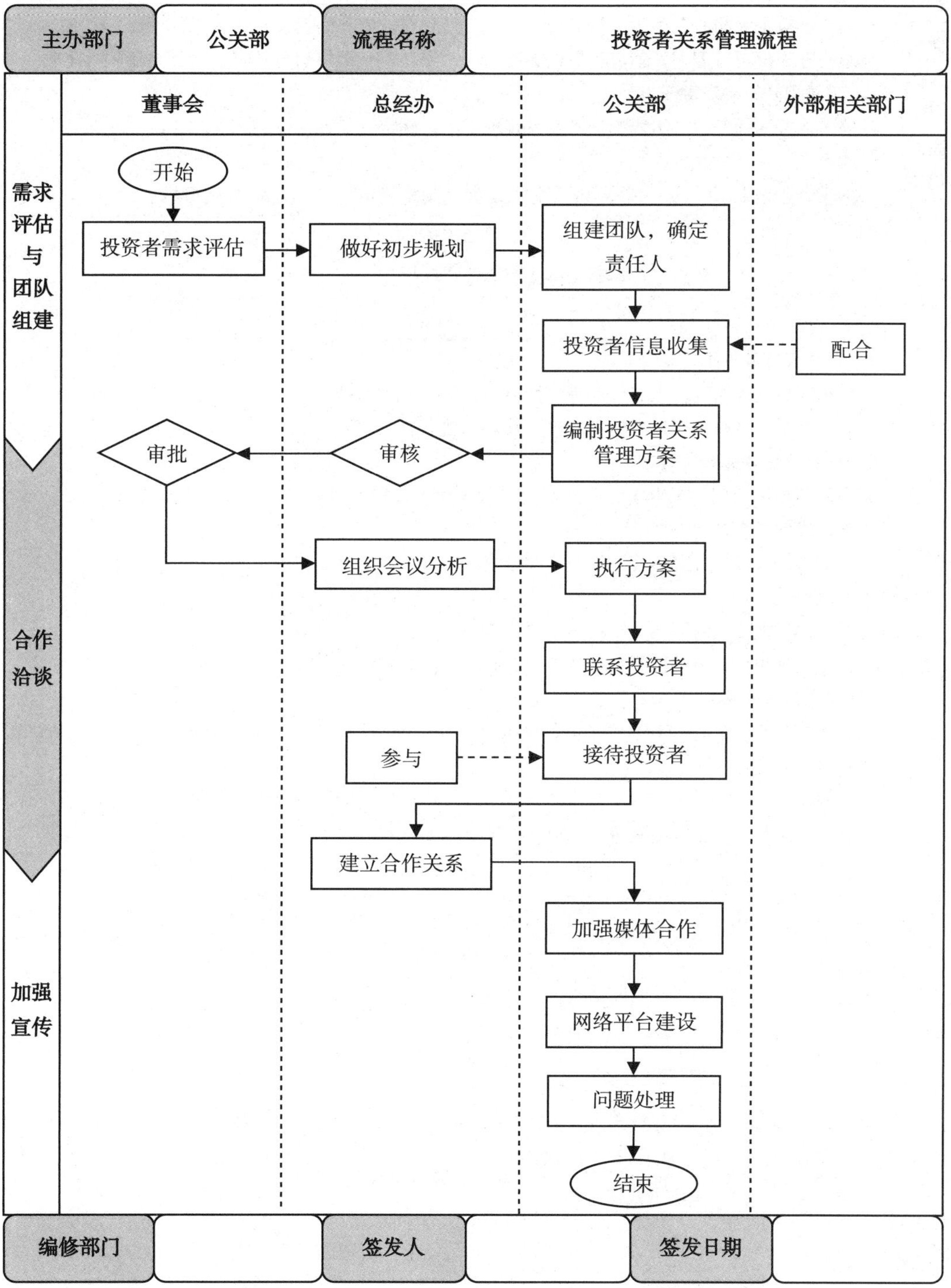

12.3.2 投资者关系管理执行程序、工作标准、考核指标、执行规范

任务名称	执行程序、工作标准与考核指标
需求评估与团队组建	**执行程序**
	1. 投资者需求评估 ☆董事会对企业的经营环境进行分析、评价，预测企业未来的发展趋势，评估投资者需求 ☆总经办为投资者需求评估流程提供必要的信息支持，并做好初步规划，向公关部下达任务 **2. 组建团队，确定责任人** 公关部接受任务后，组建投资者关系管理团队，确定责任人 **工作重点** 如果企业是上市公司，那么要根据相关法律法规来确定投资者关系管理团队的负责人
	工作标准
	执行标准：投资者需求评估要严格按照规定流程执行
合作洽谈	**执行程序**
	1. 投资者信息收集 ☆公关部负责人通过线上、线下等多种渠道收集投资者信息 ☆公关部要严格筛查投资者信息，确定其真实性 **2. 编制投资者关系管理方案** ☆在外部相关部门的配合下，公关部经过会议讨论，提取可用信息，确定实施方法、工具后，编制投资者关系管理方案 ☆投资者关系管理方案须经总经办详细审核、董事会审批后，方可实施 **3. 接待投资者** ☆公关部根据确定的方案与投资者沟通，邀请投资者到企业考察 ☆投资者到访后，公关部联合行政部门做好投资者的接待工作 **4. 建立合作关系** 总经办与投资者进行初步沟通，详细介绍企业与项目，阐明企业优势与投资预期收益，争取与投资者达成合作 **工作重点** 相关部门与人员接待投资者及达成合作的过程要合规
	工作标准
	完成标准：接待好投资者，顺利与其达成合作
	考核指标
	☆投资者到访率：用来衡量企业宣传的效果，目标值为____% $投资者到访率=\frac{投资者到访数}{联系的投资者总数}\times 100\%$ ☆合作达成率：用来考核相关人员的谈判能力，目标值为____% $合作达成率=\frac{达成合作的项目数}{与投资者沟通的项目总数}\times 100\%$

（续）

任务名称	执行程序、工作标准与考核指标
加强宣传	**执行程序**
	1. 加强媒体合作 公关部应加强与媒体的合作，宣传企业信息，为企业获取投资扩充宣传渠道 **2. 网络平台建设** 公关部结合技术人员，加强网络平台建设，增强宣传手段，多渠道宣传企业形象 **3. 问题处理** 公关部对已达成合作的投资者和意向投资者提出的问题进行处理，提高公关能力 **工作重点** 企业宣传要注意多渠道发力，形成立体式宣传格局
	工作标准
	参照标准：企业宣传可借鉴同行业其他优秀企业的宣传手段与宣传方法
执行规范	
“企业发展战略管理制度”“投资者关系管理制度”“网络平台管理方案”	

12.4 外部顾问管理流程设计与工作执行

12.4.1 外部顾问管理流程设计

主办部门	公关部	流程名称	外部顾问管理流程

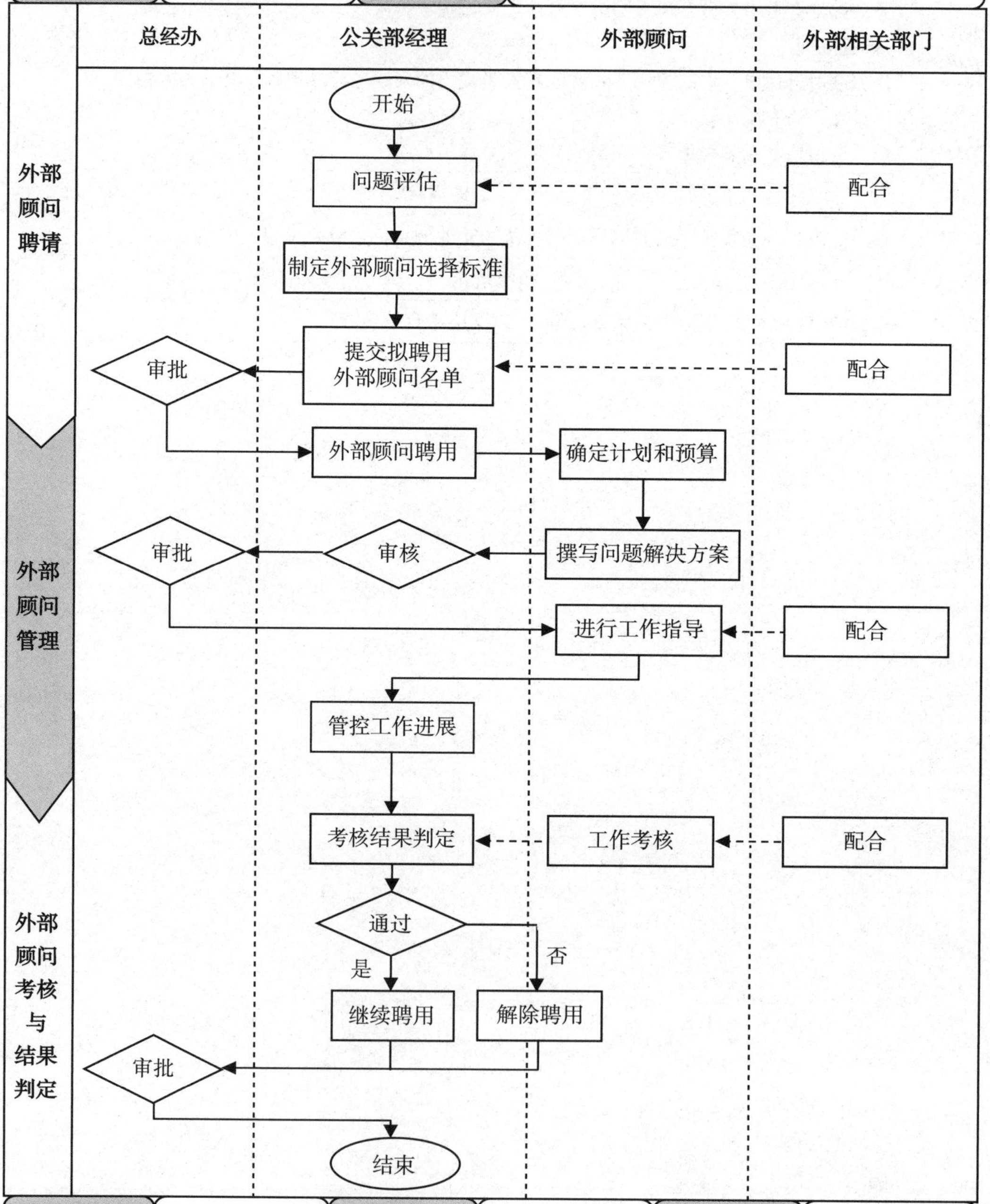

编修部门		签发人		签发日期	

12.4.2 外部顾问管理执行程序、工作标准、考核指标、执行规范

<table>
<tr><th>任务名称</th><th>执行程序、工作标准与考核指标</th></tr>
<tr><td rowspan="4">外部顾问聘请</td><td>执行程序</td></tr>
<tr><td>1. 问题评估
公关部经理组织相关部门人员对企业专业领域现状进行分析，并结合市场形势和企业的发展状况，对企业现阶段经营管理过程中存在的问题进行评估，确定各项工作的具体要求
2. 制定外部顾问选择标准
☆企业应尽量选择业内公认的或者国内外著名的专家、教授及企业家作为企业的外部顾问
☆外部顾问需要精通相关领域的政策、法律法规及行业标准和准则
3. 提交拟聘用外部顾问名单
☆相关部门根据业务的实际需要，向公关部推荐外部顾问人选，注明外部顾问的详细个人信息及历史工作经验
☆公关部经理对拟聘用外部顾问名单进行整理和审核，并将名单提交总经办审批
工作重点
拟聘用的外部顾问不得在与企业有竞争关系的单位从事工作</td></tr>
<tr><td>工作标准</td></tr>
<tr><td>☆参照标准：同行业其他企业的外部顾问聘用制度
☆目标标准：拟聘用的外部顾问具有较高的专业技能和水平，能切实帮助企业解决问题</td></tr>
<tr><td rowspan="4">外部顾问管理</td><td>执行程序</td></tr>
<tr><td>1. 外部顾问聘用
拟聘用外部顾问名单经总经办审批通过后，由公关部经理向拟聘用外部顾问发出聘用通知
2. 确定计划和预算
☆外部顾问通过评估企业的安全生产、经营管理、项目管理现状，提出改进和发展策略，并给出相应的预算
☆外部顾问与企业相关负责人沟通讨论后，撰写问题解决方案
☆公关部经理对问题解决方案进行仔细审核，审核无误后报总经办审批
3. 进行工作指导
外部顾问对相关部门的工作进行指导和协助，确保方案顺利实施，问题得到解决
4. 管控工作进展
公关部经理对外部顾问的工作进度和工作安排进行管控，协助其解决工作中遇到的问题
工作重点
公关部经理要为外部顾问提供良好的工作环境和沟通环境，帮助外部顾问正确理解企业的管理理念及思路，加快推进企业战略目标的实现</td></tr>
<tr><td>工作标准</td></tr>
<tr><td>参照标准：同行业其他企业的外部顾问管理规范或工作制度</td></tr>
</table>

（续）

<table>
<tr><th>任务名称</th><th>执行程序、工作标准与考核指标</th></tr>
<tr><td rowspan="6">外部顾问考核与结果判定</td><td>执行程序</td></tr>
<tr><td>1. 工作考核
公关部经理结合相关部门领导对外部顾问的评价，以及外部顾问的工作完成情况，对外部顾问进行工作考核。考核结果作为是否继续聘用的依据
2. 考核结果判定
外部顾问工作考核通过的，企业继续聘用；工作考核未通过的，企业将与其解除聘用关系。判定结果须报总经办审批
工作重点
公关部经理要判断外部顾问是否能够依托自身的能力和资源，为企业的发展和经营提供帮助与支持</td></tr>
<tr><td>工作标准</td></tr>
<tr><td>考核标准：考核方法科学，考核结果正确，能够作为企业是否继续聘用外部顾问的依据</td></tr>
<tr><td>考核指标</td></tr>
<tr><td>☆外部顾问工作完成率：用于考核外部顾问的工作完成情况
☆外部顾问工作完成率 $=\frac{\text{外部顾问实际完成的工作项目数}}{\text{外部顾问计划完成的工作项目数}}\times 100\%$</td></tr>
<tr><td colspan="2">执行规范</td></tr>
<tr><td colspan="2">“外部顾问聘用办法”“外部顾问绩效评估标准”</td></tr>
</table>

12.5 纠纷处理流程设计与工作执行

12.5.1 纠纷处理流程设计

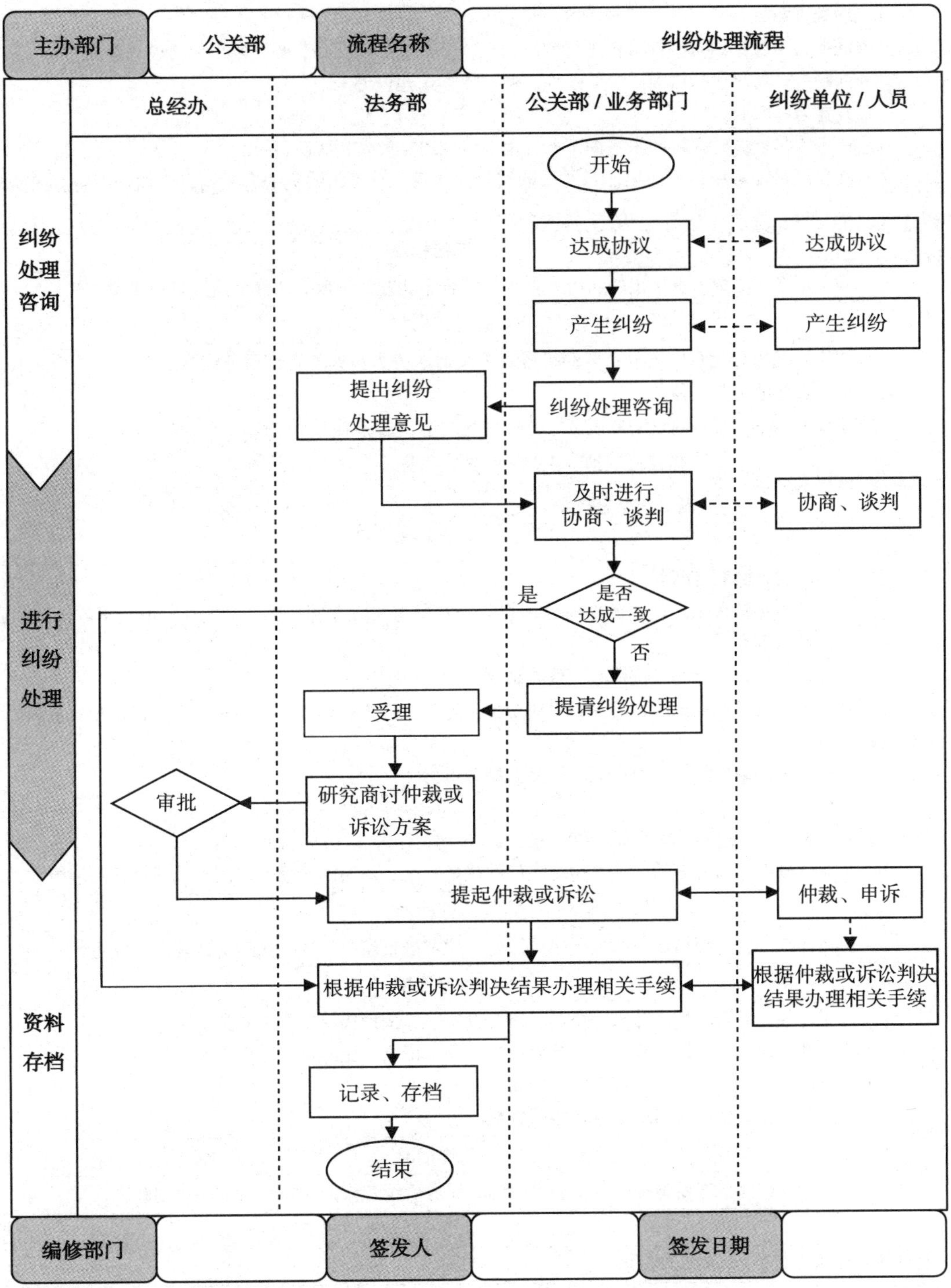

12.5.2 纠纷处理执行程序、工作标准、考核指标、执行规范

任务名称	执行程序、工作标准与考核指标
纠纷处理咨询	**执行程序** ☆相关部门与外部单位或人员发生业务纠纷后，需要及时填写纠纷事件报告，向法务人员咨询纠纷处理意见 ☆法务人员根据纠纷事件报告进行事件调查，分析实际情况和利弊，给出纠纷处理意见 ☆纠纷处理意见包括协商解决的条件、仲裁或诉讼建议等 **工作重点** ☆法务人员要及时提供纠纷咨询服务，争取将纠纷化解在初级阶段 ☆在供应链业务中，企业要注意对采购纠纷问题进行分类，常见的有采购合同欺诈纠纷、采购价格纠纷、采购质量纠纷 **工作标准** 质量标准：法务人员给出的纠纷处理意见符合企业规章制度和法律规定，具有可操作性 **考核指标** ☆纠纷咨询服务满意度评分：以纠纷咨询人员对法务人员纠纷咨询服务满意度打分的平均分来衡量，目标值为____分 ☆建议采纳率：用来衡量法务人员所提建议的质量，目标值为____% $建议采纳率=\frac{提出建议被采纳的次数}{提出建议总次数}\times 100\%$
进行纠纷处理	**执行程序** **1. 及时进行协商、谈判** ☆公关部根据法务人员给出的纠纷处理意见，及时与纠纷方进行协商、谈判，说明本方协调和解的条件与方案 ☆双方达成一致意见的，按协商一致的结果处理 ☆双方未达成一致意见的，公关部将纠纷事件转交法务人员处理，并为法务人员提供相关资料 **2. 审批** 法务人员编制仲裁或诉讼方案，提交总经办审批 **工作重点** ☆公关部要对纠纷处理过程做详细记录，保证准确无误 ☆企业应根据与纠纷方的关系、纠纷事件的严重程度、纠纷的时效性等因素选择合适的解决方式 **工作标准** 执行标准：公关部与法务部须严格按照企业规定进行纠纷处理，无违法违规现象发生
资料存档	**执行程序** ☆针对仲裁或诉讼的判决结果，企业与纠纷方签字，按判决结果办理各类手续 ☆法务部对纠纷处理的过程与判决结果等进行详细记录，做好资料存档工作 **工作重点** 法务部要及时整理与纠纷处理相关的资料 **工作标准** 完成标准：法务部妥善按照纠纷的判决结果完成后续工作，纠纷事件彻底得到解决
执行规范	
“合同管理制度”“法律事务管理制度”	

12.6 诉讼管理流程设计与工作执行

12.6.1 诉讼管理流程设计

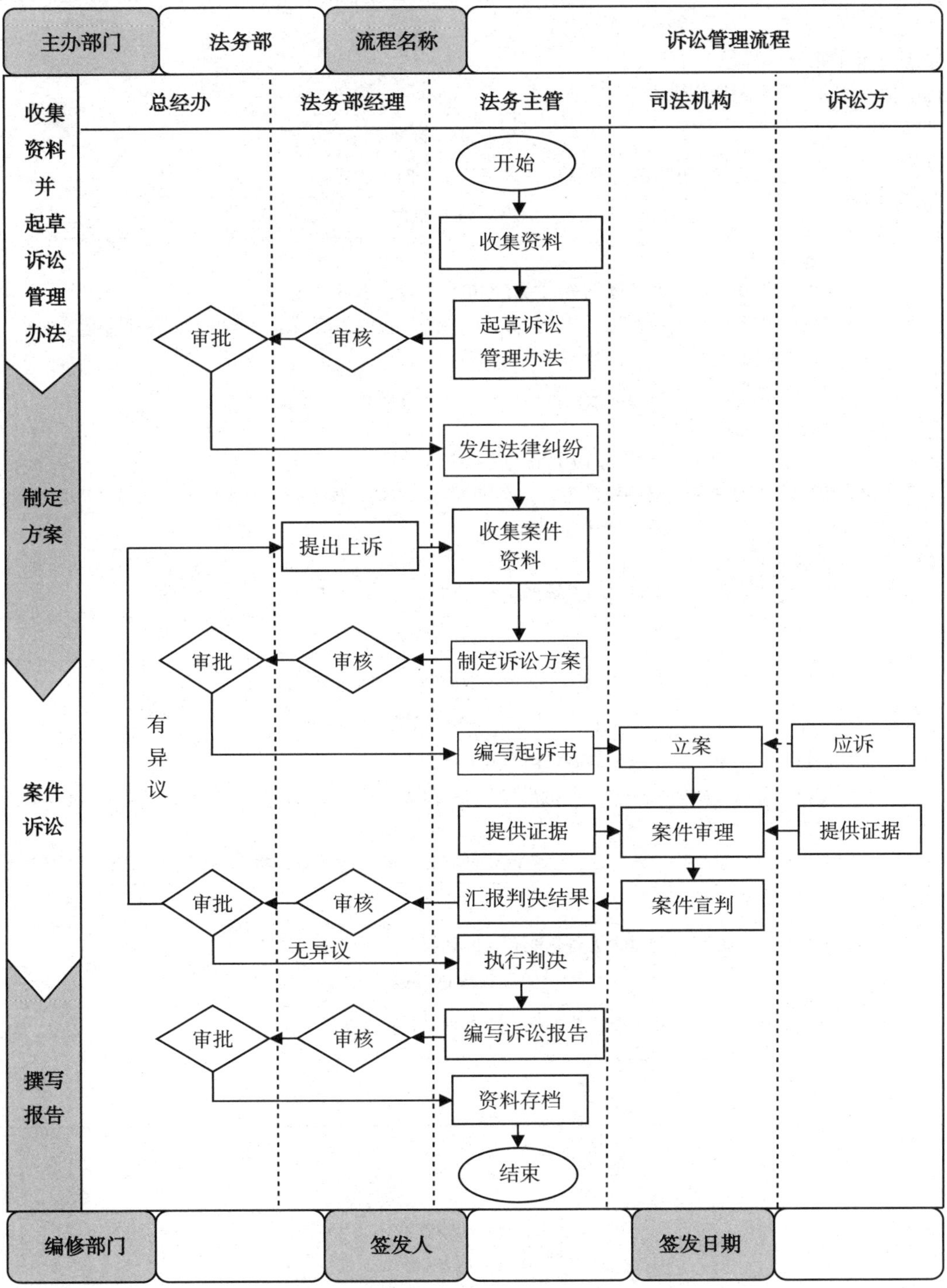

12.6.2 诉讼管理执行程序、工作标准、考核指标、执行规范

任务名称	执行程序、工作标准与考核指标
收集资料并起草诉讼管理办法	**执行程序** 法务主管对企业历史合同进行收集，对合同中常见的采购、销售、生产等部门的相关责任进行汇总与分析，为诉讼管理办法的起草提供依据 **工作重点** 法务主管应根据法律法规与企业的相关要求起草诉讼管理办法 **工作标准** 质量标准：诉讼管理办法条理清晰，内容详尽，操作性强
制定方案	**执行程序** **1. 发生法律纠纷** ☆诉讼管理办法经法务部经理审核、总经办审批通过后方可实施 ☆相关部门将发生的法律纠纷汇总到法务部经理处，说明纠纷缘由、涉事人员及预估处理办法 **2. 收集案件资料** 法务主管根据法律纠纷收集案件资料，进行整理解读 **3. 制定诉讼方案** ☆法务主管汇总案件资料后，制定诉讼方案 ☆法务部经理对法务主管制定的诉讼方案进行初步审核，提出指导意见，并上报总经办审批。审批通过后，法务主管编写起诉书 **工作重点** 法务主管要保证所收集资料的完整性和有效性 **工作标准** 质量标准：诉讼方案能够解决现实问题，为后续工作提供指导
案件诉讼	**执行程序** ☆司法机构立案审理后，法务部需要提交有力证据 ☆司法机构对案件做出判决后，企业若对判决结果无异议，则执行判决；若有异议，则选择上诉 **工作重点** 司法机构宣判结果后，若上诉，法务部要做好充分的上诉准备，将上诉资料整理齐全 **工作标准** 完成标准：法务部应全面收集对企业有力的证据，为诉讼提供保障 **考核指标** ☆案件胜诉率：用于考核企业法务部的工作能力，目标值为____% ☆案件胜诉率 $= \frac{案件胜诉数}{案件诉讼总数} \times 100\%$

（续）

<table>
<tr><th>任务名称</th><th>执行程序、工作标准与考核指标</th></tr>
<tr><td rowspan="4">撰写报告</td><td>执行程序</td></tr>
<tr><td>1. 编写诉讼报告
法务主管对诉讼流程进行整理，分析诉讼成功或失败的原因，汇总后编写诉讼报告
2. 资料存档
诉讼报告经法务部经理审核、总经办审批通过后进行存档
工作重点
法务主管要及时将诉讼报告提交审核与审批，存档备查</td></tr>
<tr><td>工作标准</td></tr>
<tr><td>内容标准：诉讼报告编写规范，内容全面，结构清晰，无重大纰漏</td></tr>
<tr><td colspan="2">执行规范</td></tr>
<tr><td colspan="2">“企业诉讼管理办法”</td></tr>
</table>

12.7 知识产权保护流程设计与工作执行

12.7.1 知识产权保护流程设计

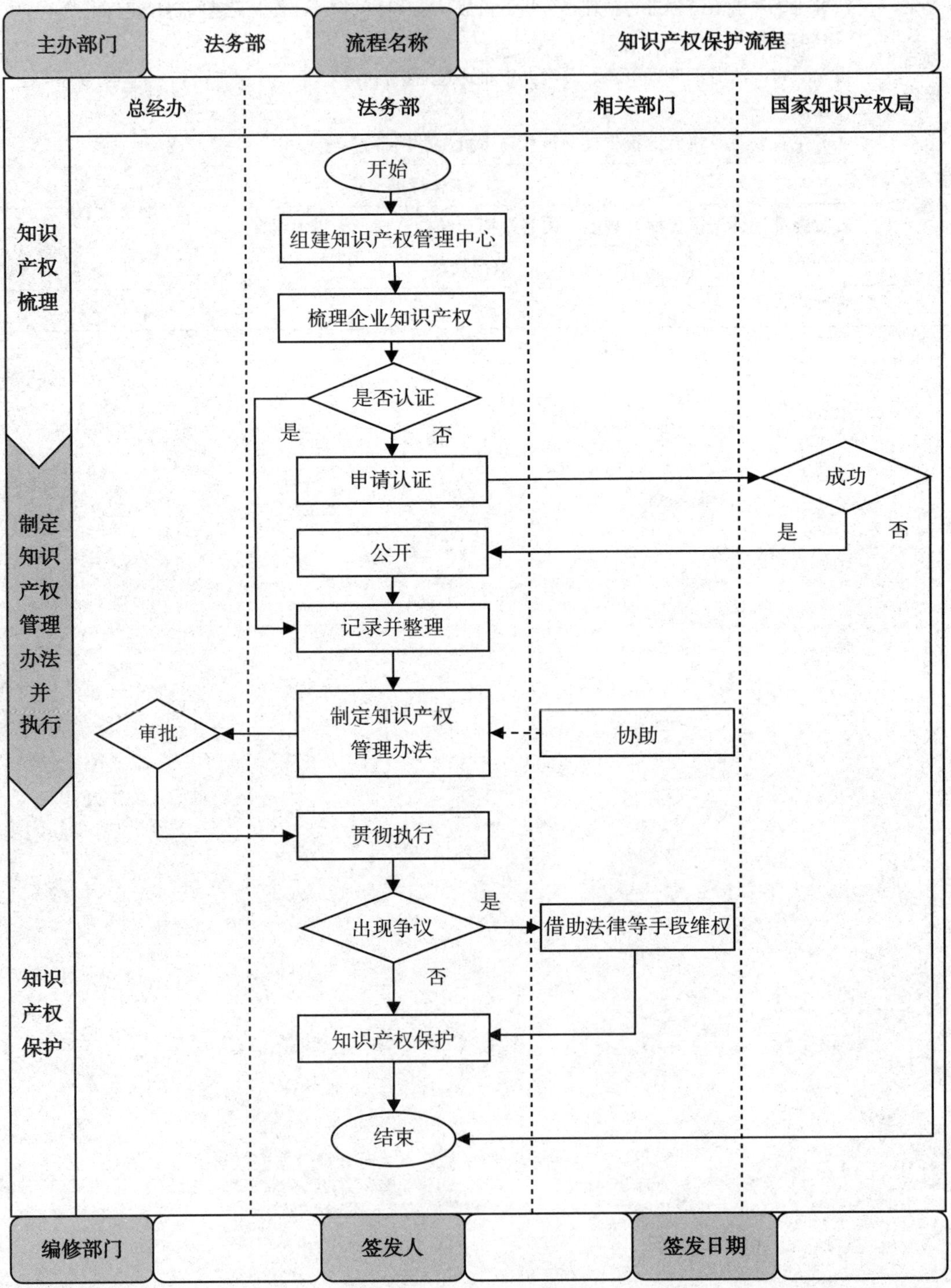

12.7.2 知识产权保护执行程序、工作标准、考核指标、执行规范

<table>
<tr><th>任务名称</th><th>执行程序、工作标准与考核指标</th></tr>
<tr><td rowspan="4">知识产权梳理</td><td>执行程序</td></tr>
<tr><td>1. 梳理企业知识产权
法务部组建知识产权管理中心，并确定主要负责人。知识产权管理中心要定期梳理企业已经申请认证和未认证的知识产权，编制企业知识产权清单
2. 是否认证
☆对于已认证的知识产权，知识产权管理中心要做好记录
☆对于未认证的知识产权，知识产权管理中心要及时向国家知识产权局提交认证申请，也可以委托知识产权代理机构申请认证
3. 公开
知识产权认证通过后，企业要按照相关规定对已认证的知识产权进行公开
工作重点
☆知识产权是智力劳动产生的成果所有权，它是依照各国法律赋予符合条件的著作者及发明者或成果拥有者在一定期限内享有的独占权利
☆知识产权管理中心在申请知识产权认证前，要将相应申请书、说明书等材料准备齐全</td></tr>
<tr><td>工作标准</td></tr>
<tr><td>执行标准：知识产权认证按照国家知识产权局规定的认证申请流程办理</td></tr>
<tr><td rowspan="4">制定知识产权管理办法并执行</td><td>执行程序</td></tr>
<tr><td>1. 制定知识产权管理办法
☆知识产权管理中心要根据国家知识产权局颁布的有关规定，在法务部的协助下制定本企业的知识产权管理办法
☆知识产权管理中心将知识产权管理办法报总经办审批
2. 贯彻执行
知识产权管理办法经审批通过后，知识产权管理中心要将办法在全企业公布，要求各部门知晓并贯彻执行
工作重点
知识产权管理办法要参照国家有关规定制定</td></tr>
<tr><td>工作标准</td></tr>
<tr><td>质量标准：知识产权管理办法的内容完整，条理清晰，符合国家有关规定</td></tr>
</table>

（续）

<table>
<tr><th>任务名称</th><th>执行程序、工作标准与考核指标</th></tr>
<tr><td rowspan="6">知识产权保护</td><td>执行程序</td></tr>
<tr><td>☆当已认证的知识产权被其他单位或个人侵权时，知识产权管理中心要及时协同法务部进行维权
☆知识产权认证通过后，知识产权管理中心要进行定期梳理，做好监督评审工作；如有需要，还要做好复审工作
工作重点
不同类型的知识产权有不同的保护期限，例如，商标权的保护期限为 10 年、发明专利权的保护期限为 20 年、实用新型专利权和外观设计专利权的保护期限为 10 年、著作权中财产权的保护期限为 50 年。对此，知识产权管理中心要关注本企业已有知识产权的保护期</td></tr>
<tr><td>工作标准</td></tr>
<tr><td>执行标准：知识产权管理中心要定期对知识产权进行梳理，并加强关注，被侵权后及时维权，以免给企业造成损失</td></tr>
<tr><td>考核指标</td></tr>
<tr><td>知识产权保护措施的有效性：知识产权保护措施得当，被侵权后及时做出反应，未给企业造成重大损失</td></tr>
<tr><td colspan="2">执行规范</td></tr>
<tr><td colspan="2">“知识产权管理办法”“企业知识产权清单”</td></tr>
</table>

12.8 公共关系管理流程设计与工作执行

12.8.1 公共关系管理流程设计

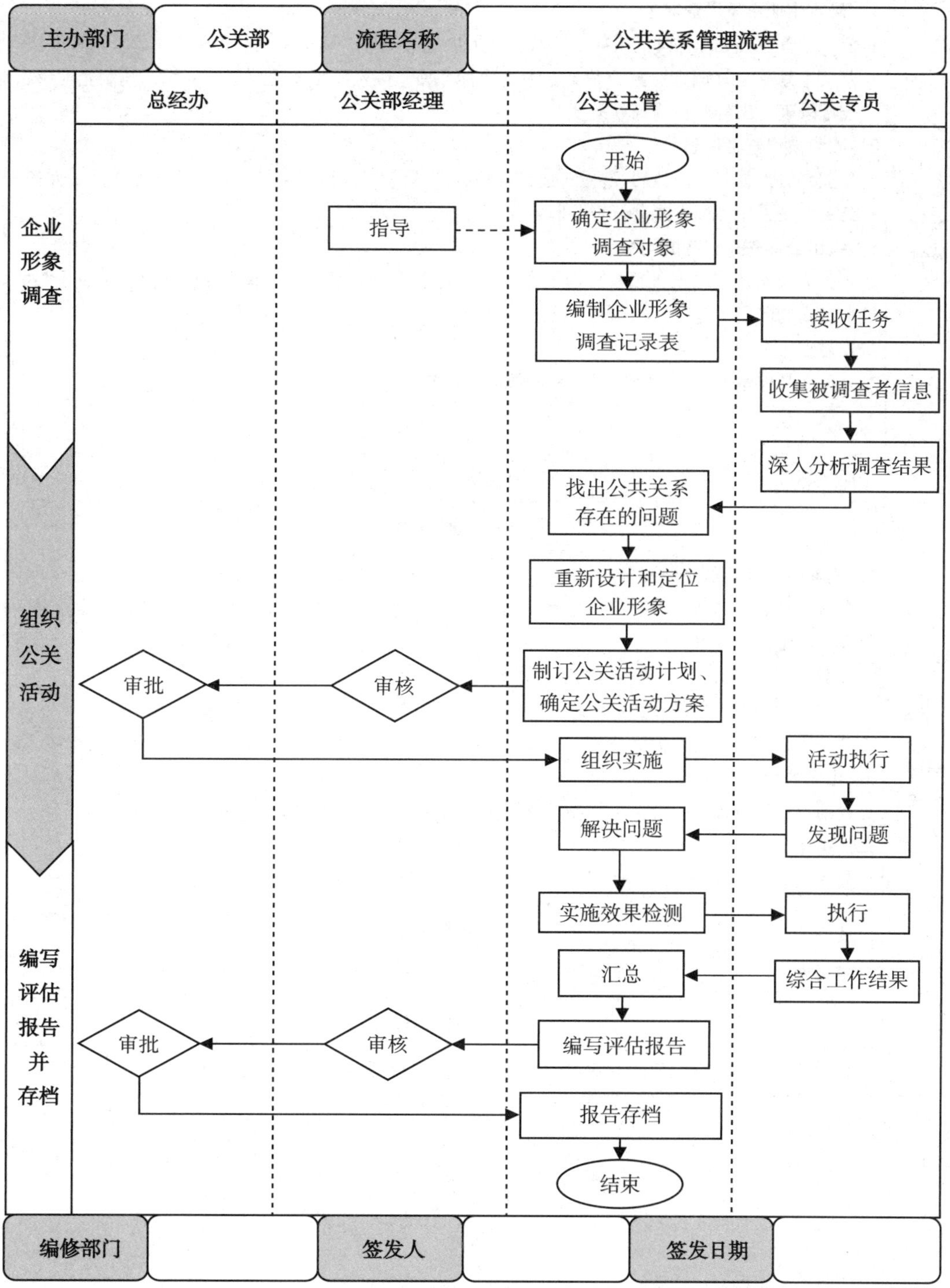

12.8.2 公共关系管理执行程序、工作标准、考核指标、执行规范

任务名称	执行程序、工作标准与考核指标
企业形象调查	**执行程序**
	1. 确定企业形象调查对象 ☆公关主管在公关部经理的指导下，对企业形象进行梳理，确定企业形象调查对象及调查方法等 ☆公关主管确定好调查对象、调查方法、调查工具、调查原则及主要负责人后，编制企业形象调查记录表，出具初步调查方案 **2. 收集被调查者信息** ☆公关专员接收调查任务后，要及时收集被调查者信息，为接下来的调查、分析工作做好准备 ☆公关专员采用各种方式进行企业形象调查 **3. 找出公共关系存在的问题** 公关专员对调查结果进行整理与分类，在公关主管的带领下进行深入分析，找出企业公共关系目前存在的问题 **工作重点** 公关专员应全面收集调查结果，相关数据须真实有效
	工作标准
	质量标准：公关主管制定的调查方案要切实可行，便于操作
组织公关活动	**执行程序**
	1. 重新设计和定位企业形象 在找出企业公共关系存在的问题后，公关主管负责与主要责任人沟通，并联系企业形象顾问重新设计和定位企业形象 **2. 制订公关活动计划，确定公关活动方案** ☆公关主管根据重新设计和定位好的企业形象，制订公关活动计划，确定公关活动方案 ☆公关主管将活动方案提交公关部经理审核，报总经办审批，审批通过后组织开展公共宣传活动 **3. 活动执行** ☆在活动执行过程中，公关主管要进行把控，出现问题要及时解决，以免影响活动效果 **工作重点** 公关主管在制订公关活动计划与活动方案时，要明确活动原则与活动目标
	工作标准
	质量标准：公关活动方案的内容完整详尽，可执行性强
	考核指标
	公关活动方案制定完成的时间：应在____个工作日内制定完成并提交审核

（续）

<table>
<tr><th>任务名称</th><th>执行程序、工作标准与考核指标</th></tr>
<tr><td rowspan="3">编写评估报告并存档</td><td>1. 编写评估报告
☆公关活动结束后，公关主管对活动中存在的问题进行整理，对整体活动效果进行评估，并编写公关活动报告
☆公关主管将公关活动报告提交公关部经理审核，报总经办审批
2. 报告存档
公关活动报告经审批后存档，供相关人员查看与参考
工作重点
公关活动报告的编写要符合文书写作规范，重点突出，内容全面，结构清晰且无重大纰漏</td></tr>
<tr><td>工作标准</td></tr>
<tr><td>质量标准：公关活动报告应说明详细的工作步骤及各步骤的负责人，活动中出现的各种问题及解决方案等</td></tr>
<tr><td colspan="2">执行规范</td></tr>
<tr><td colspan="2">“公关活动方案”“公关活动报告”“公关部工作手册”</td></tr>
</table>

第13章 业务运营能力开发与管理

13.1 业务运营能力开发与管理工作流程

13.1.1 流程目的说明

企业对业务运营能力开发与管理进行流程设计的目的如下：

（1）使供应链的业务流程管理更加专业化、合理化，形成规范的操作流程；

（2）确保供应链的业务流程全过程可控，保证供应链运营的效率和质量。

13.1.2 流程结构设计

业务运营能力开发与管理流程设计将企业的业务运营能力开发与管理细分为 9 个事项，就每个事项分别设计流程，即业务流程管理、项目管理流程、质量管理流程、变革管理流程、知识管理流程、对标管理流程、环境管理流程、企业健康管理流程和安全管理流程，具体设计结构如图 13-1 所示。

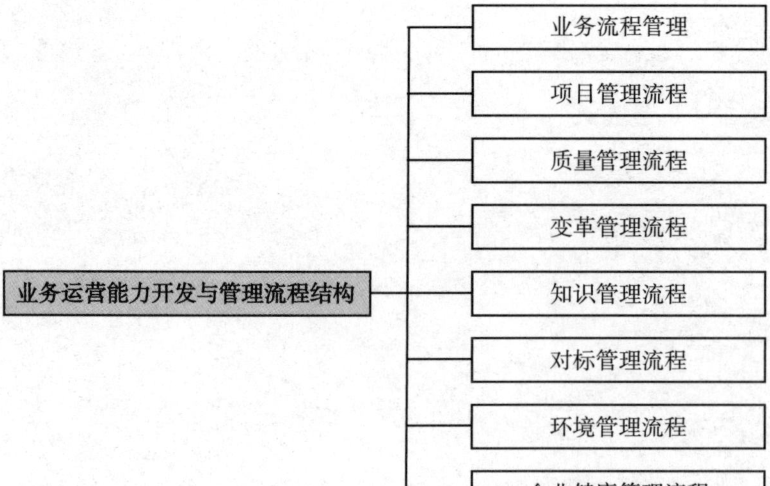

图 13-1 业务运营能力开发与管理流程结构设计

13.2 业务流程管理的流程设计与工作执行

13.2.1 业务流程管理的流程设计

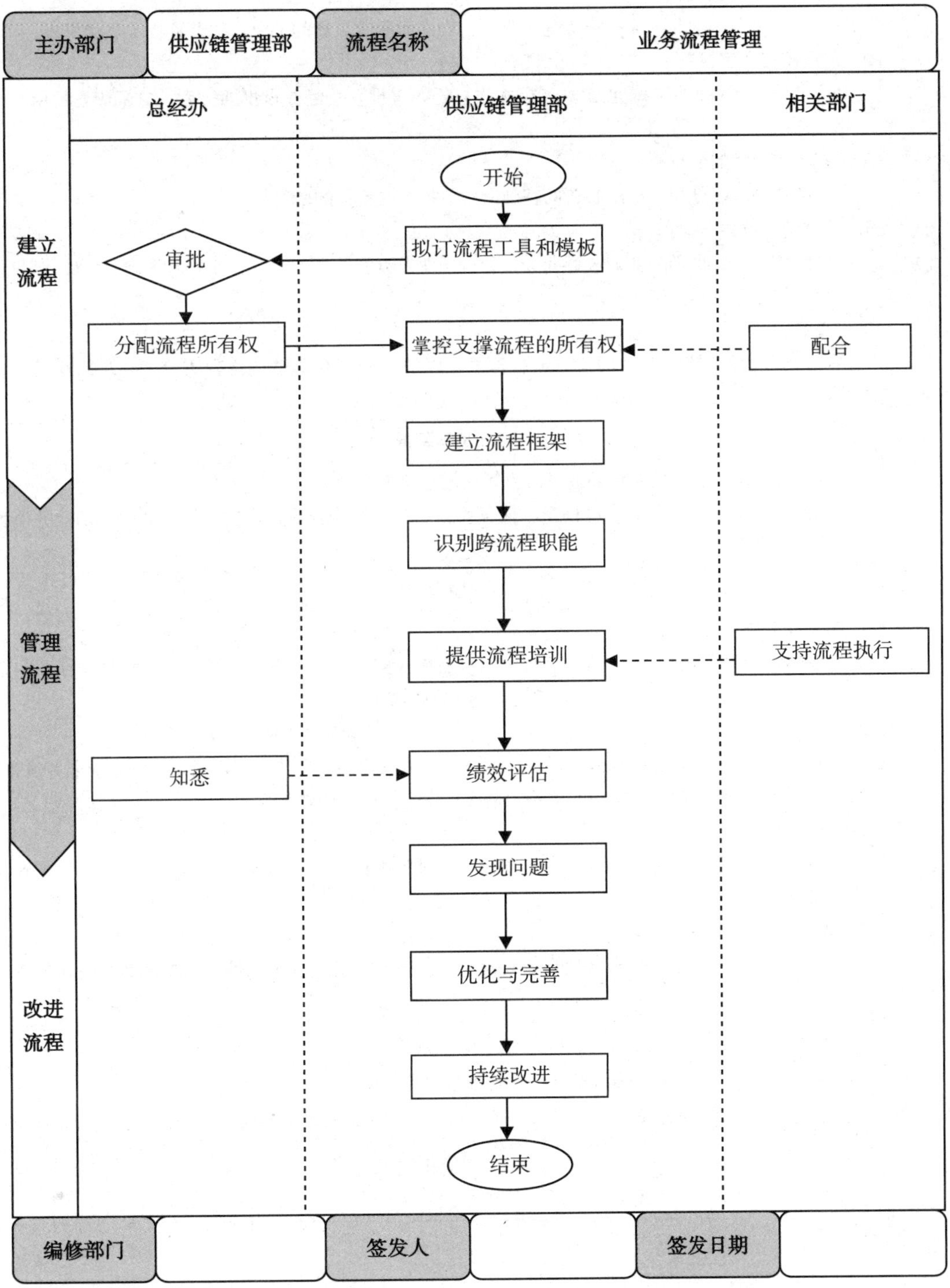

13.2.2 业务流程管理执行程序、工作标准、考核指标、执行规范

<table>
<tr><th>任务名称</th><th>执行程序、工作标准与考核指标</th></tr>
<tr><td rowspan="4">建立流程</td><td>执行程序</td></tr>
<tr><td>1. 拟订流程工具和模板
供应链管理部对企业的业务流程进行研究，找出流程中共通的部分，拟订流程工具和模板
2. 分配流程所有权
供应链管理部将拟订的流程工具和模板报总经办审批。总经办审批通过后，分配流程的所有权给相关部门
3. 掌控支撑流程的所有权
供应链管理部在分配流程所有权的基础上，掌控支撑流程的所有权
4. 建立流程框架
供应链管理部要识别企业的关键业务，分析各业务流程关系，针对各业务流程进行设计和规划，建立企业的业务流程框架
工作重点
供应链管理部要建立企业的业务流程框架，以便于分析企业整体流程清单，以及判断供应链导向</td></tr>
<tr><td>工作标准</td></tr>
<tr><td>☆参照标准：同行业其他企业的业务流程管理规范及工作制度
☆目标标准：通过建立业务流程框架，使各业务执行人对流程有初步的了解，减少后期业务流程化建设的阻力</td></tr>
<tr><td rowspan="6">管理流程</td><td>执行程序</td></tr>
<tr><td>1. 识别跨流程职能
供应链管理横跨物流、信息流、资金流、价值流等多个领域，业务流程具有复杂性，涉及多个部门，对此，供应链管理部要仔细梳理业务，识别跨流程职能
2. 提供流程培训
供应链管理部为相关部门和人员提供流程培训，流程培训旨在让员工清晰地了解企业业务流程，进行业务操作，明白各流程之间的关系，最终提高整体的工作效率
3. 绩效评估
供应链管理部通过业务流程管理对业务执行的过程进行记录和监控，对相关部门的业务流程进行绩效评估
工作重点
为了提高员工的工作效率，增加企业效益和降低企业的成本支出，供应链管理部要做好各部门业务流程的记录和监控工作</td></tr>
<tr><td>工作标准</td></tr>
<tr><td>☆参照标准：同行业其他企业的绩效评估管理规范及工作制度
☆执行标准：供应链管理部要对业务流程覆盖的相关部门进行绩效追踪</td></tr>
<tr><td>考核指标</td></tr>
<tr><td>衡量绩效的科学性：力求客观、公正、求实</td></tr>
</table>

（续）

任务名称	执行程序、工作标准与考核指标
改进流程	**执行程序** **1. 发现问题** 供应链管理部将本企业的业务流程绩效表现与业内的标准或者企业制定的标准进行比较，识别劣势，发现问题 **2. 优化与完善** 供应链管理部根据发现的问题，对业务流程进行优化与完善，从而不断保持和提高企业的竞争力 **3. 持续改进** 业务流程改进是一个不断优化与完善的过程，供应链管理部要围绕企业战略和流程实践，持续地进行业务流程改进 **工作重点** 业务流程改进应具备及时性和有效性，跟随企业的发展战略进行
	工作标准
	目标标准：通过业务流程改进，提高组织运行效率，降低整体运营成本
	考核指标
	业务流程管理的科学性：业务流程管理要符合行业、企业的要求，立足于企业战略目标，解决企业供应链管理者的实际问题
执行规范	
“业务流程框架”“业务流程绩效评估制度”	

13.3　项目管理流程设计与工作执行

13.3.1　项目管理流程设计

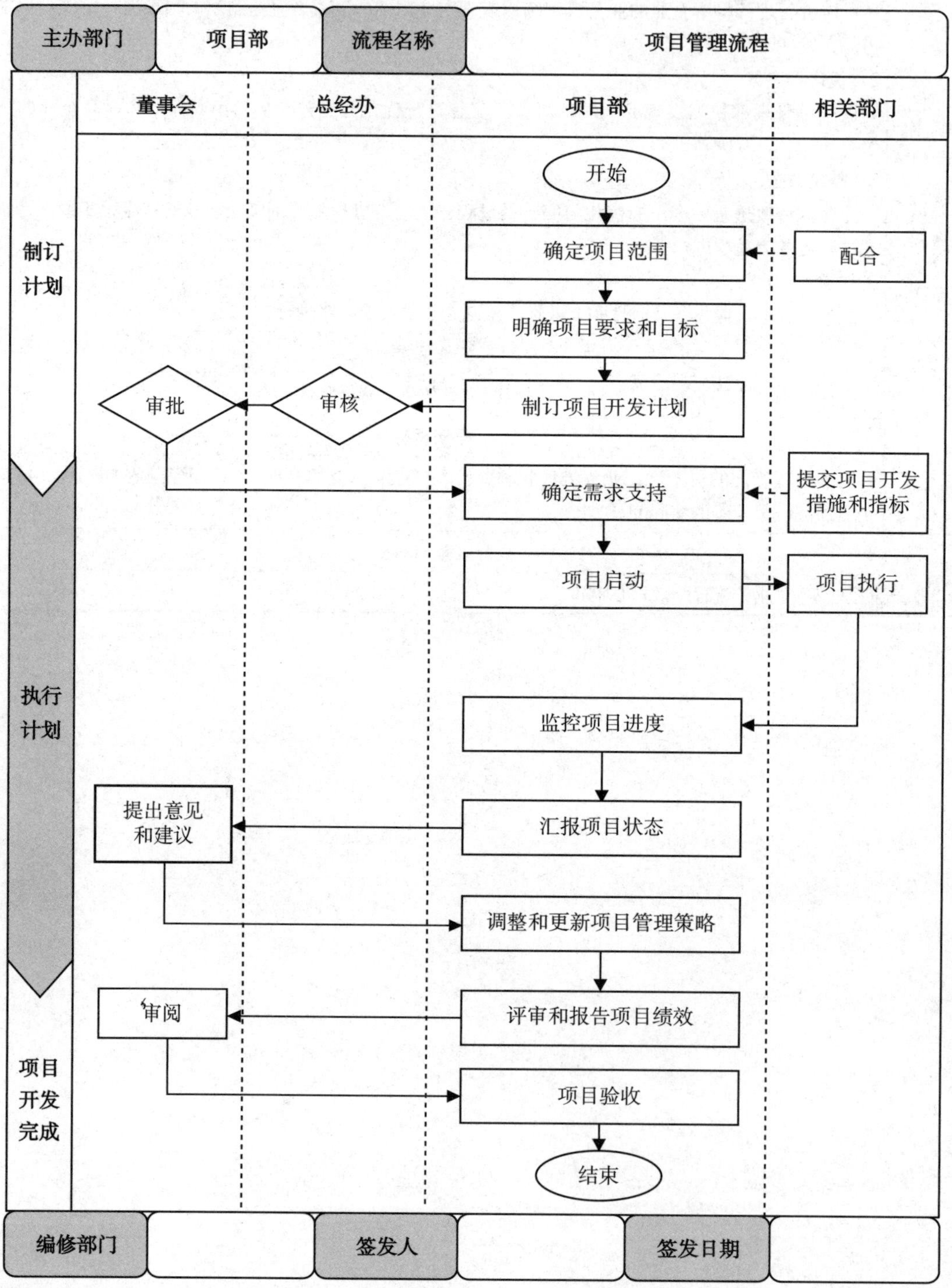

13.3.2 项目管理执行程序、工作标准、考核指标、执行规范

任务名称	执行程序、工作标准与考核指标
制订计划	**执行程序**
	1. **确立项目范围** 项目部组织相关部门将本企业项目开发所包含的所有工作内容及过程罗列出来，确定项目范围 2. **明确项目要求和目标** 项目部根据项目范围与实际情况，识别项目的具体要求和任务，以及需要达成的目标 3. **制订项目开发计划** 项目部制订项目开发计划，明确各个项目模块的主要负责人，以及各个项目模块开发所需的时间 **工作重点** 项目开发计划的制订要符合实际情况，若具体实施过程中遇到问题，要及时调整，减少项目开发过程中不必要的损失
	工作标准
	完成标准：开发项目计划须通过总经办审核及董事会审批
	考核指标
	项目开发计划的全面性：项目开发计划的内容全面、具体，无重大遗漏，具有可操作性
执行计划	**执行程序**
	1. **确定需求支持** 项目部根据相关部门提交的项目开发措施和指标，确定项目各个模块的具体需求，根据不同的需求为其提供相应的支持 2. **项目执行** 各部门按照项目开发计划执行各自模块的任务，遇到问题要及时上报，尽快解决，避免不必要的损失 3. **监控项目进度** 项目部监督整个项目的进度及相关部门的工作，及时发现问题并提出相应的解决措施 4. **汇报项目状态** 根据项目开发的不同阶段，汇总项目的进展情况，并向总经办、董事会汇报 5. **调整和更新项目管理策略** 项目部根据总经办、董事会提出的意见和建议，更新项目管理策略，调整项目开发计划 **工作重点** 项目部在向总经办、董事会汇报项目进展情况时，要条理清晰，表达准确，重点说明项目进行过程中遇到的问题
	工作标准
	☆参照标准：同行业其他企业的项目管理规范及工作制度 ☆目标标准：按照项目开发计划完成项目开发工作

（续）

<table>
<tr><th>任务名称</th><th>执行程序、工作标准与考核指标</th></tr>
<tr><td rowspan="7">项目开发完成</td><td>执行程序</td></tr>
<tr><td>1. 评审和报告项目绩效
项目部对项目的开发时间、成本、质量进行评估，并对企业项目开发过程中所消耗的各种成本进行汇总，提交总经办、董事会审阅
2. 项目验收
项目部组织相关部门及人员对项目进行验收，验收合格后，视为项目开发完成
工作重点
项目部要对整个项目的开发过程进行分析，分析项目做得好的部分和项目开发过程中耽误整体进度的部分，为下一次项目开发提供参考</td></tr>
<tr><td>工作标准</td></tr>
<tr><td>目标标准：项目验收合格，成本控制在预算范围内</td></tr>
<tr><td>考核指标</td></tr>
<tr><td>☆阶段性项目开发目标达成率：用于衡量项目开发的实际完成情况，目标值为____%
☆阶段性项目开发目标达成率 = $\frac{\text{实际达成的目标数}}{\text{计划达成的目标数}} \times 100\%$</td></tr>
<tr><td></td></tr>
<tr><td colspan="2">执行规范</td></tr>
<tr><td colspan="2">“项目管理实施规范”“项目验收标准”</td></tr>
</table>

13.4 质量管理流程设计与工作执行

13.4.1 质量管理流程设计

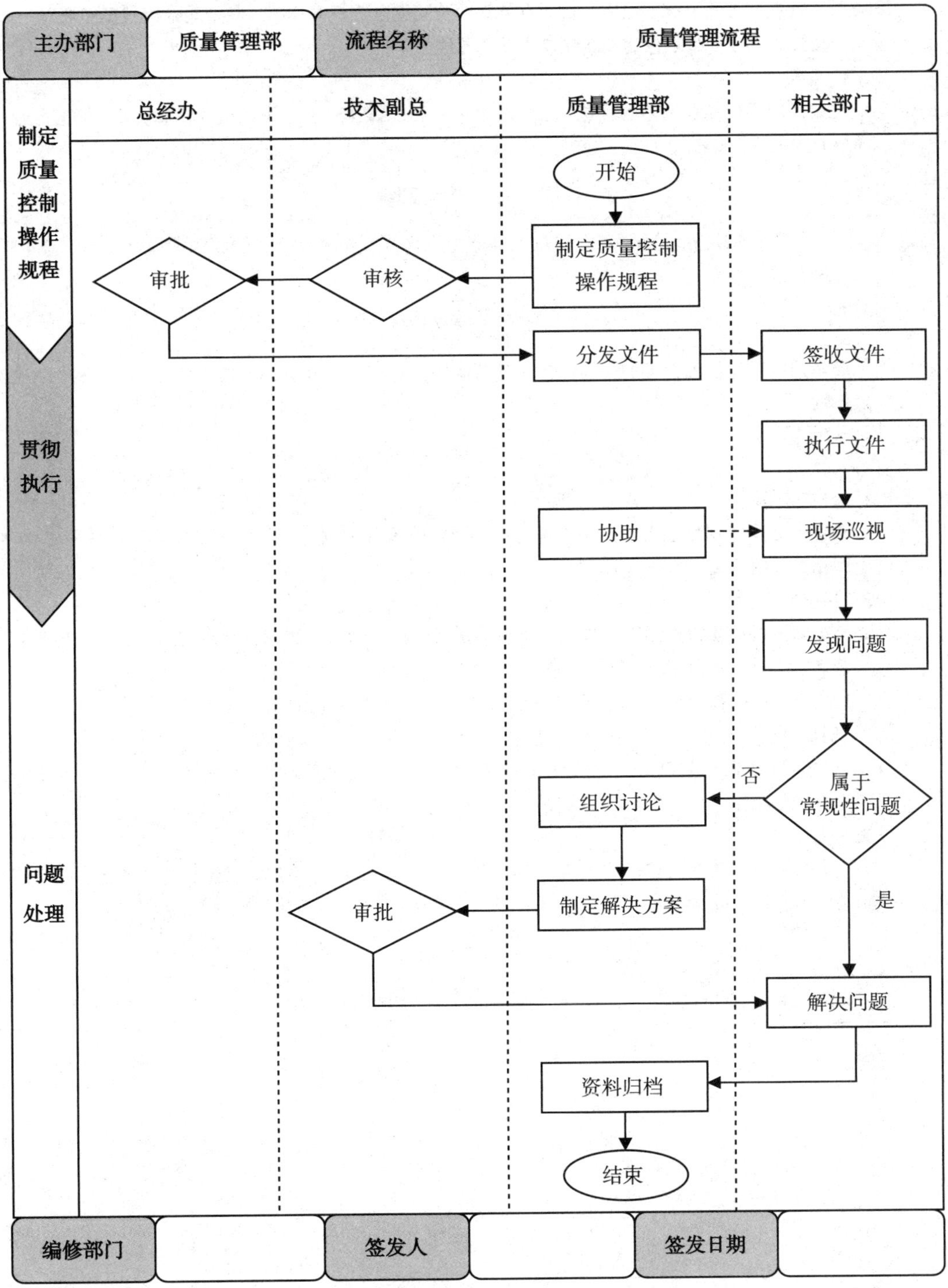

13.4.2 质量管理执行程序、工作标准、考核指标、执行规范

任务名称	执行程序、工作标准与考核指标
制定质量控制操作规程	**执行程序**
	☆质量管理部参照国家、地方、行业有关标准及同类企业相关标准，制定质量控制操作规程 ☆质量控制操作规程须报送技术副总审核、总经办审批 **工作重点** 质量控制操作规程的内容应包括质量控制的项目、操作程序、操作员的任职资格、质量控制的考核标准等
	工作标准
	完成标准：质量管理部制定的质量控制操作规程符合相关标准，能够顺利通过技术副总审核、总经办审批
	考核指标
	质量控制操作规程内容的全面性：质量控制操作规程的内容全面、具体，无重大遗漏，具有可操作性
贯彻执行	**执行程序**
	1. 分发文件 质量控制操作规程经总经办审批通过后，质量管理部根据各部门的工作内容及需求分发文件，组织相关部门认真学习 **2. 执行文件** ☆相关部门按照质量控制操作规程的要求，做好原材料的质量管理、制造前质量复查、制程质量管理、产成品入库管理、质量事故处理等方面的工作 ☆在执行质量控制操作规程的同时，相关部门与人员要做好相应的记录 **3. 现场巡视** 相关部门负责质量控制的人员在质量管理部相关人员的配合下，进行现场质量巡视，对生产过程进行严格监控 **工作重点** 生产过程中的质量监控标准包括不合格的材料不投产、不合格的制品不转序、不合格的零件不组装、不合格的成品不入库
	工作标准
	完成标准：通过现场质量巡视，企业的产品质量得到保证

（续）

任务名称	执行程序、工作标准与考核指标
问题处理	**执行程序**
	1. 发现问题 ☆相关部门在执行质量控制操作规程过程中，要及时发现问题，如生产过程中的异常现象、产品质量的异常现象、原料问题、工艺问题等 ☆相关部门应先对问题的性质进行分析，判断是否属于常规问题。若属于常规问题，则由相关部门按照常规问题处理方案进行处理 **2. 组织讨论** ☆当出现的问题不属于常规问题时，相关部门要向质量管理部寻求解决办法 ☆质量管理部负责组织召开会议，讨论问题的解决方案。质量管理部根据问题的实际情况，确定参会部门及具体人员、会议时间、会议地点、议程安排、会议记录人员等 ☆参会人员针对问题展开集中讨论 **3. 制定解决方案** ☆质量管理部根据会议讨论结果及企业的质量管理制度制定问题解决方案 ☆技术副总对问题解决方案进行审批 **4. 解决问题** 问题解决方案经审批通过后，由相关部门负责具体执行，要求执行人员安排得当，执行过程操作规范，使问题最终得到解决 **5. 资料归档** 质量控制过程中产生的相关资料由质量管理部负责整理与分类，妥善归档保存 **工作重点** 技术副总在审批解决方案时，要审查方案是否符合相关的管理规定、预算是否超标等
	工作标准
	完成标准：质量问题得到解决，资料及时归档
执行规范	
“质量控制操作规程”“常规问题处理方案”“质量问题解决方案”	

13.5 变革管理流程设计与工作执行

13.5.1 变革管理流程设计

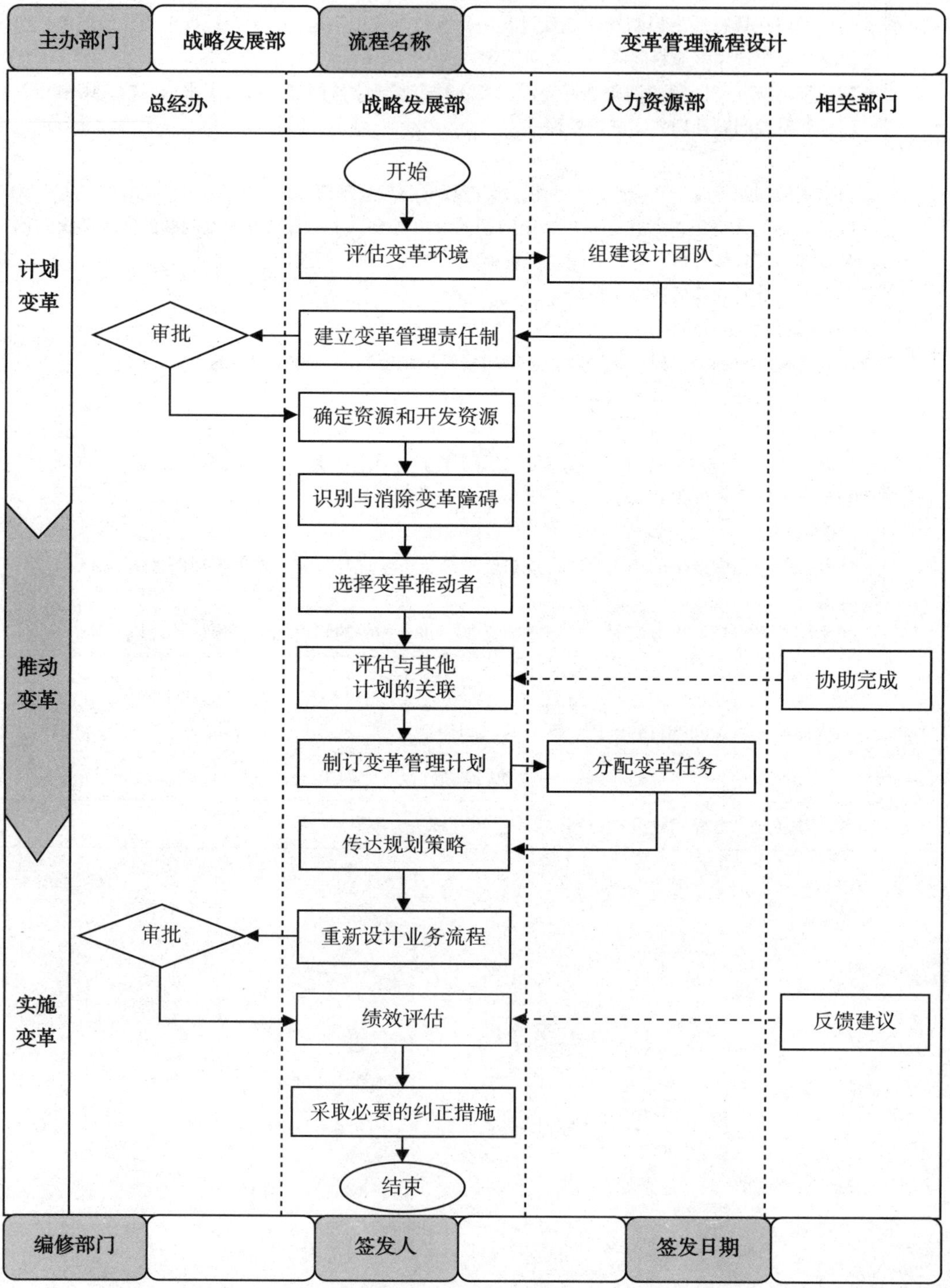

13.5.2 变革管理执行程序、工作标准、考核指标、执行规范

任务名称	执行程序、工作标准与考核指标
计划变革	**执行程序** 1. 评估变革环境 战略发展部根据企业现状评估变革环境，认真考察市场和竞争环境，认清危机，包括潜在危机和主要危机 2. 组建设计团队 人力资源部协助战略发展部组建一支强有力的设计团队，设计变革管理方案及流程 3. 建立变革管理责任制 ☆战略发展部应建立变革管理责任制，以保证变革计划的实施 ☆变革管理责任制须报总经办审批，审批通过后方可进入下一步工作流程 4. 确定资源和开发资源 战略发展部根据变革管理方案确定变革需要的资源，并积极开发，为变革的顺利进行提供支持 5. 识别与消除变革障碍 战略发展部应识别与消除变革障碍，调整严重影响实现远景规划的机制和结构 工作重点 战略发展部应注意准确识别变革环境，认清机遇与危机
	工作标准
	完成标准：完成变革设计团队的组建，制定成熟的变革管理责任制
	考核指标
	变革设计团队组建完成的时间：应在____个工作日内组建完成
推动变革	**执行程序** 1. 选择变革推动者 战略发展部根据变革方案选择变革推动者，其应具备以下 4 个必要条件： （1）能够计划、组织调整及控制变革项目的整个流程； （2）能够领导、主持和激励变革团队； （3）能够对变革过程中内部与外部的政策调整及时做出反应； （4）能够协调利益相关方的关系 2. 评估与其他计划的关联 ☆在执行变革任务之前，战略发展部应积极评估变革是否会受企业其他计划的影响，或影响企业其他计划的执行 ☆变革相关方应积极配合，为变革管理的评估提供支持 3. 制订变革管理计划 ☆战略发展部负责制订变革管理计划，把新的方法制度化，明确新的行为方式与企业发展之间的关系 ☆变革管理计划制订完成后，应提交总经办审批，得到总经办的支持 4. 分配变革任务 战略发展部根据变革管理计划，给相关执行部门和相关利益方分配变革任务 工作重点 战略发展部在选择变革推动者时，应准确评估其能力能否达到要求，特别是领导能力、沟通能力、协调能力和整体把控能力
	工作标准
	完成标准：变革管理计划制订科学，变革目标明确，利于执行

（续）

任务名称	执行程序、工作标准与考核指标
实施变革	**执行程序**
	1. 传达规划策略 战略发展部应运用多种媒介手段把企业新的远景规划策略传达下去，建立信任机制，提高组织的信誉 **2. 重新设计业务流程** 业务流程决定组织的运行效率，企业应改变低效率的业务流程，按照变革后的新思路对低效率的业务流程进行重新设计 **3. 绩效评估** 战略发展部要实时监控变革流程，并对变革后的流程绩效进行评估 **4. 采取必要的纠正措施** 对于变革过程中出现的问题，战略发展部与相关部门要采取必要的纠正措施 **工作重点** 在实施变革过程中，企业要肯定并奖励参与变革的人员，巩固变革成果
	工作标准
	目标标准：经过变革，企业的运营效率与收益有明显提升，变革成效达到预期
	考核指标
	变革的平稳性：战略发展部对变革过程中出现的问题是否及时采取了解决措施，利益相关者是否有较强的反对意见和行动等
执行规范	
“企业变革管理计划”	

13.6 知识管理流程设计与工作执行

13.6.1 知识管理流程设计

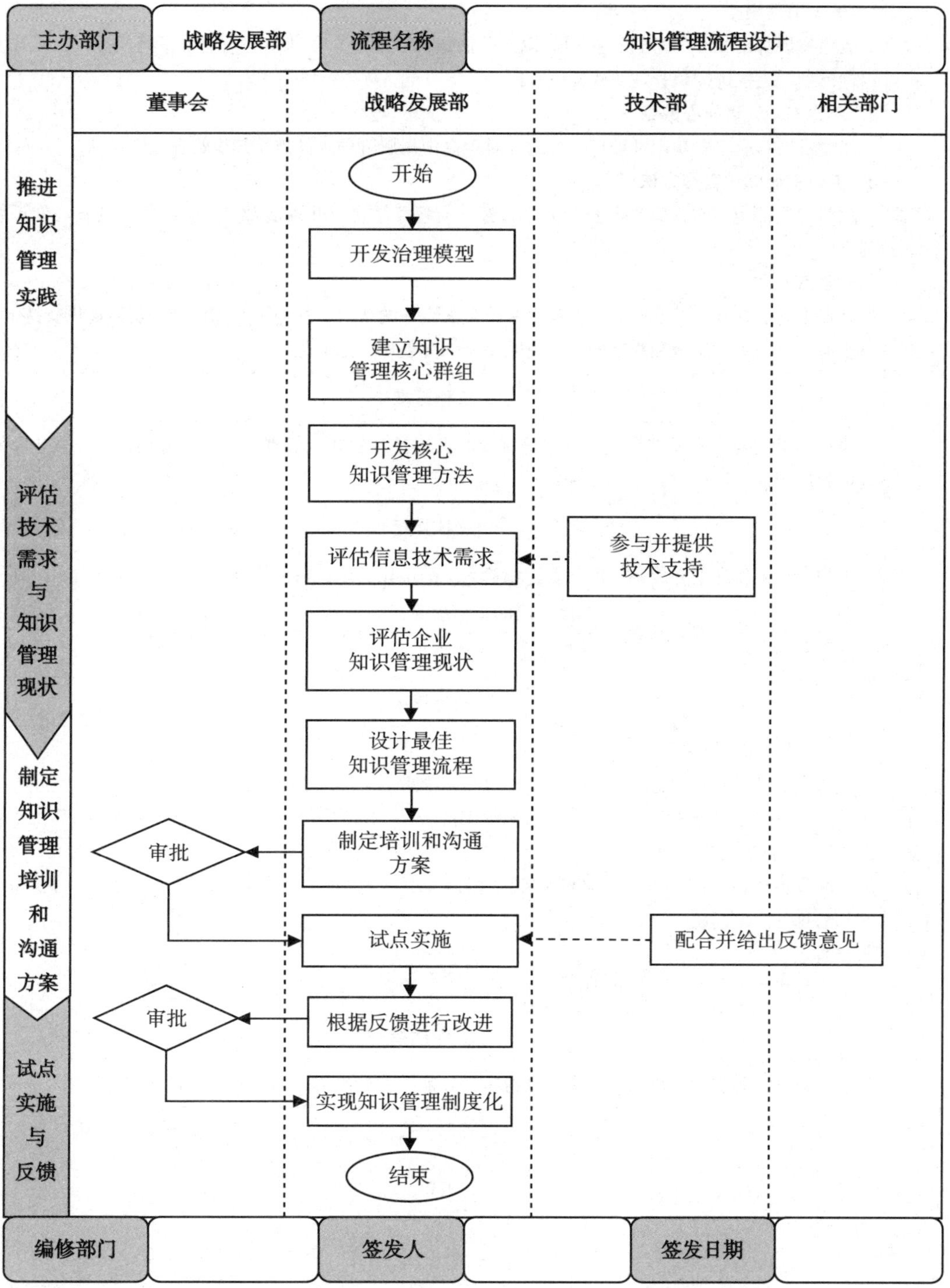

13.6.2 知识管理执行程序、工作标准、考核指标、执行规范

<table>
<tr><th>任务名称</th><th>执行程序、工作标准与考核指标</th></tr>
<tr><td rowspan="6">推进知识管理实践</td><td>执行程序</td></tr>
<tr><td>1. 开发治理模型
战略发展部对知识管理进行全面认识，评估知识管理为企业带来的长期与短期效益，从而开发治理模型，为推进知识管理实践提供方向
2. 建立知识管理核心群组
战略发展部应建立知识管理核心群组，对企业中高层管理人员进行知识管理认知培训
3. 开发核心知识管理方法
战略发展部应将知识管理与企业战略目标、流程相结合，开发适合企业自身特点的核心知识管理方法
工作重点
☆企业中高层管理人员要对知识管理有一个全面完整的认识，并为企业知识管理实践提供支持
☆企业所有的关键流程和附带的工作说明要全部文档化、标准化</td></tr>
<tr><td>工作标准</td></tr>
<tr><td>执行标准：战略发展部在建立知识管理核心群组及开发知识管理方法时，应结合企业文化和管理现状进行</td></tr>
<tr><td>考核指标</td></tr>
<tr><td>☆知识管理工作计划完成率：用来衡量相关人员的工作效率，目标值为____%
☆知识管理工作计划完成率 = $\frac{\text{实际完成的工作事项}}{\text{计划完成的工作事项}} \times 100\%$</td></tr>
<tr><td rowspan="4">评估技术需求与知识管理现状</td><td>执行程序</td></tr>
<tr><td>1. 评估信息技术需求
☆战略发展部根据知识管理策略，评估信息技术需求
☆技术部参与信息技术需求评估并提供相关支持
2. 评估企业知识管理现状
战略发展部应利用知识管理成熟度模型等评价工具，多方位评估企业知识管理现状，分析企业知识管理的主要问题，进行知识管理规划
工作重点
信息技术需求和企业知识管理现状评估要全面、准确</td></tr>
<tr><td>工作标准</td></tr>
<tr><td>完成标准：知识管理规划符合企业自身特点，能够营造出浓厚的企业知识管理文化氛围</td></tr>
</table>

（续）

<table>
<tr><th>任务名称</th><th>执行程序、工作标准与考核指标</th></tr>
<tr><td rowspan="4">制定知识管理培训和沟通方案</td><td>执行程序</td></tr>
<tr><td>☆战略发展部需要根据不同业务体系的任务特性和知识应用特点，并充分考虑到成本因素，设计最佳知识管理流程
☆战略发展部协同相关部门制定知识管理培训和沟通方案，并提交董事会审批
工作重点
相关人员在设计知识管理流程时，要注意流程是否适合本企业管理现状，并且成本不能超出预算</td></tr>
<tr><td>工作标准</td></tr>
<tr><td>完成标准：知识管理培训和沟通方案内容完整，表述清楚，便于实施</td></tr>
<tr><td rowspan="4">试点实施与反馈</td><td>执行程序</td></tr>
<tr><td>1. 试点实施
战略发展部选取适当的部门和流程进行知识管理试点，并从各个角度进行评估
2. 根据反馈进行改进
☆在试点实施过程中，战略发展部根据实施情况建立知识体系，对知识管理模式和策略进行有效分析
☆战略发展部根据相关部门的反馈意见与分析结果，对知识管理方法进行改进
3. 实现知识管理制度化
在试点阶段，企业要在不断修正知识管理规划的基础上，实现知识管理制度化，以便后期在企业大规模推广
工作重点
企业要注意通过技术手段、流程更新或企业文化的建设，消除阻止知识共享的结构性障碍</td></tr>
<tr><td>工作标准</td></tr>
<tr><td>目标标准：知识管理策略要能够深入业务体系与流程</td></tr>
<tr><td colspan="2">执行规范</td></tr>
<tr><td colspan="2">“企业知识管理规划”“企业知识管理制度”</td></tr>
</table>

13.7 对标管理流程设计与工作执行

13.7.1 对标管理流程设计

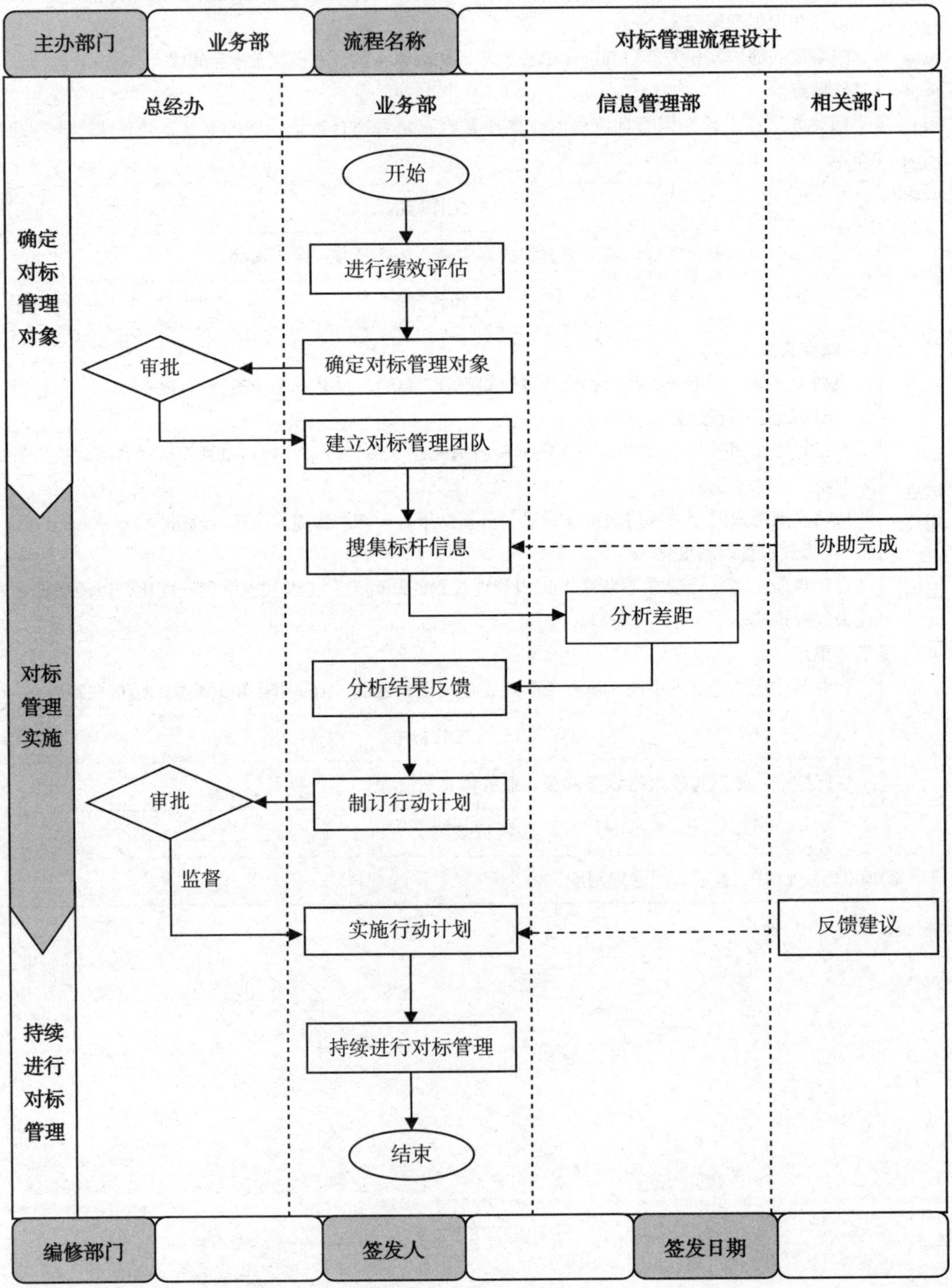

13.7.2 对标管理执行程序、工作标准、考核指标、执行规范

任务名称	执行程序、工作标准与考核指标
确定对标管理对象	**执行程序** ☆业务部对现状进行分析，发现自身的优势与劣势，并对当前的业务绩效进行评估 ☆业务部根据现状分析与业务绩效评估结果，确定对标管理的内容和对象，有针对性地选择改进的方向 **工作重点** 企业要尤其注意竞争性产品的情况，可以根据企业产品定位和行业团体、客户、供应商、战略联盟伙伴提供的标杆数据，开展竞争性标杆管理 **工作标准** 选择标准：从发展的角度看，标杆通常分为战略性标杆、操作性标杆和支持活动性标杆，业务部要根据业务实际情况灵活选择对标管理的内容和对象
对标管理实施	**执行程序** **1. 建立对标管理团队** 业务部明确对标管理内容和对象后，向人力资源部提出对标管理团队建设要求，人力资源部通过内部抽调、外部招聘等方式协助完成团队组建工作 **2. 搜集标杆信息** 对标管理团队搜集标杆信息，包括内部流程数据和外部竞争性信息数据，知己知彼，才能有效对标 **3. 分析差距** 信息管理部对内部流程数据和外部竞争性信息数据进行研究分析，主要关注标杆的优势及成功的原因，能量化分析的务必量化，然后对照标杆样本进行详细比较，从中找出自身的差距或不足 **4. 分析结果反馈** 信息管理部将分析结果形成报告反馈给业务部，为业务部制定战略目标和行动计划提供依据 **5. 制订行动计划** 业务部与对标管理团队依据对标内容、对标标杆、对标目标等，结合企业自身实际情况，从最迫切、最关键、最薄弱的问题和环节入手，研究谋划对标实施方案，制订战略行动计划 **6. 实施行动计划** 在实施战略行动计划的过程中，对标管理团队要有意识地对标杆企业的管理模式和管理方法进行改进和创新，形成具有企业自身特色，并且适合本企业发展的管理模式和管理方法 **工作重点** ☆对标管理要想取得成效，离不开企业高层的支持和推动，因此对标管理团队中必须要有企业高层管理人员 ☆在对标管理过程中，对标管理团队要做好监控，防止相关部门或员工陷入模仿“标杆”的怪圈中，从而失去自身的特色；同时要注意观察标杆的选取是否恰当，防止因标杆选取不当而导致企业经营决策失误

（续）

<table>
<tr><th>任务名称</th><th>执行程序、工作标准与考核指标</th></tr>
<tr><td rowspan="4">对标管理实施</td><td>工作标准</td></tr>
<tr><td>工作标准：战略行动计划要分阶段、定标准、有考核，明确时间要求和目标要求，有路线图和时间表</td></tr>
<tr><td>考核指标</td></tr>
<tr><td>☆分析结果准确率：用来衡量信息管理人员的信息分析质量，目标值为____%
☆分析结果准确率 = $\frac{\text{分析结果准确的次数}}{\text{分析总次数}} \times 100\%$</td></tr>
<tr><td rowspan="4">持续进行对标管理</td><td>执行程序</td></tr>
<tr><td>对标不是一次性的活动，而是一项长期的系统工程，是一种固定的常态企业管理机制和管理手段，需要逐步精细，不断提升
工作重点
针对标杆管理，企业要定期组织召开沟通会议，并制定相关流程</td></tr>
<tr><td>工作标准</td></tr>
<tr><td>目标标准：持续进行对标管理，不断完善对标管理流程，提升对标管理水平</td></tr>
<tr><td colspan="2">执行规范</td></tr>
<tr><td colspan="2">“企业对标管理实施方案”</td></tr>
</table>

13.8 环境管理流程设计与工作执行

13.8.1 环境管理流程设计

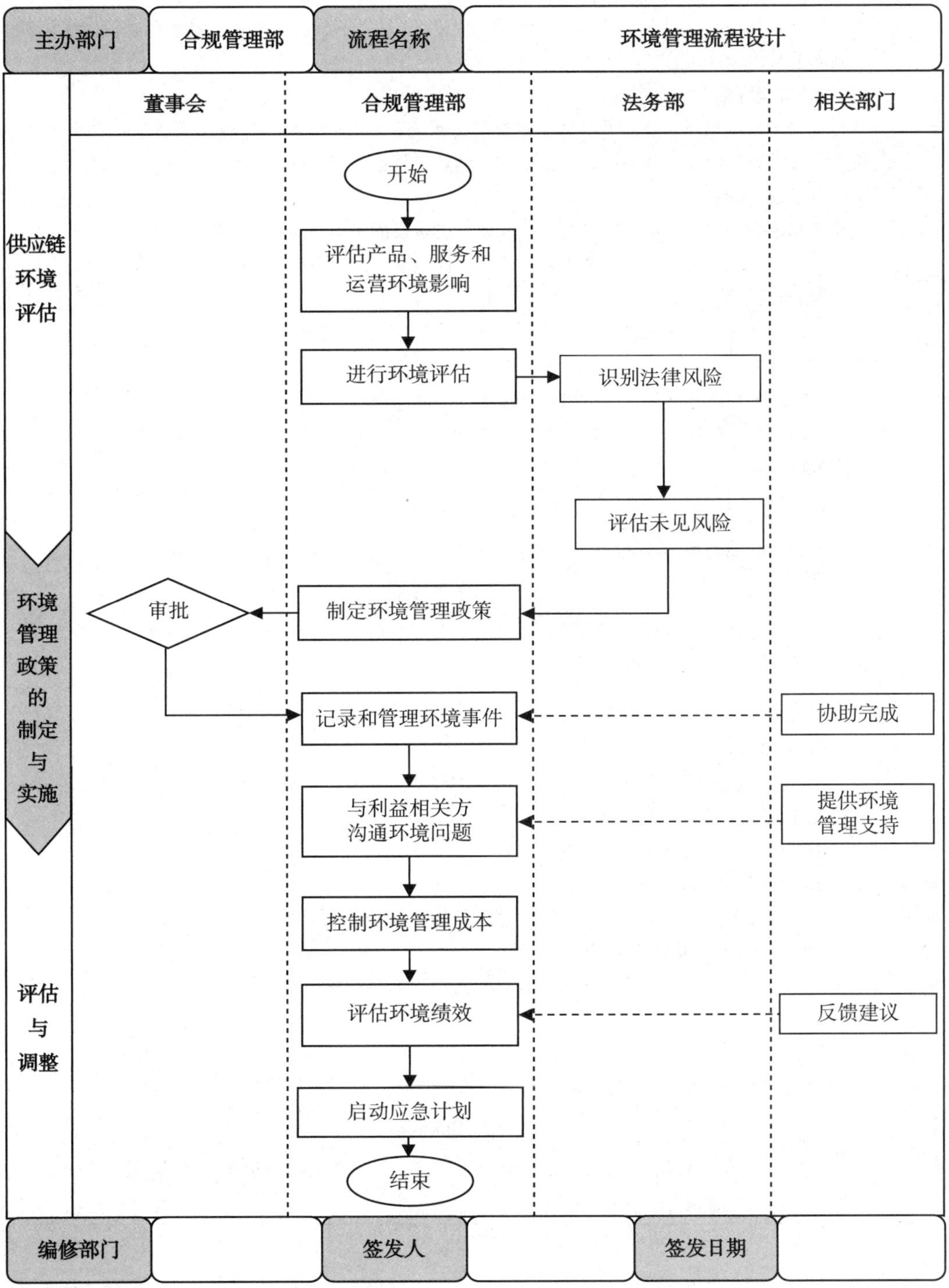

13.8.2 环境管理执行程序、工作标准、考核指标、执行规范

任务名称	执行程序、工作标准与考核指标
供应链环境评估	**执行程序**
	1. 评估产品、服务和运营环境影响 合规管理部应从企业调控自身行为的角度出发，实时评估企业产品、服务和运营的环境影响，洞察企业环境管理风险 **2. 进行环境评估** 合规管理部定期对企业所处的环境状况进行系统、客观的评估和记载，识别企业活动造成的或可能造成的环境问题，并采取相应措施加以消除，创造可持续的供应链 **3. 识别法律风险** ☆法务部配合合规管理部对环境管理过程中可能触及的法律风险进行识别 ☆法务部要识别相关利益方的要求是否符合法律规定 **4. 评估未见风险** 法务部应及时、准确地洞察环境管理过程中未见的风险，避免企业遭受损失 **工作重点** ☆合规管理部与法务部应注意识别企业潜在的环境问题 ☆企业应将环境控制融入供应链业务，通过培训使员工认识到在工作场所控制和消除有害废物的重要性
	工作标准
	质量标准：准确评估环境影响，规避法律风险，避免经济损失
	考核指标
	环境评估的质量：合规管理部须对供应链业务运行的过程细节及内外环境进行全方位审视，找出问题与风险
环境管理政策的制定与实施	**执行程序**
	1. 制定环境管理政策 ☆合规管理部制定环境管理政策，将环境管理计划整合到企业的降本增效、吸引投资和创造价值的总体业务发展框架体系中 ☆环境管理政策制定完成后，须报董事会审批 **2. 记录和管理环境事件** 合规管理部要随时记录企业生产经营过程中发生的环境事件 **3. 与利益相关方沟通环境问题** 针对环境事件，合规管理部在法律合规范围内，与利益相关方积极沟通、协商，彻底解决环境问题 **工作重点** 企业应制定一套系统、完整的环境管理政策，从降低碳排放到节约用水，再到材料采购等
	工作标准
	内容标准：环境管理记录要规范、严谨，相关部门要确保环境管理工作流程、操作步骤、检验标准严格按照规定执行

（续）

<table>
<tr><th>任务名称</th><th>执行程序、工作标准与考核指标</th></tr>
<tr><td rowspan="5">评估与调整</td><td>执行程序</td></tr>
<tr><td>1. 控制环境管理成本
企业可以使用多种手段，控制环境管理成本，提升企业效益
2. 评估环境绩效
合规管理部要实时评估环境绩效，形成环境绩效评估报告
3. 启动应急计划
企业要根据环境绩效评估报告及时调整环境管理手段和策略，出现重大环境事件时，启动应急计划
工作重点
在环境管理实施过程中，企业要注意有效控制环境管理成本</td></tr>
<tr><td>工作标准</td></tr>
<tr><td>目标标准：环境管理成本未超出预算范围，企业效益有明显提升</td></tr>
<tr><td></td></tr>
<tr><td colspan="2">执行规范</td></tr>
<tr><td colspan="2">“企业环境管理实施办法”“企业合规管理实施办法”</td></tr>
</table>

13.9 企业健康管理流程设计与工作执行

13.9.1 企业健康管理流程设计

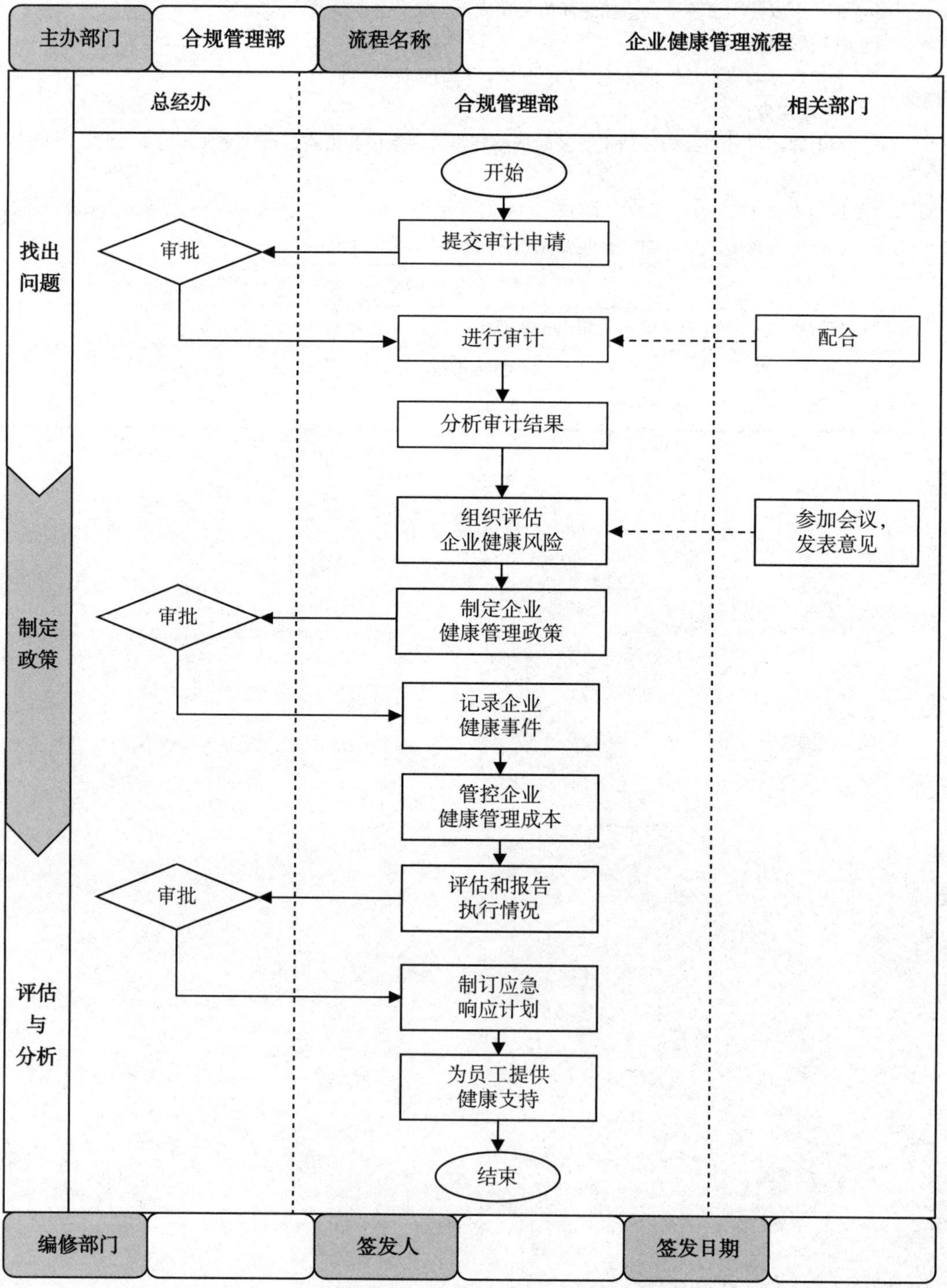

13.9.2 企业健康管理执行程序、工作标准、考核指标、执行规范

<table>
<tr><th>任务名称</th><th>执行程序、工作标准与考核指标</th></tr>
<tr><td rowspan="6">找出问题</td><td>执行程序</td></tr>
<tr><td>1. 提交审计申请
合规管理部根据企业健康管理的需要，向总经办提交审计申请
2. 进行审计
审计申请经总经办审批通过后，合规管理部组织相关部门与人员针对企业的健康情况进行审计
3. 分析审计结果
合规管理部对审计结果进行分析和研究，掌握企业目前的健康管理情况，找出企业健康管理过程中存在的问题
工作重点
企业健康管理审计工作不仅涉及企业内部各部门，还涉及供应商的健康管理与物流单位的健康管理</td></tr>
<tr><td>工作标准</td></tr>
<tr><td>☆参照标准：同行业其他企业的健康管理规范和工作制度
☆质量标准：审计过程符合规范，审计结果清晰明了</td></tr>
<tr><td>考核指标</td></tr>
<tr><td>☆分析结果准确率：该指标主要为企业健康管理方案的制定提供数据支撑，目标值为____%
☆分析结果准确率 = $\frac{\text{分析结果准确的次数}}{\text{分析总次数}} \times 100\%$</td></tr>
<tr><td rowspan="6">制定政策</td><td>执行程序</td></tr>
<tr><td>1. 组织评估企业健康风险
☆合规管理部组织召开企业健康风险评估会议，相关部门负责人在会上展开充分的沟通和讨论
☆通过会议讨论，合规管理部进一步明确企业健康管理过程中存在的问题及相应的解决办法
2. 制定企业健康管理政策
☆合规管理部依据企业健康发展战略、健康理念，结合会议讨论结果，制定企业健康管理政策，并提交总经办审批
☆企业健康管理政策经审批通过后，合规管理部负责组织各部门执行
3. 记录企业健康事件
合规管理部要监督各部门的政策执行情况，记录政策执行期间企业发生的健康事件
4. 管控企业健康管理成本
合规管理部对企业健康管理政策从制定到实施，再到成熟的整个过程进行成本管控，并从政策执行结果方面分析政策带来的效益
工作重点
合规管理部要对企业健康管理政策的执行进度进行把控，及时解决执行过程中出现的问题</td></tr>
<tr><td>工作标准</td></tr>
<tr><td>完成标准：企业健康管理政策推行顺利，未出现重大问题</td></tr>
<tr><td>考核指标</td></tr>
<tr><td>企业健康管理政策的可行性：企业健康管理政策合理可行，能够保证企业各部门的工作顺利进行，并且符合企业的发展战略</td></tr>
</table>

（续）

<table>
<tr><th>任务名称</th><th>执行程序、工作标准与考核指标</th></tr>
<tr><td rowspan="6">评估与分析</td><td>执行程序</td></tr>
<tr><td>1. 评估和报告执行情况
合规管理部评估各部门企业健康管理政策的执行情况，并对结果进行分析，出具综合评估报告，提交总经办审批
2. 制订应急响应计划
针对企业健康管理方面的突发事件，合规管理部要制订应急响应计划，保证企业在遇到突发的健康问题时能有效解决
3. 为员工提供健康支持
企业健康管理政策要始终把员工健康放在首位，须重点关注员工健康方面的问题
工作重点
合规管理部应跟踪、评估和报告企业健康管理绩效，并对结果进行分析</td></tr>
<tr><td>工作标准</td></tr>
<tr><td>目标标准：通过及时评估、总结企业健康管理政策的执行效果，记录健康事件，进一步提升企业的健康管理水平</td></tr>
<tr><td>考核指标</td></tr>
<tr><td>企业健康管理政策制定的科学性：企业健康管理政策制定科学，符合企业发展要求，能够保障企业各项工作健康运行</td></tr>
<tr><td colspan="2">执行规范</td></tr>
<tr><td colspan="2">“企业健康管理政策”“企业健康措施执行结果报告”</td></tr>
</table>

13.10 安全管理流程设计与工作执行

13.10.1 安全管理流程设计

主办部门	安全管理部	流程名称	安全管理流程

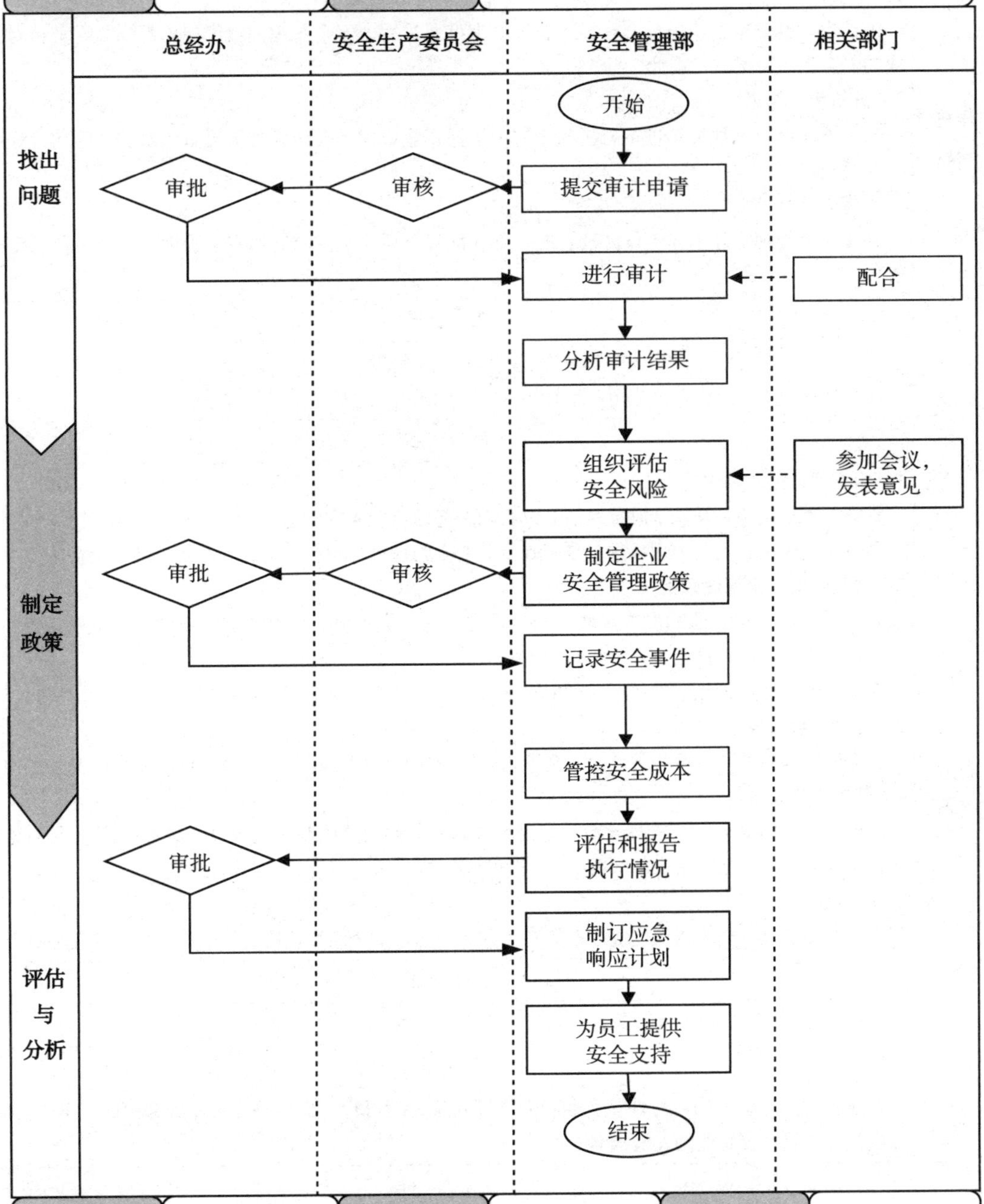

编修部门		签发人		签发日期	

13.10.2 安全管理执行程序、工作标准、考核指标、执行规范

任务名称	执行程序、工作标准与考核指标
找出问题	**执行程序**
	1. 提交审计申请 安全管理部根据企业安全管理的需要，向总经办提交审计申请 **2. 进行审计** 审计申请经安全生产委员会审核、总经办审批通过后，安全管理部组织相关部门与人员针对企业的安全生产情况进行审计 **3. 分析审计结果** 安全管理部对审计结果进行分析和研究，掌握企业目前的安全管理情况，找出安全管理过程中存在的问题 **工作重点** 企业安全管理审计工作不仅涉及企业内部各部门，还涉及供应商的安全管理与物流单位的安全管理
	工作标准
	☆参照标准：同行业其他企业的安全管理规范及工作制度 ☆质量标准：审计过程符合规范，审计结果清晰明了
制定政策	**执行程序**
	1. 组织评估安全风险 ☆安全管理部组织召开安全风险评估会议，相关部门负责人在会上展开充分的沟通和讨论 ☆通过会议讨论，安全管理部进一步明确企业安全管理过程中存在的问题及相应的解决措施 **2. 制定企业安全管理政策** ☆安全管理部依据企业的发展战略与安全理念，结合会议讨论的结果，制定企业安全管理政策，并提交安全生产委员会审核、总经办审批 ☆企业安全管理政策经审批通过后，由安全管理部负责组织相关部门执行 **3. 记录安全事件** 安全管理部要监督企业相关部门安全管理政策的执行情况，记录政策执行期间发生的安全事件 **4. 管控安全成本** 安全管理部对企业安全管理政策从制定到实施，再到成熟的整个过程进行成本管控，并从政策执行结果方面分析政策带来的效益 **工作重点** 企业应将安全管理渗透供应链业务的各个方面，通过安全培训使所有员工树立牢固的安全意识
	工作标准
	目标标准：企业安全管理政策推行顺利，无重大问题
	考核指标
	企业安全管理政策的可行性：企业安全管理政策合理可行，能够保证企业各部门的安全工作顺利进行，并且符合企业的发展战略

（续）

任务名称	执行程序、工作标准与考核指标
评估与分析	**执行程序**
	1. 评估和报告执行情况 安全管理部评估各部门企业安全管理政策的执行情况，并对结果进行分析，出具综合评估报告，提交安全生产委员会审核、总经办审批 **2. 制订应急响应计划** 针对企业安全管理方面的突发事件，安全管理部要制订应急响应计划，保证企业在遇到突发的安全问题时能有效解决 **3. 为员工提供安全支持** 企业安全管理政策要始终把员工安全放在首位，须重点关注员工安全方面的问题 **工作重点** 企业安全管理政策的落实需要企业全体人员的共同努力
	工作标准
	目标标准：通过及时评估、总结企业安全管理政策的执行效果，记录安全事件，进一步提升企业的安全管理水平
	考核指标
	企业安全管理政策的科学性：企业安全管理政策制定科学，符合行业、企业的要求，能够保障企业各项工作安全运行
执行规范	
“企业安全管理政策”“企业安全措施执行结果报告”	